Wセミナー 司法書士

STANDARD SYSTEM

スタンダード合格テキスト 6

商法・会社法

Wセミナー／司法書士講座 編

早稲田経営出版
TAC PUBLISHING Group

はしがき

　司法書士試験は，合格率３％程度と，数ある国家試験の中でも最難関の資格試験のひとつに位置づけられています。また出題科目も多く，学習すべき範囲が膨大であることも司法書士試験の特徴のひとつです。このため，学習がうまく進まなかったり，途中で挫折してしまう方がいらっしゃることも事実です。

　では，合格を勝ち取るために必要な勉強法とはどのようなものでしょうか。
　Ｗセミナーでは，長年にわたり司法書士受験生の受験指導を行い，多くの合格者を輩出してきました。その経験から，合格へ向けた効率的なカリキュラムを開発し，さまざまなノウハウを蓄積してまいりました。そしてこの度，その経験とノウハウのすべてを注ぎ込み，合格のためのテキストの新たな基準をうちたてました。それが，本シリーズ「司法書士　スタンダード合格テキスト」です。

　本シリーズは，司法書士試験の膨大な試験範囲を，科目ごとに11冊にまとめました。また，法律を初めて学習する方には使い勝手のよい安心感を，中・上級者にとってはより理解を深めるための満足感を感じていただけるような工夫を随所に施しており，受験生の皆さまの強い味方になることでしょう。

　「商法・会社法」のうち会社法の規定についての理解は，択一式の会社法の問題を解くためばかりでなく，商業登記法の問題を解くためにも必要なものです。記述式の問題においても，会社法の理解が問われることは少なくありません。本書では，会社法から商業登記法の学習へと繋げることを意識しつつも，もっぱら商業登記法で扱われる内容（外国会社など）は商業登記法のテキストに譲ることとし，本質的な理解を重視しています。

　司法書士を志した皆さまが，本シリーズを存分に活用して学習を深めていただき，司法書士試験合格を勝ち取られることを願ってやみません。

　令和２年12月

Ｗセミナー／司法書士講座
講師・教材開発スタッフ一同

●●●●● 本シリーズの特長と使い方 ●●●●●

・**特長1　法律論点を視覚的に理解できる!**

　　ケーススタディが豊富に設けられ,具体例が示されているので,法律論点を具体的・視覚的に理解でき,知識の定着を促します。

・**特長2　学習に必要な情報が満載!**

　　重要条文はもれなく掲載されており,その都度,六法にあたる手間を省くことができます。また,本試験の出題履歴も表示されており,重要箇所の把握に大いに役立ちます。

・**特長3　学習しやすいレイアウト!**

　　行間や余白が広いため書き込みがしやすく,情報をこのテキスト一冊に集約できます。また,細かな項目分けがなされているため飽きずにスラスラ読み進むことができます。

Topics　←方向感!
　　何を学習するのか,どこが重要かを明らかにすることで,学習の目的や方向性を明確にすることができます。

ケーススタディ　←臨場感!
　　具体的な事例や図を用いることによって,複雑な権利関係や法律論点を分かりやすく解説しています。質問形式で始まるため,まるで講義を受けているかのような臨場感を味わいながら読み進めることができます。

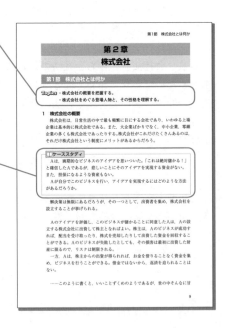

＋アルファ
会社法上の用語としての「公開会社」は、株式を証券取引所等で公開しているということとは無関係で、いわゆる上場企業以外にも、公開会社は存在する。もっとも、公開会社でないと証券取引所に上場できないから、上場している会社は、一部の例外を除き、公開会社である。

3 置くことができる機関

（株主総会以外の機関の設置）
第326条（略）
2 株式会社は、定款の定めによって、取締役会、会計参与、監査役、監査役会、会計監査人、監査等委員会又は指名委員会等を置くことができる。

取締役会、会計参与、監査役、監査役会、会計監査人、監査等委員会、指名委員会等は、一定の場合に設置が義務づけられている機関である。
これらの機関を置く場合には、その旨を定款で定めなければならない。つまり、機関の設置に関する定めは、定款の相対的記載事項である。

＋アルファ
機関の設置に関する定款の定めは、次のようなものが一般的である。

（機関）
第○条 当会社は、株主総会及び取締役のほか、次の機関を置く。
(1) 取締役会
(2) 監査役
(3) 監査役会
(4) 会計監査人

＋アルファ
機関の設置に関する定款の定めは、「取締役会を置く」のように確定的なものでなければならず、「必要に応じて取締役会を置く」のように実際に置くのか置かないのかわからないような定めは認められない。

19

重要条文 ←効率化！

法律を学習する上で条文をチェックすることは欠かせませんが、本書では重要条文が引用されているので、六法を引く手間を省くことができます。

プラスアルファ ←満足感！

適宜、プラスアルファとして、補足的な知識や応用的な内容が盛り込まれているため、中・上級者の方が読んでも満足する構成となっています。

第2条（略）
九 監査役設置会社 監査役を置く株式会社（その監査役の監査の範囲を会計に関するものに限定する旨の定款の定めがあるものを除く。）又はこの法律の規定により監査役を置かなければならない株式会社をいう。
（監査役の権限）
第381条 監査役は、取締役（会計参与設置会社にあっては、取締役及び会計参与）の職務の執行を監査する。（以下略）
（定款の定めによる監査範囲の限定）
第389条 公開会社でない株式会社（監査役会設置会社及び会計監査人設置会社を除く。）は、第381条第1項の規定にかかわらず、その監査役の監査の範囲を会計に関するものに限定する旨を定款で定めることができる。

監査役は、業務の監査と会計の監査の両方を行う機関であるが、公開会社 [H18-35] でもなく、監査役会設置会社でもなく、会計監査人設置会社でもない場合には、監査役の範囲を定款で会計に関するものに限定できる。

そして、監査役設置会社の定義からは、監査役の監査の範囲を定款で限定している株式会社が除外されている。

重要
監査役を置く株式会社であっても、監査役設置会社であるとは限らない。
監査役の監査の範囲は、定款で制限できる場合がある。

用語解説
［監査役設置会社］
監査役を置く株式会社と監査役を置かなければならない株式会社のうち、監査役の監査の範囲を会計に関するものに限定する旨の定款の定めがある株式会社である。つまり、業務の監査をする権限がなく会計の監査をする権限のみを有する監査役を置く株式会社は、監査役設置会社ではない。
したがって、監査役設置会社に関する規定は、業務監査の権限がない監査役のみを置く株式会社には適用されない。
業務監査の権限がない監査役のみを置く株式会社にも適用される規定については、特に「監査役設置会社（監査役の監査の範囲を会計に関するものに限定する旨の定款の定めがある株式会社を含む。）」と定められている（会§436 I、911 III⑰等）。

23

過去問表記 ←リアル感！

過去に本試験で出題された論点には、出題履歴を表示しました。試験対策が必要な箇所を把握することができ、過去問にあたる際にも威力を発揮します。「H18-35」は、平成18年度本試験択一式試験（午前の部）の第35問で出題されたことを示しています。

重要 ←明確化！

学習するうえで必ずマスターしておきたい箇所を、「重要」として表示しているため、学習のメリハリをつけることができます。また、復習の際に重要ポイントを確実に確認するのにも効果的です。

目次

● ● ● ● ●　凡　例　● ● ● ● ●

1．法令の表記

会§309Ⅱ⑪→　会社法第309条第2項第11号

2．法令の略称

会→　会社法

商→　商法

会施規→　会社法施行規則

計算規→　会社計算規則

3．判例・先例等の表記

最判昭46.11.30→　昭和46年11月30日最高裁判所判決

大判大7.4.19→　大正7年4月19日大審院判決

大阪高決昭41.5.9→　昭和41年5月9日大阪高等裁判所決定

大阪地判昭27.9.27→　昭和27年9月27日大阪地方裁判所判決

第 1 編

会社法

第1章
会社総則

第1節　会社とは何か

Topics・会社法を学ぶ準備として，会社とは何かを確認しておく。
・試験で直接問われることはないが，会社法を学習する基礎として重要
である。

1　会社の性質

会社とは，営利社団法人である。つまり，営利性と社団性を持つ法人ということである。この「営利性」「社団性」「法人」という会社の基本性質について簡単にみていこう。

(1)　営利性

営利性とは，お金儲けをすることを目的としているということであるが，会社の場合,儲けた利益を出資をした者に分配するという意味を含んでいる。株主が配当を受け取ったり，株価の上昇によって利益を得たりするのは，会社が営利性を持っているからである。剰余金の配当や残余財産の分配が認められていない一般社団法人とは，この点において異なる。

なお，会社が営利を直接の目的としない行為をすることは基本的に問題なく，慈善活動や寄付などを行っている企業は現実にたくさん存在している。

(2)　社団性

社団性とは，人が集まることによって成立しているということである。財産の集まりである財団ではないということで,財団法人は会社にはなれない。なお，人が集まるといっても，会社法上の会社では，合資会社を除き，1名のみで会社を設立し，成立・維持させることが可能である。

(3)　法人性

法人については，主として民法の範囲であり，ここでは詳しく触れない。会社は法人であるので，権利義務の主体となり，大規模で永続的な事業を営むことが可能になっている。法人ではなく自然人が営業を営むこともちろん可能であるが，会社以外の商人については，商法総則・商行為法で詳しく

学ぶことになる。

2　会社の種類

　会社法上の会社には，**株式会社**，**合名会社**，**合資会社**，**合同会社**の四つがある。このうち，合名会社，合資会社，合同会社の三つは，**持分会社**と総称される。

➡　この四つの会社の種類の詳細な違いについては，後の章で詳しく学ぶ。

用語解説

【会社】
　株式会社，合名会社，合資会社又は合同会社をいう（会§2①）。
　外国会社は，会社法上の会社に含まれない。

　会社法上の会社以外の会社（保険業法に基づく相互会社など）も含めて「会社」とよばれることもあるが，本書では，単に「会社」というときは，会社法上の会社をさすものとする。

3　社　員

　会社に出資し，会社を構成する者を社員という。法律用語としての「社員」は，会社に雇用されて勤務する会社員（「従業員」「使用人」ともよばれる。）とは異なり，会社に出勤したり，会社から給料を貰ったりはしない。
　会社の社員は，自然人に限られない。他の会社や法人も，会社に出資し，社員となることができる。
　株式会社の株主も社員の一種であるが，本書では，単に「社員」というときは，持分会社の社員のみをさすこととし，株主は含まないものとする。

4　法人格否認の法理

　会社は法人であるから，権利義務の主体となることができ，その社員や株主とは独立して権利を有し，義務を負う。つまり，会社が負担する債務と社員や株主が負担する債務は明確に区別される。

　しかし，会社が実質的に個人の所有であり，会社とその社員や株主を明確に
区別することが不当な結果を招く場合など，法人と社員との分離原則が濫用さ
れる場合には，法人格を否認し，会社とその社員や株主を同一視することが判
例上認められている（最判昭44.2.27）。法人格が否認される結果，社員や株主は，
会社名義でなされた行為について，直接責任を負うことになる。

第2節　会社に共通する構成要素

Topics ・会社に共通する構成要素を把握する。

　　　　・支配人とは何かを理解する。

1　商　号

（商号）

第6条　会社は，その名称を商号とする。

2　会社は，株式会社，合名会社，合資会社又は合同会社の種類に従い，それ
ぞれその商号中に株式会社，合名会社，合資会社又は合同会社という文字を
用いなければならない。

3　会社は，その商号中に，他の種類の会社であると誤認されるおそれのある
文字を用いてはならない。

　自然人の氏名にあたるものが会社の商号であり，会社を特定するために用いられる要素の一つである。ただし，同姓同名の自然人が存在するように，同一の商号の会社が存在することもあるので，商号だけで完全に会社を特定することはできない。

　株式会社は，その商号中に「株式会社」という文字を用いなければならない。また，逆に株式会社でない会社は，その商号中に「株式会社」という文字を用いることができない。他の種類の会社についても同様である。
「株式会社」という文字も含めて商号であるから，「早稲田商事株式会社」という商号と「早稲田商事合名会社」という商号は別個の商号になる。また，「株式会社」の文字は，商号中のどの位置に用いてもよく，「早稲田商事株式会社」と「株式会社早稲田商事」も別個の商号である。さらに，「株式会社」の文字を商号の真ん中に用いることも許容されている。

　商号は，法人である会社を特定するためのものであるから，1個の会社が複数の商号を用いることは認められない（**商号単一の原則**）。自然人の戸籍上の氏名が1個に限られていることと同じである。

　不正の目的で，他の会社であると誤認されるおそれのある商号を使用することは許されない（会§8Ⅰ）。したがって，大企業と似たような商号を勝手に用いて不当に利益を得ることは許されない。このことは，不正競争防止法など

によっても解決されている。

　商号は，法人を特定するものであると同時に，一種のブランドであり，商号それ自体に財産的価値が認められ（商号権），譲渡の対象にもなる。

2　本　店

> （住所）
> **第4条**　会社の住所は，その本店の所在地にあるものとする。

　会社の本店は，自然人の住所に該当する。商号とともに，会社を特定するために用いられる。

　特に不動産登記などにおいては，商号と本店の所在場所によって会社が特定される。そのため，商号と本店の所在場所が同一の会社の登記を認めないこととして（商登§27），混乱が起きないようにされている。

➡　同一の本店の所在場所における同一の商号の使用の禁止については，商業登記法であらためて学ぶ。

3　支　店

　会社は，本店のほかに支店を設けることができる。本店から独立してある程度の事業を行うことができないと，支店とは認められない。

4　支配人

> （支配人）
> **第10条**　会社（中略）は，支配人を選任し，その本店又は支店において，その事業を行わせることができる
> （支配人の代理権）
> **第11条**　支配人は，会社に代わってその事業に関する一切の裁判上又は裁判外の行為をする権限を有する。
> 2　支配人は，他の使用人を選任し，又は解任することができる。
> 3　支配人の代理権に加えた制限は，善意の第三者に対抗することができない。

H18-31　　特定の本店・支店の事業について一切の代理権を与えられた者が支配人である。具体的な業務を行う者であるから，支配人は自然人に限られると考えてよいだろう。

支配人は，通常，会社と雇用関係にある者であり，支配人は使用人である。

＋アルファ

会社法中，いくつかの場所で「支配人その他の使用人」という表現が使われている。この表現は，支配人が使用人に含まれることを前提としている。

一般に，法律上の「Aその他のB」という表現は，Bに含まれるもののうち代表的なものとしてAを例示しているのであり，AはBに含まれるものの一つである。

一方，「A，Bその他C」という表現は，AとBとCが並べられているのであって，BはCに含まれない。

➡　民事訴訟法3条の2が典型的な例。

支配人の代理権は，その置かれた本店・支店の事業の全部に及ぶ。また，裁判外の行為だけでなく，裁判上の行為についても代理することができる。つまり，その権限の範囲が特定の本店・支店に限られているということを除いては，ほとんど会社の代表者に近い権限を持っているといえる。

➡　代表者についての規定と比較すると理解が深まる。

外国会社や会社以外の商人も支配人を置くことができ，商法にも同様の規定が置かれている（商§20〜24）。

（支配人の競業の禁止）

第12条　支配人は，会社の許可を受けなければ，次に掲げる行為をしてはならない。

一　自ら営業を行うこと。

二　自己又は第三者のために会社の事業の部類に属する取引をすること。

三　他の会社又は商人（中略）の使用人となること。

四　他の会社の取締役，執行役又は業務を執行する社員となること。

2　支配人が前項の規定に違反して同項第2号に掲げる行為をしたときは，当該行為によって支配人又は第三者が得た利益の額は，会社に生じた損害の額と推定する。

支配人は非常に広範な権限を持つため，その職務に専念することが要求され，自分自身が営業を行ったり，他の会社のために職務を行ったりすることが禁止されている。

H24-35

　また，会社にとって不利益となる行為をされては困るので，会社の事業と競合する事業（競業）を行うことも禁止されている。

（重要）●●●●●●●●●●●●●●●●●●●●●●●●●●●●●●●●●

　使用人や取締役，執行役，業務を執行する社員となることが禁止される「他の会社」は，競業を行う会社に限られない。つまり，どのような会社であっても対象となる。

（表見支配人）
第13条　会社の本店又は支店の事業の主任者であることを示す名称を付した使用人は，当該本店又は支店の事業に関し，一切の裁判外の行為をする権限を有するものとみなす。ただし，相手方が悪意であったときは，この限りでない。

　支配人は，非常に広範な権限を持つため，本当は支配人ではない者を支配人と思い込んで取引してしまった相手方をある程度保護する必要がある。
➡　民法その他の法律でもおなじみの権利外観法理の一種。

　一般的に，会社法・商法の扱う分野では，頻繁で定型的な取引が想定されているため，民法よりも外観に対する保護が厚い。

　支配人ではないのに支配人であるかのような外観を持つ者を表見支配人とよび，相手方が悪意である場合（支配人でないことを知っていた場合）を除き，相手方の信頼が保護される。

（重要）●●●●●●●●●●●●●●●●●●●●●●●●●●●●●●●●●

　表見支配人が有するものとみなされる権限は，一切の裁判外の行為であって，裁判上の行為をする権限については，有するものとみなされない。

第2章
株式会社

第1節　株式会社とは何か

Topics・株式会社の概要を把握する。
　　　　・株式会社をめぐる登場人物と，その性格を理解する。

1　株式会社の概要

　株式会社は，日常生活の中で最も頻繁に目にする会社であり，いわゆる上場企業は基本的に株式会社である。また，大企業ばかりでなく，中小企業，零細企業の多くも株式会社であったりする。株式会社がこれだけたくさんあるのは，それだけ株式会社という制度にメリットがあるからだろう。

> 📖**ケーススタディ**
>
> 　Aは，画期的なビジネスのアイデアを思いついた。「これは絶対儲かる！」と確信したAであるが，悲しいことにそのアイデアを実現する資金がない。また，担保になるような資産もない。
> 　Aが自分でこのビジネスを行い，アイデアを実現するにはどのような方法があるだろうか。

　解決策は無限にあるだろうが，その一つとして，出資者を集め，株式会社を設立することが挙げられる。

　Aのアイデアを評価し，このビジネスが儲かることに同意した人は，Aの設立する株式会社に出資して株主となればよい。株主は，Aのビジネスが成功すれば，配当を受け取ったり，株式を売却したりして出資した資金を回収することができる。Aのビジネスが失敗したとしても，その損害は最初に出資した財産に限るので，リスクは制限される。
　一方，Aは，株主からの出資が得られれば，お金を借りることなく資金を集め，ビジネスを行うことができる。借金ではないから，返済を迫られることはない。

　……このように書くと，いいことずくめのようであるが，世の中そんなに甘

くはない。これだけでは，出資した株主が不利すぎるのである。株主は，直接出資した財産を回収できず，株式会社が利益を上げてくれないと困るのであるから，Aが真面目に株式会社の利益のために動いてくれるようにAをコントロールしなければならない。場合によっては，Aに替えてもっと有能な人材に任せることも可能であった方がいい。また，Aが私腹を肥やさないように監視することも必要だろう。そういったことが制度的に保障されていなければ，Aのビジネスに出資する人は現れない。

　株式会社をめぐる人間関係の基本は，株式会社に出資する株主と，実際に株式会社を経営する経営者との関係である。そこに，経営者を監視する人や，株式会社と取引をする人などが加わり，様々な利害の対立が生まれる。そのため，法律によって利害関係を調整する必要が生じているのである。

2　株　主

　株式会社に出資をする者が株主である。株式会社の財産は元をたどれば株主が出資したものだから，**株主は実質的な株式会社の所有者である**といえる。
　株主は，株式会社に対して，

- ・利益を上げて，配当をしてくれること
- ・利益を上げて，株式会社の財産を増やしてくれること

などを求める。

（株主の責任）
第104条　株主の責任は，その有する株式の引受価額を限度とする。

　株主が負担する経済的義務は，株主となる際にした出資に限られるのが基本である。一方で，株式会社の経営は，経営者に任せることになる。このように，お金を出す人と実際に経営する人が分かれていることを**所有と経営の分離**という。もっとも，株主と経営者が同一人物であっても問題はなく，実際に株主と経営者が一致している株式会社も少なくない。

3　経営者

　現実に株式会社を経営していく人である。
　経営者は，株主の要求に対して，利益を上げるために努力しなければならな

い。一方で，経営者は，株式会社の財産から報酬を得ることになる。経営努力の対価として報酬を得るという点では，労働の対価として賃金を得る従業員に近いが，株式会社との関係は，雇用関係ではなく，**委任関係**である。

株式会社内部の役割としては，**業務の執行**に携わり，対外的には，株式会社を**代表**して具体的な行為を行う。

なお，「経営者」という用語は，法律上の用語ではなく，誤解を招くおそれもあるので，今後は，できるだけ「**業務執行者**」や「**代表者**」といった表現を用いて説明していく。

4 債権者

株式会社と取引をし，株式会社に対する債権を持っている者である。

株式会社の財産に対して，株主と債権者は対立関係にある。株主は，配当として株式会社の財産が自分に分配されることを望むが，配当は，債権者にとっては，株式会社の財産が減少し，債権の弁済を受ける可能性が減少することを意味する。

株主と債権者との関係で重要な役割を果たすのが**資本金**である。

資本金に相当する金銭や財産が株式会社に存在することは保障されないが，資本金の額が大きいと利益の配当がしづらくなり，債権者は，資本金の額が大きいと弁済を受けやすいものと期待する。

➡ 詳しくは，計算について学ぶ際に扱う。

5 監督者

業務執行者がちゃんとやっているかをチェックする者である。基本的には，株主の利益を守るため，株主からの委任を受けて職務を行う。この監督者が行うチェックを監査とよび，今後は，監督ではなく**監査**という用語を用いていく。

第2節　定　款

Topics・定款とは何かを理解する。
　　　　・定款で定めなければならない事項にはどのようなものがあるかを把握する。

1　定款とは何か

　株式会社に出資する株主は，その株式会社がどのような株式会社であるかを知らなければ安心して出資できない。また，株式会社が勝手なことをしないように，あらかじめ約束事を決めておく必要がある。この株主と株式会社間の約束事が定款である。

➡　株主間の約束事という面もある。

　定款は，株式会社にとって最も基本的な規則であり，特に株式会社の内部の機関を拘束するものである。定款では，一定の事項を定めなければならず，また，様々な事項を定めることができる。

➕アルファ

　最近は，多くの有名企業がインターネットで定款を公開している。機会をみつけて閲覧しておくと，理解が深まるだろう。

➕アルファ

　定款は株式会社に特有のものではなく，持分会社や，各種の法人においても定款が作成される。

　また，従来，定款は書面で作成していたが，近年は定款を電磁的記録（具体的にはPDFファイル）で作成することも認められ（会§26Ⅱ），実際に電磁的記録による定款も普及している。電磁的記録で定款を作成する場合，書面の定款と違って収入印紙（4万円）が不要となり，定款作成に関する費用を抑えることができる。ただし，電磁的記録による定款には，電子署名が必要であり（会§26Ⅱ後段），電子署名をすることができるソフトウェアを持っていない場合には，その分のコストが発生する。

　本書では，特に断りのない限り，書面に代えて電磁的記録の作成が認められている場合でも，電磁的記録ではなく書面で作成されているものとして話を進める。商業登記法記述式の試験が書面の資料を前提としているからである。電磁的記録についての知識は，書面について十分理解してから身につければよい。

2　必ず定款で定めなければならない事項

定款では，必ず一定の事項を定めなければならず，一定の事項を定めていない定款は無効となる。この必ず定款で定めなければならない事項を**絶対的記載事項（必要的記載事項）**という。

絶対的記載事項には，次のような事項がある。

(1)　目　的

株式会社は，必ずその定款で目的を定めなければならない（会§27①）。つまり，株式会社の定款には，必ず目的が記載されている。

法人は，その目的によって権利義務の範囲が制限される（民§34）。会社においては，行うことのできる事業の範囲が定められる。

営利法人である会社においては，行うことができる事業の範囲は比較的緩く解釈され，目的に記載されていない事業を行った場合でも，ただちに無効となることはあまりない。また，ほとんどの会社の定款には，「関連する一切の業務」や「関連する一切の事業」などが目的として掲げられており，目的外の事業が問題となることは少ない。

➡　登記事項であり，商業登記法を学ぶ際にもう一度触れることになる。

(2)　商　号

商号も必ず定款で定めなければならない事項である（会§27②）。

➡　登記事項であり，どのような商号が許容されるかは，商業登記法の論点ともなる。

(3)　本店の所在地

本店の所在地とは，具体的な本店の所在場所（○県○市○町一丁目1番1号）ではなく，本店を置く最小行政区画である市町村（○県○市）である。東京特別区の場合には区まで定めなければならないが，政令指定都市の場合には市まで定めればよい。もっとも，具体的な所在場所を定めても問題はない。

このように，**本店の所在地**と**本店の所在場所**は，様々な場面で区別されるので要注意である。

(4)　設立に際して出資される財産の価額又はその最低額

(5)　発起人の氏名又は名称及び住所

　この二つの事項は，通常の設立に際して定款で定めなければならないとされているが（会§27④⑤），もっぱら設立手続において問題となる事項であり，いったん株式会社が成立してしまえば，それほど重要な意味はない。

　また，通常の設立手続ではなく，組織再編行為によって設立された株式会社の定款には，これらの事項は定められていない。つまり，この二つの事項は，絶対的記載事項ではあるものの，全ての株式会社の定款に必ず定められている事項ではない。

(6)　発行可能株式総数

　株式会社が発行することができる株式の上限である（会§37Ⅰ）。

　発行可能株式総数は，通常の設立手続で最初に作成する定款では定めなくてもよいが，その場合でも設立手続中で定めなければならず，成立後の株式会社の定款には必ず記載されている。そのため，厳密には絶対的記載事項ではないが，絶対的記載事項に限りなく近い事項であるといえる。

3　定款以外では定めることができない事項

　株式会社にとって基本的な一定の事項は，定款で定めなければならない。しかし，絶対的記載事項とは違って，その定めがなくても定款が無効となることはない。つまり，定めても定めなくてもいいが，定めるときは必ず定款で定めなければならない事項である。このような事項を相対的記載事項という。

　相対的記載事項は，非常に多岐にわたり，全てを列挙して覚えておく必要はない。ここでは次の一つだけを説明する。

4　公告方法

（会社の公告方法）

第939条　会社は，公告方法として，次に掲げる方法のいずれかを定款で定めることができる。

一　官報に掲載する方法

二　時事に関する事項を掲載する日刊新聞紙に掲載する方法

三　電子公告

2　外国会社は，公告方法として，前項各号に掲げる方法のいずれかを定めることができる。

3　会社又は外国会社が第1項第3号に掲げる方法を公告方法とする旨を定め

る場合には，電子公告を公告方法とする旨を定めれば足りる。この場合において
は，事故その他やむを得ない事由によって電子公告による公告をすることができない場合の公告方法として，同項第1号又は第2号に掲げる方法のいずれかを定めることができる。

4　第1項又は第2項の規定による定めがない会社又は外国会社の公告方法は，第1項第1号の方法とする。

　　外国会社については，本書では扱わず，商業登記法で扱う。

　　この公告方法についての規定は，株式会社だけでなく，持分会社についても適用される。公告方法は，会社の種類にかかわらず同じなのである。

　　公告方法は，官報，新聞，電子公告の三つから選択して定款で定めることができる。定款で定めなかった場合には，官報に掲載する方法となる。その意味で，公告方法は相対的記載事項である。

　　公告方法を定める場合において，「A又はB」のように選択的（択一的）に定めることはできない。一方，「A及びB」のように常に複数の方法で公告する旨を定めることは可能である。

　　時事に関する事項を掲載する日刊新聞紙というのは，普通の新聞を想定すればよい。全国紙である必要はない。

　　電子公告というのは，公告すべき内容をインターネットで公開する方法による公告である。電子公告については，具体的な公告の方法や公告期間などが定められている（会§940〜959）。
　　電子公告を公告方法とした場合には，事故その他やむを得ない事由があった場合の代替の公告方法を定めることができる。電子公告ができない場合には官報に掲載する方法で公告する旨を定めたりできるのである。

　　会社の公告は，公告方法に従って行わなければならない。ただし，会社法で官報に掲載する方法による公告が義務づけられている場合には，別な公告方法を定款で定めていても，官報に掲載する方法によって公告しなければならない。
　　株式会社では，株主に対する公告は基本的に公告方法に従って行い，債権者に対する公告は会社法に従い官報に掲載する方法で公告することが多い。
➡　本書でも，官報に掲載する方法で公告しなければならない場合には，その

都度明記する。逆に，特に明記していなければ会社の定める公告方法で行う公告である。

5　定款でも定められる事項

相対的記載事項とは異なり，定款で定めてもいいが，定款で定めなくてもいい事項がある。このような事項を**任意的記載事項**という。任意的記載事項は，定款以外でも定めることができるが，定款で定めた場合には，通常定款の規定が優先される。

6　定款で定めてはいけない事項

法令に違反する事項，公序良俗に反する事項などは，定款で定めてはいけない。もし仮に定めたとしても，そういった事項は無効である。

第3節　機　関

Topics・株式会社の機関には，どのようなものがあるかを概観する。
　　　　・置かなければならない機関と置くことができる機関を区別する。
　　　　・公開会社について，簡単に理解する。

1　必ず置かなければならない機関

　全ての株式会社が必ず置かなければならない機関は，株主総会と取締役である。厳密には，清算中の株式会社には取締役が置かれないが，それ以外に例外はなく，どのような規模の株式会社も株主総会と取締役だけは置かなければならない。

　株主総会と取締役以外の機関は，一定の場合には置かなければならないこともあるが，全ての株式会社において設置義務があるわけではない。

　株主総会は，株主が意思を決定する会議であって，通常，株主は，株主総会を通じて，株式会社をコントロールする。

　一方，取締役は，株式会社からの委任に基づき，株式会社の業務執行の決定に携わる者である。取締役は，株式会社の手足となって働く者であるともいえる。

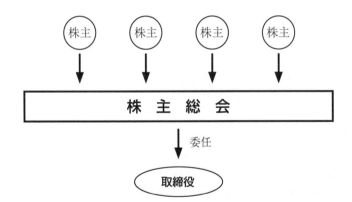

　取締役のうち，特に株式会社を代表することができるものを**代表取締役**という（会§47 I）。代表取締役でない取締役は，業務の執行に関与することはあっても，株式会社を代表することはできない。取締役の一部が代表取締役となることもあるし，取締役の全員が代表取締役となることもある。

2　公開会社とは何か

　機関についての話を進める前に，機関の設置義務と重要な関係のある公開会社という言葉について理解しておく必要がある。

　株式会社は，定款で定めることによって，株式の譲渡を制限することができる。小規模な株式会社では，株式会社と無関係な者が株主となることを望まない場合もあるからである。

用語解説

【譲渡制限株式】

　株式会社がその発行する全部又は一部の株式の内容として譲渡による当該株式の取得について当該株式会社の承認を要する旨の定めを設けている場合における当該株式をいう（会§2⑰）。

　譲渡を完全に禁止することはできず，制限することができるにすぎない。また，譲渡による取得について承認が必要となるのであって，譲渡に際してあらかじめ許可が必要となるものではない。

　株式会社は，その株式の全部を譲渡制限株式とすることも，その株式の一部のみを譲渡制限株式とし，残りの株式を譲渡制限株式ではない株式とすることもできる。

➡　譲渡制限株式については，株式について学ぶ際に詳しく取り扱う。

　そして，譲渡制限株式ではない株式，つまり譲渡の自由な株式を発行することができる株式会社が公開会社である。

用語解説

【公開会社】

　その発行する全部又は一部の株式の内容として譲渡による当該株式の取得について株式会社の承認を要する旨の定款の定めを設けていない株式会社をいう（会§2⑤）。

　全部の株式の内容として譲渡制限を設けていない株式会社も，一部の株式の内容として譲渡制限を設けていない株式会社も，公開会社である。つまり，全部の株式が譲渡制限株式である株式会社以外の株式会社は，公開会社であり，株式Aと株式Bのうち，株式Aのみが譲渡制限株式であるなら，その株式会社は公開会社である。

＋ アルファ

　会社法上の用語としての「公開会社」は，株式を証券取引所等で公開しているということとは無関係で，いわゆる上場企業以外にも，公開会社は存在する。もっとも，公開会社でないと証券取引所に上場できないから，上場されている会社は，一部の例外を除き，公開会社である。

3　置くことができる機関

（株主総会以外の機関の設置）

第326条　（略）

2　株式会社は，定款の定めによって，取締役会，会計参与，監査役，監査役会，会計監査人，監査等委員会又は指名委員会等を置くことができる。

　取締役会，会計参与，監査役，監査役会，会計監査人，監査等委員会，指名委員会等は，一定の場合にのみ設置が義務づけられている機関である。
　これらの機関を置く場合には，その旨を定款で定めなければならない。つまり，機関の設置に関する定めは，定款の相対的記載事項である。

＋ アルファ

　機関の設置に関する定款の定めは，次のようなものが一般的である。

（機関）

第○条　当会社は，株主総会及び取締役のほか，次の機関を置く。
　(1)　取締役会
　(2)　監査役
　(3)　監査役会
　(4)　会計監査人

＋ アルファ

　機関の設置に関する定款の定めは，「取締役会を置く」のように確定的なものでなければならず，「必要に応じて取締役会を置く」のように実際に置くのか置かないのかわからないような定めは認められない。

19

(1)　**取締役会**

取締役会は，主に取締役によって構成される会議体である。

取締役会を置いた場合には，株式会社にとって重要な事項は，取締役会における話し合いによって決定されることになる。

(2)　**会計参与**

会計参与は，取締役と共同して，貸借対照表などの計算書類を作成する（会§374 I）。

➡　計算書類を作成するのであって，監査をするわけではないことに注意。どちらかといえば監査される側である。

(3)　**監査役**

監査をする機関である。

➡　何を監査するのかが重要なのだが，それについてはあらためて取り扱う。

(4)　**監査役会**

監査役によって構成される会議体である。

(5)　**会計監査人**

計算書類の監査を行う会計監査のスペシャリストである。公認会計士か監査法人でないと会計監査人にはなれない。

(6)　**監査等委員会**

監査等委員である取締役によって構成される会議体である。ここでは，とりあえず名前だけ把握しておけばよい。

(7)　**指名委員会等**

指名委員会，監査委員会，報酬委員会の三つの委員会をいう。ここでは，とりあえず名前だけ把握しておけばよい。

4　取締役会設置会社

（取締役会等の設置義務等）

第327条　次に掲げる株式会社は，取締役会を置かなければならない。

一　公開会社

二　監査役会設置会社

　　三　監査等委員会設置会社
　　四　指名委員会等設置会社

重要❗ •

　公開会社は取締役会を置かなければならない。
　公開会社でない株式会社は，取締役会を置かなくてもいい。
　公開会社でない株式会社であっても，取締役会を置かなければならない場合がある。

┌─ 用語解説 ─
│【取締役会設置会社】
│　取締役会を置く株式会社又は会社法の規定により取締役会を置かなければ
│ならない株式会社をいう（会§2⑦）。
│　取締役会を置かなければならない株式会社は取締役会設置会社であるか
│ら，取締役会を置く旨の定款の定めを設ける前であっても，取締役会の設置
│義務が生じた時点で取締役会設置会社となる。
└────────────────────────────────

　監査役会設置会社，会計監査人設置会社という言葉の意味も，取締役会設置
会社と同様に考えていい。
➡　監査等委員会設置会社と指名委員会等設置会社は，やや特殊な機関設計の
　パターンなので，独立して取り扱う。しばらくはこの二つを除外して話を進
　める。

　監査役会設置会社は，公開会社ではない場合であっても，取締役会を置かな
ければならない。

👈理由　監査役会があるのに取締役会がないのはバランスが悪いから。

　株式会社についての規定は，公開会社かどうか，また，取締役会設置会社か
どうかによって大きく異なる。公開会社かどうか，取締役会設置会社かどうか
は，株式会社の性格を決定する重要な要素である。
　そして，公開会社は取締役会を置かなければならないから，全ての株式会社
は，おおざっぱに，

・公開会社（当然に取締役会設置会社）

　　・公開会社でない取締役会設置会社
　　・取締役会設置会社以外の株式会社

の三つに分類することができる。

➡　この三つの分類とは別に，監査等委員会設置会社，指名委員会等設置会社，それ以外の株式会社の三つに分類することも考えられる。監査等委員会設置会社でも指名委員会等設置会社でもない場合について，上の三つの分類があると考えてもよい。

　　基本的に，公開会社は大規模な株式会社が想定されており，取締役会設置会社以外の株式会社は家族経営のような小規模な株式会社が想定されている。

　　取締役会を置かなければならない株式会社があるのとは逆に，取締役会設置会社が置かなければならない機関もある。

第327条　（略）

2　取締役会設置会社（監査等委員会設置会社及び指名委員会等設置会社を除く。）は，監査役を置かなければならない。ただし，公開会社でない会計参与設置会社については，この限りではない。

　　監査等委員会設置会社と指名委員会等設置会社を除き，公開会社は取締役会と監査役を置かなければならない。

🖋️**理由**　　公開会社は大規模な株式会社が想定されるので，監査機関の設置が必要。株主を保護するためでもある。

　　また，監査等委員会設置会社と指名委員会等設置会社を除き，公開会社でない取締役会設置会社は監査役か会計参与のどちらかを置かなければならない。

🖋️**理由**　　公開会社でないのであれば，機関の設置はある程度自由でよく，会計参与が計算書類を作ってくれるなら，監査機関は置かなくてもいい。

5　監査役設置会社

「監査役設置会社」という用語については，特に注意する必要がある。

第2条 （略）

  九 監査役設置会社 監査役を置く株式会社（その監査役の監査の範囲を会計に関するものに限定する旨の定款の定めがあるものを除く。）又はこの法律の規定により監査役を置かなければならない株式会社をいう。

（監査役の権限）

第381条 監査役は，取締役（会計参与設置会社にあっては，取締役及び会計参与）の職務の執行を監査する。（以下略）

（定款の定めによる監査範囲の限定）

第389条 公開会社でない株式会社（監査役会設置会社及び会計監査人設置会社を除く。）は，第381条第1項の規定にかかわらず，その監査役の監査の範囲を会計に関するものに限定する旨を定款で定めることができる。

　監査役は，業務の監査と会計の監査の両方を行う機関であるが，公開会社でもなく，監査役会設置会社でもなく，会計監査人設置会社でもない場合には，監査の範囲を定款で会計に関するものに限定できる。 H18-35

　そして，監査役設置会社の定義からは，監査役の監査の範囲を定款で限定している株式会社が除外されている。

重要❗ ●

監査役を置く株式会社であっても，監査役設置会社であるとは限らない。
監査役の監査の範囲は，定款で制限できる場合がある。

用語解説

【監査役設置会社】

　監査役を置く株式会社と監査役を置かなければならない株式会社のうち，監査役の監査の範囲を会計に関するものに限定する旨の定款の定めがない株式会社である。つまり，業務の監査をする権限がなく会計の監査をする権限のみを持つ監査役を置く株式会社は，監査役設置会社ではない。

　したがって，監査役設置会社に関する規定は，業務監査の権限がない監査役のみを置く株式会社には適用されない。

　業務監査の権限がない監査役のみを置く株式会社にも適用される規定については，特に「監査役設置会社（監査役の監査の範囲を会計に関するものに限定する旨の定款の定めがある株式会社を含む。）」と定められている（会§436Ⅰ，911Ⅲ⑰等）。

　本書でも，単に「**監査役設置会社**」というときは，業務監査の権限がない監査役のみを置く株式会社を除外することとする。一方，業務監査の権限がない監査役のみを置く株式会社も含める場合には，本書では「**監査役を置く株式会社**」ということにする。

　前述したように，監査等委員会設置会社と指名委員会等設置会社を除き，公開会社は監査役を置かなければならず，公開会社でない取締役会設置会社は監査役か会計参与のどちらかを置かなければならない。

第327条　（略）

3　会計監査人設置会社（監査等委員会設置会社及び指名委員会等設置会社を除く。）は，監査役を置かなければならない。

4　監査等委員会設置会社及び指名委員会等設置会社は，監査役を置いてはならない。

　また，監査役がいないと監査役会を組織できないから，監査役会設置会社も監査役を置かなければならない。

　そして，会計監査人設置会社と監査役会設置会社は，監査役の監査の範囲を制限できない。つまり，会計監査人設置会社と監査役会設置会社の監査役は，業務監査の権限を持つ。

H31記述

　🖐**理由**　会計監査人や監査役会といった監査機関を充実させるのに，監査役の監査の範囲を制限するのは，機関設計として矛盾している。

　監査等委員会設置会社と指名委員会等設置会社では，監査役以外の機関が監査を担当することとなり，監査役を置くことはできない。

　まとめると，監査役を置かなければならない株式会社は，監査等委員会設置会社と指名委員会等設置会社以外の株式会社であって，

- 公開会社
- 会計参与を置かない取締役会設置会社
- 会計監査人設置会社
- 監査役会設置会社

である。逆に，監査等委員会設置会社と指名委員会等設置会社以外の株式会

社のうち，監査役を置かなくてもいい株式会社は，公開会社でない株式会社であって，

　　・取締役会と会計参与のみを置く株式会社
　　・任意に設置できる機関を一切置かない株式会社
　　・会計参与のみを置く株式会社

である。どちらか覚えやすい方を覚えておけばいい。

6　大会社

　会社法上の「**大会社**」とは，単に規模の大きい会社ということではなく，一定の要件を満たす株式会社のことである。

➡　大会社の要件については，事業年度，貸借対照表，定時株主総会といった知識が必要となるので，株式会社の計算について扱う際に説明する。ここでは，厳密に要件が定義された「大会社」というものがあることだけを把握しておけばよい。もし，前提となる知識に自信があるのであれば，第38節 6 の「大会社の要件」を先に参照してしまっても構わない。

（**大会社における監査役会等の設置義務**）
第328条　大会社（公開会社でないもの，監査等委員会設置会社及び指名委員会等設置会社を除く。）は，監査役会及び会計監査人を置かなければならない。
2　公開会社でない大会社は，会計監査人を置かなければならない。

　公開会社である大会社と，公開会社でない大会社とでは，置かなければならない機関が異なる。
　ここでも監査等委員会設置会社と指名委員会等設置会社を除外して話を進めていこう。

　公開会社である大会社は，

　　・取締役会
　　・監査役
　　・監査役会
　　・会計監査人

を置かなければならない。**監査役会を置かなければならない株式会社は，公開会社である大会社だけである。**

H31記述
H28-30

そして，公開会社でない大会社は，

H23記述
H18-35

・監査役
・会計監査人

を置かなければならない。**大会社だからといって取締役会を置く義務はない。**

7　会計参与設置会社

H28-30
会計参与か監査役のどちらかを置かなければならない場合はあるが，**会計参与のみを置かなければならない場合はない。**

また，会計参与を置くことができない場合もない。

さらに，会計参与を置くことによって，他の機関の設置が義務づけられる場合もない。

このように，会計参与は，その設置に関して，最も自由度が高い。

➕アルファ

ここまで，「〇〇設置会社」というのは，〇〇を置く株式会社と〇〇を置かなければならない株式会社のことであった。しかし，会計参与設置会社については，単に「会計参与を置く株式会社」とされている（会§2⑧）。これは，会計参与のみを置かなければならない場合はないからであると思われる。

8　まとめ

株式会社の機関の設置義務は，このように結構複雑であり，簡単に覚えるのは難しい。しかし，正確に覚えるのではなく，逆に間違えやすいポイントに注意すれば労力が省ける。

以下，監査等委員会設置会社でも指名委員会等設置会社でもない前提である。

・取締役会設置会社であっても，監査役を置かなくてよい場合がある。
・会計監査人設置会社であっても，取締役会を置かなくてよい場合がある。
・会計監査人設置会社であっても，監査役会を置かなくてよい場合がある。
・大会社であっても，取締役会を置かなくてよい場合がある。

それぞれ，どのような場合かを確認しておくとよい。

また，ありがちな機関のパターンを覚えておくのも，特に記述式対策として有効となる。

中規模の株式会社で最もよくある機関のパターンは，取締役会と監査役を置くものである。実は，会社法が平成18年の5月に施行される以前の商法では，取締役会と監査役のみを置く株式会社が原則だった。だから，公開会社であろうとなかろうと，取締役会と監査役を置くというのは，最もよくあるパターンである。

取締役会と監査役を置く機関設計を基本として，監査役会や会計監査人を置かなければならない株式会社はどのような株式会社かを把握するのが一つのポイントだといえる。

これも監査等委員会設置会社でも指名委員会等設置会社でもない前提である。

・監査役会を置かなければならないのは，公開会社である大会社である。
・会計監査人を置かなければならないのは，大会社である。公開会社かどうかは関係ない。

典型的な機関設計である取締役会と監査役を置く株式会社の全体像は，次のようになっている。

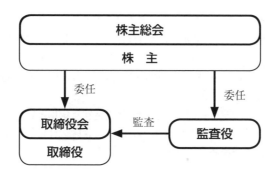

第4節　株主総会

Topics ・株主総会の権限を理解する。取締役会設置会社と，そうでない株式会社とでは異なる。

・株主総会の招集手続を理解する。

・株主総会の決議要件について，正確に判断できるようにしておく。決議要件は，記述式対策としても重要である。

1　株主総会の権限

次の条文は，非常に重要である。ぜひ声に出して読んでいただきたい。

（株主総会の権限）

第295条　株主総会は，この法律に規定する事項及び株式会社の組織，運営，管理その他株式会社に関する一切の事項について決議をすることができる。

2　前項の規定にかかわらず，取締役会設置会社においては，株主総会は，この法律に規定する事項及び定款で定めた事項に限り，決議をすることができる。

1項が取締役会設置会社以外の株式会社における株主総会の権限，2項が取締役会設置会社における株主総会の権限である。

重要❶ ●

株主総会の権限は，取締役会設置会社かどうかで異なる。結構大きく異なる。

取締役会設置会社以外の株式会社では，**株式会社に関する一切の事項**について株主総会で決議することができる。

一方，取締役会設置会社では，**会社法が規定する事項と定款で定めた事項のみ**株主総会で決議することができる。取締役会設置会社における株主総会の権限は，**定款で拡大できる**のである。

理由　取締役会設置会社では，取締役会と株主総会が役割分担した方が効率的だが，取締役会を置かないのであれば，役割分担する必要がないから。

以前，株式会社における**所有と経営の分離**について触れたが，株式会社における所有と経営の分離というのは，所有と経営が分離されているということではなく，所有と経営の分離ができるということなのである。

　そして，取締役会設置会社では，所有と経営がそこそこ分離されているが，取締役会設置会社以外の株式会社では，所有と経営があまり分離されていない。

　取締役会設置会社以外の株式会社では，**取締役が決定できる事項も株主総会が決議できる。**

　取締役会設置会社では，**取締役会が決議する事項は，定款で定めない限り株主総会では決議できない。**株式会社にとって基本的な事項は株主総会が決議するが，より細かい事項や重要でない事項は取締役会が決議する。

　取締役会設置会社における株主総会の権限は，定款の定めにより拡大できるが，会社法に特に規定がある場合を除き，**縮小することはできない。**

第295条　（略）

3　この法律の規定により株主総会の決議を必要とする事項について，取締役，執行役，取締役会その他の株主総会以外の機関が決定することができることを内容とする定款の定めは，その効力を有しない。

　この条文は，反対解釈が可能である。つまり，**会社法の規定により取締役，執行役，取締役会その他の株主総会以外の機関による決定を必要とする事項については，株主総会で決議することができる旨を定款で定めることができる。**
　特に問題となるのは取締役会の決議事項についてだろう。

重要❶ ・・・・・・・・・・・・・・・・・・・・・・・・・・・・・・・・

取締役会の決議事項については，株主総会で決議することができる旨を定款で定めることができる。

株主総会の決議事項については，会社法に特に規定がある場合を除き，取締役会で決議することができる旨を定款で定めることができない。

➕アルファ

定款で株主総会の決議事項を拡大した場合でも，取締役会の決議事項は縮小しないと解されている。つまり，取締役会の決議事項について，株主総会で決議することができる旨を定款で定めた場合であっても，取締役会は，当該事項を決議することができる。株主総会でも取締役会でも決議できる事項になるのである。

2　定時株主総会と臨時株主総会

株主総会には，定時株主総会と臨時株主総会がある。

> （株主総会の招集）
> **第296条**　定時株主総会は，毎事業年度の終了後一定の時期に招集しなければならない。
> 2　株主総会は，必要がある場合には，いつでも，招集することができる。

定時株主総会は，事業年度ごとに一定の時期に開催される。そして，定時株主総会以外の株主総会は，全て臨時株主総会である。

用語解説
【事業年度】

会社がその計算を行い，損益計算書などの計算書類の作成の単位となる期間である。

定款で定めるものとした明文の規定はないが，ほとんどの会社は定款で事業年度を定めている。4月1日から翌年3月31日までの1年とする会社が最も多い。

事業年度は，1年以内の期間である必要があるが，事業年度の末日を変更する場合の変更後最初の事業年度は1年6か月以内であればよい（計算規§59Ⅱ）。1年以内であればよいので，1事業年度を6か月とすることも会社法上は可能である。

　　定時株主総会を開催する時期について会社法は何も規定していないが，ほとんどの株式会社は定時株主総会の開催時期を定款で定めている。

➕ アルファ

　　定時株主総会の開催時期については，「事業年度末日の翌日から○か月以内に招集する」や「毎年○月に招集する」などと定款で定められる。そして，定時株主総会の開催時期は，事業年度末日の翌日から3か月以内とすることが多い。

　　現時点では，事業年度を4月1日から翌年3月31日までとする株式会社が最も多く，そのほとんどが6月末に定時株主総会を招集している。

3　取締役による株主総会の招集

　　招集の手続は，定時株主総会も臨時株主総会も同じである。

（株主総会の招集）

第296条 　（略）

3　株主総会は，次条第4項の規定により招集する場合を除き，取締役が招集する。

　　ここでいう取締役は，文字どおり取締役であり，代表取締役には限られないが，代表取締役が招集することが多いだろう。

➡　株主による招集（次条第4項の規定）については，後述する。

　　株主総会の招集は，招集の決定と招集の通知の発出という手続を経る。

（株主総会の招集の決定）

第298条　取締役（前条第4項の規定により株主が株主総会を招集する場合にあっては，当該株主。次項本文及び次条から第302条までにおいて同じ。）は，株主総会を招集する場合には，次に掲げる事項を定めなければならない。

一　株主総会の日時及び場所

二　株主総会の目的である事項があるときは，当該事項

三　株主総会に出席しない株主が書面によって議決権を行使することができることとするときは，その旨

四　株主総会に出席しない株主が電磁的方法によって議決権を行使することができることとするときは，その旨

> 五　前各号に掲げるもののほか，法務省令で定める事項
> 2　（略）
> 3　（略）
> 4　取締役会設置会社においては，前条第4項の規定により株主が株主総会を招集する場合を除き，第1項各号に掲げる事項の決定は，取締役会の決議によらなければならない。
>
> **第309条**　（略）
> 5　取締役会設置会社においては，株主総会は，第298条第1項第2号に掲げる事項以外の事項については，決議をすることができない。（以下略）

　株主総会の招集の決定は，取締役会設置会社では，取締役会の決議によらなければならない。つまり，取締役会設置会社における株主総会の招集は，取締役会の決議に基づいて取締役が行う。

　定めなければならない事項は次のとおりである。

(1)　日時と場所

　定時株主総会は一定の時期に招集するが，臨時株主総会はいつでも招集できる。時間も，常識的な時間であれば問題ない。

　株主総会の招集地について，会社法は何も規定していない。定款で招集地を定めることも可能である。

　➡　あまりに不合理な場所で開催すると，決議の取消し（会§831Ⅰ①）の事由となると考えられる（会施規§63②参照）。

(2)　目　的

　株主総会については，その**目的**を定めなければならない。株主総会の目的とは，何について決議をするかという株主総会の**議題**である。

　議題と**議案**は区別される。**議題**（「取締役の選任」など）は，個々の具体的な**議案**（「Aを取締役に選任する」など）を含む。議題のほうが，よりおおざっぱなものといってもいい。なので，一つの議題について，複数の議案が決議の対象となることも考えられる。

　取締役会設置会社の株主総会は，基本的に議題とされていない事項について決議することができない。逆に，取締役会設置会社以外の株式会社の株主総会は，議題とされていない事項についても決議できる。ここでも，取締役会設置会社の株主総会の権限は，制限されている。

⑶　**書面による議決権行使**

　　書面（ハガキなど）による議決権の行使を認めることができる。もちろん出席してもいい。

⑷　**電磁的方法による議決権行使**

　　電磁的方法（インターネット）による議決権の行使を認めることもできる。もちろん出席してもいい。書面による議決権行使と電磁的方法による議決権行使を両方認めてもいいし，どちらか一方だけでもいい。

⑸　**会社法施行規則63条で規定されている事項**

　以上の事項のうち，⑶と⑷については，招集手続に影響が出ることがある。

　招集の決定をした後，株主に対して招集を通知することになる。

（株主総会の招集の通知）

第299条　株主総会を招集するには，取締役は，株主総会の日の２週間（前条第１項第３号又は第４号に掲げる事項を定めたときを除き，公開会社でない株式会社にあっては，１週間（当該株式会社が取締役会設置会社以外の株式会社である場合においては，これを下回る期間を定款で定めた場合にあっては，その期間））前までに，株主に対してその通知を発しなければならない。

2　次に掲げる場合には，前項の通知は，書面でしなければならない。

一　前条第１項第３号又は第４号に掲げる事項を定めた場合

二　株式会社が取締役会設置会社である場合

3　取締役は，前項の書面による通知の発出に代えて，政令で定めるところにより，株主の承諾を得て，電磁的方法により通知を発することができる。この場合において，当該取締役は，同項の書面による通知を発したものとみなす。

4　前２項の通知には，前条第１項各号に掲げる事項を記載し，又は記録しなければならない。

　招集の通知については，その**期間**と**方法**が問題になる。そして，期間と方法は，

H27-29
H25-30
H20-32

・公開会社と書面・電磁的方法による議決権行使を認めた株式会社
・公開会社でない取締役会設置会社
・取締役会設置会社以外の株式会社

の三つのパターンで異なる。より大規模な株式会社が想定される公開会社では，株主保護のため，より厳格な手続が求められている。

	公開会社 書面・電磁的方法による議決権行使を認めた株式会社	公開会社でない 取締役会設置会社	取締役会設置会社 以外の株式会社
期間	2週間	1週間	原則1週間だが，定款で短縮可能
方法	書面	書面	書面によらない

　書面によらない方法で招集の通知をすることができる場合には，その方法は特に制限されず，口頭でも，電話でもいい。

　招集の通知を書面でしなければならない場合において，あらかじめ株主の承諾を得ているときは，書面ではなく電磁的方法によって招集の通知をすることができる。

➡　電磁的方法による議決権行使を認める場合には，株主の承諾は不要だが，通知を電磁的方法によって行うときは，株主の承諾が必要。

H25–30
H20–32　書面による議決権行使を認める場合には，招集の通知に際して，議決権の行使に際して参考となるべき事項を記載した書類（株主総会参考書類）と株主が議決権を行使するための書面（議決権行使書面）を交付しなければならないが，招集の通知を電磁的方法によってする場合には，これらの書面に記載すべき事項を電磁的方法によって提供することができる（会§301）。

（招集手続の省略）

第300条　前条の規定にかかわらず，株主総会は，株主の全員の同意があるときは，招集の手続を経ることなく開催することができる。ただし，第298条第1項第3号又は第4号に掲げる事項を定めた場合は，この限りでない。

　株主全員の同意があれば招集手続（招集の通知）は省略できるが，書面・電磁的方法による議決権行使を認める場合には，招集手続の省略はできない。

➕ アルファ

　これらの招集手続には例外がある。

　株主が1,000人以上の株式会社は，委任状の勧誘をする上場会社を除いて，書面による議決権行使を認めなければならない（会§298Ⅱ，会施規§64）。株主の人数が多いのであれば，株主総会に出席せずに議決権を行使する機会を与えなければならないのである。

　委任状の勧誘というのは，議決権の行使についての委任状を交付し，代理人によって議決権を行使させることで，自ら株主総会に出席することを不要とする方法である。株主総会への出席を不要とするという意味で，書面による議決権の行使と同じような効果が得られる。「上場株式の議決権の代理行使の勧誘に関する内閣府令」によって手続が定められている。

【改正情報】

　令和元年改正法により電子提供措置についての規定が追加された。令和元年改正法中電子提供措置に関する改正は，公布の日（令和元年12月11日）から３年６月を超えない範囲内において政令で定める日から施行するものとされている。

　株式会社は，株主総会参考書類と議決権行使書面を含む一定の資料（株主総会参考書類等）の内容である情報について電子提供措置をとる旨を定款で定めることができる。電子提供措置をとる旨の定款の定めがある株式会社においては，株主総会参考書類等を書面で交付することが不要になり，インターネットを利用して情報を提供するだけでよくなる。ただし，電子提供措置の対象は株主総会参考書類等の内容である情報であり，書面による招集の通知が不要となるわけではない。つまり，多くの場合，招集の通知のみを書面で行い，株主総会参考書類等の内容である情報をインターネットで提供することになる。また，電子提供措置をとる旨の定款の定めがある株式会社の株主は，株式会社に対し，電子提供措置の対象である情報を記載した書面の交付を請求することができる。書面交付請求とよばれるものであり，インターネットの利用が困難な株主の利益を保護するためのものである。

　電子提供措置をとる旨の定款の定めを設けることができる株式会社の範囲について，特別な制限はない。取締役会設置会社以外の株式会社であっても定款の定めを設けることは可能である。もっとも，可能ではあるが，

　小規模な株式会社で電子提供措置をとるメリットはあまりなく，株主総会の招集の通知の発出の期限が株主総会の日の2週間前までとなるなどのデメリットもある。一方，社債，株式等の振替に関する法律に基づき振替株式を発行する会社（ほとんどの上場会社）は，電子提供措置をとる旨を定款で定めなければならない。結局，電子提供措置というのは，上場会社などの大規模な株式会社のための制度だと考えてよい。

　なお，電子提供措置をとる旨の定款の定めは登記事項である。

4　株主による株主総会の招集

（株主による招集の請求）

第297条　総株主の議決権の100分の3（これを下回る割合を定款で定めた場合にあっては，その割合）以上の議決権を6箇月（これを下回る期間を定款で定めた場合にあっては，その期間）前から引き続き有する株主は，取締役に対し，株主総会の目的である事項（当該株主が議決権を行使することができる事項に限る。）及び招集の理由を示して，株主総会の招集を請求することができる。

2　公開会社でない株式会社における前項の規定の適用については，同項中「6箇月（これを下回る期間を定款で定めた場合にあっては，その期間）前から引き続き有する」とあるのは，「有する」とする。

3　第1項の株主総会の目的である事項について議決権を行使することができない株主が有する議決権の数は，同項の総株主の議決権の数に参入しない。

　一定の要件を満たす株主は，株主総会の招集を請求することができる。要件を定款で緩和することは可能である。

　➡　要件は覚える必要があるが，今後登場する様々な要件と比較して整理した方がいいので，ここでは簡単に眺めるだけでいい。

H20-32　　公開会社では，定款で短縮した場合を除き6か月前から議決権を有していなければならないが，公開会社でない株式会社では，期間の制限はない。つまり，**公開会社でない株式会社の方が要件が緩い。**

　➡　公開会社でない株式会社は，この場合に限らず，いろいろと緩い。

　招集の請求ができない株主もいる。1項の最後の括弧書である。

重要❗・・・・・・・・・・・・・・・・・・・・・・・・・・・

　株主は，議決権を行使することができない事項を目的とする株主総会の招集の請求はできない。

　全く議決権を行使することができない株主は，株主総会の招集の請求ができない。

　取締役に対して招集の請求をして，取締役がそれに応じれば，それは**取締役** `H25-30` **による株主総会の招集**である。一方，次のいずれかの要件を満たす場合には，**裁判所の許可を得て株主が自ら株主総会を招集する**ことができる。

　・招集の請求の後遅滞なく招集の手続が行われない場合
　・招集の請求があった日から８週間（これを下回る割合を定款で定めた場合にあっては，その期間）以内の日を株主総会の日とする株主総会の招集の通知が発せられない場合

　株主が自ら株主総会を招集する場合には，招集の決定と招集の通知の発出は，株主総会を招集する株主自身が行うことになる。

5　議決権の数

　ここまで何度か「議決権」という用語を使ってきたが，ここで「議決権」の正しい意味を確認しておこう。

（議決権の数）

第308条　株主（株式会社がその総株主の議決権の４分の１以上を有することその他の事由を通じて株式会社がその経営を実質的に支配することが可能な関係にあるものとして法務省令で定める株主を除く。）は，株主総会において，その有する株式１株につき１個の議決権を有する。ただし，単元株式数を定款で定めている場合には，１単元の株式につき１個の議決権を有する。

2　前項の規定にかかわらず，株式会社は，自己株式については，議決権を有しない。

　株式数は「○株」と数えるが，議決権数は「○個」と数える。

　議決権は，**１株につき１個が原則**である。

　ここでは，１株につき１個の議決権に対する例外が三つ挙げられている。

➡　ここで挙げる三つのほか，定款で定める株式の内容によって議決権が制限される場合がある。

(1)　相互保有株式

　308条1項の括弧書である。法務省令（会施規§67）には詳細な規定があるが，A株式会社がB株式会社の議決権の4分の1以上を持っているのであれば，B株式会社は，A株式会社の株式を持っていても，議決権を有しないことを覚えておけばいい。

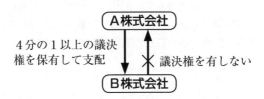

(2)　単元未満株式

　308条1項のただし書である。株式会社は，定款で単元株式数を定めることができる。

（単元株式数）

第188条　株式会社は，その発行する株式について，一定の数の株式をもって株主が株主総会又は種類株主総会において1個の議決権を行使することができる1単元の株式とする旨を定款で定めることができる。

2　前項の一定の数は，法務省令で定める数を超えることはできない。

　単元株式数を100株とした場合，100株を保有している株主の議決権は1個となる。また，199株を保有している株主の議決権も1個，99株を保有している株主の議決権は0個である。

　単元株式数に満たない数の株式を**単元未満株式**といい，単元未満株式しか保有していない株主を**単元未満株主**という。上の例では，99株しか保有していない株主は単元未満株主である。

　単元株式数は，1,000以下でなければならず，また，発行済株式の総数の200分の1に当たる数以下でなければならない（会施規§34）。

　📑**理由**　単元株式数が大きすぎると，議決権を有しない株主が多くなり，一部の株主のみで会社を支配することになり不当だから。

(3)　**自己株式**

308条2項で規定されている。

┌─**用語解説**─────────────────────────────────┐
【自己株式】

株式会社が有する自己の株式をいう（会§113Ⅳ括弧書）。

つまり，自己株式の株主は，その株式を発行している株式会社自身である。
└──┘

自己株式には議決権はない。

➡　議決権以外にもいろいろな権利が認められない。今後その都度触れていく。

 　自己株式に議決権を認めると，株主総会によってコントロールされるべき取締役の意思が自己株式を通じて株主総会に反映されてしまうから。

6　基準日

┌──┐
（基準日）

第124条　株式会社は，一定の日（以下この章において「基準日」という。）を定めて，基準日において株主名簿に記載され，又は記録されている株主（以下この章において「基準日株主」という。）をその権利を行使することができる者と定めることができる。
└──┘

株主が頻繁に入れ替わるような場合には，どこかの時点で株主を固定する必要がある。そういった必要がある場合には，基準日を利用することになる。

たとえば，事業年度が毎年4月1日から翌年3月31日までである株式会社は，6月に開催する定時株主総会の議決権の基準日を定款で3月31日と定めておけば，3月31日現在の株主の状況で議決権を判断することができる。

基準日は，議決権の行使だけではなく，株主の権利を確定する必要がある場合には，必要に応じて定めることができる。

➡　多くの株式会社は，定時株主総会の議決権の基準日と剰余金の配当の基準日を定款で定めている。

　　基準日は，必ずしも定款で定める必要はないが，定款以外で基準日を定めたときは，基準日と基準日株主が行使することができる権利の内容を公告する必要がある（会§124Ⅲ）。

➡　この公告は，基準日の2週間前までに行わなければならない。

➕アルファ

H27-28　　株主総会の基準日後に株式を取得した者は，株主総会において議決権を行使することができないのが原則である。しかし，株式会社は，例外的に，基準日後に株式を取得した者に議決権を与えることができる（会§124Ⅳ）。本来，株主は議決権を持つものなのだから，基準日株主の権利を害さないのなら，株主に議決権を与える自由を株式会社に認めてもよいのである。

7　議決権の行使

　　株主は，株主総会に出席し，その議案について賛成か反対かの意思表示をすることによって議決権を行使することができる。また，株主は招集の決定に際して認められた場合には，**書面による議決権行使**や，**電磁的方法による議決権行使**ができる。書面や電磁的方法によって行使された議決権は，株主総会に出席した株主の議決権と同じように取り扱われる。

　　さらに，株主の議決権行使については，二つの例外規定がある。

> （議決権の代理行使）
> **第310条**　株主は，代理人によってその議決権を行使することができる。この場合においては，当該株主又は代理人は，代理権を証明する書面を株式会社に提出しなければならない。

　　議決権の行使は代理人によってすることができる。しかし，株主総会の混乱を防ぐため，議決権の代理行使については次の制限が許されている。

(1)　代理人の数の制限

　　株式会社は，株主総会に出席することができる代理人の数を制限することができる（会§310Ⅴ）。

(2)　代理人の資格の制限

H31-30　　株式会社は，**代理人の資格を株主に限定する旨**を定款で定めることができる（最判昭43.11.1）。もっとも，代理人の資格を株主に限定していても，会

社が株主となっている場合には，その会社の従業員は，株主でなくても会社の代理人として議決権を行使することができる（最判昭51.12.24）。

（議決権の不統一行使）

第313条　株主は，その有する議決権を統一しないで行使することができる。

2　取締役会設置会社においては，前項の株主は，株主総会の日の３日前までに，取締役会設置会社に対してその有する議決権を統一しないで行使する旨及びその理由を通知しなければならない。　**H21-29** **H20-32**

3　株式会社は，第１項の株主が他人のために株式を有するものでないときは，当該株主が同項の規定によりその有する議決権を統一しないで行使することを拒むことができる。

たとえば，100個の議決権を持っている株主が60個分を賛成とし，40個分を反対とするといった形で議決権を行使するのが**議決権の不統一行使**である。

自分の名義で自分のために株式を所有している場合には議決権の不統一行使 **H31-30** を認めなくても問題はないが，多くの人から株式の信託を受けている場合など名目的な株主と株式に対する実質的な権利を持つ者が異なる場合には，実質的な権利者の意思を議決権行使に反映させる必要がある。そのため，**他人のために株式を有する者からの議決権の不統一行使は拒むことができない。**

➕ アルファ

会社法を学問として勉強するなら，313条２項の規定は，それほど重要ではない。にもかかわらず，司法書士試験においては重要な条文である。

それは，**取締役会設置会社か否かで結論が変わる**規定だからである。

公開会社か否か，あるいはある機関を設置しているか否かで結論が変わる規定は，ついつい問題にしたくなる。また，「取締役会設置会社」の部分を「取締役会設置会社以外の株式会社」に変えるだけで，簡単に正誤の変わる肢が作れる。

だから，試験対策としては，「取締役会設置会社においては……」「公開会社においては……」といった条文は，それほど重要に思えなくても注意しておくべきである。

8　株主総会の議長

株主総会には，議長が置かれる（会§315Ⅰ）。

誰が議長となっても構わないのだが，代表取締役が議長となる旨を定款で定

めている株式会社は多い。

9　決議要件

　　株主総会の決議要件には，**普通決議**，**特別決議**，**特殊決議**がある。この三つ
は会社法上の用語ではなく，必ずしもその範囲が確定しているわけではないが，
とりあえずは三つに分類してしまった方が理解しやすい。

(1)　普通決議

> **（株主総会の決議）**
> **第309条**　株主総会の決議は，定款に別段の定めがある場合を除き，議決権を
> 　行使することができる株主の議決権の過半数を有する株主が出席し，出席し
> 　た当該株主の議決権の過半数をもって行う。

　　株主総会に出席しなければならない最低数を**定足数**という。出席した株主
の議決権数が定足数に満たない場合には，株主総会自体が成立しない。
　　出席した株主の議決権数や賛成した株主の議決権数には，書面や電磁的方
法で議決権を行使した株主の議決権数も含まれることになる。

　　普通決議では，出席しなければならない株主の議決権数（定足数）と賛成
する株主の議決権数が定められている。どちらも過半数である。つまり，議
決権を行使することができる株主の議決権数が100個である場合には，51個
以上の議決権を有する株主が出席しなければならず，出席した株主の議決権
数が51個であったなら，その過半数である26個の議決権を有する株主が賛成
すれば決議は有効に成立する。
　➡　　出席した株主の議決権数のうち，賛成が反対より多ければよい。つまり
　　　多数決である。

　　普通決議の要件については，定款に別段の定めを置くことができる。別段
の定めの範囲について会社法上の規定はないが，賛成しなければならない数
を増やすなど，要件を厳しくすることができ，また，**定足数を排除すること**
も可能である。

➕ **アルファ**

　　上場企業など，定款で定足数を排除している株式会社は多い。定足数を排
除してしまえば，出席した株主の議決権数にかかわらず，出席した株主の議
決権数の過半数の賛成が得られれば決議が有効に成立する。

定款では，定足数を排除するため，次のように定める例が多い。

> （決議の方法）
> 第○条　株主総会の決議は，法令又はこの定款に別段の定めがある場合を除き，出席した議決権を行使することができる株主の議決権の過半数をもって行う。

株主総会の決議によらなければならない事項のうち，特に決議要件に関する規定がないものは，全て普通決議の要件を満たせばよい。なので，特別決議や特殊決議によらなければならない事項を覚えてしまえば，それ以外の事項は普通決議であると判断できる。 H23-30

役員の選任・解任の決議要件は，309条1項の普通決議とは異なっている。

> （役員の選任及び解任の株主総会の決議）
> **第341条**　第309条第1項の規定にかかわらず，役員を選任し，又は解任する株主総会の決議は，議決権を行使することができる株主の議決権の過半数（3分の1以上の割合を定款で定めた場合にあっては，その割合以上）を有する株主が出席し，出席した当該株主の議決権の過半数（これを上回る割合を定款で定めた場合にあっては，その割合以上）をもって行わなければならない。

309条1項の普通決議とは，括弧書の部分に違いがある。

341条の決議では，定款で定足数を排除することはできない。定足数の下限は3分の1である。 H19-31

309条1項の決議と341条の決議は，定款で定めることができる事項に違いがあるのであり，定款で何も定めていないのであれば，309条1項の決議要件と341条の決議要件は，全く同じものになる。

➡　役員の選任と解任以外にも，341条の決議要件を用いる場合がある。募集株式の発行等・募集新株予約権の発行が支配株主の異動に該当する場合に必要となる決議である（会§206の2Ⅴ，244の2Ⅵ）。募集株式の発行等と募集新株予約権の発行のところで説明する。

341条の決議も含めて「普通決議」とよぶこともあるが，本書では，混乱を避けるため，今後309条1項の決議要件のみを「普通決議」とよぶことにする。

用語解説

【役員】

取締役，会計参与及び監査役をいう（会§329）。

会計監査人は，会社法の定義では役員に含まれないことに注意する必要がある。

重要❗ ・・・・・・・・・・・・・・・・・・・・・・・・・・・・・・・・・

役員を選任する株主総会の決議は341条の決議要件によらなければならないが，会計監査人の選任・解任は，普通決議である。

　　役員を選任する株主総会の決議は341条によらなければならないが，解任は，特別決議によらなければならない場合もある。役員の選任・解任については，第5節であらためて扱う。

(2)　特別決議

第309条　（略）

2　前項の規定にかかわらず，次に掲げる株主総会の決議は，当該株主総会において議決権を行使することができる株主の議決権の過半数（3分の1以上の割合を定款で定めた場合にあっては，その割合以上）を有する株主が出席し，出席した当該株主の議決権の3分の2（これを上回る割合を定款で定めた場合にあっては，その割合）以上に当たる多数をもって行わなければならない。この場合においては，当該決議の要件に加えて，一定の数以上の株主の賛成を要する旨その他の要件を定款で定めることを妨げない。（以下略）

　　定足数については，341条の決議と同じである。定款に定めがなければ過半数であり，定款で定めても3分の1までである。

　　賛成する株主の議決権数についての要件が**普通決議より厳しい**。特別決議では，**出席した株主の議決権数の3分の2以上の賛成**が必要とされている。

➡　つまり，出席した株主の議決権数のうち，賛成した株主の議決権数が反対した株主の議決権数の倍以上必要である。

　　要件をさらに定款で厳しくすることは可能だが，緩和することはできない。

　　株主に対する影響が大きい決議については，普通決議よりも要件が厳しい

特別決議が要求される。

　以下に特別決議によらなければならない決議を列挙しておくが，この先個別に取り扱う機会があるので，この時点で全部覚える必要はないし，何の決議かわからなくても問題ない。

- ・株式の譲渡等承認請求の際の株式の買取りに関する決議（会§140ⅡⅤ）　H26-29
- ・特定の株主からの合意による株式の有償取得に関する決議（会§156Ⅰ，　H23-30 160Ⅰ）
- ・全部取得条項付種類株式の取得に関する決議（会§171Ⅰ）
- ・相続人等に対する株式の売渡しの請求に関する決議（会§175Ⅰ）
- ・株式の併合に関する決議（会§180Ⅱ）
- ・募集株式の発行等に関する決議（会§199Ⅱ，200Ⅰ，202Ⅲ④，204Ⅱ，205Ⅱ）
- ・募集新株予約権の発行に関する決議（会§238Ⅱ，239Ⅰ，241Ⅲ④，243Ⅱ，244Ⅲ）
- ・累積投票（会§342ⅢⅣⅤ）によって選任された取締役の解任の決議　H26-30
- ・監査役と監査等委員である取締役の解任の決議　H19-31
- ・役員等の責任の一部免除に関する決議（会§425Ⅰ）
- ・資本金の額の減少に関する決議のうち一定の要件を満たさないもの（会§447Ⅰ）
- ・金銭以外の財産を配当財産とし，株主に金銭分配請求権を与えない場合の剰余金の配当に関する決議（会§454Ⅳ）
- ・定款の変更に関する決議（会§466）
- ・事業の譲渡等の承認に関する決議（会§467）
- ・解散の決議（会§471③）
- ・組織再編行為に関する決議

　定款の変更は原則として特別決議であることをとりあえずは覚えておけばよいだろう。

➡　定款の変更でも，次の特殊決議が要求される場合がある。また，株主総会の決議によらずに定款を変更できる場合もある。

(3)　**特殊決議**

> **第309条**　（略）
>
> **3**　前2項の規定にかかわらず，次に掲げる株主総会（種類株式発行会社の株主総会を除く。）の決議は，当該株主総会において議決権を行使することができる株主の半数以上（これを上回る割合を定款で定めた場合にあっては，その割合以上）であって，当該株主の議決権の3分の2（これを上回る割合を定款で定めた場合にあっては，その割合）以上に当たる多数をもって行わなければならない。（以下略）

　特殊決議では，定足数は定められていない。出席した株主の人数や議決権数にかかわらず，定款に別段の定めがある場合を除き，株主の半数以上かつ株主の議決権の3分の2以上の賛成が必要である。出席した株主の議決権の3分の2以上でよかった特別決議よりも，さらに厳しい。

➡　「半数以上」は半数を含むが，「過半数」は半数を含まない。議決権を行使する株主が100人だったら，その半数以上である50人以上の賛成が必要となる。「半数以上」ならちょうど半数でもいい。51人以上ではない。

　特殊決議も定款で要件を厳しくすることが可能である。

H23-30　特殊決議が要求されるのは，譲渡制限株式でない株式の株主が譲渡制限株式の株主となる場合である。つまり，次の場合である。

・既に発行している株式を譲渡制限株式にする定款の変更をする場合
・合併や株式交換・株式移転に際して，譲渡制限株式でない株式の株主に対して，その株式に代えて譲渡制限株式を交付する場合

　株式が承認を得ることなく譲渡できるかどうかは，株主にとって非常に重要な要素である。株式を売却して利益を得たい株主を想定してもらえばよい。なので，譲渡制限についての定款の変更は，通常の定款の変更よりも決議要件が厳しい。

　合併や株式交換・株式移転を含む組織再編行為については第4章で扱う。

　種類株式発行会社では，株主総会について特殊決議が要求される場合はない。これは非常に重要なポイントだが，種類株式発行会社については，第15節以降で扱う。

　もう一つ，さらに厳しい決議要件がある。

第309条　（略）

4　前3項の規定にかかわらず，第109条第2項の規定による定款の定めについての定款の変更（当該定款の定めを廃止するものを除く。）を行う株主総会の決議は，総株主の半数以上（これを上回る割合を定款で定めた場合にあっては，その割合以上）であって，総株主の議決権の4分の3（これを上回る割合を定款で定めた場合にあっては，その割合）以上に当たる多数をもって行わなければならない。

　109条2項の定款の定めというのは，株主を不平等に取り扱うことを内容　**H23-30**
とする定款の定めである。第15節で解説することとし，ここでは扱わない。

　309条3項の特殊決議に似ているが，こちらは議決権の4分の3以上の賛成が求められ，さらに要件が厳しくなっている。

　309条3項の決議要件と309条4項の決議要件を含めて「特殊決議」ということも多いが，本書では，単に「特殊決議」というときは，309条3項の決議要件のみをさすこととする。

➕ **アルファ**

　決議要件を全て覚えるのは簡単ではない。本当は条文丸ごと覚えてしまうのが理想だし，何度も書いていれば自然と覚えてしまうのだが，そこそこ時間がかかる。

　決議要件を区別するポイントは，出席しなければならない数（定足数）があるかという点と必要な賛成数（半数以上，過半数，3分の2以上，4分の3以上）と人数の要件か議決権数の要件かという3点になる。

　とりあえずは，単純に，3分の2以上が特別決議，定足数がなくて人数の要件があるのが特殊決議と整理しておくといいだろう。

定款に別段の定めがない場合には，次のようになる。

	普通決議	特別決議	特殊決議
定足数 （出席数）	議決権を行使することができる株主の議決権の過半数	議決権を行使することができる株主の議決権の過半数	なし
賛成数	出席した株主の議決権の過半数	出席した株主の議決権の3分の2以上	議決権を行使することができる株主の半数以上 議決権を行使することができる株主の議決権の3分の2以上

10　議事録

> **第318条**　株主総会の議事については，法務省令で定めるところにより，議事録を作成しなければならない。
> 2　株式会社は，株主総会の日から10年間，前項の議事録をその本店に備え置かなければならない。
> 3　株式会社は，株主総会の日から5年間，第1項の議事録の写しをその支店に備え置かなければならない。（以下略）

　株主総会が終わったら，議事録を作らなければならない。議事録は，取締役が作成する（会施規§72Ⅲ⑥）。
　議事録は，書面で作成しても，電磁的記録で作成してもいい。

　株主総会議事録は，**本店に10年**，**支店に5年**，備え置かなければならない。ただし，支店への備置きについては例外があって，株主総会議事録が電磁的記録で作成されている場合であって，支店でも議事録の内容の閲覧や謄写（印刷）が可能であれば，支店への備置きは免除される。

　株主総会議事録については，次の者から閲覧・謄写の請求ができる。

・株主（営業時間内いつでもOK）
・債権者（営業時間内いつでもOK）
・親会社社員（その権利を行使するため必要があるときであって，**裁判所の許可を得たとき**）

　ここでの株主は，株主総会における議決権がある株主に限られない。つまり，議決権がなくても閲覧・謄写の請求はできる。

用語解説

【親会社】

　株式会社を子会社とする会社その他の当該株式会社の経営を支配する法人をいう（会§2④）。
　たとえば，A株式会社がB株式会社の議決権の過半数を保有しているなら，A株式会社は，原則としてB株式会社の親会社であり，B株式会社は，原則としてA株式会社の子会社である（会施規§3Ⅲ）。

【親会社社員】

　親会社の株主その他の社員をいう（会§31Ⅲ）。

　株主総会の議事録には，議事の経過の要領やその結果などの一定の事項を記載しなければならない（会施規§72）。

11　株主総会の省略

　株主総会については，その**決議の省略**と**報告の省略**ができる。

⑴　株主総会の決議の省略

（株主総会の決議の省略）
第319条　取締役又は株主が株主総会の目的である事項について提案をした場合において，当該提案につき株主（当該事項について議決権を行使することができるものに限る。）の全員が書面又は電磁的記録により同意の意思表示をしたときは，当該提案を可決する旨の株主総会の決議があったものとみなす。

　取締役か株主による提案と，株主全員の同意があれば，株主総会を現実に開催しなくても，株主総会の決議があったのと全く同じ効果を得ることができる。

➡　招集手続の省略（会§300）とは区別しなければならない。

(2)　株主総会への報告の省略

（株主総会への報告の省略）
第320条　取締役が株主の全員に対して株主総会に報告すべき事項を通知した場合において，当該事項を株主総会に報告することを要しないことにつき株主全員が書面又は電磁的記録により同意の意思表示をしたときは，当該事項の株主総会への報告があったものとみなす。

詳しくは計算について扱う際に触れるが，定時株主総会では，報告しなければならない事項がある（会§438Ⅲ）。つまり，この規定は，定時株主総会を現実に開催しないことを可能とするための規定である。

12　その他の規定

ここまで説明したもののほか，株主総会については，その公正さを保ち，株主と株式会社間や株主間の利害を調整するため，いくつかの規定が設けられている。

(1)　議題の提案権

（株主提案権）
第303条　株主は，取締役に対し，一定の事項（当該株主が議決権を行使することができる事項に限る。次項において同じ。）を株主総会の目的とすることを請求することができる。

株主総会の目的とは，すなわち議題（「取締役の選任」など）である。

この議題の提案権を行使することができる株主は，取締役会設置会社以外の株式会社では，その議題について議決権を行使することができる株主全員であるが，取締役会設置会社では，総株主の議決権の100分の1以上の議決権又は300個以上の議決権を有する株主であって，公開会社では，さらにその議決権を6か月前から引き続き有している株主でなければならない。この要件は定款で緩和できる。

つまり，取締役会設置会社以外の株式会社，公開会社でない取締役会設置会社，公開会社（当然に取締役会設置会社）の三つのパターンで株主に求め

られる要件が異なる。

　また，取締役会設置会社では，議題の提案は，定款で緩和されている場合を除き，株主総会の日の8週間前までにする必要がある。

➕ アルファ

　この場合に限らず，議決権や株式についての6か月という保有期間の要件は，公開会社の場合についてのみ要求される（会§297Ⅱ，303Ⅲ，305Ⅱ，306Ⅱ，360Ⅱ，422Ⅱ，479Ⅲ，522Ⅲ，847Ⅱ，847の2Ⅱ，847の3Ⅵ，854Ⅱ）。例外はない。　　　　　　　　　　　　　　　　　　　　　　　H27-29

⑵　議案の提出権

> **第304条**　株主は，株主総会において，株主総会の目的である事項（当該株主が議決権を行使することができる事項に限る。次条第1項において同じ。）につき議案を提出することができる。（以下略）

　議題の範囲内で議案（「Aを取締役に選任する」など）を提出する権利である。議題の提案権と異なり，議決権数についての要件はない。

　提出しようとする議案が以下の要件のいずれかに該当する場合には，議案の提出はできない（会§304ただし書）。

　　・法令又は定款に違反する場合
　　・実質的に同一の議案につき株主総会において総株主の議決権の10分の1以上の賛成を得られなかった日から3年を経過していない場合

　二つめの要件は，定款で緩和できる。

⑶　議案の要領の通知請求権

> **第305条**　株主は，取締役に対し，株主総会の日の8週間（これを下回る期間を定款で定めた場合にあっては，その期間）前までに，株主総会の目的である事項につき当該株主が提出しようとする議案の要領を株主に通知すること（略）を請求することができる。（以下略）

H20-32　　　議案の提出自体は株主総会の席上行えばいいのだが，実効性を高めるため，議案の要領を他の株主に通知することを請求することができる。

　　　株主に求められる要件は，議題の提案権と同じである。また，議案の提出が認められない場合には，議案の要領の通知請求も認められない。

　　　取締役会設置会社では，要領の通知請求ができる議案の数は，10個までに制限される。
➡　令和元年改正法（令和3年3月1日施行）により追加された規定である。

➕アルファ

　　　株主が株主総会の招集を請求するには，定款で要件が緩和されている場合を除き，100分の3以上の議決権が必要だった（会§297Ⅰ）。この要件は，議題の提案権や議案の要領の通知請求権についての要件より厳しい。株主総会の招集は，議題の提案よりも，株式会社にとってはるかに負担が大きいからである。

　　　このように，株主の権利に関する議決権数などの要件については，複数の要件を比較し，どちらがより厳しいかを把握しておくとよい。

(4)　検査役の選任

（株主総会の招集手続に関する検査役の選任）

H21-29**第306条**　株式会社又は総株主（株主総会において決議をすることができる事項の全部につき議決権を行使することができない株主を除く。）の議決権の100分の1（これを下回る割合を定款で定めた場合にあっては，その割合）以上の議決権を有する株主は，株主総会に係る招集の手続及び決議の方法を調査させるため，当該株主総会に先立ち，裁判所に対し，検査役の選任の申し立てをすることができる。

　　　この要件についても，公開会社では必要な議決権を6か月前から引き続き有していなければならない。
　　　検査役の選任の申立てができる株主については，裁判所が関与し，株式会社にとっての負担も比較的小さいことから，要件が比較的緩い。

➕アルファ

会社法には，検査や調査をする者についての規定がいくつかあるが，その

選任に裁判所が関与するものだけを「検査役」とよんでいる（会§33，207，306，358）。

(5)　調査する者の選任

株主総会においては，議題とされていない場合であっても，株主総会に提出された資料を調査する者を選任する決議をすることができる（会§316 I，309 V）。

また，株主によって招集された株主総会においては，株式会社の業務及び財産の状況を調査する者を選任する決議をすることができる。

➡　招集手続についての検査役と区別すること。

13　株主総会の決議の瑕疵

たとえ決議要件を満たしていても，不当な決議であれば，その効力を否定することが可能でなければならない。要件を満たせば何でもできるわけではない。決議の効力を否定するための制度として，**株主総会の決議の不存在の確認の訴え**，**株主総会の決議の無効の確認の訴え**，**株主総会の決議の取消しの訴え**がある。これらの訴えに係る請求を認容する確定判決の効力は，第三者にも及び（会§838），決議の効力が画一的に確定する。 `H18-34`

(1)　**株主総会の決議の不存在の確認の訴え**

株主総会が開催されたとは認められないほど瑕疵がひどい場合には，決議の存在自体が否定される（会§830 I）。

不存在の主張自体は訴えによらなくても可能であり，不存在を主張することができる者や訴えを提起できる者にも会社法上の制限はない。

(2)　**株主総会の決議の無効の確認の訴え**

決議の内容が法令に違反する場合には，決議は無効であり，その無効の確認を訴えによって請求することができる（会§830 II）。

➡　不存在の確認の訴えも，無効の確認の訴えも，民事訴訟法で学ぶ確認の訴え（確認訴訟）である。最初から不存在や無効であったものを確認する訴えであり，判決によって始めて不存在や無効となるものではない。

あくまでも決議の内容の法令違反であって，招集の手続や決議の方法の法令違反ではない。

➡　会社法上置くことができない機関を置こうとする定款変更の決議などが内容の法令違反となる。

不存在と同様に，訴えによらなくても無効を主張することは可能であり，無効を主張することができる者や訴えを提起できる者にも会社法上の制限はない。

(3) 株主総会の決議の取消しの訴え

H18-34

決議の取消しの訴えを提起できるのは，次の場合である（会§831）。

・招集の手続・決議の方法の法令・定款違反や著しい不公正
・決議の内容の定款違反
・特別の利害関係を有する者が議決権を行使したことによる著しく不当な決議

特別の利害関係を有する者が議決権を行使しても，決議の取消しの訴えの提起が可能となる場合があるにすぎない。つまり，特別の利害関係があっても，株主総会では議決権を行使できるのが原則である。

重要❗ ●

決議の無効の要件と，決議の取消しの要件は，区別する必要がある。
決議の内容が法令に違反する場合は無効，定款に違反する場合は取消し。
法令に違反するのが決議の内容なら無効，決議の方法なら取消し。

H22-34

招集通知が自分に届いていても，他の株主に届いていない場合には，取消しの訴えの提起ができると解されている（最判昭42.9.28）。

不存在や無効の確認の訴えとは異なり，取消しの訴えでは，請求を認容する判決が確定することで決議の効力が否定される。

➡ 民事訴訟法で学ぶ形成の訴え（形成訴訟）である。判決が確定するまでは，決議の効力は否定されない。

➡ 判決によって取り消されると，その決議は，初めから無効であったものとみなされる（民§121）。遡及効とよばれる。

取消しの訴えでは，提訴権者も次の者に限られている。

・株主，取締役，監査役，執行役，清算人
・その決議によって取締役，監査役，清算人の地位を失った者

　さらに提訴期間も株主総会の決議の日から3か月以内に限られている。　

➡　この期間を過ぎると取消しの訴えは認められなくなり，瑕疵が治癒し，
　法律関係が安定する。

🖐️**理由**　決議の無効より決議の取消しの方が瑕疵が軽微であり，効力を
　　　　　　否定しようとする者の利益より法的安定性が重視されるから。

　招集の手続・決議の方法の法令・定款違反を理由として取消しの訴えの提
起があった場合でも，裁判所は，その違反する事実が重大でなく，かつ，決
議に影響を及ぼさないものであると認めるときは，取消しの訴えに係る請求
を棄却することができる。

➡　裁量棄却とよばれる。これも安定性重視のためである。訴えの棄却につ
　いては，民事訴訟法で学ぶが，要は「審理はしたけど訴えは認めない」と
　いうことである。

第5節　役員と会計監査人の選解任

Topics・役員と会計監査人の選解任の手続を理解する。決議要件を正しく区別
する必要がある。
・欠格事由と兼任禁止の違いに注意しつつ知識を整理する。
・欠員が生じた場合の扱いは，記述式でも特に重要となる。登記につい
て学ぶ前に，会社法の規定を正しく理解しておく必要がある。

1　役員と会計監査人の選任

選任手続について学ぶ前に，「役員」という用語をもう一度確認しておこう。
役員とは，取締役，会計参与，監査役の三つを総称するものであって，会計監
査人は，会社法の定義では役員に含まれない。

役員と会計監査人の選任については，次のように規定されている。

（選任）
第329条　役員（略）及び会計監査人は，株主総会の決議によって選任する。

取締役と監査役については，種類株主総会の決議によって選任される場合が
あるが，種類株主総会による選解任については，第24節でまとめて取り扱うこ
ととし，この節では種類株主総会は無視する。

H19-31　株主総会の決議要件について扱った際に触れたように，**役員の選任は会社法
341条の決議**（定足数の下限が3分の1の決議）であり，**会計監査人の選任は
普通決議**（会§309Ⅰ）である。

株式会社と役員・会計監査人との関係は，委任関係である（会§330）。その
ため，株式会社が一方的に選任すれば就任の効力が生じるのではなく，選任の
決議のほかに，選任された者が就任を承諾することが必要である（民§643）。
➡　選任と就任承諾があればよく，選任と就任承諾は，どちらが先であっても
構わない。選任後に就任を承諾した場合には，就任を承諾した日に就任の効
力が生じる。また，「○月○日付けで就任する」といったかたちの就任承諾
も可能である。

選任の手続には，役員によっていくつかの違いがある。

(1)　累積投票

　　選任の決議は，各候補者について選任の可否を決議するのが原則である。 H24-31
株主は，各候補者の選任について賛成か反対の意思表示をすればいい。しか
し，**取締役の選任については累積投票が可能である**（会§342）。取締役以外
の役員や会計監査人については認められていない。

　　たとえば，取締役の候補者が5名で，そのうち3名を取締役に選任すると
する。累積投票による選任の場合は，取締役の選任について各株主が通常の
3倍の議決権を持つことになる。そして，各株主は，5名中3名の候補者に
ついて選任の票を投じることもできるし，5名中1名の候補者に3名分の選
任の票を投じることもできる。

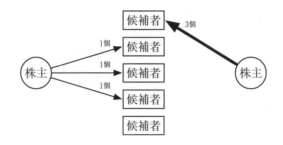

　　そして，各候補者のうちより多くの票を得た候補者から，必要な員数まで
順次選任されることになる。通常の方法による取締役の選任では，たとえば
議決権の6割を持っている株主と議決権の4割を持っている株主が対立して
いる場合，取締役の全員が6割の議決権を持っている株主によって選任され
ることになるが，累積投票によれば，議決権の4割しか持たない株主でも，
その割合に応じた取締役を選任することが可能になる。つまり，累積投票は，
少数派の株主の意見を取締役の構成に反映させるための制度である。

　　累積投票は，株主の請求に基づいて行われるが，株主の請求があっても**累**
積投票を行わない旨を定款で定めることができる。

(2)　監査役の同意

　　監査役の選任に関する議案の提出については，監査役の同意を得なければ H30-31
ならない（会§343）。ただし，監査役が複数の場合は監査役の過半数の同意 H24-31
であり，監査役会設置会社の場合は監査役会の同意である。 H19-31

　　また，監査役は，取締役に対し，監査役の選任を株主総会の目的（議題）
とすることや，監査役の選任に関する議案を株主総会に提出することを請求
することができる。

> 🖐 **理由**　監査機関である監査役の業務執行機関（取締役）からの**独立性**
> を確保するため。監査をするメンバーの決定権が監査される側に
> あっては，監査の意味がなくなってしまう。

➕ **アルファ**

　　この場合の監査役には，監査の範囲を会計に関するものに限定されている
監査役も含まれる。

(3) 議案の内容の決定

R2-30

　　会計監査人の選任，解任，会計監査人を再任しないことに関する議案の内
容は，監査役が決定する（会§344）。監査役が複数の場合は監査役の過半数
で決定し，監査役会設置会社の場合は監査役会が決定する。この場合には会
計監査人設置会社であるから，当然に監査役の監査の範囲は限定されていな
い。

➡　平成26年改正法（平成27年5月1日施行）により設けられた規定である。
　　それ以前は監査役の同意で足りるものとされていた。改正により監査役の
　　権限が強化されたのである。

➡　監査等委員会設置会社と指名委員会等設置会社については，後でまとめ
　　て扱う。

(4) 意見の陳述

　　会計参与，監査役，会計監査人は，株主総会において，その選任について
意見を述べることができる（会§345）。取締役は，議案の決定に携わるため，
意見の陳述をわざわざ認める必要がない。

2　欠格事由

　　役員と会計監査人については，一定の**資格**（**欠格事由**）が定められている。
欠格事由に該当する者を選任する決議は，常に**無効**である。

　　取締役と監査役の欠格事由は共通であり，会計参与と会計監査人の資格は，
比較的似ている。

(1) 取締役と監査役の欠格事由

取締役・監査役になれない者は，次のとおりである。

・法人
・会社法，一般社団法人及び一般財団法人に関する法律などの会社や法人
　に関する法律上の一定の罪を犯し，刑に処せられ，その執行を終わり，
　又はその執行を受けることがなくなった日から2年を経過しない者
・他の法律の規定に違反し，禁錮以上の刑に処せられ，その執行を受ける
　ことがなくなるまでの者（刑の執行猶予中の者を除く。）

　まず，取締役と監査役は，法人は認められず，**自然人に限られる**。そして，
成年被後見人や被保佐人，未成年者であっても問題ない。ただし，成年被後
見人が就任するには成年後見人が成年被後見人の同意を得て就任を承諾する
必要がある。後見監督人がある場合には後見監督人の同意も必要である。ま
た，被保佐人が就任するには保佐人の同意が必要であり，未成年者が就任す
るには法定代理人の同意が必要である。

➡　令和元年改正（令和3年3月1日施行）の前は，成年被後見人と被保佐
　人は欠格事由に該当するものとされていた。

　罪を犯した者の扱いは，会社法などの会社や法人の組織・運営に関する法
律の一定の規定に違反した場合と，刑法などのその他の法律に違反した場合
で異なる。**会社法違反の方が厳しい。**

	会社法などの法律違反	刑法などの法律違反
該当する刑	全部	**禁錮以上**
執行猶予の扱い	執行猶予中も**該当する**	執行猶予中は**該当しない**
該当する期間	刑に処せられ，その執行を終わり，又はその執行を受けることがなくなった日から**2年間**	刑に処せられ，その執行を終わるまで又はその執行を受けることがなくなるまで

H22-29　さらに，法定の欠格事由に加え，**公開会社でない株式会社では，取締役・監査役が株主でなければならない旨を定款で定めることが可能である。**

(2)　会計参与の資格

> （会計参与の資格等）
> **第333条**　会計参与は，公認会計士若しくは監査法人又は税理士若しくは税理士法人でなければならない。

　会計参与は，**自然人に限られない。**そして，**税理士，公認会計士**と，それらの資格者を構成員とする法人でなければならない。会計参与は計算書類の作成に携わる者であり，会計について専門的な知識を持つ者でないと就任できない。

　法人が会計参与となった場合には，法人は，その社員の中から会計参与の職務を行うべき者を選定しなければならず，具体的な職務はその選定された者が行うことになる。

➡　代表社員が当然に職務を行うわけではない。

H24-31　そして，必要な資格を持つ者であっても，次の者は会計参与となることができない。

- ・株式会社又はその子会社の取締役，監査役若しくは執行役又は支配人その他の使用人
- ・業務の執行の停止を受け，その停止の期間を経過しない者
- ・税理士業務を行うことができない者

　これは**欠格事由**であり，これらの事由に該当する者を会計参与に選任する決議は無効である。

(3)　会計監査人の資格

> （会計監査人の資格等）
> **第337条**　会計監査人は，公認会計士又は監査法人でなければならない。

　会計参与と異なり，**税理士や税理士法人は会計監査人になれない。**計算書類を監査する会計監査人については，計算書類を作成する会計参与よりも，

より専門的な知識が求められている。

　監査法人が会計監査人となった場合には，会計参与の場合と同様に，会計監査人の職務を行うべき者を選定しなければならない。

　会計監査人の**欠格事由**は次のとおりである。欠格事由に該当する者を選任した場合には，他の場合と同様に決議が無効となる。

- ・公認会計士法の規定により，計算書類について監査をすることができない者
- ・株式会社の子会社若しくはその取締役，会計参与，監査役若しくは執行役から公認会計士若しくは監査法人の業務以外の業務により継続的な報酬を受けている者又はその配偶者（監査法人でその社員の半数以上がこの要件に該当する者である場合を含む。）

➕ **アルファ**

　会計監査人の欠格事由と会計参与の欠格事由を比較すると，その株式会社や子会社の役員なども会計監査人には就任できると思うかもしれない。しかし，公認会計士法の規定による「計算書類について監査をすることができない者」の範囲は会計参与の欠格事由よりも広く，公認会計士本人が役員である場合はもちろん，公認会計士の配偶者が役員である場合なども計算書類の監査はできない。公認会計士法の規定を覚える必要はないが，公認会計士法に厳格な規定があることぐらいは知っていてもいい。会計監査人は上場会社を含む大会社の監査で重要な役割を果たすので，特に厳格な規定が多いのである。

3　監査役の兼任禁止

　監査役は，監査をする者であり，監査をする者と監査をされる者が同一人物だったら監査の意味がなくなってしまう。また，監査役が監査の対象である取締役の監督下にあるような状況も避けなければならない。**監査は業務執行から独立していなければならないのである。**

第335条　（略）

2　監査役は，株式会社若しくはその子会社の取締役若しくは支配人その他の使用人又は当該子会社の会計参与（会計参与が法人であるときは，その職務を行うべき社員）若しくは執行役を兼ねることができない。

H20-34　この規定は兼任禁止であり，欠格事由とは区別される。違反する決議の効力が違うのである。

重要❗ ●

欠格事由に該当する者を選任する決議は無効だが，兼任禁止に該当する者を選任する決議は無効ではない。

H24記述　無効ではないなら，どう処理すればいいのか。これについては有名な判例がある。判例（最判平元.9.19）の要旨は次のとおり。

・兼任禁止に該当している者を監査役に選任した場合であっても，兼任の禁止された地位を辞任することは，選任決議の効力発生要件ではない。
・選任の決議後に兼任の禁止された地位を辞任すれば，兼任禁止規定には抵触しない。
・監査役に選任された者が就任を承諾したときは，監査役との兼任が禁止される従前の地位（取締役など）を辞任したものと解すべきである。

つまり，同じ株式会社の取締役を監査役に選任する決議は無効ではなく，監査役への就任を承諾する意思表示は原則として取締役を辞任する意思表示とみなされるのである。

H18-31　兼任禁止では，取締役が子会社の監査役を兼ねること（つまり監査役が親会社の取締役を兼ねること）は禁止されていないことについても注意しておきたい。この場合には，監査の独立性は害されないのである。

4　任　期

まず，取締役の任期を完璧に理解する必要がある。他の役員や会計監査人は，取締役の任期を応用していけば理解できる。

(1)　取締役の任期

（取締役の任期）
第332条　取締役の任期は，選任後2年以内に終了する事業年度のうち最終のものに関する定時株主総会の終結の時までとする。ただし，定款又は株主総会の決議によって，その任期を短縮することができる。
2　前項の規定は，公開会社でない株式会社（監査等委員会設置会社及び指名

委員会等設置会社を除く。）において，定款によって，同項の任期を選任後10
年以内に終了する事業年度のうち最終のものに関する定時株主総会の終結の
時まで伸長することを妨げない。

3　（略）

4　（略）

5　（略）

6　（略）

7　前各項の規定にかかわらず，次に掲げる定款の変更をした場合には，取締
役の任期は，当該定款の変更の効力が生じた時に満了する。

一　監査等委員会又は指名委員会等を置く旨の定款の変更

二　監査等委員会又は指名委員会等を置く旨の定款の定めを廃止する定款の
変更

三　その発行する株式の全部の内容として譲渡による当該株式の取得につい
て当該株式会社の承認を要する旨の定款の定めを廃止する定款の変更（監
査等委員会設置会社及び指名委員会等設置会社がするものを除く。）

　　ここでも監査等委員会設置会社と指名委員会等設置会社を無視して話を進
めていく。

　　定款や株主総会の決議で何も定めなかった場合の任期（法定任期）は，選
任後2年以内に終了する事業年度のうち最終のものに関する定時株主総会の
終結の時までである。したがって，事業年度と定時株主総会の終結日がわか
らないと，任期が満了する正確な時期はわからない。

　　まずは，「選任後2年以内に終了する事業年度のうち最終のもの」を探す
必要がある。2年以内に終了するということは，事業年度の最終日が2年以
内だと考えればよい。

📖ケーススタディ

　　事業年度を毎年4月1日から翌年3月31日までとする株式会社において，
選任日が令和2年5月31日であるときは，選任後2年以内に終了する事業年
度のうち最終のものは，どの事業年度か。また，選任日が令和2年1月31日
であるときはどうか。

　　事業年度の最終日は毎年3月31日であるから，選任後2年以内の3月31日
のうち，最後のものを見つければよい。

　　令和2年5月31日から2年以内の3月31日は，令和3年3月31日と令和4

年3月31日の二つである。このうち最後のものは令和4年3月31日。したがって，令和2年5月31日が選任日である場合，選任後2年以内に終了する事業年度のうち最終のものは，令和3年4月1日に始まり令和4年3月31日に終了する事業年度となる。

同様にして，令和2年1月31日が選任日である場合には，選任後2年以内に終了する事業年度のうち最終のものは，令和2年4月1日に始まり令和3年3月31日に終了する事業年度となる。令和4年3月31日は，令和2年1月31日から2年以内ではないのである。

選任後2年以内に終了する事業年度のうち最終のものが特定できれば，その事業年度に関する定時株主総会の終結日が退任日となる。事業年度の最終日の翌日から3か月以内に定時株主総会を開催することが多いだろう。

➕ アルファ

定時株主総会の開催時期は，「事業年度末日の翌日から3か月以内」のように定款で定められることが多いが，定款所定の時期に定時株主総会が開催されなかった場合，取締役の任期は，定款所定の定時株主総会の開催時期の最終日に満了すると解されている。定時株主総会を開催しなくても，取締役の任期は満了してしまうのである。

任期は，選任日から起算される。ただし，民法の原則に従い，初日は参入されない（民§140）。この場合の「選任日」とは，文字どおり選任をした日，つまり選任決議をした日であって，就任の効力が生じた日（就任承諾をした日，就任日）ではない。

任期は，伸長したり短縮したりすることができる。

R2-29 　任期の短縮は，**定款でも株主総会の決議でも**することができる。定款で一律に任期を短縮することも可能だし，選任の決議に際して特定の取締役の任期のみを短縮することも可能である。任期の短縮は比較的自由だといえる。

👈 理由

任期を短縮した場合には，株主総会の決議によって株主の信任を問う機会が増えるため，株主にデメリットがないから。

R2-29 　逆に，任期を伸長できる場合は限られている。任期の伸長は，**公開会社でない株式会社**において，**定款で定めた場合**に限り許される。伸長の限度は，

選任後10年以内に終了する事業年度のうち最終のものに関する定時株主総会の終結の時までである。

➕アルファ

取締役の在任中に任期についての定款の規定が変更されたり，事業年度が変更されたりした場合には，変更後の定款や事業年度に基づいて任期を判断する必要がある。任期を短縮しても取締役が以前の日付に遡って退任することはなく（定款によっても過去を変えることはできない。変えることができるのは未来だけだ。），変更後の任期によって計算すると既に任期が満了してしまうような場合には，定款を変更した日付で任期が満了することになる。　`R2-29` `H20記述`

任期の伸長が公開会社でない株式会社でしか認められないことと関連して，公開会社でない株式会社が公開会社となった場合には，それに関する定款変更の効力発生時に一律に取締役の任期が満了する。
➡ この定款の変更による任期の満了は，ほかの役員でも重要となる。

(2)　会計参与の任期

会計参与の任期は，取締役と同じである。違うのは，会計参与を置く旨の定款の定めを廃止する定款の変更をした場合に任期が満了することだけである。会計参与を置かないこととしたのだから会計参与が退任するのは当然だが，ポイントは，任期の満了と取り扱うのだということになる。

(3)　監査役の任期

監査役の法定任期は取締役より長く，選任後4年以内に終了する事業年度のうち最終のものに関する定時株主総会の終結の時までとなっている。また，定款や株主総会の決議によって任期を短縮することはできない。監査機関である監査役の地位の安定のためである。　`H28-31`

ただし，任期の短縮には例外があり，定款で任期の満了前に退任した監査役の補欠として選任された監査役の任期を退任した監査役の任期の満了する時までとすることができる。つまり，任期の途中で退任した監査役がいる場合には，その残りの任期を補欠として選任する監査役に任せることができる。　`H29-31` `H20記述`

任期の伸長については，取締役と同じ扱いとなる。また，会計参与と同じように，監査役を置く旨の定款の定めを廃止する定款の変更をした場合には任期が満了するし，取締役と同じように，公開会社でない株式会社が公開会社となった場合にも任期が満了する。　`H19記述` `H18-35`

さらに，**監査役の監査の範囲を会計に関するものに限定する旨の定款の定**
めを廃止する定款の変更，すなわち**監査役の監査の範囲を拡大する定款の変**
更をした場合には，監査役の任期は満了する。

👉**理由**　監査役の監査の範囲が拡大するのなら，より慎重に監査役を選
ぶ必要があるから。

⑷　会計監査人の任期

（会計監査人の任期）
第338条　会計監査人の任期は，選任後1年以内に終了する事業年度のうち最
　終のものに関する定時株主総会の終結の時までとする。
2　会計監査人は，前項の定時株主総会において別段の決議がされなかったと
　きは，当該定時株主総会において再任されたものとみなす。
3　前2項の規定にかかわらず，会計監査人設置会社が会計監査人を置く旨の
　定款の定めを廃止する定款の変更をした場合には，会計監査人の任期は，当
　該定款の変更の効力が生じた時に満了する。

会計監査人の任期は特殊なものとなっている。取締役と会計参与が2年，
監査役が4年だったのに対し，会計監査人は1年となっている。短縮も伸長
もできない。
　そして，任期が短い代わりに，**自動再任（みなし再任）**が認められている。
つまり，任期が満了する定時株主総会で別段の決議がなくても，その定時株
主総会で**再任**されたものとみなされるのである。

　会計監査人を置く旨の定款の定めを廃止する定款の変更による任期満了
は，会計参与や監査役と同じように考えてよい。

5　解　任

任期の満了前に役員や会計監査人を退任させたい場合には，株式会社は役員
や会計監査人を解任することができる。

（解任）
第339条　役員及び会計監査人は，いつでも，株主総会の決議によって解任す
　ることができる。

　選任の決議の決議要件と同じように，**役員の解任は会社法341条の決議**（定足数の下限が３分の１の決議）であり，**会計監査人の解任は普通決議**（会§309Ⅰ）である。ただし，解任の場合は例外があって，

・累積投票で選任された取締役を解任する場合
・監査役を解任する場合

の二つの場合には，**特別決議**によらなければならない（会§309Ⅱ）。

H26-30
H23-30
H19-31

理由　累積投票で選任された取締役は，そもそも出席株主の議決権の過半数の支持を受けているとは限らないし，監査役については，その地位の安定のために慎重に解任する必要があるから。

　解任に際しても，選任の場合と同様に**意見の陳述**が認められる場合がある。基本的には選任と同じで，解任される会計参与，解任される監査役，解任される会計監査人に意見の陳述が認められる（会§345）。

H21-29

　前に述べたように，会計監査人の解任に関する議案の内容は，監査役が決定する（会§344）。監査役が複数の場合は監査役の過半数で決定し，監査役会設置会社では監査役会が決定する。

　監査役の解任について監査役の同意が必要となることはない。解任する者の同意が必要だとすると，本人の同意がない限り解任できないことにもなってしまうからである。

H26-30

　会計監査人は，株主総会の決議によらなくても解任できる。

（監査役等による会計監査人の解任）
第340条　監査役は，会計監査人が次のいずれかに該当するときは，その会計監査人を解任することができる。
一　職務上の義務に違反し，又は職務を怠ったとき。
二　会計監査人としてふさわしくない非行があったとき。
三　心身の故障のため，職務の執行に支障があり，又はこれに堪えないとき。

　この解任は，監査役会設置会社でなければ**監査役全員の同意**が必要であり，監査役会設置会社であれば**監査役会**における**監査役全員の同意**が必要である。
➡　監査役会に出席した監査役全員の同意ではない。

H30-31
H21-29
H19-31

H24-31　役員については，**訴えによる解任**ができる（会§854）。会計監査人については認められない。

　役員の職務の執行に関し**不正の行為又は法令若しくは定款に違反する重大な事実**があり，かつ，役員を解任する旨の議案が株主総会において否決された場合には，解任の訴えを提起できる。

H25-31　➡　解任の議案が提出される前に，いきなり解任の訴えを提起することはできない。

　訴えを提起できる株主は，

- ・総株主の議決権の100分の３以上の議決権を６か月前から引き続き有する株主
- ・発行済株式の100分の３以上の数の株式を６か月前から引き続き有する株主

のいずれかの要件を満たす株主となる。この要件は，いつもどおり定款で緩和できるし，６か月の要件も，いつもどおり公開会社限定である。また，解任の議案について議決権を行使できない株主と解任の対象である役員は，最初の要件の「総株主」から除外され，自己株式の数と解任の対象である役員が保有する株式の数は，二つ目の要件の「発行済株式」から除外される。

➡　株主総会を招集できる株主の要件と似ているが，少しだけ違う。比較しておくとよい。

　訴えを提起できる期間は，解任の議案を否決した株主総会の日から30日以内となっている。

6　地位を失うその他の場合

　任期の満了と解任以外にも，次のような事由があった場合には，役員や会計監査人はその地位を失う。

(1)　辞　任

　役員や会計監査人は，株式会社と委任関係にあるので，いつでもその地位を辞任できる（民§651Ⅰ）。会計参与，監査役，会計監査人は，選任と同様に，辞任についても株主総会における意見の陳述が認められる（会§345）。

⑵　**死亡・解散**

　　役員や会計監査人の死亡・解散も，委任の終了事由となる（民§653①）。
役員や会計監査人の地位が相続の対象となることはないが，法人が合併によ
り解散した場合には，合併により存続する法人又は合併により設立する法人
は，会計参与又は会計監査人の地位を承継する。

⑶　**欠格事由に該当**

　　就任後に欠格事由に該当した場合には，その地位を失うことになる。

⑷　**破産手続開始の決定**

　　役員や会計監査人が破産手続開始の決定を受けると，委任が終了する（民　`H22-29`
§653②）。　　　　　　　　　　　　　　　　　　　　　　　　　　　`H20記述`

　　破産手続開始の決定を受けると委任が終了するが，破産手続開始の決定を
受けた後，復権していない場合であっても，欠格事由には該当しない。つま
り，**破産手続開始の決定を受けて復権していない者を取締役に選任すること
ができる**。

⑸　**後見開始の審判**

　　後見開始の審判を受けたことによっても，委任は終了する（民§653③）。
後見開始の審判は，確定することによって効力が生じる（家事事件手続法§
74Ⅱただし書Ⅳ，123Ⅰ①）。

　　成年被後見人であることは欠格事由ではないので，退任した成年被後見人
をあらためて取締役に選任することは可能である。

⑹　**株式会社の解散**

　　株式会社が解散した場合には，その株式会社の取締役，会計参与，会計監
査人は，その地位を失うが，監査役は当然に地位を失うわけではない。詳し
くは，解散について扱う際に説明する。

7　**員　数**

　　置かなければならない役員や定款で置く旨を定めた役員は，**最低１名置け**ば
よい。会計監査人も同じである。しかし，次の場合には異なる。

(1)　取締役会設置会社

> **第331条**　（略）
> 5　取締役会設置会社においては，取締役は，3人以上でなければならない。

　　会議体である取締役会を有効に機能させるためには，3人以上の取締役が必要である。

➕ アルファ

「3人以上でなければならない」というのは，会社法の中でも強い表現である。3人以上の要件は，単に取締役会設置会社における取締役の選任義務以上のものであり，取締役会の決議を有効に成立させるための要件でもあると解されている。ただし，代表取締役に欠員が生じ，後任の代表取締役を選定する必要がある場合や，取締役の欠員を解消するための株主総会の招集を決議する必要がある場合などは，株式会社の運営を円滑に行うため，取締役が3人未満の場合でも有効に取締役会の決議を行うことができると解されている。

(2)　監査役会設置会社

> **第335条**　（略）
> 3　監査役会設置会社においては，監査役は，3人以上で，そのうち半数以上は，社外監査役でなければならない。

　　3人以上の要件については取締役会設置会社と同じだが，監査役会設置会社では，社外監査役の員数についての制限がある。

用語解説

【社外監査役】
　　株式会社の監査役であって，次の要件の全部に該当するものをいう（会§2⑯）。

　イ　その就任の前10年間当該株式会社又はその子会社の取締役，会計参与（会計参与が法人であるときは，その職務を行うべき社員。ロにおいて同じ。）若しくは執行役又は支配人その他の使用人であったことがないこと

　ロ　その就任の前10年内のいずれかの時において当該株式会社又はその子
　　会社の監査役であったことがある者にあっては，当該監査役への就任の
　　前10年間当該株式会社又はその子会社の取締役，会計参与若しくは執行
　　役又は支配人その他の使用人であったことがないこと
　ハ　当該株式会社の親会社等（自然人であるものに限る。）又は親会社等
　　の取締役，監査役若しくは執行役若しくは支配人その他の使用人でない
　　こと
　ニ　当該株式会社の親会社等の子会社等（当該株式会社及びその子会社を
　　除く。）の業務執行取締役等でないこと
　ホ　当該株式会社の取締役若しくは支配人その他の重要な使用人又は親会
　　社等（自然人であるものに限る。）の配偶者又は2親等内の親族でない
　　こと

　平成26年改正法（平成27年5月1日施行）により，要件が見直された。非
常に覚えづらい要件なので，ポイントだけを把握しておくとよい。
　まず，イの要件が基本となる。取締役，会計参与，執行役，支配人その他
の使用人であった者は，その後10年間は社外監査役ではない。子会社におけ
るこれらの地位も同じである。逆に，10年経過していれば，他の要件を満た
す限りで社外監査役である。なお，過去ではなく，現在これらの地位にある
者は，監査役の兼任禁止や会計参与の欠格事由に該当することになる。
　ロはイの要件の例外である。イに規定されている地位にあってから10年経
過すれば社外監査役なのだが，その10年間に監査役の地位にあった場合には，
社外監査役とならないのである。この結果，社外監査役でない監査役の地位
に10年連続あったとしても，途中から社外監査役となることはない。
　ハの要件では，親会社等における地位が問題になる。注意すべきは，親会
社の監査役である者は，その子会社の社外監査役ではないということである。
親会社の社外監査役であっても結論は同じで，親会社の社外監査役であって
も，子会社では社外監査役でない監査役にしかなれないのである。
　ニの「親会社等の子会社等」というのはわかりづらい表現だが，兄弟会社
と考えてしまえばよい。兄弟会社というのは会社法上の用語ではないが，そ
う考えてしまうのが直感的に理解できる。「業務執行取締役等」という用語
については，社外取締役について説明する際に扱うので，今のところは気に
しなくてよい。
　ホでは，配偶者や親族の地位について規定されている。
　結局，一定期間その株式会社の業務執行に関与していない者が社外監査役
であり，業務執行に関与していないことについての要件がイからホまでの要

件であるといえる。

【親会社等】

　親会社のほか，親会社と同様の支配力を持つ自然人を総称するものである（会§2④の2）。

【子会社等】

　子会社のほか，子会社と同様に支配されている法人を総称するものである（会§2③の2）。親会社等とは異なり，自然人は含まない。

　　監査役会設置会社の監査役の**半数以上**は，社外監査役でなければならない。
➡　**過半数ではない**。監査役が4名なら，そのうち2名が社外監査役であればよい。

　理由　株式会社から独立している者を一定数確保して監査の実効性を高めるため。

(3)　定款で定めた場合

　　役員や会計監査人の員数は，会社法の規定に反しない限り，定款で定めることができる。たとえば，取締役会設置会社では，取締役の員数を「5名以上10名以下」と定めることができる。

8　社外取締役の設置義務

（社外取締役の設置義務）
第327条の2　監査役会設置会社（公開会社であり，かつ，大会社であるものに限る。）であって金融商品取引法第24条第1項の規定によりその発行する株式について有価証券報告書を内閣総理大臣に提出しなければならないものは，社外取締役を置かなければならない。

　　一定の要件を満たす株式会社においては，社外取締役の設置義務がある。
➡　令和元年改正（令和3年3月1日施行）の前は，置くことが相当でない理由を説明すれば，置かなくても違法ではなかった。

用語解説

【社外取締役】

　株式会社の取締役であって，次の要件の全部に該当するものをいう（会§2⑮）。

- イ　当該株式会社又はその子会社の業務執行取締役等でなく，かつ，その就任の前10年間当該株式会社又はその子会社の業務執行取締役等であったことがないこと
- ロ　その就任の前10年内のいずれかの時において当該株式会社又はその子会社の取締役，会計参与（会計参与が法人であるときは，その職務を行うべき社員）又は監査役であったことがある者（業務執行取締役等であったことがあるものを除く。）にあっては，当該取締役，会計参与又は監査役への就任の前10年間当該株式会社又はその子会社の業務執行取締役等であったことがないこと
- ハ　当該株式会社の親会社等（自然人であるものに限る。）又は親会社等の取締役若しくは執行役若しくは支配人その他の使用人でないこと
- ニ　当該株式会社の親会社等の子会社等（当該株式会社及びその子会社を除く。）の業務執行取締役等でないこと
- ホ　当該株式会社の取締役若しくは執行役若しくは支配人その他の重要な使用人又は親会社等（自然人であるものに限る。）の配偶者又は2親等内の親族でないこと

　業務執行取締役，業務執行取締役等という用語を理解する必要があるので，この直後の解説を参照しながら読んでほしい。また，社外監査役の要件と違う部分や似ている部分に注意するとよい。全部を完璧に覚えるより，違いを把握することが重要である。業務執行取締役以外の取締役を含むかどうかに注意する必要がある。

　イの要件が基本である。業務執行取締役等であってから10年間は，社外取締役となることができない。

　ロの要件は，社外監査役についての規定と同様に，10年経過していても社外取締役となることができない例外的な規定である。引き続き取締役の地位にある場合には，業務を執行していない期間が10年間あったとしても，途中から社外取締役になったりはしない。ロの要件中「業務執行取締役等であったことがあるものを除く」という括弧書は，イの要件との重複を避けるためのものなので，それほど気にしなくてよい。

　ハは親会社等についての規定である。親会社の社外取締役であっても，そ

の子会社の社外取締役にはならない。

　ニとホは，社外監査役についての規定と同様のものである。

【業務執行取締役】

　株式会社の業務を執行する取締役として取締役会で定めた取締役（会§363Ⅰ）及び当該株式会社の業務を執行したその他の取締役をいう。取締役会設置会社以外の株式会社では，現実に業務を執行した取締役である。

【業務執行取締役等】

　業務執行取締役のほか，執行役と支配人その他の使用人を含むものである。

　社外取締役の設置義務がある株式会社は，次の要件の全てに該当する株式会社である。

　　・公開会社
　　・大会社
　　・監査役会設置会社
　　・有価証券報告書の提出義務がある株式会社

　結局，株式を取引所に上場している株式会社が対象となる。有価証券報告書の提出義務があるのは上場企業だけではないが，株式を取引所に上場している株式会社には有価証券報告書の提出義務がある。

➡　後述するが，公開会社である大会社は，監査役会設置会社，監査等委員会設置会社，指名委員会等設置会社の三つのいずれかとなる。そして，監査等委員会設置会社と指名委員会等設置会社ではそもそも社外取締役の設置義務があるので，この規定からは除外されている。

9　欠員が生じた場合

　任期の満了，解任，辞任などにより，役員や会計監査人に欠員が生じることがある。欠員が生じる場合であっても，任期の満了，解任，辞任の効力には影響がない。

➡　取締役が3人の取締役会設置会社でも，取締役を解任できるし，取締役が辞任することもできる。

　しかし，員数を欠くことは，好ましい状況ではない。そこで，次のようなかたちで解決が図られている。

（役員等に欠員を生じた場合の措置）

第346条　役員（略）が欠けた場合又はこの法律若しくは定款で定めた役員の員数が欠けた場合には，任期の満了又は辞任により退任した役員は，新たに選任された役員（次項の一時役員の職務を行うべき者を含む。）が就任するまで，なお，役員としての権利義務を有する。

役員についての規定であり，**会計監査人は含まれないことに注意する。**

役員は，欠員が生じる場合であっても，任期が満了するし，有効に辞任できる。そして，役員は，その地位を失うが，その地位を失っても，欠員が解消されるまで，**役員としての権利義務を有するのである。**

任期満了や辞任後に有することとなる権利義務は，正規の役員と全く同じと考えていい。

重要❗ ●

　退任後も権利義務を有するのであって，退任の効力は生じている。

これは，**任期の満了と辞任のみ**について適用される規定であり，役員が解任後もその権利義務を有することはない。つまり，欠員が生じる場合でも解任でき，解任された者は権利義務を有することもない。

欠員を解消するには，株主総会を開催して後任者を選任しなければならないが，株主総会を開催する余裕がない場合などには，裁判所に助けてもらうことができる。

第346条　（略）

2　前項に規定する場合において，裁判所は，必要があると認めるときは，利害関係人の申立てにより，一時役員の職務を行うべき者を選任することができる。

この規定も会計監査人には適用されない。

会計監査人に欠員が生じる場合については，全く異なる方法で解決される。

第346条　（略）

4　会計監査人が欠けた場合又は定款で定めた会計監査人の員数が欠けた場合

において，遅滞なく会計監査人が選任されないときは，監査役は，一時会計
監査人の職務を行うべき者を選任しなければならない。

　この選任は，監査役会設置会社では，監査役ではなく**監査役会**が行う。
会計監査人の解任とは異なり，全員の同意は要求されていない。

重要❗ ●
　一時会計監査人の職務を行うべき者は，裁判所が選任するわけではない。
　また，会計監査人は，退任後も権利義務を有することはない。

　一時会計監査人の職務を行うべき者の資格は，会計監査人と同じで，公認会
計士か監査法人でなければならない。しかし，会計監査人とは違って，**任期は
ない**。一時会計監査人の職務を行うべき者が退任するのは，後任の会計監査人
が就任した時である。

10　補欠の役員
　欠員が生じないように，あらかじめ補欠の役員を選任することが認められて
いる（会§329Ⅱ）。
　補欠の役員の選任決議は，欠員が生じることを条件とした役員の選任決議と
考えることができる。そのため，選任の決議要件，資格，兼任禁止などは，通
常の役員の選任と変わらない。また，就任承諾の時期は，選任後すぐでも，欠
員が生じてからでも構わない。
　補欠の役員の任期も，通常の役員の任期と変わらない。任期の起算に用いる
「選任日」は，欠員が生じた日ではなく，選任の決議をした日である。

重要❗ ●
　会計監査人については，あらかじめ補欠を選任しておくことができない。
　会計監査人が実際に欠けてから一時会計監査人の職務を行うべき者を選任する
しかない。

➕アルファ
　ここまで，特に説明せず「欠員が生じた場合」という表現をしてきた。こ
れは，条文上の表現だと，役員や会計監査人が欠けた場合又は会社法若しく
は定款で定めた員数を欠く場合のことである。
H29-31　員数を欠く場合であるから，たとえば，定款で員数を定めていない取締役
会設置会社で，5名の取締役中1名が退任した場合は含まれない。5名が4

名となっても，欠員は生じていないのである。

11　会計監査人についてのまとめ

　ここまでのまとめとして，会計監査人が役員と異なる点を挙げておく。試験対策的には，違いがわかることが重要となる。

・選任の決議要件が普通決議
・補欠の会計監査人の選任はできない
・任期が短く自動再任（みなし再任）がある
・株主総会の決議によらずに解任できる場合がある
・退任後も権利義務を有することはない
・一時会計監査人の職務を行うべき者の選任には裁判所が関与しない

第6節　取締役と取締役会

Topics・全体として，取締役会設置会社かどうかで大きな違いがある。
・代表取締役の選定方法を整理しておく。
・取締役の職務と権限を理解しておく。
・取締役会の運営については，株主総会との違いを意識する必要がある。
株主総会についての復習もしてしまおう。

1　業務の執行

　　取締役は，業務の執行に関与する。ただし，その関与のしかたは，取締役会
設置会社かどうかで異なる。
➡　ここでも監査等委員会設置会社と指名委員会等設置会社は除外して話を進
める。この節の内容のほとんどは，監査等委員会設置会社と指名委員会等設
置会社では異なる。

⑴　取締役会設置会社以外の株式会社の業務執行

（業務の執行）
第348条　取締役は，定款に別段の定めがある場合を除き，株式会社（取締役
会設置会社を除く。以下，この条において同じ。）の業務を執行する。
2　取締役が二人以上ある場合には，株式会社の業務は，定款に別段の定めが
ある場合を除き，取締役の過半数をもって決定する。

　　業務執行と業務の決定（業務執行の決定）は，区別する必要がある。受験
生にたとえると，「今夜は勉強をしよう」というのが業務の決定で，実際に
勉強をするのが業務執行になる。また，業務執行と代表は異なり，株式会社
内部の行為が業務執行であり，株式会社の外部に対する行為は代表となる。
業務執行権があるからといって当然に代表権があることにはならない。

　　業務の決定は取締役の過半数で行うが，業務の執行は取締役単独で行える。
H18-33　➡　どちらも，定款に別段の定めを設けることができる。

　　取締役は，業務の決定の範囲内で業務を執行する。業務の決定がおおざっ
ぱであれば，細かい点は取締役単独で決定できることになる。
➡　先のたとえでいうと，「今夜は勉強をする」という決定の範囲内であれば，
民法の勉強をしても会社法の勉強をしても構わないということである。

ただし，支配人の選任・解任，支店の設置・移転・廃止などは，取締役に任せてしまうことができず，取締役の過半数によって決定しなければならない。

➡ 取締役会設置会社では，これらの事項は取締役会で決議する。　H18–31

(2) 取締役会設置会社の業務執行

取締役会設置会社では，**取締役会が業務執行の決定を行う**（会§362Ⅱ①）。

また，全部の取締役に業務執行権があるわけではない。

（取締役会設置会社の取締役の権限）
第363条　次に掲げる取締役は，取締役会設置会社の業務を執行する。
一　代表取締役
二　代表取締役以外の取締役であって，取締役会の決議によって取締役会設置会社の業務を執行する取締役として選定されたもの
2　前項各号に掲げる取締役は，3箇月に1回以上，自己の職務の執行の状況を取締役会に報告しなければならない。

取締役会設置会社以外の株式会社と違って，取締役が当然に業務を執行できるわけではない。

➕ アルファ

持分会社も含めて，一般的に「代表権＞業務執行権」である。つまり，代表権を持つ者は必ず業務執行権を持つが，業務執行権があるからといって代表権があるわけではない。対外的に代表できるのに業務執行ができないと，代表権の行使に問題が生じるからである。

業務を執行する取締役には，3か月に1回以上の取締役会に対する報告義務　H22–30
がある。そのため，取締役会設置会社は，3か月に1回以上取締役会を開催しなければならないことになる。

(3) 社外取締役への委託

業務の執行については，一定の要件を満たす場合には，社外取締役に委託することができる（会§348の2）。取締役会設置会社でも，取締役会設置会社でなくても委託は可能である。

委託ができるのは，社外取締役を置いている場合であって，株式会社と取

締役との利益が相反するときか，取締役が株式会社の業務を執行することにより株主の利益を損なうおそれがあるときである。

　業務執行の委託は，取締役会設置会社以外の株式会社では取締役が決定し，取締役会設置会社では取締役会の決議によって行う。

➡　令和元年改正法（令和3年3月1日施行）により新しく設けられた制度である。

　業務を執行する取締役は，社外取締役ではない。そして，社外取締役が業務を執行したときは，社外取締役でなくなる。しかし，この場合の委託に基づいて行う業務の執行は例外で，委託に基づいて業務を執行しても，社外取締役は社外取締役のままである。

2　代表取締役

H20記述　代表権を持つ取締役が代表取締役である。取締役でない者が代表取締役になることはない。

第349条　（略）

4　代表取締役は，株式会社の業務に関する一切の裁判上又は裁判外の行為をする権限を有する。

5　前項の権限に加えた制限は，善意の第三者に対抗することができない。

H18-31　代表権は，基本的に制限できないものと考えてしまっていい。

➕ アルファ

　ここで，第1章第2節4の支配人の代理権（会§11）と比較しておきたい。代表取締役の代表権を本店又は特定の支店に限定すると，支配人の代理権と一致する。つまり，代表取締役の権限は，支配人の権限を拡大したものである。そのため，代表取締役を支配人に選任することは無意味であり，その選任は無効とされている。

H30-31
H18-33　代表取締役は無制限の代表権を持つのが原則だが，株式会社と取締役との間の訴訟では，必ずしも代表取締役が株式会社を代表しない（会§353，364，386）。それぞれ，次の者が代表する。

(1)　取締役会設置会社以外の場合（監査役設置会社を除く）
株主総会の決議で定めた代表者（定めなかったら代表取締役）。

(2)　**取締役会設置会社の場合（監査役設置会社を除く）**

　　株主総会の決議で代表者を定めたときはその代表者。株主総会で定めていなければ，**取締役会の決議で定めた代表者**。全く定めていなかったら代表取締役。

(3)　**監査役設置会社の場合**

　　監査役（代表取締役は代表できない）。

3　表見代表取締役

（表見代表取締役）

第354条　株式会社は，代表取締役以外の取締役に社長，副社長その他株式会社を代表する権限を有するものと認められる名称を付した場合には，当該取締役がした行為について，善意の第三者に対してその責任を負う。

　紛らわしい肩書を付けた場合には，善意の第三者が保護される。いわゆる権利外観法理の現れである。民法の表見代理と同じような趣旨だと考えてもいい。

➡　支配人についても同じような規定があったことを思い出しておこう。

　善意でさえあればよく，無過失である必要はないが，代表権がないという事実を重大な過失によって知らなかったときは，善意の第三者とはいえず，第三者が保護されない（最判昭52.10.14）。

➡　重過失は悪意と同じ扱い。

4　取締役会設置会社以外の株式会社の代表取締役

（株式会社の代表）

第349条　取締役は，株式会社を代表する。ただし，他に代表取締役その他株式会社を代表する者を定めた場合は，この限りでない。

2　前項本文の取締役が二人以上ある場合には，取締役は，各自，株式会社を代表する。

3　株式会社（取締役会設置会社を除く。）は，定款，定款の定めに基づく取締役の互選又は株主総会の決議によって，取締役の中から代表取締役を定めることができる。

　取締役会設置会社以外の株式会社では，どの取締役が代表取締役となるかに

ついて，四つのパターンがある。

(1) 取締役が当然に代表取締役となる場合

H18-33　　　特に代表取締役を定めなければ，取締役全員が代表取締役となる。取締役が当然に代表取締役となるので，何もしなくても取締役に就任した者は代表取締役にも就任する。会社法の規定によって代表取締役となるのであり，代表取締役への就任を拒むことはできない。

　➡　「各自代表」とよばれることもある。

　　取締役全員を代表取締役としたくないのであれば，何らかの方法で代表取締役を定めなければならない。他の三つのパターンで代表取締役を定めれば，取締役は，当然には代表取締役とならない。

(2) 株主総会の決議で代表取締役を定める場合

　　株主総会の決議によって，取締役のうち特定のものを代表取締役と定めることができる。

　➡　決議要件は普通決議でよい。

　　特に代表取締役を定めなければ取締役の全員が代表取締役となるのだから，株主総会で代表取締役を定めるというのは，株式会社を代表させたくない取締役から代表権を奪う行為であるともいえる。つまり，取締役には本来代表権があるのであり（取締役＝代表取締役），この場合も，代表取締役への就任は拒めない。

　➡　代表取締役に就任するのに，代表取締役への就任を承諾する旨の意思表示は不要ということである。

(3) 定款で代表取締役を定める場合

　　定款で具体的な代表取締役の氏名を定めてしまってもよい。定款を変更して代表取締役を定めるには，株主総会の特別決議が必要となる。

　　取締役には定款に従う義務があるから，この場合も代表取締役への就任を拒むことはできず，代表取締役の就任について，代表取締役への就任を承諾する旨の意思表示は不要である。

(4) 定款の定めに基づく取締役の互選で代表取締役を定める場合

　　取締役の互選によって代表取締役を定める旨を定款で定めることができ

る。互選の具体的な方法について会社法上の規定はないが，定款で具体的な互選方法を定めていないのであれば，取締役の過半数の一致でいいだろう。

　この場合には，取締役が当然に代表取締役となることが予定されておらず，代表取締役への就任を拒むことも可能である。つまり，代表取締役に就任するには，**代表取締役への就任を承諾する旨の意思表示が必要である。**

➕ アルファ

　厄介なのは，代表取締役を定めた後で定款を変更し，代表取締役の定め方が変わった場合である。様々なケースがあり，一部解釈に揺らぎがある部分もあるが，基本的には，定款の変更後は変更後の定款に従って代表取締役が定められることになる。

　少なくとも，上の(4)で代表取締役を定めた後，定款の互選の規定を廃止したときは，(1)に移行して取締役の全員が代表取締役になるということぐらいは知っておいてもいい。また，取締役会設置会社が取締役会を置く旨の定款の定めを廃止して，代表取締役について何も定めなかった場合も同じ結論になる。

5　取締役会設置会社の代表取締役

第362条　（略）
3　取締役会は，取締役の中から代表取締役を選定しなければならない。

　取締役会設置会社では，取締役会の決議によって代表取締役が選定される。そして，定款の定めに基づく取締役の互選で代表取締役を定めた場合と同様に，代表取締役に就任するには，**代表取締役への就任を承諾する旨の意思表示が必要である。** H18-31

➡　取締役会設置会社の代表取締役と取締役の互選で定められた代表取締役は，いろいろ似ている点が多い。

　代表取締役については「選定」という用語が用いられており，取締役などの「選任」とは違う用語が用いられているが，試験対策的にそこにこだわる必要は全くない。一応，選任された者の中からさらに選ぶのが選定だといわれている。

➕ アルファ

　取締役会設置会社でも，株主総会で代表取締役を選定する旨を定款で定め，株主総会で代表取締役を選定できる。第4節の最初の内容なので，忘れてしまっていたら一度戻っておこう。

　株主総会の権限を定款で拡大することはできても，取締役会の権限を縮小できるわけではないので，株主総会で代表取締役を選定できる旨を定めたときは，株主総会でも取締役会でも代表取締役を選定できることになる。

6　代表取締役が地位を失う場合

　代表取締役は取締役であることを前提とするので，取締役の地位を失ったときは，代表取締役の地位も失う。その結果，取締役の退任日と代表取締役の退任日が一致するケースが多い。

　たとえ欠員が生じる場合でも，取締役の地位を失った後に代表取締役であり続けることはない。

　ただし，取締役の地位はそのままで，代表取締役の地位のみを失うケースもいくつかある。

(1)　辞　任

　代表取締役への就任に就任承諾が必要なケース（取締役の互選と取締役会設置会社の場合）では，代表取締役の地位のみを辞任することが可能だが，就任承諾が不要なケースでは代表取締役の地位のみの辞任はできない。
➡️　就任を拒めるなら辞任も可能と考えていい。

➕ アルファ

　たとえば，株主総会の決議によって定められた代表取締役については，株主総会の承認を得て辞任することができると解されており，辞任が完全に不可能なわけではないが，「就任承諾不要＝辞任不可」と覚えてしまっても，ほとんど問題はないだろう。

　問題となるのは代表取締役の地位のみの辞任であって，取締役の地位の辞任は可能である。つまり，取締役の地位を辞任してしまえば，取締役の地位を失うから，代表取締役の地位もそれに伴って失われることになる。

(2)　解　職

　基本的に，選定した方法と同じ方法で解職することができる。取締役会設

置会社では取締役会の決議で解職でき，株主総会で定めたなら株主総会の決議で，互選で定めたのなら取締役の過半数の一致で，それぞれ解職できる。もっとも，取締役が当然に代表取締役となる場合には，そもそも選定していないので，解職もできない。この場合，株主総会の決議などによって特定の取締役のみを代表取締役と定めれば，解職と同じような結果が得られる。

　➡　これも，代表取締役の地位のみの解職であって，取締役の地位の解任とは別の話である。

　なお，「選任」された者については「解任」という用語が，「選定」された者については「解職」という用語が，それぞれ用いられているが，これについてもあまりこだわらなくていい。

7　欠員が生じた場合

（代表取締役に欠員を生じた場合の措置）
第351条　代表取締役が欠けた場合又は定款で定めた代表取締役の員数が欠けた場合には，任期の満了又は辞任により退任した代表取締役は，新たに選定された代表取締役（次項の一時代表取締役の職務を行うべき者を含む。）が就任するまで，なお代表取締役としての権利義務を有する。
2　前項に規定する場合において，裁判所は，必要があると認めるときは，利害関係人の申し立てにより，一時代表取締役の職務を行うべき者を選任することができる。

　役員に欠員が生じた場合と同じような規定である。ここでいう「任期の満了」は，取締役としての任期が満了したことによって退任した場合を含み，「辞任」には，取締役の地位を辞任したことによって退任した場合が含まれる。やはり役員と同様に，**欠員が生じる場合であっても退任や辞任の効力は否定されない。**
　また，取締役でなく，かつ，取締役としての権利義務を一切有していない場合には，代表取締役としての権利義務を有することはない。**取締役としての権利義務がないのに代表取締役としての権利義務があるといった状態にはならない**のである。そのため，代表取締役である取締役について，取締役としての任期が満了した場合や取締役の地位を辞任した場合で，退任後も代表取締役としての権利義務を有することとなるのは，退任後も取締役としての権利義務を有する場合に限られる。

H26-30

　一時代表取締役の職務を行うべき者についての規定も，役員と同じである。

8　取締役会の運営

　　取締役会は，取締役会設置会社の業務執行の決定機関であった。ここでは，その具体的な運営方法を説明していく。

　➡　株主総会と比較しながら理解しておくとよい。

> **第362条**　取締役会は，すべての取締役で組織する。

　　取締役会の構成員は，取締役全員である。これに加えて，監査役設置会社では，監査役にも出席義務があり（会§383），会計参与が出席しなければならない場合もある（会§376）。また，出席義務がない者を任意に出席させることも可能である。

　➡　会計参与や監査役については，それぞれの節で詳しく説明する。

> （招集権者）
> **第366条**　取締役会は，各取締役が招集する。ただし，取締役会を招集する取締役を定款又は取締役会で定めたときは，その取締役が招集する。
> 2　前項ただし書に規定する場合には，同項ただし書の規定により定められた取締役（以下この章において「招集権者」という。）以外の取締役は，招集権者に対し，取締役会の目的である事項を示して，取締役会の招集を請求することができる。
> 3　前項の規定による請求があった日から5日以内に，その請求があった日から2週間以内の日を取締役会の日とする取締役会の招集の通知が発せられない場合には，その請求をした取締役は，取締役会を招集することができる。

　・原則＝各取締役が単独で招集できる
　・例外＝定款か取締役会のどちらかで招集権者を定める
　・例外の例外＝招集権者以外の取締役が招集を請求し，さらに自ら招集できる

　　ということになっている。

H31-31　　招集権者を定めることができるのだが，定款のほか，**取締役会の決議でも定めることができる**ことに注意する必要がある。

　　そして，さらに取締役会の招集には例外がある。

（株主による招集の請求）
第367条　取締役会設置会社（監査役設置会社，監査等委員会設置会社及び指名委員会等設置会社を除く。）の株主は，取締役が取締役会設置会社の目的の範囲外の行為その他法令若しくは定款に違反する行為をし，又はこれらの行為をするおそれがあると認められるときは，取締役会の招集を請求することができる。

　　ここでの「監査役設置会社」には，第3節で述べた原則どおり，監査役の監査の範囲を会計に関するものに限定する旨の定款の定めがある株式会社は含まれない。公開会社は，監査等委員会設置会社と指名委員会等設置会社を除き監査役設置会社であるから，公開会社では，取締役会の招集を株主が請求することはできないことになる。 `H20-33` `H18-35`

（招集手続）
第368条　取締役会を招集する者は，取締役会の日の1週間（これを下回る期間を定款で定めた場合にあっては，その期間）前までに，各取締役（監査役設置会社にあっては，各取締役及び各監査役）に対してその通知を発しなければならない。
2　前項の規定にかかわらず，取締役会は，取締役（監査役設置会社にあっては，取締役及び監査役）の全員の同意があるときは，招集の手続を経ることなく開催することができる。

　　招集期間は原則1週間であるが，定款で短縮することは可能である。
➡　招集期間が3パターンあった株主総会（第4節参照）と比較しておこう。

　　招集通知を発出する対象は，監査役設置会社かどうかで異なる。これは，前述したように，監査役設置会社の監査役には取締役会への出席義務があるからである。 `H31-31`
　　また，会計参与が取締役会に出席しなければならない場合には，会計参与に対しても招集通知を発出しなければならない（会§376Ⅱ）。

　　取締役会についても，株主総会と同様に招集手続の省略が可能である。会計参与が出席しなければならない場合には，会計参与の同意も必要となる（会§376Ⅲ）。つまり，出席義務のある者全員の同意が必要ということになる。 `H22-30`

（取締役会の決議）

第369条　取締役会の決議は，議決に加わることができる取締役の過半数（これを上回る割合を定款で定めた場合にあっては，その割合以上）が出席し，その過半数(これを上回る割合を定款で定めた場合にあっては,その割合以上)をもって行う。

H22-30　いろいろあった株主総会の決議要件とは違って，取締役会の決議要件はこれだけである。決議要件については，定款で厳しくすることができる。

　監査役や会計参与に出席義務がある場合であっても，監査役や会計参与が議決に加わることはできない。議決に加わることができるのは，取締役だけである。

　取締役会では，各取締役本人が議決に加わらなければならず，株主総会のように代理人によって議決に加わることは認められない。

　そして，取締役でも議決に加わることができない場合がある。

第369条　（略）

2　前項の決議について特別の利害関係を有する取締役は，議決に加わることができない。

　特別の利害関係を有する取締役は除外して決議要件を判断することになる。取締役が個人の利益のために取締役会の議決に加わることは認められないのである。

ケーススタディ

　取締役が5名の取締役会設置会社で，取締役会の決議について特別の利害関係を有する取締役が1名いるとする。取締役会の決議を有効に行うためには，何人の取締役が出席すればいいか。

　5名の取締役中，議決に加わることができる取締役が4名となるので，その4名の過半数の出席があればよい。つまり，特別の利害関係がない取締役が3名出席すれば有効に取締役会を開催できる。

重要●●●●●●●●●●●●●●●●●●●●●●●●●●●●●●

株主総会では，特別の利害関係を有する株主が議決権を行使しても，決議の取

消しの訴えの事由となるだけだったが，取締役会では，そもそも議決に加わることができない。

　特別の利害関係を有する取締役の範囲については，やや議論があるが，代表取締役の解職の決議では，**解職の対象となる代表取締役は，解職の決議について特別の利害関係がある**（最判昭44.3.28）と覚えてしまっていい。また，後述する競業・利益相反取引の承認を受ける取締役も，特別の利害関係を有するとされている。

　一方，代表取締役の選定決議では，代表取締役の候補者である取締役は，選定の決議について特別の利害関係がないとされている。

➡　株式会社の利益より取締役個人の利益の方が重視されそうな場合には，特別の利害関係があると判断される。

（取締役会の決議の省略）

第370条　取締役会設置会社は，取締役が取締役会の決議の目的である事項について提案をした場合において，当該提案につき取締役（当該事項について議決に加わることができる者に限る。）の全員が書面又は電磁的記録により同意の意思表示をしたとき（監査役設置会社にあっては，監査役が当該提案について異議を述べたときを除く。）は，当該提案を可決する旨の取締役会の決議があったものとみなす旨を定款で定めることができる。

　株主総会についても同様の規定があった（会§319）。ここでも重要となるのはその違いである。

重要❶・・・・・・・・・・・・・・・・・・・・・・・・・・・・・・・・

　株主総会の決議の省略には，定款の定めは要らなかったが，取締役会の決議の省略には，定款の定めが必要である。

H31-31
H22-30

　決議の省略と368条2項の招集手続の省略とは，混同しないようにしたい。

　また，報告の省略も可能である。

（取締役会への報告の省略）

第372条　取締役，会計参与，監査役又は会計監査人が取締役（監査役設置会社にあっては，取締役及び監査役）の全員に対して取締役会に報告すべき事項を通知したときは，当該事項を取締役会へ報告することを要しない。

> 2　前項の規定は，第363条第2項の規定による報告については，適用しない。

　報告の省略については，**定款の規定は不要**である。報告すべき事項を通知すればよく，個別の同意も要らない。

H29-30

　業務を執行する取締役の取締役会への報告（会§363Ⅱ）は省略できない。やはり，3か月に1回以上は現実に取締役会を開催しなければならないのである。

9　取締役会の議事録

　取締役会についても，株主総会と同様に議事録を作成しなければならない。

> **第369条**　（略）
> 3　取締役会の議事については，法務省令で定めるところにより，議事録を作成し，議事録が書面をもって作成されているときは，出席した取締役及び監査役は，これに署名し，又は記名押印しなければならない。

　株主総会との違いは，**署名・記名押印義務**が定められていることである。署名とは，自分で自分の名前を書く（自署する）ことをいい，他人が名前を書いた場合や，ワープロソフトなどを用いて名前を印刷した場合には，記名となる。署名の場合には押印が省略できるが，記名の場合には押印も必要となる。

➕アルファ

　議事録を電磁的記録で作成した場合には，署名や記名押印ではなく，電子署名が必要になる。一見簡単で便利そうに思える電磁的記録の作成だが，電子署名しなければならないので，ある程度の知識がないとかえって手間がかかる。

　一般的に，署名や記名押印が必要な場合で，書面ではなく電磁的記録を作成した場合には，電子署名が必要となると考えていい。

　株主総会議事録と同様に，備置きと閲覧・謄写についても定められている。書面で作成した場合については，次のようになる。

	株主総会議事録	取締役会議事録
備置き	本店に10年，支店に5年	本店に10年
閲覧・謄写	・株主（営業時間内いつでもOK） ・債権者（営業時間内いつでもOK） ・親会社社員（その権利を行使するため必要があるときであって，裁判所の許可を得たとき）	・株主（その権利を行使するため必要があるとき。監査役設置会社，監査等委員会設置会社又は指名委員会等設置会社では裁判所の許可も必要） ・債権者（役員又は執行役の責任を追及するため必要があるときであって，裁判所の許可を得たとき） ・親会社社員（その権利を行使するため必要があるときであって，裁判所の許可を得たとき）

　取締役会議事録の閲覧・謄写の請求は，株主総会の閲覧・謄写の請求よりも要件が厳しい。取締役会では，より内部的な事項を決議するため，閲覧・謄写の要件を厳しくする必要がある。

　監査役設置会社，監査等委員会設置会社，指名委員会等設置会社では，株主 H27-30 による閲覧・謄写について，より要件が厳しい。この三つを除外するのは，株主による取締役会の招集の請求でも同じであった。

　理由　業務監査権のある監査役がいるのなら，取締役会の監督は監査役が行うべきであり，直接株主に監督させる必要はないため。

10　特別取締役による取締役会
　大規模な株式会社で，取締役の員数が多かったりすると，頻繁に取締役会を

開催することが困難になることが予想される。そのような株式会社で迅速な意思決定を可能にする制度が**特別取締役による取締役会**である。

（特別取締役による取締役会の決議）

第373条　第369条第1項の規定にかかわらず，取締役会設置会社（中略）が次に掲げる要件のいずれにも該当する場合（中略）には，取締役会は，第362条第4項第1号及び第2号（中略）に掲げる事項についての取締役会の決議については，あらかじめ選定した3人以上の取締役（以下この章において「特別取締役」という。）のうち，議決に加わることができるものの過半数（これを上回る割合を定款で定めた場合にあっては，その割合以上）が出席し，その過半数（これを上回る割合を定款で定めた場合にあっては，その割合以上）をもって行うことができる旨を定めることができる。

一　取締役の員数が6人以上であること。

二　取締役のうち一人以上が社外取締役であること。

監査等委員会設置会社と指名委員会等設置会社について規定している部分は省略している。

H29-30

特別取締役による取締役会で決議する旨や特別取締役の選定は，通常の取締役会の決議で行う。定款で定める必要はない。

取締役の員数が多い場合を想定した制度であるため，6人以上の取締役が必要である。

さらに，**社外取締役が1人以上必要**になる。

特別取締役による取締役会で決議できる旨を定めるには，取締役のうち最低1名が社外取締役であればよい。その社外取締役を特別取締役に選定する必要はない。

特別取締役による取締役会で決議できる事項は，次の二つに限られる。

・重要な財産の処分及び譲受け

・多額の借財

特別取締役による取締役会の運営は，基本的に通常の取締役会と同じだが，次の点で異なる（会§373Ⅳ）。

　　・株主による招集の請求ができる場合はない
　　・招集期間の短縮は，定款ではなく取締役会の決議で定める
　　・取締役会の決議の省略はできない

11　競業・利益相反取引

　株主にとっては，取締役が株式会社の利益よりも自分自身の利益を優先させると非常に困ることになる。取締役が自分の利益を優先させるケースとして想定されているのが，競業と利益相反取引である。

（競業及び利益相反取引の制限）

第356条　取締役は，次に掲げる場合には，株主総会において，当該取引につき重要な事実を開示し，その承認を受けなければならない。

　一　取締役が自己又は第三者のために株式会社の事業の部類に属する取引をしようとするとき。

　二　取締役が自己又は第三者のために株式会社と取引をしようとするとき。

　三　株式会社が取締役の債務を保証することその他取締役以外の者との間において株式会社と当該取締役との利益が相反する取引をしようとするとき。

2　民法第108条の規定は，前項の承認を受けた同項第2号の取引については，適用しない。

（競業及び取締役会設置会社との取引等の制限）

第365条　取締役会設置会社における第356条の規定の適用については，同条第1項中「株主総会」とあるのは，「取締役会」とする。

2　取締役会設置会社において，第356条第1項各号の取引をした取締役は，当該取引後，遅滞なく，当該取引についての重要な事実を取締役会に報告しなければならない。

　まず，対象となる行為の範囲を確認しておこう。

　株式会社が営む事業と同じ事業を取締役が自ら行ってしまうと，株式会社の利害と取締役の利害が衝突してしまう。そのため，そういった事業（競業）に関する取引は，制限する必要がある。

　制限の対象になる競業には，自分自身の計算で行うもののほか，第三者の計算で行うものも含まれる。そのため，競業を営む会社を代表して行うような取引も制限の対象である。

重要❗••••••••••••••••••••••••••••••••••••

H18-31　　制限の対象となるのは取引行為であり，競業を営む会社の取締役や社員となること自体は制限の対象とされていない。取締役や社員となった後に行う個々の取引行為が制限の対象である。

　　支配人の競業の禁止（会§12）との違いに注意すること。

　　競業のほか，利益が相反する取引も制限の対象である。

　　典型的な利益相反取引は，取締役が株式会社と直接行う取引（直接取引）である。これについても，取締役が自分自身で行う取引（自己取引）のほか，第三者のために（第三者を代表・代理して）行うものが含まれる。二つの株式会社の代表取締役が同一人物の場合で，その代表取締役が両方の株式会社を代表して取引をしたら，この取引は，両方の株式会社で利益相反取引（直接取引）に該当する。

➡　取締役と株式会社間における不動産の売買など，不動産登記法でも論点となる。

　　定型的で株式会社に損害を与えることが考えられない行為は，利益相反取引に該当しない。たとえば，鉄道会社の取締役が自分で切符を買って自分の会社の電車に乗っても，利益相反取引には該当しない。

H30-30　　また，株式会社側が単に利益を得る行為も利益相反取引に該当しない。債権
H24-30　者である取締役が株式会社の債務を免除したり，株式会社に対して無利息かつ無担保で金銭を貸し付けたり，株式会社に対して無償で贈与するようなケースである。

　　株式会社と取締役間の取引ではなくても，利益が相反する取引（間接取引）は，制限の対象となる。間接取引の典型的な例として，株式会社が取締役の債務を保証する行為が挙げられている。

➡　保証契約は，債権者と保証人との間の契約であり，債務者は契約の当事者ではない。したがって，直接取引ではない。

H24-30➡　取締役が株式会社の債務を保証する行為（小さい株式会社では日常的に行われる。）は，利益相反取引ではない。債務の保証を受けた株式会社が損をすることは考えにくいからである。

　　競業や利益相反取引については，承認を受けなければならない。承認機関は，取締役会設置会社かどうかで異なる。

➡　競業か利益相反取引かで承認の手続が異なることはない。

承認機関と報告の要否は次のようになっている。

	取締役会設置会社以外の株式会社	取締役会設置会社
承認機関	株主総会	取締役会
事後の報告	不要	取締役会に報告

＋アルファ

　承認を受けなければならない取締役は，法の趣旨からいっても，利益が相反する取締役である。間接取引である保証行為のケースでは，株式会社を代表して保証契約を締結する取締役ではなく，債務者である取締役が承認を受けなければならない。

　一方，報告をしなければならない取締役は，条文どおり取引をした取締役である。保証のケースでは，保証契約の締結をした取締役となる。

　競業・利益相反取引の制限は，最終的には株主の利益を保護するための規定だから，株式全部を所有している株主が取締役となっている場合など，実質的な個人経営である場合には，株式会社と取締役との間の利害の対立はなく，利益相反取引についての承認は必要ないとされている（最判昭45.8.20）。

　必要な承認を得ずに取引をした場合には，基本的に取引を無効としつつ，善意の第三者を保護することになる。

　判例は，

・直接取引で，承認を得るべき取締役から株式会社に対して無効を主張することはできない（最判昭46.10.13）
・直接取引で，株式会社は，承認を得るべき取締役に対して無効を主張できる（最判昭43.12.25）
・間接取引で，株式会社が第三者に対して無効を主張するには，相手方である第三者の悪意（必要な承認を受けていないことを知っていたこと）を立証しなければならない（最判昭43.12.25）

となっている。保護すべき度合いが「善意の第三者＞株式会社＞取締役」だ

95

と考えればいいだろう。

　　取締役会で承認を受ける取締役は，**特別の利害関係を有する取締役**であり，取締役会の議決に加わることができない（会§369Ⅱ）。

12　取締役のその他の義務

　　取締役は，当然に善良な管理者の注意義務（善管注意義務，会§330，民§644）と忠実義務（会§355）を負うが，そのほかにも次の義務を負う。

> （取締役の報告義務）
> **第357条**　取締役は，株式会社に著しい損害を及ぼすおそれのある事実があることを発見したときは，直ちに，当該事実を株主（監査役設置会社にあっては，監査役）に報告しなければならない。
> 2　監査役会設置会社における前項の規定の適用については，同項中「株主（監査役設置会社にあっては，監査役）」とあるのは，「監査役会」とする。

　　著しい損害を及ぼすおそれのある事実についての報告義務である。報告先は，

　　・監査役会設置会社……監査役会
　　・監査役会設置会社ではない監査役設置会社……監査役
　　・他の株式会社……株主

となっている。

➡　他の役員の報告と併せて，後ほど整理することにする。

13　取締役の報酬等

　　取締役の報酬を取締役が勝手に決めてしまうと，株主の利益が害されてしまう。そのため，取締役の報酬等は，**定款か株主総会の決議**で定めることとされている。

┌─用語解説─
│【報酬等】
│　報酬，賞与その他の職務執行の対価として株式会社から受ける財産上の利益をいう（会§361Ⅰ）。
│　金銭に限られず，広く財産上の利益を含む。
└

　　株主総会の決議では，各取締役の具体的な報酬額まで定める必要はなく，取

締役全員の報酬等の総額の上限を定めれば足りる。ただし，有価証券報告書の提出義務がある公開会社である大会社で，監査役会設置会社であるものは，取締役の個人別の報酬等の内容についての決定に関する方針を取締役会で決定しなければならない。

➡　令和元年改正法により追加された規定である。監査等委員会設置会社でも同様の規定だが，指名委員会等設置会社では全く異なる。

14　職務代行者

取締役と代表取締役については，民事保全法の規定に基づいて，その職務の執行を停止する仮処分を受けることができ，また，職務代行者を選任する仮処分を受けることができる（会§352，民保§56参照）。解任の訴えを提起する際などに利用される。

➡　仮の地位を定める仮処分である。詳しくは民事保全法で学ぶ。

職務代行者は，当然に株式会社の常務に属する行為を行うことができる。
➡　取締役の解任を目的とする臨時株主総会の招集は常務に属しない（最判昭50.6.27）。定時株主総会の招集は，常務に属すると解されている。

常務に属しない行為については，仮処分命令に別段の定めがあればそれに従 **H18-33** うし，仮処分命令に別段の定めがなければ裁判所の許可が必要となる。

常務に属しない行為について必要な許可を得ていなければ，その行為は原則として無効である。ただし，善意の第三者は保護される。

15　業務の執行に関する検査役

（業務の執行に関する検査役の選任）
第358条　株式会社の業務の執行に関し，不正の行為又は法令若しくは定款に違反する重大な事実があることを疑うに足りる事由があるときは，次に掲げる株主は，当該株式会社の業務及び財産の状況を調査させるため，裁判所に対し，検査役の選任の申し立てをすることができる。（以下略）

申立てをすることができる株主は，
・総株主の議決権の100分の3以上の議決権を有する株主
・発行済株式の100分の3以上の数の株式を有する株主

　であり，役員の解任の訴え（第5節，会§854）を提起できる株主の要件とほぼ同じである。ただし，役員の解任の訴えとは違って，公開会社であっても議決権や株式の保有期間についての要件はない。

　裁判所は，検査役の調査の報告を受けた場合において，必要があると認めるときは，株主総会の招集と調査の結果の株主への通知のどちらか，あるいは両方を命じなければならない（会§359）。

第7節　会計参与

Topics ・会計参与の職務と権限を理解しておく。会計参与は監査機関ではない
ことを念頭に置く必要がある。
・計算書類の備置きの義務があるのが会計参与の特徴である。

1　権　限

（会計参与の権限）
第374条　会計参与は，取締役と共同して，計算書類（略）及びその附属明細書，
臨時計算書類（略）並びに連結計算書類（略）を作成する。この場合において，
会計参与は，法務省令で定めるところにより，会計参与報告を作成しなけれ
ばならない。
2　会計参与は，いつでも，次に掲げるものの閲覧及び謄写をし，又は取締役
及び支配人その他の使用人に対して会計に関する報告を求めることができる。
　一　会計帳簿又はこれに関する資料が書面をもって作成されているときは，
　当該書面
　二　（略）
3　会計参与は，その職務を行うため必要があるときは，会計参与設置会社の
子会社に対して会計に関する報告を求め，又は会計参与設置会社若しくはそ
の子会社の業務及び財産の状況の調査をすることができる。
4　前項の子会社は，正当な理由があるときは，同項の報告又は調査を拒むこ
とができる。

　会計参与の職務は，**計算書類の作成**と**会計参与報告の作成**である。臨時計算
書類や連結計算書類については，この段階では気にしなくていい。また，会計
参与報告は，会計の方針に関する事項などを内容とするが，これもあまり気に
しなくていい。

用語解説
【計算書類】
　貸借対照表，損益計算書，株主資本等変動計算書及び個別注記表をいい，
株式会社の財産及び損益の状況を示すために必要かつ適当なもの（会§435
Ⅱ，計算規§59Ⅰ）。
　株式会社は，事業年度ごとに計算書類を作成しなければならない。

　会計参与が法人である場合には，その具体的な職務は，社員の中から選定した会計参与の職務を行うべき者が行うことになる。

　会計参与は，取締役と共同して計算書類を作成するが，会計参与と取締役の意見が一致しない場合には，会計参与は，株主総会で意見を述べることができる（会§377）。

　会計参与は，会計帳簿の閲覧・謄写ができ，取締役や使用人に会計に関する報告を求めることができる。また，**業務・財産の状況の調査**ができる。

➡　この「業務・財産の状況の調査」という表現は，監査役などでも登場するので気にとめておくとよい。

用語解説

【会計帳簿】
　貸借対照表や損益計算書ではなく，それらの作成の基礎となる日々の取引の状況を記載した帳簿である。簿記でいう仕訳帳や総勘定元帳，各種伝票などが該当する。
　貸借対照表や損益計算書は，**計算書類**に含まれ，会社法上は会計帳簿と区別される。計算書類は事業年度ごとに作成するが，会計帳簿は取引のある都度記帳していくのが原則である。会計参与が作成するのは計算書類であって，会計帳簿ではない。

　会計参与は，子会社に対しても，会計に関する報告を求めるほか，業務・財産の状況の調査ができる。子会社調査権とよばれることもある。

2　義　務

（会計参与の報告義務）
第375条　会計参与は，その職務を行うに際して取締役の職務の執行に関し不正の行為又は法令若しくは定款に違反する重大な事実があることを発見したときは，遅滞なく，これを株主（監査役設置会社にあっては，監査役）に報告しなければならない。
2　監査役会設置会社における前項の規定の適用については，同項中「株主（監査役設置会社にあっては，監査役）」とあるのは，「監査役会」とする。

取締役の職務の執行に関し不正の行為があることを発見した場合や法令・定款に違反する重大な事実があることを発見した場合の報告義務である。

➡　取締役についても似たような規定があったし，あといくつか似たような規定が登場する。後でまとめて整理する。

会計参与は，**計算書類の承認をする取締役会に出席し**，必要に応じて意見を述べなければならない。 H29-30 H21-29

➡　会計参与が出席しなければならない場合には，招集の通知を会計参与に対しても発しなければならず，招集の手続を省略する場合には，会計参与全員の同意が必要となる。

3　計算書類等の備置き

（会計参与による計算書類等の備置き等）

第378条　会計参与は，次の各号に掲げるものを，当該各号に定める期間，法務省令で定めるところにより，当該会計参与が定めた場所に備え置かなければならない。

一　各事業年度に係る計算書類及びその附属明細書並びに会計参与報告

定時株主総会の日の1週間（取締役会設置会社にあっては，2週間）前の日（第319条第1項の場合にあっては，同項の提案があった日）から5年間

二　臨時計算書類及び会計参与報告

臨時計算書類を作成した日から5年間

会計参与は，株式会社とは別に，計算書類などの一定の書類を備え置かなければならない。

備え置く場所は会計参与が定めるが，会計参与の事務所の場所の中から定めなければならず，株式会社の本店や支店と異なる場所でなければならない（会施規§103ⅡⅢ）。

会計参与が備え置く書類については，**株主と債権者**は，**営業時間内はいつでも**，閲覧・謄写の請求ができる。

また，会計参与設置会社の**親会社社員**は，その権利を行使するため必要があるときは，**裁判所の許可を得て**，閲覧・謄写の請求をすることができる。

➡　株主総会議事録の閲覧・謄写と同じである。忘れていたら復習しておこう。

4　報酬・費用

　　会計参与の報酬等も，取締役の報酬等と同様に，定款か株主総会の決議で定める（会§379）。総額だけしか定めていない場合で，会計参与が2人以上あるときは，その配分は会計参与の協議で定めてよい。

　　職務の執行については，費用の前払の請求が認められている。会計参与設置会社は，職務の執行に必要でないことを証明しない限り，その請求を拒めない。

第8節　監査役と監査役会

Topics
・監査役の職務と権限を理解しておく。監査役の監査の範囲を定款で制限しているかどうかで大きく異なる。
・監査役会設置会社では，監査役会の職務と各監査役の職務を区別する必要がある。
・監査役会については，取締役会との違いを整理する必要がある。

1　監査役の監査の範囲

　第3節で述べたように，公開会社でなく，かつ，監査役会も会計監査人も置かない株式会社では，監査役の監査の範囲を会計に関するものに限定する旨を定款で定めることができる（会§389）。この節では，監査の範囲が定款で制限されていない監査役（業務監査権のある監査役）と監査の範囲が定款で制限されている監査役（業務監査権のない監査役）を明確に区別して話を進める。もっとも，監査役会についての説明で登場する監査役は，当然に業務監査権のある監査役となる。

　最初に業務監査権のある監査役について説明し，その後で業務監査権のない監査役について違いを整理することにしよう。

2　業務監査権のある監査役の権限

（監査役の権限）
第381条　監査役は，取締役（会計参与設置会社にあっては，取締役及び会計参与）の職務の執行を監査する。この場合において，監査役は，法務省令で定めるところにより，監査報告を作成しなければならない。
2　監査役は，いつでも，取締役及び会計参与並びに支配人その他の使用人に対して事業の報告を求め，又は監査役設置会社の業務及び財産の状況の調査をすることができる。
3　監査役は，その職務を行うため必要があるときは，監査役設置会社の子会社に対して事業の報告を求め，又はその子会社の業務及び財産の状況の調査をすることができる。
4　前項の子会社は，正当な理由があるときは，同項の報告又は調査を拒むことができる。

　業務監査権のある監査役は，取締役と会計参与の職務の執行を監査する。　H30-31
　➡　会計参与は，監査する側ではなく，監査される側となる。

　業務・財産の状況の調査については，似たような規定が会計参与についても
あった。

	会計参与	業務監査権のある監査役
在任している株式会社	取締役などに**会計に関する報告**を求め，業務・財産の状況の調査をすることができる	取締役などに**事業の報告**を求め，業務・財産の状況の調査をすることができる
その子会社	**会計に関する報告**を求め，業務・財産の状況の調査をすることができる	**事業の報告**を求め，業務・財産の状況の調査をすることができる

　会計参与が会計に関する報告を求めることができるのに対して，業務監査権
のある監査役は，事業の報告を求めることができる。報告を求めることができ
る範囲が広いのである。

3　業務監査権のある監査役の義務

（取締役への報告義務）
第382条　監査役は，取締役が不正の行為をし，若しくは当該行為をするおそ
　れがあると認めるとき，又は法令若しくは定款に違反する事実若しくは著し
　く不当な事実があると認めるときは，遅滞なく，その旨を取締役（取締役会
　設置会社にあっては，取締役会）に報告しなければならない。

　取締役や会計参与についても似たような規定があった。監査役の場合には，
報告先が取締役か取締役会であることに注意する。
➡　会計監査人の報告について扱う際にあらためて整理する。

（取締役会への出席義務等）
第383条　監査役は，取締役会に出席し，必要があると認めるときは，意見を
　述べなければならない。（略）
2　監査役は，前条に規定する場合において，必要があると認めるときは，取
　締役（第366条第1項ただし書に規定する場合にあっては，招集権者）に対し，

取締役会の招集を請求することができる。

3　前項の規定による請求があった日から5日以内に，その請求があった日から2週間以内の日を取締役会の日とする取締役会の招集の通知が発せられない場合には，その請求をした監査役は，取締役会を招集することができる。

もちろん取締役会を置いていない場合には関係のない規定である。監査役設置会社だからといって，取締役会を置かなければならないということはない。

業務監査権のある監査役には，**取締役会に出席する義務**がある。もっとも，議決に加わることができるわけではない（会§369Ⅰ）。

また，取締役会への報告義務がある場合には，招集の請求ができ，一定の要件を満たせば自ら取締役会の招集ができる。　　　　　　　　　　`H29-30` `H25-31`

➡　監査役設置会社では，株主による取締役会の招集の請求（会§367）が認められていなかったが，その代わりに監査役による招集の請求が認められていると考えてもいい。

（株主総会に対する報告義務）

第384条　監査役は，取締役が株主総会に提出しようとする議案，書類その他法務省令で定めるものを調査しなければならない。この場合において，法令若しくは定款に違反し，又は著しく不当な事項があると認めるときは，その調査の結果を株主総会に報告しなければならない。

普通の議案は調査すればいいが，議案の提出に監査役の同意が必要となる場合もあることに注意したい。ここまで出てきた範囲では，監査役の選任に関する議案に同意が必要だった（会§343）。

4　取締役の行為の差止め

（株主による取締役の行為の差止め）

第360条　6箇月（これを下回る割合を定款で定めた場合にあっては，その期間）前から引き続き株式を有する株主は，取締役が株式会社の目的の範囲外の行為その他法令若しくは定款に違反する行為をし，又はこれらの行為をするおそれがある場合において，当該行為によって当該株式会社に著しい損害が生ずるおそれがあるときは，当該取締役に対し，当該行為をやめることを請求することができる。

2　公開会社でない株式会社における前項の規定の適用については，同項中「6箇月（これを下回る割合を定款で定めた場合にあっては，その期間）前から引き続き株式を有する株主」とあるのは，「株主」とする。

3　監査役設置会社，監査等委員会設置会社又は指名委員会等設置会社における第1項の規定の適用については，同項中「著しい損害」とあるのは，「回復することができない損害」とする。

（監査役による取締役の行為の差止め）

第385条　監査役は，取締役が監査役設置会社の目的の範囲外の行為その他法令若しくは定款に違反する行為をし，又はこれらの行為をするおそれがある場合において，当該行為によって当該監査役設置会社に著しい損害が生ずるおそれがあるときは，当該取締役に対し，当該行為をやめることを請求することができる。

2　前項の場合において，裁判所が仮処分をもって同項の取締役に対し，その行為をやめることを命ずるときは，担保を立てさせないものとする。

株主による取締役の行為の差止めと監査役による取締役の行為の差止めは，まとめて整理しておきたい。

➡　今回も監査等委員会設置会社と指名委員会等設置会社は考えない。

差止めができるのは，取締役が目的の範囲外の行為や法令・定款に違反する行為をした場合とするおそれがある場合である。この要件は，株主による差止めについても，監査役による差止めについても，変わらない。

次の要件については，二つのパターンがある。著しい損害が生ずるおそれがある場合と回復することができない損害が生ずるおそれがある場合である。著しい損害よりも，回復することができない損害の方が重大な損害（ひどい損害）である（回復することができない＞著しい）。なので，回復することができない損害が生ずるおそれがある場合に該当するなら，著しい損害が生ずるおそれがある場合にも該当する。

H25-31
H20-33

株主による差止めの要件は，**監査役設置会社かどうかで異なる**。

H18-35

理由　監査役設置会社では，損害の程度がそれほど重大でないなら監査役による差止めで対応でき，株主がしゃしゃり出る必要はないから。

株主による差止めと監査役による差止めについて，要件の違いだけに注目すると次のようになる。

	監査役設置会社以外の株式会社	監査役設置会社
株主による差止め	著しい損害が生ずるおそれがある場合	回復することができない損害が生ずるおそれがある場合
監査役による差止め		著しい損害が生ずるおそれがある場合

差止めができる株主については，公開会社で保有期間が制限されているのみで，株式数や議決権数についての要件はない。

差止めの請求は，裁判によらなくてもいいが，差止めの訴えを提起し，差止めの仮処分の申立てをすれば，実効性が高くなる。

➡ 仮処分については民事保全法で学ぶ。

5　業務監査権のない監査役

第3節で述べたように，公開会社でなく，監査役会設置会社でなく，かつ，会計監査人設置会社でない株式会社は，定款で監査役の監査の範囲を会計に関するものに限定できる。

（定款の定めによる監査範囲の限定）

第389条　公開会社でない株式会社（監査役会設置会社及び会計監査人設置会社を除く。）は，第381条第1項の規定にかかわらず，その監査役の監査の範囲を会計に関するものに限定する旨を定款で定めることができる。

2　前項の規定による定款の定めがある株式会社の監査役は，法務省令で定めるところにより，監査報告を作成しなければならない。

3　前項の監査役は，取締役が株主総会に提出しようとする会計に関する議案，書類その他の法務省令で定めるものを調査し，その調査の結果を株主総会に報告しなければならない。

4　第2項の監査役は，いつでも，次に掲げるものの閲覧及び謄写をし，又は

取締役及び会計参与並びに支配人その他の使用人に対して会計に関する報告を求めることができる。
一　会計帳簿又はこれに関する資料が書面をもって作成されているときは，当該書面
二　（略）
5　第2項の監査役は，その職務を行うため必要があるときは，株式会社の子会社に対して会計に関する報告を求め，又は株式会社若しくはその子会社の業務及び財産の状況の調査をすることができる。
6　前項の子会社は，正当な事由があるときは，同項の規定による報告又は調査を拒むことができる。
7　第381条から第386条までの規定は，第1項の規定による定款の定めがある株式会社については，適用しない。

　業務監査権のある監査役の権限・義務と業務監査権のない監査役の権限・義務を比較すると次のようになる。

	業務監査権のある監査役	業務監査権のない監査役
取締役・会計参与などに対して請求できる報告	**事業の報告**	**会計に関する報告**（会計帳簿の閲覧・謄写も可能）
株式会社の業務・財産の状況の調査	できる	できる
子会社に対して請求できる報告	事業の報告	会計に関する報告
子会社の業務・財産の状況の調査	できる	できる
取締役又は取締役会への報告義務	あり	なし

取締役会への出席義務	あり	なし
議案の調査義務の対象	全部の議案	会計に関する議案
取締役の行為の差止め	できる	できない
株式会社と取締役との間の訴えにおける代表権	あり	なし

　業務監査権のない監査役は，事業の報告ではなく，会計に関する報告を求めることができるにすぎない。その意味で，業務監査権のない監査役の権限は，会計参与の権限に近い。

　また，業務監査権のない監査役には，**取締役会に出席する義務がない**。もっとも，取締役会には，一般に誰でも出席させることができるから，業務監査権のない監査役が取締役会に出席していても問題はない。

　業務監査権のある監査役と業務監査権のない監査役の違いは，これ以外にもたくさんある。ここまでに扱った範囲では，取締役からの報告（会§357）や会計参与からの報告（会§375）を受けることができるのは，業務監査権のある監査役だけであった。

6　報酬・費用

　報酬や費用の前払の請求などに関する扱いは，会計参与と同じである。

H20-34

　また，業務監査権のある監査役と業務監査権のない監査役との間でも扱いが変わらない。

7　監査役会の組織・運営

> **第390条**　監査役会は，すべての監査役で組織する。
> 2　監査役会は，次に掲げる職務を行う。ただし，第3号の決定は，監査役の権限の行使を妨げることはできない。
> 一　監査報告の作成
> 二　常勤の監査役の選定及び解職
> 三　監査の方針，監査役会設置会社の業務及び財産の状況の調査の方法その他の監査役の職務の執行に関する事項の決定

> **3**　監査役会は，監査役の中から常勤の監査役を選定しなければならない。
> **4**　監査役は，監査役会の求めがあるときは，いつでもその職務の執行の状況を監査役会に報告しなければならない。

H20-34
H20記述
　監査役会設置会社では，**監査役が３人以上でなければならず**，また，**監査役の半数以上が社外監査役**でなければならなかったことを思い出しておこう。複数の監査役が協力して監査の実効性を高めることが想定されている。

　監査役は監査報告を作成するが，監査役会も監査報告を作成する。つまり，監査役会設置会社では，**監査役の監査報告と監査役会の監査報告がそれぞれ存在する**ことになる。

H29-31
H28-31
　監査役会設置会社では，常勤監査役を定めることとされているが，常勤監査役は，社外監査役であってもなくても構わない。また，常勤監査役だからといって，特別な権利や義務があるわけではない。
➡　結局，あまりこだわらなくていい概念である。

H20-34
　監査役会設置会社であっても，監査役の独立性は保障される。**監査役会が監査役の権限の行使を妨げることはできない**のである。

（招集権者）
第391条　監査役会は，各監査役が招集する。
（招集手続）
第392条　監査役会を招集するには，監査役は，監査役会の日の１週間（これを下回る割合を定款で定めた場合にあっては，その期間）前までに，各監査役に対してその通知を発しなければならない。
2　前項の規定にかかわらず，監査役会は，監査役の全員の同意があるときは，招集の手続を経ることなく開催することができる。

　監査役会の運営については，取締役会と比較して理解する必要がある。
➡　忘れている部分は第６節に戻って復習しておこう。

H30-31
　取締役会については招集する取締役を定款か取締役会で定めることができたが，監査役会についてはそういったことはできない。**各監査役の招集権を制限することはできない**のである。

招集期間と招集手続の省略については，取締役会と変わらない。招集期間を H22-30
定款で短縮できることも，取締役会と同じである。

（監査役会の決議）
第393条　監査役会の決議は，監査役の過半数をもって行う。

決議要件は，取締役会と異なる。監査役会では，**出席する監査役の員数につ** H22-30
いての要件がない。つまり，何人出席したかにかかわらず，在任している全監
査役の過半数の賛成がないと，有効に決議できないのである。もっとも，過半
数が出席しないと，過半数が賛成することもできないから，どのような議案も
有効に決議できなくなってしまう。
➡　取締役会では，取締役が4人いる場合，3人出席して2人賛成すれば有効
　に決議できる。監査役会では，監査役が4人いる場合，とにかく3人以上の
　賛成を得なければならない。

この決議要件には例外がある。実は，すでに登場している話で，**会計監査人
の解任**（会§340）である。会計監査人の解任には，監査役全員の同意が必要
となる。
➡　第5節に戻って会計監査人の解任の要件を確認しておこう。

監査役会についても，取締役会と同様に，報告の省略の制度が認められてい H22-30
る（会§395，372）。一方で，監査役会については，書面による同意を得て決
議の省略をすることは，認められない。

第393条　（略）
2　監査役会の議事については，法務省令で定めるところにより，議事録を作
　成し，議事録が書面をもって作成されているときは，出席した監査役は，こ
　れに署名し，又は記名押印しなければならない。

議事録についても，取締役会と比較して整理する。
➡　余裕があれば株主総会議事録とも比較しておきたい。

書面で作成した場合は，次のようになる。

	取締役会議事録	監査役会議事録
備置き	本店に10年	本店に10年
閲覧・謄写	・株主（その権利を行使するため必要があるとき。**監査役設置会社，監査等委員会設置会社又は指名委員会等設置会社では裁判所の許可も必要**） ・債権者（役員又は執行役の責任を追及するため必要があるときであって，裁判所の許可を得たとき） ・親会社社員（その権利を行使するため必要があるときであって，裁判所の許可を得たとき）	・株主（その権利を行使するため必要があるときであって，裁判所の許可を得たとき） ・債権者（役員の責任を追及するため必要があるときであって，裁判所の許可を得たとき） ・親会社社員（その権利を行使するため必要があるときであって，裁判所の許可を得たとき）

だいたい同じである。監査役会議事録の閲覧・謄写には，**必ず裁判所の許可が必要**と覚えておけばよい。

8　監査役会設置会社の監査役の権限

監査役会を置いていない監査役設置会社では監査役の権限とされていたもののうち，監査役会設置会社では監査役会の権限とされているものがいくつかある。つまり，**監査役会を置いているかどうかで監査役の権限が異なる**ことがある。ここでまとめて整理しておく。

・会計監査人の解任（会§340）
・監査役の選任に関する同意（会§343）
・会計監査人の選任・解任に関する議案の内容の決定（会§344）
・一時会計監査人の職務を行うべき者の選任（会§346）
・取締役の報告（会§357）

・会計参与の報告（会§375）
・会計監査人の報告（会§397）
・会計監査人の報酬等の決定に関する同意（会§399）

　会計監査人については次節で取り扱うが，会計監査人などの他の機関と関わる場面では，監査役ではなく監査役会が職務を行うことが多い。逆に，監査役の監査についての権限は，その本質的な権限であり，監査役会を置いていても変わらない。

第9節　会計監査人

Topics・会計監査人の職務と権限を理解しておく。
　　　　・役員，特に監査役との違いを意識するとよい。

1　権　限

（会計監査人の権限等）

第396条　会計監査人は，次章の定めるところにより，株式会社の計算書類及びその附属明細書，臨時計算書類並びに連結計算書類を監査する。この場合において，会計監査人は，法務省令で定めるところにより，会計監査報告を作成しなければならない。

2　会計監査人は，いつでも，次に掲げるものの閲覧及び謄写をし，又は取締役及び会計参与並びに支配人その他の使用人に対し，会計に関する報告を求めることができる。

一　会計帳簿又はこれに関する資料が書面をもって作成されているときは，当該書面

二　（略）

3　会計監査人は，その職務を行うため必要があるときは，会計監査人設置会社の子会社に対して会計に関する報告を求め，又は会計監査人設置会社若しくはその子会社の業務及び財産の状況の調査をすることができる。

4　前項の子会社は，正当な理由があるときは，同項の報告又は調査を拒むことができる。

　会計参与の権限や業務監査権のない監査役の権限とだいたい同じである。違うのは，会計参与は計算書類の作成に携わり，業務監査権のない監査役は計算書類に限らず会計一般を監査するのに対し，**会計監査人は計算書類のみを監査する**という点である。

　監査役が監査報告を作成するように，会計監査人は会計監査報告を作成する。

2　報告義務

（監査役に対する報告）

第397条　会計監査人は，その職務を行うに際して取締役の職務の執行に関し不正の行為又は法令若しくは定款に違反する重大な事実があることを発見し

　たときは，遅滞なく，これを監査役に報告しなければならない。

2　監査役は，その職務を行うため必要があるときは，会計監査人に対し，その監査に関する報告を求めることができる。

3　監査役会設置会社における第1項の適用については，同項中「監査役」とあるのは，「監査役会」とする。

　会計監査人設置会社は，監査役の監査の範囲を制限できないから，ここで登場する監査役は，全て業務監査権のある監査役である。

　報告については，ここまで似たような規定が何度も出てきた。ここで，全部まとめて整理しておくことにする。

　取締役会，会計参与，監査役，監査役会，会計監査人を全部設置している株 R2–30 式会社を考えよう。それぞれ，矢印の先に対して報告義務がある。

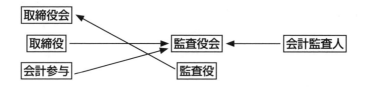

　監査役による報告以外は，全て監査役会に対して報告義務がある。

　報告をしなければならない場合は次のとおり。全部を完璧に覚える必要はない。なんとなく見ておくだけでいい。

・取　締　役……株式会社に著しい損害を及ぼすおそれのある事実があることを発見したとき

・会 計 参 与……取締役の職務の執行に関し不正の行為又は法令若しくは定款に違反する重大な事実があることを発見したとき

・監　査　役……取締役が不正の行為をし，若しくは当該行為をするおそれがあると認めるとき，又は法令若しくは定款に違反する事実若しくは不当な事実があると認めるとき

・会計監査人……取締役の職務の執行に関し不正の行為又は法令若しくは定款に違反する重大な事実があることを発見したとき

　このいちばん複雑な関係を基本として，ここから報告先の機関を置かないパターンを考えていけば全てが網羅できる。

　　まず，監査役会を置かないのであれば，監査役会に対してすべき報告は監査役に対してすべきことになる。ただし，報告を受けることができる監査役は，業務監査権のある監査役に限られる。

　　監査役を置かない場合や置いても業務監査権がない場合には，報告先が株主となる。

H25-31
H20-33

　　また，監査役の報告先は，取締役会がない場合には取締役となる。

➡　報告を受けるという職務を株主が監査役会や監査役に委任していると考えてもいい。

3　定時株主総会における意見の陳述

　　監査役に議案を調査して報告する義務（会§384）があったのと同様に，会計監査人は，計算書類の監査に関し，定時株主総会において意見を述べることができる（会§398Ⅰ）。また，会計監査人の出席を求める決議があったときは，出席して意見を述べることが義務づけられる（同Ⅱ）。

4　報酬等の決定

> （会計監査人の報酬等の決定に関する監査役の関与）
> **第399条**　取締役は，会計監査人又は一時会計監査人の職務を行うべき者の報酬等を定める場合には，監査役（監査役が二人以上ある場合にあっては，その過半数）の同意を得なければならない。
> 2　監査役会設置会社における前項の規定の適用については，同項中「監査役（監査役が二人以上ある場合にあっては，その過半数）」とあるのは，「監査役会」とする。

R2-30
　　会計監査人の報酬等は，取締役が定める。役員の報酬等と異なり，**定款や株主総会の決議は要らない**。そして，取締役による報酬等の決定には，監査役の過半数の同意が必要となる。監査役会があるなら監査役会の同意である。

第10節　指名委員会等設置会社

Topics・株式会社は，監査役を置かない機関設計を選択することもできる。
・決して試験に出ないから後回しにしたわけではない。普通に試験に出るし，重要度も高い。
・単に置く機関が異なるだけでなく，役員の任期，取締役の職務，株式会社を代表する者など，委員会を置かない株式会社と様々な点で全く異なるので注意する。

1　監査役を置かないという選択

　株式会社は，公開会社であっても，監査役を置かないという選択をすることができる。結局，全ての株式会社は，公開会社でない株式会社も含め，次の三つに分類することができる。

・指名委員会等設置会社
・監査等委員会設置会社
・それ以外の株式会社

　指名委員会等設置会社や監査等委員会設置会社という選択は，小規模な株式会社であってもとることができる。しかし，もともとは，上場会社のような大規模な株式会社で採用されることを想定して設けられた規定である。
　そのため，公開会社である大会社について，次の三つに分類できると考えた方がわかりやすいかもしれない。

・指名委員会等設置会社
・監査等委員会設置会社
・監査役会設置会社

　この場合，公開会社である大会社であるから，どの機関設計を採用しても取締役会と会計監査人を置く必要がある。また，会計参与については，どの機関設計においても任意に置くことができる。
➡　公開会社である大会社が置かなければならない機関については，第3節に戻って復習しておこう。

　指名委員会等設置会社と監査等委員会設置会社については，監査役会設置会社との比較を意識していくとよいだろう。

2　指名委員会等設置会社の機関

　指名委員会等設置会社とは，**指名委員会，監査委員会，報酬委員会**の三つの委員会を置く株式会社をいう（会§2⑫）。

用語解説

【指名委員会等】

　指名委員会，監査委員会，報酬委員会の三つをいう（会§2⑫）。
　監査等委員会は含まない。

　指名委員会等設置会社では，指名委員会等を置く以外にも，置かれる機関が他の株式会社とは根本的に違う。

第327条　次に掲げる株式会社は，取締役会を置かなければならない。

一　公開会社

二　監査役会設置会社

三　監査等委員会設置会社

四　指名委員会等設置会社

2　（略）

3　（略）

4　監査等委員会設置会社及び指名委員会等設置会社は，監査役を置いてはならない。

5　監査等委員会設置会社及び指名委員会等設置会社は，会計監査人を置かなければならない。

6　指名委員会等設置会社は，監査等委員会を置いてはならない。

H28-30

　指名委員会等設置会社は，取締役会，指名委員会等，会計監査人を置かなければならない。監査機関としては監査委員会が設けられるため，**監査役や監査等委員会を置くことはできない**。

　一方で，会計参与については置いても置かなくてもいい。

　どのような規模の株式会社であっても指名委員会等設置会社となることができ，大会社である必要はなく，**公開会社でなくてもいい**。

➡　もっとも，小規模な株式会社が指名委員会等設置会社となることは現実として少ない。

　そして，指名委員会等設置会社の最もわかりやすい特徴は，**代表取締役が置**

かれないということである。

➡　次節で述べるが，監査等委員会設置会社では，代表取締役が置かれる。

　指名委員会等設置会社では，取締役が業務の執行をすることはできず，業務執行機関として執行役が置かれることになる。そして，指名委員会等設置会社を代表するのは，代表執行役となる。執行役の選任は，取締役会の決議で行われる。

　取締役会は業務執行の決定をするが，その一部を執行役に委任でき，執行役の業務執行を監督することになる。

　各委員会は，取締役会から選定された委員によって構成される。委員は取締役の中から選定され，監査機関である監査委員会の委員（監査委員）も取締役だから，指名委員会等設置会社の取締役は，他の株式会社と違って，監査・監督に関与する機関であるといえる。

➡　監査役設置会社では，取締役の行動を監査役が監査していた。取締役がアクセルなら，監査役はブレーキである。一方，指名委員会等設置会社では，執行役がアクセルで取締役がブレーキとなる。

3　取締役の兼任禁止

> 第331条　（略）
> 4　指名委員会等設置会社の取締役は，当該指名委員会等設置会社の支配人その他の使用人を兼ねることができない。

　指名委員会等設置会社の取締役は，前述したように監査・監督に関与するから，支配人をはじめとする使用人との兼任が禁止されている。ただし，子会社の使用人との兼任は禁止されていない。さらに，業務執行機関である執行役との兼任も禁止されていない。

➡　社外取締役の要件との違いに注意しよう。

➡　監査委員会の委員である取締役，つまり監査委員については，より厳しい兼任禁止規定が定められている。監査委員のところで説明する。

4　役員の任期

　指名委員会等設置会社とそれ以外の株式会社では，取締役と会計参与の任期が異なる。

　指名委員会等設置会社の取締役と会計参与の任期は，選任後1年以内に終了する事業年度のうち最終のものに関する定時株主総会の終結の時までである

（会§332Ⅵ I，334 I）。また，公開会社でない株式会社であっても，**定款で任期を伸長することはできない。**

🖐**理由**　指名委員会等設置会社では，業務執行機関である執行役の選任に株主総会が直接関与しないため，取締役を毎年選任することでバランスを保っている。

定款の変更に伴う任期の満了も要注意である（会§332Ⅶ，334 I）。

重要❗●●●●●●●●●●●●●●●●●●●●●●●●●●●●●●●●●●●●●●●

H26-30　指名委員会等設置会社が指名委員会等設置会社でなくなった場合や，指名委員会等設置会社でない株式会社が指名委員会等設置会社となった場合には，取締役と会計参与の任期は満了する。

🖐**理由**　指名委員会等設置会社とそれ以外の株式会社では任期が違うため，一律に任期が満了する扱いとして整理されている。また，指名委員会等設置会社とそれ以外の株式会社では，取締役に要求される資質が異なるからと考えることもできるだろう。

H26-30　指名委員会等設置会社では，監査役を置くことができないから，監査役を置いている株式会社が指名委員会等設置会社となったときは，監査役の任期が満了する（会§336Ⅳ②）。

会計監査人の任期は全く変わらない。指名委員会等設置会社となっても任期が満了したりはしない。

5　委員の選定・解職

（委員の選定等）
第400条　指名委員会，監査委員会又は報酬委員会の各委員会（以下この条，次条及び第911条第3項第23号ロにおいて単に「各委員会」という。）は，委員3人以上で組織する。
2　各委員会の委員は，取締役の中から，取締役会の決議によって選定する。
3　各委員会の委員の過半数は，社外取締役でなければならない。
4　監査委員会の委員（以下「監査委員」という。）は，指名委員会等設置会社若しくはその子会社の執行役若しくは業務執行取締役又は指名委員会等設置

会社の子会社の会計参与（会計参与が法人であるときは，その職務を行うべき者）若しくは支配人その他の使用人を兼ねることができない。

（委員の解職等）

第401条　各委員会の委員は，いつでも，取締役会の決議によって解職することができる。

　指名委員会，監査委員会，報酬委員会の三つの委員会は，それぞれ3人以上の委員で組織される。

　委員は取締役の中から取締役会の決議で選定されるが，ある取締役が複数の委員会の委員を兼ねることは差し支えない。

　各委員会の委員の**過半数**は社外取締役でなければならない。半数以上ではない。つまり，各委員会の委員が最低員数の3人なら，そのうち2人が社外取締役でなければならない。4人置いたのなら，3人以上が社外取締役でなければならない。　`H23-31`　`H20-34`

➡　監査役会設置会社において社外監査役が半数以上でよかったこととの違いに注意する。

　監査機関である監査委員会を構成する監査委員については，**兼任禁止**規定が置かれている。　`H20-34`

　監査役の兼任禁止（会§335Ⅱ）では取締役との兼任が禁止されていたが，監査委員は当然に取締役であるので，取締役との兼任は禁止されない。子会社についても，業務執行取締役との兼任は禁止されるが，業務執行取締役でない取締役との兼任は禁止されない。

　監査委員は，執行役を兼ねることができない。子会社の執行役も兼ねることができない。逆に，前述したように，監査委員以外の取締役は，執行役を兼ねることができる。

　委員の任期について会社法上の規定はないが，委員は取締役であることを前提とするので，取締役としての任期が満了し，退任したときは，当然に委員の地位も失うことになる。

　委員については，取締役と同じように，一定の場合には退任後も権利義務を有する旨の規定があり，裁判所が一時委員の職務を行うべき者を選任することもできる（会§401ⅡⅢ）。

6　執行役の選任・解任

> （執行役の選任等）
> **第402条**　指名委員会等設置会社には，一人又は二人以上の執行役を置かなけ
> ればならない。
> **2**　執行役は，取締役会の決議によって選任する。
> **3**　指名委員会等設置会社と執行役との関係は，委任に関する規定に従う。
> （代表執行役）
> **第420条**　取締役会は，執行役の中から代表執行役を選定しなければならない。
> この場合において，執行役が一人のときは，その者が代表執行役に選定され
> たものとする。

　執行役は，最低１名でかまわない。監査委員以外の取締役は執行役を兼ねる
ことができるが，もちろん取締役以外の者を執行役に選任していい。また，使
用人などを執行役に選任することも問題ない。

H23-31　　執行役が当然に指名委員会等設置会社を代表するわけではなく，**取締役会の**
決議によって執行役の中から代表執行役を選定する必要がある。ただし，執行
役が１名だけなら，その者が当然に代表執行役となる。

　指名委員会等設置会社と執行役との関係は，委任に関する規定に従うので，
取締役と同様に，就任の際には就任承諾が必要だし，一方的な意思表示によっ
て辞任することもできる。

> **第402条**　（略）
> **4**　第331条第１項（取締役の資格等）の規定は，執行役について準用する。
> **5**　株式会社は，執行役が株主でなければならない旨を定款で定めることがで
> きない。ただし，公開会社でない指名委員会等設置会社については，この限
> りでない。
> **6**　執行役は，取締役を兼ねることができる。

　資格については，取締役と全く同じとなる。株主でなければならない旨を定
款で定められるかどうかについても，取締役と全く同じである。

　執行役は取締役を兼ねることができるが，前述したように，監査委員は執行

役を兼ねることができない。

第402条　（略）

7　執行役の任期は，選任後1年以内に終了する事業年度のうち最終のものに関する定時株主総会の終結後最初に招集される取締役会の終結の時までとする。ただし，定款によって，その任期を短縮することを妨げない。

8　前項の規定にかかわらず，指名委員会等設置会社が指名委員会等を置く旨の定款の定めを廃止する定款の変更をした場合には，執行役の任期は，当該定款の変更の効力が生じた時に満了する。

執行役の任期が満了するのは，定時株主総会の終結時ではなく，定時株主総会の終結後最初に招集される**取締役会の終結時**である。役員との違いに注意する必要がある。

代表執行役は，執行役の地位を失うことにより，代表執行役としても退任することになる。

（執行役の解任等）

第403条　執行役は，いつでも，取締役会の決議によって解任することができる。

第420条　（略）

2　代表執行役は，いつでも，取締役会の決議によって，解職することができる。

執行役はいつでも解任でき，代表執行役の地位のみを解職することも可能である。

退任後も権利義務を有する場合についての規定，一時職務を行うべき者の規定，仮処分命令による職務代行者などは，取締役についての規定が準用される（会§403Ⅲ，401Ⅱ～Ⅳ，420Ⅲ，352，401Ⅱ～Ⅳ）。

7　指名委員会

（委員会の権限等）

第404条　指名委員会は，株主総会に提出する取締役（会計参与設置会社にあっては，取締役及び会計参与）の選任及び解任に関する議案の内容を決定する。

　指名委員会等設置会社では，取締役と会計参与の選任・解任に関する議案の内容は，指名委員会が決定することになる。取締役や執行役が決定することはできない。

➡　会計監査人の選任・解任に関する議案の内容は，監査委員会が決定する。

8　監査委員会

監査委員会は，三つの委員会の中で一番重要である。指名委員会等設置会社で最も重要な機関であるといってもいい。

第404条（略）

2　監査委員会は，次に掲げる職務を行う。

一　執行役等（執行役及び取締役をいい，会計参与設置会社にあっては，執行役，取締役及び会計参与をいう。以下この節において同じ。）の職務の執行の監査及び監査報告の作成

二　株主総会に提出する会計監査人の選任及び解任並びに会計監査人を再任しないことに関する議案の内容の決定

監査委員会は，監査を行う機関である。これは，当たり前のようで当たり前ではない。監査役会については，同じ表現ができなかったことに注意しよう。監査機関である監査役によって構成される機関が監査役会であったのに対し，指名委員会等設置会社では，**監査委員会そのものが監査機関**なのである。業務執行の監査をする権限は，監査委員の権限ではなく，監査委員会の権限として規定されている。

　取締役と会計参与の選任・解任に関する議案の内容の決定は指名委員会が行うが，会計監査人の選任・解任に関する議案の内容の決定は監査委員会が行う。

➡　監査役会設置会社以外の監査役設置会社では監査役が，監査役会設置会社では監査役会が，それぞれ決定する（会§344）。

（監査委員会による調査）

第405条　監査委員会が選定する監査委員は，いつでも，執行役等及び支配人その他の使用人に対し，その職務の執行に関する事項の報告を求め，又は指名委員会等設置会社の業務及び財産の状況の調査をすることができる。

2　監査委員会が選定する監査委員は，監査委員会の職務を執行するため必要があるときは，指名委員会等設置会社の子会社に対して事業の報告を求め，

又はその子会社の業務及び財産の状況の調査をすることができる。

3　前項の子会社は，正当な事由があるときは，同項の報告又は調査を拒むことができる。

4　第1項及び第2項の監査委員は，当該各項の報告の徴収又は調査に関する事項についての監査委員会の決議があるときは，これに従わなければならない。

監査委員会そのものが監査機関であり，個々の監査委員は，監査委員会の職務を具体的に行うことになる。職務の執行に関する事項の報告を求めたり，業務・財産の状況を調査したりするのは，監査役設置会社では監査役の権限であった。

監査委員は，監査委員会の決議に従う必要がある。監査役会の決定が各監査役の権限の行使を妨げられなかったこと（会§390Ⅱ）と明らかに違っている。

（取締役会への報告義務）

第406条　監査委員は，執行役又は取締役が不正の行為をし，若しくは当該行為をするおそれがあると認めるとき，又は法令若しくは定款に違反する事実若しくは著しく不当な事実があると認めるときは，遅滞なく，その旨を取締役会に報告しなければならない。

似たような規定は，監査役についてもあった（会§382）。趣旨は同じであると考えていい。

第9節で触れたように，監査役会や監査役は，取締役，会計参与，会計監査人からの報告を受ける機関でもあった。指名委員会等設置会社では，会計参与と会計監査人からの報告を受けるのは監査委員会となり（会§375ⅢⅠ，397Ⅳ Ⅰ），また，監査委員は，執行役からの報告を受けることになる（会§419Ⅰ）

（監査委員による執行役等の行為の差止め）

第407条　監査委員は，執行役又は取締役が指名委員会等設置会社の目的の範囲外の行為その他法令若しくは定款に違反する行為をし，又はこれらの行為をするおそれがある場合において，当該行為によって当該指名委員会等設置会社に著しい損害が生ずるおそれがあるときは，当該執行役又は取締役に対し，当該行為をやめることを請求することができる。

　これも，監査役について同様の規定があった（会§385）。監査委員会ではなくて，監査委員の権限であることに注意したい。

「著しい損害」ではなく，「回復することができない損害」の場合には，株主による差止めが可能なことも，監査役設置会社と同じである（会§360ⅢⅠ，422）。

　監査役設置会社と取締役との間の訴えについては，監査役が監査役設置会社を代表したが（会§386），指名委員会等設置会社では，執行役・取締役との間の訴えについて，監査委員会が選定する監査委員が代表するのが原則となる（会§408Ⅰ②）。ただし，監査委員も取締役だから，監査委員と指名委員会等設置会社との間の訴えである場合には，株主総会で定めた者か取締役会で定めた者が代表することになる（同Ⅰ①）。

　これら以外に，監査委員会は，監査役会や監査役の職務とされていた次の行為を行うことができる。

・会計監査人の解任（会§340ⅥⅠ）
・一時会計監査人の職務を行うべき者の選任（会§346ⅧⅣ）
・会計監査人の報酬等の決定についての同意（会§399ⅢⅠ）

9　報酬委員会

第404条　（略）
3　報酬委員会は，第361条第1項並びに第379条第1項及び第2項の規定にかかわらず，執行役等の個人別の報酬等の内容を決定する。執行役が指名委員会等設置会社の支配人その他の使用人を兼ねているときは，当該支配人その他の使用人の報酬等の内容についても，同様とする。
（報酬委員会による報酬の決定の方法等）
第409条　報酬委員会は，執行役等の個人別の報酬等の内容に係る決定に関する方針を定めなければならない。
2　報酬委員会は，第404条第3項の規定による決定をするには，前項の方針に従わなければならない。

「執行役等」というのは，執行役のほか，取締役と会計参与を含むものである（会§404Ⅱ①）。

　ここでは，個人別の報酬等の内容を決定すると定められていることに注意すH24-31
る必要がある。指名委員会等設置会社以外の株式会社では，取締役や会計参与H23-31
の報酬等は，株主総会か定款で総額を定めればよかったのだが（会§361，H20-34
379），指名委員会等設置会社では，報酬委員会が個人別に定めるのである。

➡　会計監査人の報酬は，報酬委員会が定めるのではない。前述したように，
　　監査委員会の同意が必要となるにすぎない（会§399ⅢⅠ）。

10　各委員会の運営

　各委員会の運営については，取締役会と同じような規定が多い。以下に簡単
に比較しておく。

	取締役会	各委員会
招集権者	各取締役（招集権者を定款又は取締役会で定めることができる）	各委員（招集権者を定めることはできない）
招集期間	1週間（定款で短縮可能）	1週間（取締役会で短縮可能）
決議要件	議決に加わることができる取締役の過半数が出席し，その過半数の賛成（定款で要件を厳しくできる）	議決に加わることができるその委員の過半数が出席し，その過半数の賛成（取締役会の決議で要件を厳しくできる）
議事録の閲覧・謄写	・株主（その権利を行使するため必要があるとき。監査役設置会社，監査等委員会設置会社又は指名委員会等設置会社では裁判所の許可も必要） ・債権者（役員又は執行役の責任を追及するため必要があるときであって，裁判所の許可を得たとき） ・親会社社員（その権利を行使するため必要があるときであって，裁判所の許可を得たとき）	・取締役 ・株主（その権利を行使するため必要があるときであって，裁判所の許可を得たとき） ・債権者（委員の責任を追及するため必要があるときであって，裁判所の許可を得たとき） ・親会社社員（その権利を行使するため必要があるときであって，裁判所の許可を得たとき）
報告の省略	業務を執行する取締役からの報告以外は省略できる	できる

　各委員会については，取締役会のように定款の定めに基づく決議の省略（会§370）をすることはできない。

11　指名委員会等設置会社の取締役会

　取締役会の権限についての会社法362条の規定は，指名委員会等設置会社については適用されない。

（指名委員会等設置会社の取締役会の権限）

第416条　指名委員会等設置会社の取締役会は，第362条の規定にかかわらず，次に掲げる職務を行う。

一　次に掲げる事項その他指名委員会等設置会社の業務執行の決定

　イ　経営の基本方針

　ロ　監査委員会の職務の執行のために必要なものとして法務省令で定める事項

　ハ　執行役が二人以上ある場合における執行役の職務の分掌及び指揮命令の関係その他の執行役相互の関係に関する事項

　ニ　次条第２項の規定による取締役会の招集の請求を受ける取締役

　ホ　執行役の職務の執行が法令及び定款に適合することを確保するための体制その他株式会社の業務並びに当該株式会社及びその子会社から成る企業集団の業務の適正を確保するために必要なものとして法務省令で定める体制の整備

二　執行役等の職務の執行の監督

2　指名委員会等設置会社の取締役会は，前項第１号イからホまでに掲げる事項を決定しなければならない。

　取締役は業務を執行しないが，取締役会は業務執行の決定をする。

➡　業務執行と業務執行の決定は，ここでも区別される。

　また，執行役，取締役，会計参与の職務の執行の監督も取締役会の職務である。

➡　「執行役等」と規定されていることに注意する。

➕アルファ

　これまで「監査」と「監督」という言葉を明確に区別せず，混同ぎみに使ってきたが，一応区別するべき言葉である。しかし，それぞれの用語が厳密に定義されているわけではなく，試験対策としてその違いにこだわる必要はない。

　監査の場合は，監査する機関が監査される機関から独立していることが必要である。一方，監督の場合は，監督される機関が監督する機関に従属する

イメージになる。

　指名委員会等設置会社では，執行役の職務の執行について，取締役会が監督を行い，監査委員会が監査を行う。

　委員の選定，執行役の選任なども取締役会の職務となる。

第416条　（略）

4　指名委員会等設置会社の取締役会は，その決議によって，指名委員会等設置会社の業務執行の決定を執行役に委任することができる。ただし，次に掲げる事項については，この限りでない。（以下略）

　基本的には，指名委員会等設置会社以外の取締役会設置会社が取締役会で決議する事項は，指名委員会等設置会社でも取締役会で決議できる。指名委員会等設置会社の取締役会の権限が特に制限されているわけではない。ただし，指名委員会等設置会社の取締役会は，その決議によって，**業務執行の決定の一部を執行役に委任できる**。

　委任できない事項は，条文で列挙されているが，全部覚える必要はないし，全部覚えるのは効率が悪い。委員や執行役の選任など，指名委員会等設置会社の組織の根本に関わる事項は委任できないことを理解しておけばいいだろう。

H21-32

　むしろ，委任できる事項のうち代表的なものを覚えておく方が効率がいい。委任できるのは，次のような事項である。まだ扱っていない内容が多いので，今すぐ覚えられなくても問題はない。

　・自己株式・自己新株予約権の消却
　・株式の分割
　・株式無償割当て・新株予約権無償割当て
　・募集株式の発行等，募集新株予約権の発行，社債の発行に際しての募集事項の決定
　・支配人の選任・解任
　・支店の設置・移転・廃止

　指名委員会等設置会社では，取締役会の招集権者の定めがあっても，委員会が選定した委員は，取締役会を招集できる（会§417Ⅰ）。また，執行役も取締役会の招集ができる（同Ⅱ）。

　委員会が選定した委員は，委員会の職務の執行の状況を取締役会に報告しなければならないし（会§417Ⅲ），執行役は3か月に1回以上，職務の執行の状況を報告しなければならない（同Ⅳ）。

➡　この報告は，業務執行取締役の報告と同様に，省略できない（会§372，363Ⅱ，417Ⅳ）。やはり，取締役会は，最低3か月に1回現実に開催する必要がある。

　指名委員会等設置会社では，特別取締役による取締役会の決議を行うことはできない（会§373）。

🖝 理由　執行役による機動的な業務執行が可能なため，一部の取締役のみの取締役会を認めて取締役会の開催を容易にする必要がないから。

12　執行役の権限・義務

（執行役の権限）
第418条　執行役は，次に掲げる職務を行う。
一　第416条第4項の規定による取締役会の決議によって委任を受けた指名委員会等設置会社の業務の執行の決定
二　指名委員会等設置会社の業務の執行

　執行役には，当然に業務執行権がある。
➡　指名委員会等設置会社以外の取締役会設置会社の取締役（会§363Ⅰ）とは違う。

　著しい損害を及ぼすおそれのある事実については，監査委員に対する報告義務がある（会§419Ⅰ）。
　また，執行役も，取締役と同様に，競業・利益相反取引の制限を受ける（会§419Ⅱ，356，365Ⅱ）。

第11節　監査等委員会設置会社

Topics・監査等委員会設置会社は，平成26年改正法（平成27年５月１日施行）によって設けられた機関設計になる。

・監査役会設置会社と指名委員会等設置会社の中間的な性格を持つと考えるとわかりやすい。この二つとの違いに注意しよう。

・監査等委員会設置会社では，監査等委員である取締役と監査等委員でない取締役の２種類の取締役が置かれることになる。

1　監査等委員会設置会社の機関

　監査等委員会設置会社も，他の機関設計を採用した場合と同様に，株主総会と取締役は必ず置かなければならない。また，監査等委員会設置会社は，**取締役会**を置かなければならない（会§327③）。

　監査等委員会設置会社は，**監査等委員会**を置く株式会社であると定義されている（会§2⑪の2）。つまり，監査等委員会設置会社には監査等委員会が必ず置かれる。

　監査等委員会設置会社は，**会計監査人**を置かなければならない（会§327Ⅴ）。大会社でなくても，会計監査人の設置は義務である。

　結局，監査等委員会設置会社には，**取締役会**，**監査等委員会**，**会計監査人**が置かれることになる。

　監査等委員会設置会社は，監査役を置いてはならない（会§327Ⅳ）。また，会計参与は置いても置かなくてもよい。

➡　このあたりは，指名委員会等設置会社と同じである。

指名委員会等設置会社と比較すると理解がしやすいだろう。

	監査等委員会設置会社	指名委員会等設置会社
置かれる機関	・取締役会 ・会計監査人 ・**監査等委員会**	・取締役会 ・会計監査人 ・**指名委員会** ・**監査委員会** ・**報酬委員会**
監査役	置いてはならない	置いてはならない
会計参与	置いても置かなくてもよい	置いても置かなくてもよい

　三つの委員会（指名委員会等）に代えて監査等委員会を置くものと考えればよい。

　監査等委員会設置会社を代表するのは，取締役会の決議によって選定される代表取締役である。執行役や代表執行役が置かれることはない。

2　監査等委員会設置会社の取締役

　まず，監査等委員会の構成員である**監査等委員も取締役である**ことに注意しなければならない（会§399の2Ⅱ）。

➡　指名委員会等設置会社の監査委員も取締役だった。なお，監査委員と監査等委員は非常に紛らわしいので注意しなければならない。1文字の違いしかない。

　監査等委員会設置会社では，株主総会の決議によって，監査等委員である取締役と監査等委員でない取締役を区別して選任する（会§329Ⅱ）。

重要❗ ●

誰が監査等委員となるかは，株主総会の決議によって決定される。

　指名委員会等設置会社のように，取締役の中からあらためて監査等委員を選定するものではない。そのため，株主総会の決議がない限り，監査等委員であ

る取締役が監査等委員でない取締役になったりはしない。取締役の地位をそのままに，監査等委員の地位のみを辞任するようなこともできない。

➕ アルファ

　監査等委員会設置会社でも，累積投票の制度を利用することが可能である（会§342Ⅰ）。

　監査等委員である取締役の選任について，監査等委員である取締役は，株主総会で意見を述べることができる（会§342の2Ⅰ）。
➡　監査役についても，同じような規定があった（会§343）。

　監査等委員である取締役は，監査役に近い職務をすることになる。そのため，監査役について兼任禁止が定められていたように，監査等委員である取締役についても兼任禁止が定められている。

> **第331条**　（略）
> 3　監査等委員である取締役は，監査等委員会設置会社若しくはその子会社の業務執行取締役若しくは支配人その他の使用人又は当該子会社の会計参与（会計参与が法人であるときは，その職務を行うべき社員）若しくは執行役を兼ねることができない。

　監査役の兼任禁止と同様に考えればよい。監査等委員会設置会社では代表取締役が置かれるが，監査等委員である取締役を代表取締役に選定することはできない（会§399の13Ⅱ）。

　取締役の員数については，通常の取締役会設置会社と同じ規定（会§331Ⅴ）が適用される。しかし，監査等委員である取締役は，3人以上で，その過半数は，社外取締役でなければならない（同Ⅵ）。監査等委員である取締役は業務執行取締役を兼ねることができず，最低1名の業務執行取締役は必要であるから，監査等委員会設置会社における取締役の最低員数は結局4名となる。監査等委員である取締役の最低員数が3名であるので，最低2名の社外取締役が必要になる。

　監査等委員会設置会社では，取締役の任期が異なる。監査等委員会設置会社以外の株式会社とも異なるし，監査等委員であるかどうかでも異なる。

　まず，監査等委員でない取締役の任期は，選任後１年以内に終了する事業年　`R2-29`
度のうち最終のものに関する定時株主総会の終結の時までである（会§332Ⅲ
Ⅰ本文）。ただし，定款又は株主総会の決議によって任期を短縮することがで
きる（同Ⅰただし書）。任期の伸長はできない（同Ⅱ）。

➡　結局，指名委員会等設置会社の取締役の任期と同じである。

　監査等委員である取締役の任期は，選任後２年以内に終了する事業年度のう　`R2-29`
ち最終のものに関する定時株主総会の終結の時までである（会§332Ⅰ本文）。　`H28-31`
任期の伸長や短縮は原則としてできないが（同ⅡⅣ），定款によって，任期の
満了前に退任した監査等委員である取締役の補欠として選任された監査等委員
である取締役の任期を前任者の任期の満了するはずであった時まで短縮するこ
とは許される（同Ⅴ）。

➡　監査役の任期を４年から２年にしたものが監査等委員である取締役の任期
　　だと理解すればよい。任期に限らず，監査等委員である取締役については，
　　監査役に似た扱いとなることがある。

　監査等委員会設置会社となる定款の変更や，監査等委員会設置会社でなくな
る定款の変更をした場合にも，取締役の任期は満了する（会§332Ⅶ①②）。ま
た，指名委員会等設置会社と同様に，公開会社となった場合であっても，取締
役の任期は満了しない（同Ⅶ③）。

➡　監査等委員会設置会社となる場合や，監査等委員会設置会社でなくなる場
　　合には，定款の変更のほかに，取締役の選任が必要となるのである。

➕ アルファ

　会計参与の任期にも違いがある。指名委員会等設置会社と同様に，特に任
期を短縮しなければ，選任後１年以内に終了する事業年度のうち最終のもの
に関する定時株主総会の終結の時までとなる（会§334Ⅰ，332ⅢⅠ）。会計
監査人の任期については変わりがない。
　監査等委員会設置会社は監査役を置くことができないから，監査等委員会
設置会社となった場合には，監査役の任期が満了することになる（会§336
Ⅳ②）。指名委員会等設置会社になった場合と同じ扱いである。

　取締役の解任は，監査等委員会設置会社以外の株式会社と同様に，株主総会
の決議による。
　問題は決議要件である。監査等委員でない取締役は他の株式会社の取締役と
同じと考えればよく，監査等委員である取締役は監査役と同じと考えればよい。

つまり，監査等委員である取締役の解任には，**特別決議**が必要になる（会§309Ⅱ⑦）。

3　監査等委員と監査等委員会

　これまで説明してきたように，監査等委員というのは，監査等委員として選任された取締役である。そして，監査等委員によって監査等委員会が組織されることになる。

➡　監査役や監査役会とどのように違うのかを考えながら読み進めていくといいだろう。

　監査等委員は取締役である。そのため，取締役会の構成員であり，**取締役会の議決に加わることができる**。これが監査役との根本的な違いである。

➕アルファ

　監査役会設置会社では社外監査役の設置が義務づけられているが，社外監査役が取締役会の議決に加わることはない。つまり，取締役会の議決に加わるメンバーに社外性のある者が含まれなくてもよい。このことは，監査役会制度に対する批判の一つとなっていた。監査等委員会設置会社では，社外取締役の設置が義務づけられ，取締役会の議決に加わるメンバーに社外性のある者が必ず含まれることになる。

H28-31　　監査等委員会の職務は，次のとおりである（会§399の2Ⅲ）。

- ・取締役（会計参与設置会社にあっては，取締役及び会計参与）の職務の執行の監査及び監査報告の作成
- ・株主総会に提出する会計監査人の選任及び解任並びに会計監査人を再任しないことに関する議案の内容の決定
- ・監査等委員でない取締役の選任，解任，辞任，監査等委員でない取締役の報酬等についての監査等委員会の意見の決定

　最初の二つは，指名委員会等設置会社の監査委員と同じである。最後の一つは，指名委員会と報酬委員会を置かない監査等委員会設置会社に特有なものとなっている。指名委員会や報酬委員会が果たしている役割の一部も担うのである。結局，監査等委員会の職務は，選解任や報酬に関する職務を除けば，指名委員会等設置会社の監査委員会とほぼ同じと考えてよい。個人である監査等委員が監査機関なのではなく，監査等委員会が監査機関となっている。

➡　監査等委員会には，さらにもう一つ重要な権限がある。利益相反取引についての承認である。次節で詳しく説明する。

　これらの職務を行うため，監査等委員会が選定する監査等委員には次のような権限が与えられている（会§399の3）。

・取締役（会計参与設置会社にあっては，取締役及び会計参与）及び支配人その他の使用人に対する職務の執行に関する事項の報告の請求
・監査等委員会設置会社の業務及び財産の状況の調査
・子会社に対する事業の報告の請求
・子会社の業務及び財産の状況の調査

　子会社は，正当な事由があるときは，報告又は調査を拒むことができる（会§399の3Ⅲ）。また，監査等委員がするこれらの権限の行使は，監査等委員会の決議があるときは，その決議に従わなければならない（同Ⅳ）。
➡　指名委員会等設置会社の監査委員と同じであり，監査役会設置会社の監査役とは違う。

　監査等委員は，取締役が不正の行為をした場合やそのような行為をするおそれがある場合のほか，法令・定款に違反する事実や著しく不当な事実があると認める場合には，取締役会に報告しなければならない（会§399の4）。
　また，取締役が目的の範囲外の行為や法令・定款に違反する行為をした場合 H28-31 又はするおそれがある場合で，著しい損害が生じるおそれがあるときは，取締役の行為の差止めを請求することができる（会§399の6）。
➡　これも指名委員会等設置会社の監査委員と同じである。
➡　回復することができない損害が生じるおそれがあるときは，株主による差止めが可能である（会§360Ⅲ）。

　監査等委員は，取締役が株主総会に提出しようとする議案等について法令・定款に違反する事項や著しく不当な事項があると認めるときは，その旨を株主総会に報告しなければならない（会§399の5）。この**株主総会に対する報告義務**は，監査役が負う義務と同様のものであり（会§384），指名委員会等設置会社の監査委員にはなかったものである。

　監査等委員会設置会社と取締役との間の訴えにおいては，監査等委員が当事者である場合を除き，監査等委員会が選定する監査等委員が監査等委員会設置

会社を代表する（会§399の7Ⅰ）。

　さらに，以上のほか，監査等委員会は，次の行為を行う。

　・会計監査人の解任（会§340ⅥⅠ）
　・一時会計監査人の職務を行うべき者の選任（会§346ⅦⅣ）
　・会計監査人の報酬等の決定についての同意（会§399ⅢⅠ）

　監査等委員会の運営については，多くの点で取締役会と同じである。
　招集の通知は1週間前までに発しなければならない（会§399の9Ⅰ）。ただ
し，定款でその期間を短縮することができる（同Ⅰ括弧書）。監査等委員の全
員の同意があるときは招集手続の省略が可能である（同Ⅱ）。
　決議要件は，議決に加わることができる監査等委員の過半数が出席し，その
過半数をもって行い（会§399の10Ⅰ），特別の利害関係を有する監査等委員は
議決に加わることができない（同Ⅱ）。
　議事録の作成義務があり（会§399の10Ⅲ），議事録は10年間本店に備え置か
なければならない（会§399の11Ⅰ）。議事録の閲覧・謄写を請求することがで
きる者は，取締役会の議事録と同じである。株主が請求するには，裁判所の許
可が必要になる（同ⅡⅢ）。
➡　指名等委員会設置会社の委員会よりも取締役会に近い。監査役会との違い
　にも注意するとよい。

　取締役会と違う点には，次のようなものがある。

　・各監査等委員に監査等委員会の招集権がある（会§399の8）
　・決議要件について定款で定めることはできない（会§399の9Ⅰ）

　これらの点は，監査役会に近い扱いとなっている。

4　監査等委員会設置会社の取締役会

　監査役設置会社の取締役会と指名委員会等設置会社の取締役会の権限には大
きな違いがあった。監査等委員会設置会社の取締役会の権限は，監査役設置会
社の取締役会と多くの点で同じである。代表取締役を置く監査等委員会設置会
社は，代表執行役を置く指名委員会等設置会社よりも，業務執行に関しては監
査役設置会社に近いといえる。
　とはいえ，監査役設置会社の取締役会と完全に同じではない。そのため，監

査役設置会社との違いを理解しておく必要がある。

　監査等委員会設置会社の取締役会は，監査役設置会社の取締役会と同様に，業務執行の決定，取締役の職務の執行の監督，代表取締役の選定・解職を行う（会§399の13Ⅰ）。業務執行の決定には，経営の基本方針や業務の適正を確保するために必要な事項などの決定が含まれる（同Ⅰ①）。

➡　例外はある。特別取締役による取締役会と業務執行の決定の委任があった場合である。後述する。

　取締役会の運営については，監査役設置会社の取締役とほぼ同じであるが，招集権者の定めにかかわらず，監査等委員会が選定する監査等委員には取締役会の招集権限がある（会§399の14）。

　監査等委員会設置会社は，特別取締役による取締役会の決議についての制度を利用することができる（会§373）。つまり，**特別取締役による取締役会について取締役会の決議で定めることができる**。監査等委員会設置会社では最低2名の社外取締役が置かれることになるので，取締役が6人以上であれば特別取締役による取締役会の決議が可能になる。

　一方で，監査等委員会設置会社は，一定の要件を満たす場合には，**重要な業** `H28-31` **務執行の決定を取締役に委任することができる**。

➡　重要な業務執行の決定を委任する場合には，取締役会の役割は，指名委員会等設置会社の取締役会に近いものとなる。

　特別取締役による取締役会と重要な業務執行の決定の委任の両方を利用することはできない（会§373Ⅰ）。利用することができるのは**どちらか一方のみ**である。どちらも利用しないこととしてもよい。

　重要な業務執行の決定を取締役に委任できるのは，次の・い・ず・れ・かの場合である（会§399の13ⅤⅥ）。

・取締役の過半数が社外取締役である場合
・業務執行の決定を委任できる旨の定款の定めがある場合

　監査等委員会設置会社では，監査等委員である取締役の過半数が社外取締役であればよかったが，全ての取締役の過半数が社外取締役であれば，業務執行の決定の委任が可能になるのである。また，取締役の過半数が社外取締役でな

くても，定款の定めがあれば業務執行の決定の委任が可能になる。

　委任できる業務執行の決定の範囲は，前節で触れた指名委員会等設置会社の取締役会が委任できる範囲とほぼ同じであるが，代表取締役の選定が委任できないことには注意したい。

第12節　役員等の損害賠償責任

Topics・役員等の責任には，株式会社に対する責任と第三者に対する責任がある。
・株式会社に対する責任を免除できる場合について理解する。責任によっては，免除の扱いが異なる。
・第三者に対する責任の性質を理解する。

1　役員等の株式会社に対する損害賠償責任

（役員等の株式会社に対する損害賠償責任）
第423条　取締役，会計参与，監査役，執行役又は会計監査人（以下この章において「役員等」という。）は，その任務を怠ったときは，株式会社に対し，これによって生じた損害を賠償する責任を負う。

　役員等は，任務を怠ったときは，株式会社に対して損害賠償義務を負う。様々な権限をもつ役員等に対して，重い責任を負わせる趣旨と考えてよい。任務を怠ったときの責任なので，**任務懈怠責任**とよばれることもある。

用語解説
【役員等】
　取締役，会計参与，監査役，執行役又は会計監査人をいう（会§423）。
　条文では，「この章において」と限定されているが，これ以外の役員等は登場しないので気にしなくていい。
　執行役や会計監査人は，会社法の定義では役員ではなかったことを思い出しておこう。

　株式会社に対する損害賠償責任では，競業・利益相反取引の扱いが重要になる。あらためて，競業・利益相反取引にはどのようなものがあったか整理しておこう。

・競業取引

・利益相反取引 ｛ 直接取引 ｛ 自己取引 / 自己取引以外の直接取引 / 間接取引

株式会社の事業の部類に属する取引が競業取引（会§356Ⅰ①）であり，取締役や執行役と株式会社との利益が相反する取引が利益相反取引（同Ⅰ②③）である。

利益相反取引のうち，取締役や執行役が直接株式会社と取引をするものを直接取引（会§356Ⅰ②）とよび，保証などの間接取引（同Ⅰ③）と区別する。

さらに，直接取引のうち，取締役や執行役が自己のためにした取引を自己取引とよび，第三者のためにした取引（第三者を代表・代理してした取引）と区別する。

➡　これらの用語は会社法上の用語ではないが，このような意味で用いるのが普通である。ただし，絶対ではなく，間接取引のみをさして利益相反取引ということもある。

株式会社に対する損害賠償責任について，これらの取引について順に見ていこう。

(1)　競業取引

第423条　（略）

2　取締役又は執行役が第356条第1項（第419条第2項において準用する場合を含む。以下この項において同じ。）の規定に違反して第356条第1項第1号の取引をしたときは，当該取引によって取締役，執行役又は第三者が得た利益の額は，前項の損害の額と推定する。

必要な承認を得ていない競業取引については，損害の額が推定される。

責任が発生する要件である「任務を怠ったとき」については規定されていないが，必要な承認を得ていないのだから，当然に「任務を怠ったとき」に該当すると考えてよい。

(2)　利益相反取引

第423条　（略）

3　第356条第1項第2号又は第3号（これらの規定を第419条第2項において準用する場合を含む。）の取引によって株式会社に損害が生じたときは，次に掲げる取締役又は執行役は，その任務を怠ったものと推定する。

一　第356条第1項（第419条第2項において準用する場合を含む。）の取締役

　　又は執行役
二　株式会社が当該取引をすることを決定した取締役
三　当該取引に関する取締役会の承認の決議に賛成した取締役（指名委員会
　　等設置会社においては，当該取引が指名委員会等設置会社と取締役との間
　　の取引又は指名委員会等設置会社と取締役との利益が相反する取引である
　　場合に限る。）

　利益相反取引では，**任務懈怠が推定**される。これは，適法に承認を受けた　H30-30
場合でも推定される。

　承認を受ける義務がある取締役と執行役のほか，株式会社が取引をするこ
とを決定した取締役とその取引に関する取締役会の決議に賛成した取締役に
ついても，任務懈怠が推定される。ただし，指名委員会等設置会社と執行役
との間の取引や執行役の利益相反取引については，取締役会の決議に賛成し
た取締役の任務懈怠が推定されない。業務執行権のない指名委員会等設置会
社の取締役については，執行役の取引について責任が軽減されていると考え
ればいい。

　取締役会の決議に参加した取締役は，議事録に異議をとどめない限り，決　H22-30
議に賛成したものと推定され（会§369Ⅴ），任務懈怠が推定されることにな
る。

　監査等委員会設置会社では，任務懈怠が推定されない場合がある。

第423条　（略）
4　前項の規定は，第356条第1項第2号又は第3号に掲げる場合において，同
　項の取締役（監査等委員であるものを除く。）が当該取引につき監査等委員会
　の承認を受けたときは，適用しない。

　監査等委員会設置会社では，**監査等委員会の承認**があれば，任務懈怠が推
定されない。対象となる取締役は，監査等委員でない取締役に限られ，監査
等委員である取締役の利益相反取引については，この規定の適用がない。
　監査等委員会は，監査だけを行うものではない。監査等委員会の「等」の
文字の意味がここにある。監査等委員会の監督機能のあらわれともいえる。
➡　単なる監査機関である監査役や監査委員会には，このような権限はない。

⑶　自己取引

> （取締役が自己のためにした取引に関する特則）
> **第428条**　第356条第1項第2号（第419条第2項において準用する場合を含む。）
> の取引（自己のためにした取引に限る。）をした取締役又は執行役の第423条
> 第1項の責任は，任務を怠ったことが当該取締役又は執行役の責めに帰する
> ことができない事由によるものであることをもって免れることができない。

　　自己取引については，任務懈怠の推定に加えてさらに厳しく規定されている。自己取引の任務懈怠については，「責めに帰することができない事由」があっても責任を免れることができない。

　　この規定は，反対解釈ができる。

🔴**重要**❗••••••••••••••••••••••••••••••••••••••

H30-30　自己取引は，「責めに帰することができない事由」があっても責任を負う。
自己取引以外は，「責めに帰することができない事由」があれば責任を負わない。

　　「責めに帰することができない事由」がないというのは，任務懈怠について過失がない，つまり無過失であると考えればよい。なので，**自己取引の場合は無過失責任**，それ以外は過失責任と大ざっぱに分けることができる。

➕**アルファ**

　　これらの規定は，立証責任の問題を扱っているともいえる。つまり，任務懈怠が推定されるのなら，取締役や執行役の責任を追及する側は，任務懈怠を立証しなくていいということになる。任務懈怠がないのなら責任を負わないが，責任を追及される取締役や執行役は，任務懈怠がないことを自ら立証する必要がある。

　　また，「責めに帰することができない事由」があること，つまり無過失であることも，責任を追及される取締役や執行役が立証しなければならない。

　　つまり，過失責任の場合，取締役や執行役は，任務懈怠がないことか，任務懈怠について無過失であることのどちらかを立証すれば責任を免れることができる。

2　総株主の同意による免除

（株式会社に対する損害賠償責任の免除）
第424条　前条第1項の責任は，総株主の同意がなければ，免除することができない。

株式会社に対する損害賠償責任というのは，株主の利益を保護するためのものだから，総株主の同意があれば，**どんな責任でも免除できる**。もちろん全額免除できる。 H30-30

ただ，総株主の同意というのは，株式会社が大きくなればなるほど難しくなるから，もう少し簡単にできる免除も認められている。

3　株主総会の決議による一部免除

（責任の一部免除）
第425条　前条の規定にかかわらず，第423条第1項の責任は，当該役員等が職務を行うにつき善意でかつ重大な過失がないときは，賠償の責任を負う額から次に掲げる額の合計額（第427条第1項において「最低責任限度額」という。）を控除して得た額を限度として，株主総会（略）の決議によって免除することができる。（以下略）

善意で重大な過失がないときは，株主総会の決議で**一部を免除できる**。この株主総会の決議の要件は，**特別決議**である（会§309Ⅱ⑧）。

免除することができるのは，**最低責任限度額**を超える部分となる。最低責任限度額の計算は覚えなくていいが，役員等が株式会社から得た報酬などの利益に基づいて計算される。

監査役設置会社では，取締役は，取締役の責任の免除に関する議案を提出するには，**各監査役の同意**を得なければならない。また，監査等委員会設置会社では，監査等委員以外の取締役の責任の免除に関する議案の提出について**各監査等委員の同意**を得なければならない。さらに，指名委員会等設置会社では，取締役は，監査委員以外の取締役か執行役の責任の免除に関する議案を提出するには，**各監査委員の同意**を得なければならない（会§425Ⅲ）。ここでの「監査役設置会社」も，いつもの監査役設置会社である。監査の範囲についての定

款の定めがない株式会社である。

	監査役設置会社	監査等委員会設置会社	指名委員会等設置会社
免除の対象	取締役	監査等委員でない取締役	・監査委員でない取締役 ・執行役
同意が必要な者	各監査役	各監査等委員	各監査委員

　自己取引による取締役・執行役の責任については，一部免除ができない。また，このあと説明する方法でも免除できない（会§428Ⅱ）。つまり，**自己取引による取締役・執行役の責任は，総株主の同意以外では免除できない**。

4　取締役等による一部免除

> **（取締役等による免除に関する定款の定め）**
> **第426条**　第424条の規定にかかわらず，監査役設置会社（取締役が二人以上ある場合に限る。），監査等委員会設置会社又は指名委員会等設置会社は，第423条第1項の責任について，当該役員等が職務を行うにつき善意でかつ重大な過失がない場合において，責任の原因となった事実の内容，当該役員等の職務の執行の状況その他の事情を勘案して特に必要と認めるときは，前条第1項の規定により免除することができる額を限度として取締役（当該責任を負う取締役を除く。）の過半数の同意（取締役会設置会社にあっては，取締役会の決議）によって免除することができる旨を定款で定めることができる。

　条文は長いが，途中で読むのをやめないでほしい。最後に重要な情報がある。この免除には，**定款の定めが必要**なのである。

　免除できる額は，株主総会の決議による一部免除と全く同じである。
　免除が可能となる要件については，善意で**重大な過失**がないことは同じだが，それ以外に要件がプラスされている。何がプラスされているかは必ずしも覚えなくていいが，株主総会の決議による一部免除より，ちょっと要件が厳しいことは覚えておこう。

　免除を決定する機関は，取締役会を置いていないのなら取締役の過半数の同意，取締役会設置会社なら取締役会の決議である。責任の免除の対象となる取締役を除いて取締役の過半数の同意が必要だし，責任の免除の対象となる取締役は，取締役会の議決に加わることはできない（会§369Ⅱ）。

　この責任の免除に関する定款の定めを設けることができるのは，**取締役が2人以上ある監査役設置会社，監査等委員会設置会社，指名委員会等設置会社**に限られる。「監査役設置会社」は，いつもどおりの監査役設置会社で，監査役の監査の範囲についての定款の定めがない株式会社である。

`R2記述`
`H19記述`
`H18-35`

　定款の定めを設ける場合には，株主総会の決議による一部免除と同様に，**各監査役の同意・各監査等委員の同意・各監査委員の同意**が必要となる。さらに，定款の定めに基づいて実際に責任を免除する場合，つまり取締役の同意で免除する場合や責任の免除に関する議案を取締役会へ提出する場合にも，同じ同意が必要となる。

　総株主の議決権の100分の3以上の議決権を有する株主から異議があったときは，この一部免除はできない（会§426Ⅶ）。要件は定款で緩和でき，免除の対象となる者の議決権は除外して計算する。
　異議を述べる機会を保証するため，免除に際しては，株主に対する公告か通知のどちらかが必要である（会§426Ⅲ）。ただし，公開会社でない株式会社では，通知に限られる（同Ⅳ）。

5　責任限定契約

（責任限定契約）
第427条　第424条の規定にかかわらず，株式会社は，取締役（業務執行取締役等であるものを除く。），会計参与，監査役又は会計監査人（以下この条及び第911条第3項第25号において「非業務執行取締役等」という。）の第423条第1項の責任について，当該非業務執行取締役等が職務を行うにつき善意でかつ重大な過失がないときは，定款で定めた額の範囲内であらかじめ株式会社が定めた額と最低責任限度額とのいずれか高い額を限度とする旨の契約を非業務執行取締役等と締結することができる旨を定款で定めることができる。

　これも，油断せずに最後まで読むとわかるように，**定款の定めが必要**である。責任免除とはちょっと違い，**責任限定契約**を締結することになる。つまり，損

害賠償責任が発生する前に，あらかじめ責任を限定しておくのである。

　対象となるのは，**業務執行取締役等でない取締役，会計参与，監査役，会計監査人**である。まとめて**非業務執行取締役等**とよばれる。業務執行取締役等や執行役は対象とならない。
➡　業務執行取締役等という用語は，74ページで説明している。社外取締役の要件と併せて復習しておこう。
➡　平成26年改正法（平成27年5月1日施行）により，責任限定契約の対象が拡大されている。

　善意で重大な過失がない場合なら可能で，取締役等による一部免除でプラスされていた要件はない。

H19記述　定款の定めを設けることができる株式会社についての要件はない。つまり，**監査役設置会社，監査等委員会設置会社，指名委員会等設置会社でなくても，責任限定契約についての定款の定めを設けることができる。**

　責任限定契約では，責任の限度を定めることができる。この責任の限度は，定款で定めた額の範囲内でなければならない。また，契約で定めた額にかかわらず，最低責任限度額よりも責任を軽減することはできない。つまり，定款で定めた額の範囲内で定めた額と最低責任限度額とのうち，**どちらか高い方が責任の上限**となる。
➡　多くの上場企業などでは，定款で賠償責任の限度額を425条1項の最低責任限度額としてしまっている。それでも特に問題はない。

　責任限定契約についての定款の定めは，監査役設置会社でなくても設けることができるが，監査役設置会社が取締役との責任限定契約についての定款の定めを設けるときは，議案の提出について各監査役の同意が必要であり，また，監査等委員会設置会社が監査等委員でない取締役との責任限定契約についての定款の定めを設けるときは，各監査等委員の同意が，指名委員会等設置会社が監査委員でない取締役との責任限定契約についての定款の定めを設けるときは，各監査委員の同意が，それぞれ必要である（会§427Ⅲ，425Ⅲ）。

6　免除できない責任

　これまで説明したように，責任の免除・制限には，

・総株主の同意による免除

・株主総会の決議による一部免除

・取締役等による一部免除

・責任限定契約

の四つがあった。

上の二つには定款の定めが不要で，下の二つには定款の定めが必要である。

そして，前にも述べたように，**自己取引による取締役・執行役の責任の免除は，総株主の同意でしか免除できない。**一方，競業取引や自己取引以外の利益相反取引については，他の方法でも免除・制限できる。

同じように総株主の同意がなければ免除できない責任に，株主の権利の行使に関する利益の供与（会§120），剰余金の配当等に関する責任（会§462）などがあるが，これらは別の責任として規定されており，それぞれ第26節，第40節で扱う。

7　責任追及等の訴え

役員等の株式会社に対する損害賠償責任は，訴えによって追求することができる。株式会社に対する責任なので，株式会社が役員等に対して追求するのが本来のかたちだが，取締役が他の取締役に対して責任を追及することは必ずしも期待できないため，株主が役員等の責任を追及するために訴え（**責任追及等の訴え**）を提起することが認められている。会社法上の用語ではないが**株主代表訴訟**とよばれる（会§847）。

訴えを提起できる株主は，公開会社では6か月以上株式を保有している株主で，公開会社でない株式会社では全ての株主である。6か月の要件は定款で緩和でき，単元未満株主については定款で排除できる。訴えを提起する権利であり，最終的には裁判所によって判断されるため，**議決権数などの要件は一切ない。** `H20-33`

責任追及等の訴えは，任務懈怠による損害賠償責任を追及する場合だけに限られず，株主の権利の行使に関する利益の供与があった場合の利益の返還（会§120Ⅲ），不公正な払込金額による募集株式の発行・募集新株予約権の発行に際しての責任（会§212Ⅰ，285Ⅰ）についても訴えを提起できる。それぞれ，該当の箇所で触れる。

　責任追及等の訴えは，訴えを提起する株主や第三者の不正な利益を図ることを目的とする場合と，株式会社に損害を加えることを目的とする場合には，提起することができない（会§847Ⅰただし書）。

8　特定責任追求の訴え

　子会社の役員等に対して，訴えにより損害賠償責任を追求することができる場合がある。**特定責任追及の訴え**とよばれる。株主代表訴訟に対して，**多重代表訴訟**とよばれることもある。

➡　平成26年改正法（平成27年5月1日施行）により創設された制度である。

➡　ややこしい話になるので，わからなくなってきたら後回しにしても構わない。

H28-34　　子会社における業務執行は，親会社の株主に損害を与えることがある。特定責任追及の訴えは，子会社の役員等の責任を親会社の株主が追及する手段である。

　特定責任追及の訴えについては，対象となる会社の範囲が問題になる。全ての子会社が特定責任追及の訴えの対象になるものではない。

　まず，訴えの提起を請求することができる株主の要件は，次のようになっている（会§847の3ⅠⅥ）。次の二つのうち，どちらかを満たす必要がある。

・6か月前から引き続き総株主の議決権の100分の1以上の議決権を有すること
・6か月前から引き続き発行済株式の100分の1以上の数の株式を有すること

　他の多くの似たような要件と同様に，公開会社でない場合には6か月の要件は不要となる。また，発行済株式からは自己株式の数が除外され，定款で要件を緩和することも可能である。

　この株主は，**最終完全親会社等**の株主である必要がある。**完全親会社**，**完全子会社**については，第4章の組織再編行為のところで扱うが，他の株式会社の発行済株式の総数を保有している会社が完全親会社であり，保有されている株式会社が完全子会社である。

　問題となる株式会社が完全親会社と完全子会社の二つのみであれば，それほど難しくない。この完全親会社の株主が特定責任追及の訴えを提起することができる。

　会社が三つ以上の場合に最終完全親会社等という要件が重要になる。いろいろ複雑な要件があるが，最もわかりやすい場合だけを説明することにする。

　AがBの完全親会社であり，BがCの完全親会社である場合を考える。逆の表現をすると，CがBの完全子会社であり，BがAの完全子会社である。ほかには，完全親会社，完全子会社の関係はないものとする。AにとってCは，子会社の子会社，つまり孫会社にあるといえる。
　この場合，Bは最終完全親会社等に該当しない。他の会社の完全子会社であれば，最終完全親会社等ではないのである。Aのみが最終完全親会社等になる。

➕アルファ

　上の例で，Bについては株式会社でなくても構わない。持分会社でもいいし，会社以外の法人でもいい。最終完全親会社等の「等」の文字は，そういったことを意味している。ただし，特定責任追及の訴えにおける最終完全親会社等（上の例のA）は，その株主による訴えの提起の請求が問題になるため，当然に株式会社である。また，責任を追及される会社（上の例のC）も，その役員等の責任が問題になるため，当然に株式会社である。

　対象となる子会社についても，一定の要件がある。
　対象となる子会社の株式の帳簿価額は，訴えの提起を請求する株主が株式を保有している株式会社の総資産額の5分の1を超えている必要がある。つまり，ある程度の規模の子会社でないと，特定責任追及の訴えは認められない。
➡　厳密には，前述したように三つ以上の法人が関係することもあるので，もっと複雑な定義になっている。
➡　特定責任という表現から何か特別な責任があると思ってしまうかもしれないが，特定責任追及の訴えの対象となる責任が特定責任であると単純に考えるのがよい。

➕アルファ

　ここまで，単純に子会社の役員等の責任を追及するものとして説明してきたが，実際には，発起人，設立時取締役，設立時監査役，取締役，会計参与，監査役，執行役，会計監査人，清算人の責任を追及することが可能である。

9　第三者に対する損害賠償責任

> （役員等の第三者に対する損害賠償責任）
> **第429条**　役員等がその職務を行うについて悪意又は重大な過失があったとき
> は，当該役員等は，これによって第三者に生じた損害を賠償する責任を負う。

　今度は，株式会社ではなく，第三者，つまり株式会社の外部の者に損害が生
じた場合である。

　損害賠償責任を負う要件は，その職務を行うについて**悪意**か**重大な過失**のど
ちらかがあったことである。重大ではない過失ならば，この責任の対象になら
ない。

　ここでは，民法の次の条文を思い出す必要がある。

　（不法行為による損害賠償）
　民法第709条　故意又は過失によって他人の権利又は法律上保護される利益
　　を侵害した者は，これによって生じた損害を賠償する責任を負う。

　この民法の規定と会社法の規定との関係については，一つの論点となってい
る。
　単純にいうと，会社法の規定は，民法の責任をさらに厳しくしたものなのか，
それとも民法の責任を緩和するためのものなのかという議論である。
　結論からいうと，民法の責任をさらに厳しくしたものなのだが，まず先に民
法の責任を緩和するという解釈がどのようなものなのかを見ていこう。

　民法の損害賠償責任の要件は，「故意又は過失」である。これは，会社法の「悪
意又は重大な過失」よりも適用される場合が広い。つまり，民法の方が責任を
負うケースが多くなる。このことから，会社法の規定は，重大でない過失があ
った場合の責任を免除する趣旨であると考えるのである。会社法の規定が適用
され，民法の適用が排除される結果，役員等の責任は軽減される。
　この解釈では，第三者に対する責任は，株式会社が負うべきであることを強
調し，その機関である役員等に重大な責任を負わせることを不当とする。

　しかし，この解釈は，少数意見である（最判昭44.11.26の反対意見）。判例，
多数説ともに，これとは逆の次のような解釈となっている（最判昭44.11.26の

多数意見）。

　会社法429条の責任は，第三者の保護を強化するため，特別に定めた責任（法定責任）である。役員等は，株式会社の機関として職務を行うのであり，本来であれば第三者に対する責任を負うのは株式会社であるが，会社法429条に基づき，役員等も特別に責任を負うことになる。民法の損害賠償責任では，損害を受けた者は，不法行為について故意か過失を立証する必要があるが，会社法429条の責任では，任務の懈怠について悪意か重大な過失を立証すれば足りる。任務懈怠によって直接損害が生じた場合だけではなく，任務懈怠と損害の間に相当因果関係があれば足りる。また，第三者の保護を強化するためだから，役員等は，民法の損害賠償責任と会社法の損害賠償責任の両方を負うこともある。

　このように少数意見と多数意見は正反対のものとなっている。基本的には多数意見を覚えておけばいい。

➕アルファ

　この判例で少数意見を出した松田二郎裁判官は，「私の少数意見」という著書を出している。

10　補償契約と保険契約

　このように，役員等はさまざまな責任を負う。役員等になると，損害賠償責任を負うかもしれないというリスクを負担することになる。また，役員等は各種の訴えの被告となることもあり，訴訟に関する費用を負担する可能性もある。しかし，これでは，能力はあるけど経済的な余裕のない者を役員等とすることが困難になる。そこで，会社法は，補償契約と保険契約という制度を用意して，役員等の人材を確保しやすくしている。

➡　令和元年改正法（令和3年3月1日施行）により追加された制度である。

　補償契約は，株式会社と役員等との間で締結する契約である。株式会社が役員等に対して一定の費用を補償する契約であり，対象となる費用は次のとおりである（会§430の2）。

・職務の執行に関し，法令の規定に違反したことが疑われ，又は責任の追及に係る請求を受けたことに対処するために支出する費用
・第三者に対する損害賠償責任を負う場合における賠償することによって生じる損失又は和解に基づき生じる損失

　基本的には，訴訟の被告となった場合に負担する費用や損害賠償金と和解金が対象となるが，全額が無制限に対象となるわけではない。悪意や重大な過失があった場合の第三者に対する損害賠償責任など，対象とならないものもある。

➡　第三者に対する損害賠償責任は要件を満たす範囲で対象となるが，株式会社に対する損害賠償責任は，対象外である。株式会社に対する損害賠償責任を対象とすると，責任を免除したのと同じ結果になってしまう。

　補償契約の内容の決定は，取締役会設置会社では取締役会の決議によらなければならず，取締役会設置会社以外の株式会社では株主総会の普通決議によらなければならない。

➡　次の保険契約と同様に，利益相反取引とは扱われない。その代わり，利益相反取引の承認と同様の機関で決定する必要がある。

　保険契約は，株式会社と保険者（一般の保険会社など）との間で締結する契約である。役員等は契約の当事者ではなく，被保険者となる。つまり，契約は株式会社と保険会社が締結するが，お金（保険金）を受け取るのは役員等となる。

➡　一般的には，会社役員損害賠償保険やD&O保険とよばれる。インターネットで検索すると，保険会社の商品が見つかるだろう。

　株式会社がどのような保険契約を締結しようと基本的には自由なのだが，会社が取締役や執行役のために契約する締結は，本来であれば利益相反取引となる。保険契約についての会社法の規定は，利益相反取引についての例外を定めたものと考えることができ，契約の内容が会社法の規定に沿ったものであれば，利益相反取引についての規定は適用されない（会§430の3Ⅱ）。

　保険契約の対象となる損害は，職務の執行に関し責任を負うこと又は責任の追及の訴えに係る請求を受けることによって生じる損害である。株式会社に対する損害賠償責任も対象となる。

　保険契約の内容の決定は，取締役会設置会社では取締役会の決議によらなければならず，取締役会設置会社以外の株式会社では株主総会の普通決議によらなければならない。

　補償契約と保険契約は，契約の当事者が誰なのか，また，どのような責任が対象となるかといった点に違いがある。試験対策としては，違いがわかることが重要である。

第13節　株式をめぐる基礎知識

Topics・株式について学ぶ準備として，株式に関係する基本的な事項を概観する。
　　　　・今後，繰り返し登場する要素が多いので，今すぐ完璧に理解しなくてもいい。

1　株　券

　株式についての有価証券が株券である。現実に紙の証券である。

　株式会社は，**株券発行会社**とそれ以外の株式会社に分類できる。

用語解説

【株券発行会社】

　その株式（種類株式発行会社にあっては，全部の種類の株式）に係る株券を発行する旨の定款の定めがある株式会社をいう（会§117Ⅶ）。

　株券は，定款で発行する旨を定めた場合に限って発行できる。定款で何も定めていない場合には，株券を発行することはできない。

　株券発行会社でも，現実に株券を発行しているとは限らない。株券を発行しなくてもいい場合があるからである。株券についての節で説明する。

　現在，上場会社が株券発行会社ではなくなってしまったこともあり，株券を目にする機会は減っている。

➡　昔（平成16年改正前）は，全ての株式会社に株券を発行する義務があった。

　株券には，次の事項が記載される（会§216）。また，株券には，代表者（代表取締役か代表執行役）が署名か記名押印のどちらかをしなければならない。

・株券発行会社の商号
・当該株券に係る株式の数
・譲渡による当該株券に係る株式の取得について株式会社の承認を要することを定めたときは，その旨
・種類株式発行会社にあっては，当該株券に係る株式の種類及びその内容
・株券の番号

　注意するのは，株主の氏名や名称は記載されないということである。一般に，

権利者が記名されている有価証券を記名式の有価証券，権利者が記名されない有価証券を無記名式の有価証券とよぶが，株券自体は，無記名式の有価証券である。

➡　記名式と無記名式の区別は，新株予約権証券と社債券のところで登場する。

2　株主名簿

株式会社は，株主に権利を行使させなければならないから，誰が株主であるかを把握する必要がある。そこで作成されることになるのが，**株主名簿**である。

H23-28　株主名簿には，次の事項を記載しなければならない（会§121）。これらの事項は，**株主名簿記載事項**とよばれる。

- 株主の氏名又は名称
- 株主の有する株式の数（種類株式発行会社にあっては，株式の種類及び種類ごとの数）
- 株主が株式を取得した日
- 株式会社が株券発行会社である場合には株主の有する株式に係る株券の番号

株主名簿は，電磁的記録によって作成してもよく，その場合には，記載しなければならない事項を電磁的記録に記録しなければならない。

3　株主名簿管理人

（株主名簿管理人）
第123条　株式会社は，株主名簿管理人（株式会社に代わって株主名簿の作成及び備置きその他の株主名簿に関する事務を行う者をいう。以下同じ。）を置く旨を定款で定め，当該事務を行うことを委託することができる。

H23-28
H20記述　株主名簿に関する事務は，**株主名簿管理人**に委託することができる。株主名簿管理人を置く旨は，定款で定めなければならない。定款では，株主名簿管理人を置く旨だけを定めればよく，具体的な株主名簿管理人の氏名や名称を定款で定める必要はない。

➡　株主名簿管理人は，株主名簿だけでなく，株券喪失登録簿，新株予約権原簿も取り扱う。該当する節で説明する。

　株式会社は，株主名簿をその本店に備え置かなければならないが，株主名簿管理人がある場合には，本店ではなく株主名簿管理人の営業所に株主名簿を備え置くことになる。

4　株主名簿の閲覧・謄写

　株主名簿も，各種の議事録と同じように，閲覧・謄写の請求ができる（会§125 II〜V）。請求ができる者は，次のとおり。

　・株主と債権者（営業時間内いつでもOK）
　・親会社社員（その権利を行使するため必要があるときであって，**裁判所の許可を得たとき**）

　ここまでは，株主総会議事録と同じである。違うのは，閲覧・謄写の請求に際して請求の理由を明らかにすることが要求されることであり，また，不適当な目的で請求された場合などは，株式会社が請求を拒むことができ，裁判所は許可をしないことになる点である。株主の氏名は，そこまで簡単に公開してはいけないのである。

5　株式の共有

　株式も，他の様々な権利と同じように共有することができる。
➡　一つの株式が相続された場合を考えてもいい。

　ただ，株式の共有者全員をそれぞれ株主として扱うことは，株式会社にとって負担が大きい。そのため，次のような規定が置かれている。

（共有者による権利の行使）
第106条　株式が2以上の者の共有に属するときは，共有者は，当該株式についての権利を行使する者一人を定め，株式会社に対し，その者の氏名又は名称を通知しなければ，当該株式についての権利を行使することができない。ただし，株式会社が当該権利を行使することに同意した場合は，この限りでない。

　株式会社は，権利を行使する者として通知された者だけが株主であるかのように扱えるのである。　　H26-28

6　株主に対する通知

（株主に対する通知等）
第126条　株式会社が株主に対してする通知又は催告は，株主名簿に記載し，
又は記録した当該株主の住所（当該株主が別に通知又は催告を受ける場所又
は連絡先を当該株式会社に通知した場合にあっては，その場所又は連絡先）
にあてて発すれば足りる。
2　前項の通知又は催告は，その通知又は催告が通常到達すべきであった時に，
到達したものとみなす。

　株主の人数が多くなると，株主に対して通知をするのも大変な作業になる。
そこで，株式会社の負担を軽減するため，原則として株主名簿上の住所に対し
て通知すれば足りるものとし，また，通知は到達したものとみなされる。

　また，株式が共有されている場合には，通知を受ける者として通知された共
有者に対してのみ通知すればよく，通知を受ける者が通知されていない場合に
は，共有者のうち1名に対して通知すればよい。

7　所在不明株主

（株主に対する通知の省略）
第196条　株式会社が株主に対してする通知又は催告が5年以上継続して到達
しない場合には，株式会社は，当該株主に対する通知又は催告をすることを
要しない。
2　前項の場合には，同項の株主に対する株式会社の義務を行う場所は，株式
会社の住所地とする。

　通知が到達しない株主にも通知をし続けることを強制するのは無駄が大き
い。そのため，5年以上通知が到達しない株主に対しては，通知を省略するこ
とが認められている。

（株式の競売）
第197条　株式会社は，次のいずれにも該当する株式を競売し，かつ，その代
金をその株式の株主に交付することができる。
一　その株式の株主に対して前条第1項又は第294条第2項の規定により通知

　　及び催告をすることを要しないもの
　二　その株式の株主が継続して5年間剰余金の配当を受領しなかったもの

　通知の省略が可能で，かつ，5年間剰余金の配当を受領しなかった株主の株式については，競売することが認められている。このような株主は，一般に所在不明株主とよばれる。

➡　294条2項の規定は取得条項付新株予約権の取得に際して新株予約権を提出しなかった株主についての規定だが，それほど気にしなくていい。

　市場価格のある株式については，競売ではなく市場価格で売却でき，また，市場価格がない株式についても，裁判所の許可を得れば競売以外の方法で売却できる。売却する株式については，株式会社が自ら買い取ることも認められている。

➡　買い取った株式は自己株式となる。

第14節　株式の譲渡

Topics ・株式の譲渡のしかたを学ぶ。
・株券発行会社と株券発行会社以外の株式会社における違いを整理する。
・親会社株式の取得の禁止についても，ここで触れる。

1　株式の譲渡

株式の譲渡については，株券発行会社かどうかで大きく異なる。

(1)　株券発行会社以外の株式会社の場合

（株式の譲渡）
第127条　株主は，その有する株式を譲渡することができる。
（株式の譲渡の対抗要件）
第130条　株式の譲渡は，その株式を取得した者の氏名又は名称及び住所を株主名簿に記載し，又は記録しなければ，株式会社その他の第三者に対抗することができない。

株主は，株式を譲渡することができる。譲渡制限株式であっても，制限されているだけで，譲渡が不可能なわけではない。

H22-28　株券発行会社でなければ，株式の譲渡に特別な行為は要求されず，**当事者の意思表示**で譲渡できる。

譲渡を対抗するには，株主名簿への記載が必要となる。株主名簿が電磁的記録で作成されていれば記録である。
➡　不動産の対抗要件が登記であったのと同じように考えればいい。登記簿を株主名簿に置き換えて理解すればいいのである。

第三者だけではなく，株式会社に対しても株主名簿への記載が対抗要件だから，株式会社は，常に株主名簿上の株主を株主として取り扱えばいい。

＋アルファ

株券発行会社以外の株式会社であっても，**振替株式**については扱いが異なる。
振替株式というのは，「社債，株式等の振替に関する法律」の適用を受け

る株式で，株式についての権利が振替機関によって管理されるものである。上場会社の株式は，振替株式であると考えていい。振替株式については株券は発行されない。

振替株式については，振替機関の口座における記載・記録が譲渡の効力要件となり，かつ，第三者に対する対抗要件となる。 H22-28

株式会社に対する対抗要件は，株主名簿への記載・記録だが，株主名簿上の名義の変更は，基準日などの一定のタイミングで振替機関から行われる通知によって行われる。譲渡の都度株主名簿が書き換えられるわけではない。つまり，振替株式については，金融商品取引所（証券取引所）で頻繁に売買が行われても，株主名簿を書き換える必要がないのである。

(2)　株券発行会社の場合

（株券発行会社の株式の譲渡）
第128条　株券発行会社の株式の譲渡は，当該株式に係る株券を交付しなければ，その効力を生じない。ただし，自己株式の処分による株式の譲渡については，この限りでない。
2　株券の発行前にした譲渡は，株券発行会社に対し，その効力を生じない。

株券発行会社の株式の譲渡は，**株券の交付**によって効力が生じる。株券の 交付が効力要件だといってもいい。 H25-29

株券発行会社であっても現実に株券が発行されているとは限らないのだが，その場合に株式を譲渡するには，**株券の発行を請求し，株券が発行されてから株券を交付する**ことになる。もっとも，当事者間で譲渡することを契約することはでき，そういう契約も当事者間では有効だが，株券発行会社は，株券が発行されていない限り，株主名簿上の株主のみを株主として取り扱えばいいのである。

130条の株式の譲渡の対抗要件についての規定は，株券発行会社では次のように読み替えられる。

株式の譲渡は，その株式を取得した者の氏名又は名称及び住所を株主名 簿に記載し，又は記録しなければ，株式会社に対抗することができない。 H22-28

株券発行会社では，**株主名簿への記載は，第三者に対する対抗要件になら**

ない。株式会社に対する対抗要件になるだけである。

　　自己株式の処分については，一応例外があり，公開会社でない株券発行会社は，株式の譲受人から請求がなければ株券を交付しないことができる（会§129）。この場合，株券発行会社は，第三者ではなく譲渡の当事者(譲渡人)となっている。

2　株券発行会社における権利の推定と善意取得

> （権利の推定等）
> **第131条**　株券の占有者は，当該株券に係る株式についての権利を適法に有するものと推定する。
> **2**　株券の交付を受けた者は，当該株券に係る株式についての権利を取得する。ただし，その者に悪意又は重大な過失があるときは，この限りでない。

株券発行会社の株式は，占有者の権利が推定される。
➡　占有者の権利は，所有権だけではなく，質権であることも考えられる。質権については，このあと説明する。

　　また，相手方を株券の適法な所有者と信じて取引をした場合には，株券についての権利を取得することになる。株券に係る株式の善意取得である。取引相手が株券の適法な所有者でないことを知っていたり，また，株券の適法な所有者であることを知らないことについて重大な過失がある場合には，保護されず，善意取得できない。民法520条の15の善意取得と同じ趣旨である。

3　株主名簿記載事項の確認

　　株券発行会社以外の株式会社では，第三者に対しても，株主名簿への記載が対抗要件だった。そのため，株主は，株主名簿に自分の氏名が記載されていることを確認できないと困る。株主名簿の閲覧・謄写の請求はできるが，自分が株主であることの確認のために株主名簿全部の閲覧・謄写を請求するのは無駄が大きい。そこで，株券発行会社以外の株式会社では，株主自身についての株主名簿に記載された事項を記載した書面の交付を請求することが認められている（会§122）。

H27-28
　　一方，株券発行会社では，所有の意思で株券を占有していれば株主であることが推定されるから，こういった書面の交付の請求は認められていない。

4　株主名簿の書換え

　株券発行会社では，株主名簿の記載がないと株式会社に対して株主であることを対抗できず，株券発行会社以外の株式会社では，第三者に対しても対抗できない。つまり，対抗要件を備えるには，株主名簿を書き換えてもらわなければならないのである。

（株主の請求による株主名簿記載事項の記載又は記録）

第133条　株式を当該株式を発行した株式会社以外の者から取得した者（当該株式会社を除く。以下この節において「株式取得者」という。）は，当該株式会社に対し，当該株式に係る株主名簿記載事項を株主名簿に記載し，又は記録することを請求することができる。

2　前項の規定による請求は，利害関係人の利益を害するおそれがないものとして法務省令で定める場合を除き，その取得した株式の株主として株主名簿に記載され，若しくは記録された者又はその相続人その他の一般承継人と共同してしなければならない。

　株主ではない者を株主として株主名簿に記載してしまうことは，避けなければならない。なので，株主として株主名簿に記載されている者と共同して書換えを請求することを原則として，適正さを確保している。不動産登記の共同申請と同じ趣旨だと考えてもいい。

　共同申請しなくてもいい「法務省令で定める場合」については，会社法施行規則22条に列挙されている。全部を覚える必要はないが，株券発行会社で株券を提示した場合には，単独で書換えを請求できることぐらいは覚えておきたい。

　書換えを請求しなくても，株式を新たに発行した場合，株式会社が自ら株式を取得した場合，自己株式を処分した場合の三つの場合については，株主の氏名が株主名簿に記載されることになる（会§132Ⅰ）。株式の併合や分割があったときも，株主が書換えを請求する必要はない（同ⅡⅢ）。

　また，譲渡制限株式については，承認を得た場合か承認が不要な場合でないと株主名簿の書換えが請求できない（会§134）。

5　親会社株式の取得の禁止

（親会社株式の取得の禁止）
第135条　子会社は，その親会社である株式会社の株式(以下この条において「親会社株式」という。）を取得してはならない。

　子会社については，正確な定義も存在するが（会§2③），親会社に支配されている株式会社だと簡単に考えていい。

　親会社は子会社の議決権の過半数を持っているのが普通であり，親会社は子会社の株式を保有している。しかし，逆に子会社が親会社の株式を取得することは，禁止されている。子会社は親会社の支配下にあるので，親会社の意思で親会社の株式を取得させることができてしまうからである。

H25-29
H21-33
　組織再編行為などにより，子会社がやむを得ず親会社の株式を取得してしまうこともあるが，そのような場合でも，子会社は，相当の時期にその取得してしまった親会社株式を処分しなければならない。

6　株式の質入れ

（株式の質入れ）
第146条　株主は，その有する株式に質権を設定することができる。
2　株券発行会社の株式の質入れは，当該株式に係る株券を交付しなければ，その効力を生じない。

　株式についても，他の様々な権利と同じように，質権を設定することができる。その効力要件は，株式の譲渡と同じである。

　株券発行会社以外の株式会社では，株式会社に対しても，第三者に対しても，株主名簿への記載が対抗要件となる。
　株券発行会社では，株式会社に対しても，第三者に対しても，**株券の占有が対抗要件**となる。

　株券発行会社でも，株券発行会社以外でも，質権者の氏名・名称を株主名簿に記載することができる。

用語解説

【登録株式質権者】

　質権者の氏名又は名称及び住所並びに質権の目的である株式が株主名簿に記載され，又は記録された質権者をいう（会§149Ⅰ）。

　株主名簿に氏名を記載する質権を登録質という。一方，株券発行会社で，株券の占有のみで対抗している質を略式質という。

　株券発行会社では，株主名簿への記載がなくても質権を対抗できるのだが，　**H28-28**
株主名簿へ記載し，登録株式質権者となれば，剰余金の配当などを受け，債権の弁済に充てることができる（会§151，154）。

➡　登録株式質権者が受け取ることができるのは，経済的な利益に限られ，株主に代わって議決権を行使することはできない。

第15節　株式の内容

Topics ・株式会社の株主について理解を深める。
・株式の内容として定めることができる事項をざっと眺め，種類株式について理解する。
・株主の平等の意味について考えてみる。

1　株主の基本的な権利

（株主の権利）
第105条　株主は，その有する株式につき次に掲げる権利その他この法律の規定により認められた権利を有する。
一　剰余金の配当を受ける権利
二　残余財産の分配を受ける権利
三　株主総会における議決権
2　株主に前項第1号及び第2号に掲げる権利の全部を与えない旨の定款の定めは，その効力を有しない。

株主は様々な権利を持つが，最も基本的な権利がこの三つである。

出資者である株主が経済的利益を求めるのは当然で，直接的には，**剰余金の配当と残余財産の分配**によって実現される。

剰余金の配当は，多くの株式会社で年に1回か2回行われており，イメージしやすい。株主に対して金銭が交付されることがほとんどだが，会社法上は金銭以外の財産を交付してもいい。

残余財産の分配というのは，株式会社が解散した後に株式会社の財産を株主に分配することである。株式会社が消滅する前にしか行われないので，そうそう頻繁に行われるものではない。

剰余金の配当と残余財産の分配を受ける権利は，株主にとって最も基本的な権利なので，その両方を全部奪うことは定款で定めても不可能である。

では，片方だけは奪えるのか，あるいは権利の全部ではなく一部だけを奪えるのかというのが気になるが，それについてはこれから述べていくことになる。

2　種類株式

株式会社は，複数の種類の株式を発行することができる。複数の種類の株式

（種類株式）を発行する場合には，種類ごとに異なる株式の内容を定めることができるが，種類株式を発行しない場合には，全部の株式について同じ株式の内容を定めることができるにすぎない。

用語解説

【種類株式発行会社】

　剰余金の配当その他の会社法108条1項各号に掲げる事項について内容の異なる2以上の種類の株式を発行する株式会社をいう（会§2⑬）。

　注意しなければならないのは，現実に複数の種類の株式を発行している株式会社だけではなく，定款上，複数の種類の株式を発行する旨の定めがあれば，それだけで種類株式発行会社となるということである。定款上種類株式を発行することが予定されていれば，まだ現実に発行しているのが1種類だけでも種類株式発行会社なのである。

　種類株式の内容として定めることができる事項と，種類株式でない全部の株式の内容として定めることができる事項は違う。種類株式の方が様々な内容を定めることができる。

3　全部の株式の内容

（株式の内容についての特別の定め）

第107条　株式会社は，その発行する全部の株式の内容として次に掲げる事項を定めることができる。

　一　譲渡による当該株式の取得について当該株式会社の承認を要すること。

　二　当該株式について，株主が当該株式会社に対してその取得を請求することができること。

　三　当該株式について，当該株式会社が一定の事由が生じたことを条件としてこれを取得することができること。

　1号は譲渡制限株式である。第3節で簡単に触れたように，公開会社かどうかの判断に関わる。

　2号は取得請求権付株式，3号は取得条項付株式である。それぞれ第20節，第21節で扱う。

用語解説

【取得請求権付株式】

　株式会社がその発行する全部又は一部の株式の内容として株主が当該株式会社に対して当該株式の取得を請求することができる旨の定めを設けている場合における当該株式をいう（会§2⑱）。

　取得を請求し，株式と引換えに何らかの財産の交付を受けることになる。取得を請求するかしないかは株主の自由だから，基本的に株主にとって不利となることはない。

【取得条項付株式】

　株式会社がその発行する全部又は一部の株式の内容として当該株式会社が一定の事由が生じたことを条件として当該株式を取得することができる旨の定めを設けている場合における当該株式をいう（会§2⑲）。

　こちらも株式と引換えに財産の交付を受けるが，一定の事由が生じた場合に強制的に取得されてしまうことが異なる。株主の意思にかかわらず取得されてしまうので，株主にとって非常に不利になることも考えられる。

　種類株式発行会社でない場合には，株式の内容として定められるのは，この三つに限定される。株式会社は，その全部の株式を，譲渡制限株式，取得請求権付株式，取得条項付株式とすることができる。

4　種類株式の内容

（異なる種類の株式）

第108条　株式会社は，次に掲げる事項について異なる定めをした内容の異なる2以上の種類の株式を発行することができる。ただし，指名委員会等設置会社及び公開会社は，第9号に掲げる事項についての定めがある種類の株式を発行することができない。

　一　剰余金の配当

　二　残余財産の分配

　三　株主総会において議決権を行使することができる事項

　四　譲渡による当該種類の株式の取得について当該株式会社の承認を要すること。

　五　当該種類の株式について，株主が当該株式会社に対してその取得を請求することができること。

六　当該種類の株式について，当該株式会社が一定の事由が生じたことを条件としてこれを取得することができること。

七　当該種類の株式について，当該株式会社が株主総会の決議によってその全部を取得すること。

八　株主総会（取締役会設置会社にあっては株主総会又は取締役会，清算人会設置会社（第478条第8項に規定する清算人会設置会社をいう。以下この条において同じ。）にあっては株主総会又は清算人会）において決議すべき事項のうち，当該決議のほか，当該種類の株式の種類株主を構成員とする種類株主総会の決議があることを必要とするもの

九　当該種類の株式の種類株主を構成員とする種類株主総会において取締役（監査等委員会設置会社にあっては，監査等委員である取締役又はそれ以外の取締役。次号第9号及び第112条第1項において同じ。）又は監査役を選任すること。

種類株式発行会社でない場合には三つだったが，種類株式発行会社では九つもある。ただ，そのうち三つは種類株式発行会社でない場合と共通である。

剰余金の配当と残余財産の分配については，株式の種類ごとに異なる扱いができる。少し前で述べたように，剰余金の配当と残余財産の分配の両方かつ全部を与えないことは種類株式であってもできない。しかし，剰余金の配当か残余財産の分配のどちらかしか受けることができない種類株式は許容される。また，剰余金の配当と残余財産の分配について額を制限するような種類株式も問題ない。 H20-30

剰余金の配当額を他の種類より多くするように定めた種類株式は，伝統的に優先株式（あるいは配当優先株式）とよばれる。逆に配当額を少なくするように定めたものは劣後株式とよばれる。

優先株式の多くは，剰余金の配当を受ける権利以外の権利を制限して他の種類株式とバランスを取ることが多い。

＋アルファ

種類株式については，「優先株式」「第1種優先株式」「甲種株式」のような名称が付けられる。これはあくまで名称だから，実質的な内容を表さなくても法律上問題ない。また，種類株式発行会社では全部の株式が種類株式だから，「普通株式」というのも一つの種類株式の名称にすぎない。種類株式として「優先株式」があって，それ以外が普通株式なのではなく，「優先株式」

「普通株式」という名称の種類株式がそれぞれ存在するのである。

H29-28　　3号は株主総会における議決権についての定めである。株主総会における議決権であって，**種類株主総会における議決権は制限できないこと**に注意する。種類株主総会については，後ほど詳しく扱う。

　特定の事項について議決権を与えないことも，全部の事項について議決権を与えないこともできる。全部であれ一部であれ，株主総会における議決権が制限されている種類株式は，**議決権制限株式**とよばれる。

　譲渡制限株式，取得請求権付株式，取得条項付株式については，種類株式発行会社でない場合と大きな違いはない。
➡　取得請求権付株式と取得条項付株式については，小さな違いがある。後述する。

　7号は取得条項付株式に似ているが，一定の事由が生じた場合ではなく，**株主総会の決議によって取得する点が違う。この株式は，全部取得条項付種類株式**とよばれる。全部の株式の内容として定めることはできず，種類株式の内容としてのみ定められるから，全部取得条項付種類株式である。

用語解説

【全部取得条項付種類株式】
　株主総会の決議によってその全部を取得する旨の定めを設けている種類株式をいう（会§171Ⅰ）。
　取得請求権付株式や取得条項付株式と異なり，種類株式発行会社でなければ発行できない。取得条項付株式のように強制的に取得されることになるが，取得条項付株式と違って取得に際して株主総会の決議が必要であり，また，全部を取得しなければならず，一部を取得することはできない。株主総会の決議が必要である点で，取得条項付株式よりは株主にとって不利益となる危険が小さいと考えることができる。

　8号は，株主総会や取締役会の決議に加えて，種類株主総会の決議が必要である事項について定めるものである。解散後は取締役会ではなく清算人会になるが，現時点でここにこだわる必要はない。
　株主総会や取締役会の決議があっても，**種類株主総会の決議によってその効力を否定できることになるので，この種類株式の株主に拒否権を与えるという**

意味で，拒否権付種類株式とよばれることもある。

　9号は，取締役・監査役の選任を種類株主総会で行う旨を定めるものである。取締役だけでも，監査役だけでも，取締役と監査役の両方でもいい。この種類株式を発行すると，取締役・監査役の選任は，**株主総会ではなく種類株主総会が行う**ことになる。**選任権付種類株式**とよばれる。選解任権付種類株式でもいいが，選任権があれば当然に解任権もあるので，そこはどっちでもいい。

　選任権付種類株式は，**公開会社と指名委員会等設置会社では発行できない。**　H20-30
➡　監査等委員会設置会社では，公開会社でない限り発行できる。

🖐理由　小規模な株式会社において少数派株主からも取締役を選出するための制度であるため。また，指名委員会等設置会社では，取締役の選任に関する議案の内容は指名委員会が決定するため。

5　株主の平等と種類株式とみなされる株式

（株主の平等）
第109条　株式会社は，株主を，その有する株式の内容及び数に応じて，平等に取り扱わなければならない。
2　前項の規定にかかわらず，公開会社でない株式会社は，第105条第1項各号に掲げる権利に関する事項について，株主ごとに取り扱う旨を定款で定めることができる。
3　前項の規定による定款の定めがある場合には，同項の株主が有する株式を同項の権利に関する事項についての内容の異なる種類の株式とみなして，この編及び第5編の規定を適用する。

　株主は平等に取り扱わなければならないが，その平等は，**株式の内容と数に応じたもの**であればいい。これが会社法における**株主平等の原則**である。つまり，会社法上の株主平等の原則というのは，所有している株式の内容と数の両方が同じなら，平等に取り扱いましょうということである。内容が違えば当然取扱いが変わるし，所有している株式数が違えば，当然権利も違う。
➡　株式の数によって変わる権利として，これまで，役員の解任の訴えを提起する権利などが登場している。

　公開会社でない株式会社では，株式の内容と数が同じであっても，定款の定めによって株主の取扱いを変えることができる。2項の内容である。

公開会社でない株式会社は，剰余金の配当，残余財産の分配，株主総会における議決権の三つについて，株主ごとに取り扱う旨を定款で定めることができる。

　もはや株主を平等に取り扱わなくていいので，この「株主ごとに取り扱う旨」としては，結構様々な定めが許される。所有している株式の数が多くても少なくても同じ権利を持つようにしたり，特定の株主だけを優遇したりすることも可能となる。何でもありである。

➡　たとえば，「当会社の株主は，その保有する株式の数にかかわらず，1個の議決権を有する」と定款で定めることも可能である。

重要❗️・・・・・・・・・・・・・・・・・・・・・・・・・・・・・・・・

　この定款の定めを設けたり変更したりする場合には，株主総会において309条4項の決議（4分の3以上が必要な決議）が必要となる。

　廃止だけは，特別決議でいい。

　この定めがある場合には，その株主が所有する株式は，会社法の多くの部分の適用について種類株式とみなされる。どのように種類株式についての規定を適用するかは，必ずしも明らかでない部分もあり気にしなくていい。むしろ重要なのは，登記に関する規定の適用については種類株式とみなされないということである。つまり，種類株式の内容は登記されるが，株主ごとに異なる取扱いを行う旨の定めは登記されない。

➡　商業登記法を学ぶ際にもう一度思い出せばよい。

第16節　種類株主総会

Topics・種類株主総会の決議が必要となる場合を概観する。

・種類株主総会は株主総会ではないことを肝に銘じる。

・種類株主総会と株主総会の相違点と共通点を整理する。

1　種類株主総会とは何か

種類株式発行会社では，株主総会のほかに種類株主総会が構成される。

用語解説

【種類株主総会】

種類株主（種類株式発行会社におけるある種類の株式の株主をいう。）の総会をいう（会§2⑭）。

定義に「株主総会」という言葉が登場しないことからもわかるように，種類株主総会は株主総会では<u>ない</u>。

複数の種類の種類株主が合同で種類株主総会を組織することも不可能ではないが，基本的には種類ごとに種類株主総会が組織されると考えていい。本書では，特に断らない限り，種類株主総会は株式の種類別に組織されているものとする。

種類株主総会は株主総会ではないから，**当然に株主総会についての規定が適用されることはない。**株主総会についての規定が準用される場合には，その旨の会社法の規定がある。

➡　つまり，「株主総会における議決権」と規定されている場合には，準用されない限り，種類株主総会における議決権は含まれないのである。

株主総会の招集，議決権，議決権の行使，議事録などの規定は，種類株主総会について準用される（会§325）。

準用される規定で注意するのは，株主総会について「株主」と規定されていた部分が種類株主になる点である。ただし，議事録の閲覧・謄写については種類株主にならない。つまり，種類株主総会の議事録の閲覧・謄写は，その種類株主総会の構成員でない他の種類株主も請求することができる。

また，株主総会の権限についての規定は，種類株主総会について準用されない。

> （種類株主総会の権限）
>
> **第321条**　種類株主総会は，この法律に規定する事項及び定款で定めた事項に限り，決議をすることができる。

　種類株主総会の権限は，取締役会設置会社であってもなくても同じで，取締役会設置会社の株主総会の権限に近い。

➡　もし株主総会の権限を忘れていたら，第4節に戻ろう。

　単元株式数は，種類株主総会における議決権についても適用されるから，単元株式数に応じて種類株主総会における議決権の数が変わることになる。

2　種類株主総会の決議が必要となる場合

　種類株主総会の決議が必要となるのは，次の場合である。

- ・ある種類の種類株主に損害を及ぼすおそれがある場合（会§322）
- ・ある種類の株式の内容として種類株主総会の決議を必要とする事項についての定めがある場合（会§323）
- ・取締役や監査役を種類株主総会で選任する旨の定めがある場合（会§108Ⅰ⑨）
- ・ある種類の株式を譲渡制限株式や全部取得条項付種類株式とする場合（会§111Ⅱ）
- ・募集株式の発行や募集新株予約権の発行をする場合（会§199Ⅳ，200Ⅳ，238Ⅳ，239Ⅳ）
- ・組織再編行為をする場合（会§795Ⅳ，783Ⅲ，804Ⅲ，816の3Ⅲ）

　それぞれ該当する箇所で取り扱うので，ここでは眺めるだけでいい。最終的には，全部覚えておいた方がいい事項となる。

　種類株主総会の決議が必要となる場合でも，その種類株主総会において議決権を行使することができる種類株主がいない場合には，種類株主総会は不要となる。

3　決議要件

　株主総会の普通決議，特別決議，特殊決議と同じような決議要件がある。株主総会と区別して，本書では，種類株主総会の普通決議，種類株主総会の特別

決議，種類株主総会の特殊決議といったように「種類株主総会の」を付けることにする。

(1)　種類株主総会の普通決議

　株主総会の普通決議と同じように考えればいい。その種類の株式の総株主の議決権の過半数を有する株主が出席し，出席した当該株主の議決権の過半数をもって行う（会§324Ⅰ）。株主総会と同じように，定款で定足数を排除できる。

　種類株主総会の普通決議によらなければならない事項は，あまり多くない。基本的には，定款の定めによって種類株主総会の決議が必要となる場合と考えればよい。

　取締役・監査役の選解任については，株主総会と同じような決議要件となるが，種類株主総会における取締役・監査役の選解任については，節をあらためて説明する。

(2)　種類株主総会の特別決議

　株主総会の特別決議と同じように，その種類株主総会において議決権を行使することができる株主の議決権の過半数を有する株主が出席し，出席した当該株主の議決権の3分の2以上に当たる多数をもって行う（会§324Ⅱ）。定足数を3分の1まで軽減でき，また，要件を加重できることも，株主総会と同じである。

　種類株主総会の決議が必要となる場合の多くは，この決議要件となる。ということは，特別決議でないもの（特に特殊決議が必要となるもの）を覚えてしまえば大丈夫ということになる。

(3)　種類株主総会の特殊決議

　その種類株主総会において議決権を行使することができる株主の半数以上であって，当該株主の議決権の3分の2以上に当たる多数をもって行わなければならない（会§324Ⅲ）。定款では，要件を加重することができる。株主総会と違って，4分の3以上の議決権が必要となる決議要件はない。

　種類株主総会の決議要件のうち，最も覚えておくべきものがこれである。まず，株主総会において特殊決議が必要となった場合をもう一度整理して

おこう。

・既に発行している株式を譲渡制限株式にする定款の変更をする場合
・合併や株式交換・株式移転に際して，譲渡制限株式でない株式の株主に
　対して，その株式に代えて譲渡制限株式を交付する場合

　の二つの場合であって，株式会社が種類株式発行会社でない場合に株主総
会の特殊決議が必要であった。
　種類株式発行会社では，同じような場合に種類株主総会の特殊決議が必要
となるのである。

重要❶ ●

H18-30　種類株式発行会社では，種類株主総会について特殊決議が必要となる場合があ
るが，株主総会について特殊決議が必要となる場合はない。

　基本的には，譲渡制限株式の株主でなかった者が譲渡制限株式の株主とな
るような場合に種類株主総会の特殊決議が必要となる。
　譲渡制限株式となる種類の株式だけでなく，譲渡制限株式となる種類の株
式以外の種類株式についても種類株主総会の特殊決議が必要となることがあ
るが，詳しくは，譲渡制限株式について扱う際に解説する。

4　ある種類の種類株主に損害を及ぼすおそれがある場合

（ある種類の種類株主に損害を及ぼすおそれがある場合の種類株主総会）
第322条　種類株式発行会社が次に掲げる行為をする場合において，ある種類
の株式の種類株主に損害を及ぼすおそれがあるときは，当該行為は，当該種
類の株式の種類株主を構成員とする種類株主総会（当該種類株主総会に係る
株式の種類が2以上ある場合にあっては，当該2以上の株式の種類別に区分
された種類株主総会。以下この条において同じ。）の決議がなければ，その効
力を生じない。ただし，当該種類株主総会において議決権を行使することが
できる種類株主が存しない場合は，この限りでない。（以下略）

　種類株式発行会社では，特定の種類株主に有利となり，他の種類株主に不利
となるような行為が考えられる。そのような種類間の利害を調整するために，
一定の行為をする場合で，かつ，種類株主に損害を及ぼすおそれがある場合に
は，種類株主総会の決議が要求される。必要となるのは，種類株主総会の特別

決議である。

　本書では，この322条の種類株主総会を，便宜上「損害を及ぼすおそれがある場合の種類株主総会」とよぶことにする。

　どのような場合が「種類株主に損害を及ぼすおそれがある場合」に該当するかについては，解釈が固まっているとはいえず，試験で問われる可能性はないので気にしなくていい。

　覚えるべきは，322条1項に列挙されている行為である。片っ端から覚えようとすると大変なので，次のようにグループ分けをする。

・種類株式の内容に関わる行為
・種類株式の数に関わる行為
・組織再編行為

　まず，最後の組織再編行為については，特に例外らしい例外はない。組織再編行為全部が対象だと考えていい。組織再編行為について学ぶ際にもう一度思い出してもらえればいい。

　残りは種類株式の内容と数に関わる行為となる。

　種類株式の内容に関わる行為としては，次のような行為が挙げられている。

・株式の種類の追加
・株式の内容の変更
・発行可能株式総数又は発行可能種類株式総数の増加

　種類株式の内容を変更すると，重大な影響が発生することが考えられるので，種類株主総会の決議が必要となる。

　発行可能株式総数と発行可能種類株式総数については，第25節で扱う。発行可能株式総数と発行可能種類株式総数をここに分類するのは違和感があるかもしれないが，便宜上こちらに入れておく。

　種類株式の数に関わる行為は，次のようになる。

・特別支配株主の株式等売渡請求に係る承認
・株式の併合
・株式の分割

・株式無償割当て
・株主割当てによる募集株式の発行
・株主割当てによる募集新株予約権の発行
・新株予約権無償割当て

　他の種類株式の数が変わると，株主総会における議決権の比率が変わるなど，いろいろな影響が生じるので，種類株主総会の決議が要求されている。
　まだ扱っていない内容ばかりなので，ここではざっと眺めておけばよい。

　損害を及ぼすおそれがある場合の種類株主総会については，不要とする旨を定款で定めることができる。

第322条　（略）

2　種類株式発行会社は，ある種類の株式の内容として，前項の規定による種類株主総会の決議を要しない旨を定款で定めることができる。

3　第1項の規定は，前項の規定による定款の定めがある種類の株式の種類株主を構成員とする種類株主総会については，適用しない。ただし，第1項第1号に規定する定款の変更（単元株式数についてのものを除く。）を行う場合には，この限りでない。

4　ある種類の株式の発行後に定款を変更して当該種類の株式について第2項の規定による定款の定めを設けようとするときは，当該種類の種類株主全員の同意を得なければならない。

　不要とする旨を定めることはできるが，全部を不要とすることはできない。不要とすることができないのは，先ほど挙げた種類株式の内容に関わる行為，つまり，株式の種類の追加，株式の内容の変更，発行可能株式総数又は発行可能種類株式総数の増加である。ただし，単元株式数についての定款の変更については，定款で定めることによって損害を及ぼすおそれがある場合の種類株主総会を不要とできる。
　この定款の定めは種類株式ごとに定めることができ，この定め自体が種類株式の内容の一部となる。

➕ **アルファ**

　括弧書で単元株式数についての変更が除外されているのだが，株式の内容の変更から除外されていることにちょっと注意したい。つまり，単元株式数についての定めは株式の内容に含まれると会社法は考えているのである。必

ずしも，107条と108条に列挙されているものだけが株式の内容ではない。

　損害を及ぼすおそれがある場合の種類株主総会を不要とする定款の定めを設けるには，その種類の種類株主全員の同意が必要となる。もちろん定款の変更なので，株主総会の特別決議も必要である。

➡　必要となるのは種類株主全員の同意であって種類株主総会の決議ではないから，種類株主総会を開催する必要はない。何らかの方法で全員の同意が得られればいいのである。

第17節　剰余金の配当と残余財産の分配についての種類株式

Topics ・種類株式の内容としてどのような事項を定めるのかを確認する。
　　　　 ・内容の要綱のみを定款で定める場合に注意する。

1　株式の内容として定める事項

　剰余金の配当や残余財産の分配について異なる定めをする種類株式を発行する場合には，定款でその種類の株主に交付する財産の価額の決定の方法，財産の種類などを定めなければならない（会§108Ⅱ①②）。金銭を交付するなら，財産の種類としては「金銭」となる。金銭以外の財産も交付できるが，多くの場合は金銭だろう。

　いわゆる優先株式の場合には，「剰余金の配当を行うときは，第1種優先株式の株主に対し，普通株式の株主に先立ち，1株につき金○円の配当金を金銭で支払う」といったような定款の定めが置かれる。

➕アルファ

　会社法施行前の旧商法では，同じ種類の株式であっても，発行する時期によって優先的に配当する額を変えることが許されていた。しかし，会社法ではそういったことは認められず，一つの種類株式については，株式の数に応じて平等に剰余金の配当をしなければならない。株式の内容と数に応じて平等に取り扱うという株主平等の原則である。

2　内容の要綱を定める場合

　具体的な配当額などの事項については，あらかじめ定款で定めないことができる。その種類の株式を初めて発行する時までに，別途株主総会か取締役会の決議で定めるとすることができるのである（会§108Ⅲ）。
➡　解散後は取締役会ではなく清算人会となるが，あまり気にしなくていい。

　この場合には，定款では，内容の要綱と定める機関（株主総会か取締役会）を定めればいい。
　もっとも，配当財産の種類などは，あらかじめ定款で定めておかなければならない（会施規§20）。
➡　要綱として定めなければならない範囲や，あらかじめ定めておかなければならない事項は，やや細かいので無理して覚えなくていい。

第18節　株主総会における議決権についての種類株式

Topics・制限できるのは，株主総会における議決権であって，種類株主総会における議決権ではない。
・議決権制限株式の発行数の制限に注意する。

1　株式の内容として定める事項

株主総会において議決権を行使することができる事項が制限されている種類株式を議決権制限株式という。

議決権制限株式については，次の事項を定款で定めなければならない（会§108Ⅱ③）。

・株主総会において議決権を行使することができる事項
・当該種類の株式につき議決権の行使の条件を定めるときは，その旨

議決権の全部を制限することも，特定の事項についての議決権を制限することも，可能である。

また，優先株式と組み合わせて，優先的な配当が行われない場合に限って議決権を行使することができるような株式も多くみられる。

重要❗・・・・・・・・・・・・・・・・・・・・・・・・・・・・

株式の内容を定めることによって制限できるのは，株主総会における議決権であって，種類株主総会における議決権は制限できない。

2　議決権制限株式の発行数の制限

（議決権制限株式の発行数）
第115条　種類株式発行会社が公開会社である場合において，株主総会において議決権を行使することができる事項について制限のある種類の株式（以下この条において「議決権制限株式」という。）の数が発行済株式の総数の2分の1を超えるに至ったときは，株式会社は，直ちに，議決権制限株式の数を発行済株式の総数の2分の1以下にするための必要な措置をとらなければならない。

公開会社では，議決権制限株式の発行数が制限される。公開会社でなければこの制限はない。

H29-28
H18-30

　議決権制限株式が発行済株式の総数の2分の1を超えても，株式の発行など
が無効となることはなく，直ちに必要な措置をとればいい。この「必要な措置」
について会社法は特に限定していないから，議決権制限株式以外の株式を増や
しても，議決権制限株式を減らしても，目的を達成することができる。具体的
には，株式の発行，株式の分割，株式の併合，株式無償割当て，自己株式の消
却などが利用できるが，これらの手続については，それぞれ該当する節で触れ
る。

第19節　譲渡制限株式

Topics ・新たに譲渡制限を設ける場合の手続について理解する。
　　　　・譲渡制限株式の譲渡に際しての手続を理解する。
　　　　・譲渡を承認する機関について整理しておく。

1　譲渡制限株式の内容として定める事項

　種類株式発行会社では，ある種類の株式を譲渡制限株式とすることができ，種類株式発行会社以外の株式会社では，全部の株式を譲渡制限株式とすることができる。

➡　公開会社かどうかの判断に影響する。もう一度確認しておこう。

　譲渡制限株式については，次の事項を定款で定めなければならない（会§107Ⅱ①，108Ⅱ④）。

　　・当該株式を譲渡により取得することについて当該株式会社の承認を要する旨
　　・一定の場合においては株式会社が譲渡による取得に関する承認をしたものとみなすときは，その旨及び当該一定の場合

　たとえば，株主間の譲渡については，承認をしたものとみなし，自由な譲渡を認めることができる。

2　譲渡制限を設ける場合の手続

　株主は，株式の譲渡によって経済的な利益を得ることができる。株式の譲渡を制限するというのは，株主が株式の譲渡によって利益を得るチャンスを奪うことにつながるので，譲渡制限を設ける場合には，株主の利益を保護するための様々な手続が必要になる。

　まず，譲渡制限を設ける定款の変更について，種類株式発行会社以外の株式会社では株主総会の特殊決議，種類株式発行会社では種類株主総会の特殊決議が要求される。
　種類株式発行会社では，新たに譲渡制限を設ける種類の株式のほか，

　　・譲渡制限株式としようとする株式を対価とする取得請求権付株式
　　・譲渡制限株式としようとする株式を対価とする取得条項付株式

についても種類株主総会の特殊決議が必要になる（会§111Ⅱ）。これらの株式は，将来的に譲渡制限株式の交付を受ける可能性が高いからである。

＋アルファ

全部取得条項付種類株式については，種類株主総会の特殊決議が要求されない。全部取得条項付種類株式の取得の対価は，あらかじめ定款で定めなくてもいいからである。

さらに，譲渡制限株式としようとする株式について株券を発行している**株券発行会社は，株券の提出に関する公告等が必要となる**（会§219Ⅰ①）。譲渡制限株式である旨を株券に記載しなければならないからである（会§216）。
➡　株券の提出に関する公告等については，後でまとめる。

H20-31

また，譲渡制限株式となる株式の株主と種類株主総会の特殊決議が求められる種類の株主について，**反対株主の株式買取請求も認められている**（会§116）。譲渡制限を設けることに反対する株主がその株式の買取りを請求する制度と考えていいが，厳密には，**反対株主**とは，

・譲渡制限の設定に関する決議を行う株主総会と種類株主総会（株主総会だけでいいなら株主総会）に先だって譲渡制限の設定に反対する旨を株式会社に通知し，かつ，株主総会と種類株主総会において譲渡制限の設定に反対した株主
・譲渡制限の設定に関する株主総会と種類株主総会において議決権を行使することができない株主

のどちらかに該当する株主をいう。つまり，反対した株主と議決権を行使することができない株主である。これらの反対株主は，株式会社に対し，自己の有する株式を公正な価格で買い取ることを請求することができる。

反対株主の株式買取請求を可能とするため，株式会社は，譲渡制限の設定の効力発生日の20日前までに，反対株主の株式買取請求の対象となり得る株主に対して，譲渡制限を設定する旨を通知しなければならない。

新株予約権買取請求も認められるが（会§118），これについては新株予約権について扱う際にまとめて説明する。

3　譲渡制限を変更する場合や廃止する場合の手続

譲渡制限に関する定款の定めを変更する場合や廃止する場合には，普通の定款変更手続をとればよく，損害を及ぼすおそれがある場合の種類株主総会以外には，種類株主総会は要求されない。また，株券の提出に関する公告等は不要であり，反対株主の株式買取請求は認められない。

4　譲渡制限株式の譲渡に係る承認手続

譲渡制限株式は，譲渡に際して株式会社の承認を受けなければならない。この承認には，譲渡の前に譲渡人が請求するものと譲渡後に譲渡制限株式を取得した者が請求するものがある。

（株主からの承認の請求）

第136条　譲渡制限株式の株主は，その有する譲渡制限株式を他人（当該譲渡制限株式を発行した株式会社を除く。）に譲り渡そうとするときは，当該株式会社に対し，当該他人が当該譲渡制限株式を取得することについて承認をするか否かの決定をすることを請求することができる。

（株式取得者からの承認の請求）

第137条　譲渡制限株式を取得した株式取得者は，株式会社に対し，当該譲渡制限株式を取得したことについて承認をするか否かの決定をすることを請求することができる。

2　前項の規定による請求は，利害関係人の利益を害するおそれがないものとして法務省令で定める場合を除き，その取得した株式の株主として株主名簿に記載され，若しくは記録された者又はその相続人その他の一般承継人と共同してしなければならない。

この二つの承認の請求を併せて**譲渡等承認請求**とよぶ。株主名簿上の株主からの請求は単独でできるが，株式を取得した者からの請求は，本当に株主から取得したことが確認できないと困るので，原則として株主と共同してするものとされている。　　　　　　　　　　　　　　　H30-28

➡　株券発行会社で株券を提示した場合などは，単独で請求できる（会施規§24）。株主名簿の書換えと同じように考えればいい。

　　譲渡等承認請求に対して株式会社は承認するか否かを決定するが，譲渡等承認請求をする者は，承認しない場合には株式を買い取ることを請求することができる（会§138）。

➡　譲渡等承認請求に際して，あらかじめ承認しないときは買い取ることを請求しておくのである。

　　譲渡等承認請求の承認の決定をする機関（承認機関）は，**取締役会設置会社**であれば**取締役会**，**取締役会設置会社でなければ株主総会**である（会§139）。ただし，承認機関は別に定款で定めることができ，定款で定めたときは定款で定めた機関が承認機関となる。

　　定款で定めることができる承認機関については，会社法上の制限はなく，代表取締役を承認機関とするような定めも可能とされている。

H30-28　　承認しない場合で，あらかじめ買取りの請求があったときは，譲渡制限株式を買い取ることになる。株式会社が買い取ることもできるが，別に**指定買取人**に買い取らせることもできる（会§140）。買取りに関する事項の決定は，株主総会の特別決議で行う。

H26-29　　指定買取人の決定機関は，譲渡等承認請求の承認機関と同じである。定款で別に指定買取人の決定機関を定めてもいいし，定款であらかじめ特定の者を指定買取人と定めてもいい。取締役会設置会社以外の株式会社では株主総会の決議が必要となるが，この場合の決議要件は特別決議となる（会§309Ⅱ①）。

　　買取りの流れは，次のとおりとなっている。

　　譲渡等承認請求に際しての買取りの請求
　　　↓
　　承認しない旨の決定と買取りに関する事項の決定
　　　↓
　　譲渡等承認請求者に対する買取りの通知
　　　↓
　　売買価格の決定

　　買取りの通知は，株式会社が買い取る場合には株式会社が行い，指定買取人が買い取る場合には，指定買取人が行う（会§141，142）。

H26-29　　売買価格は，株式会社・指定買取人と譲渡等承認請求者との協議で決定する

が，裁判所に対し，売買価格の決定の申立てをすることもできる（会§144）。

　譲渡等承認請求に際して買取りの請求をしたときは，その請求の撤回に制限 H26-29
がある。買取りの通知を受けたときは，株式会社・指定買取人の承諾が必要に
なるのである（会§143）。

　買取りに際しては，株式会社・指定買取人は一定の額の供託が必要となり， H30-28
株券発行会社である場合には譲渡等承認請求者は株券の供託が必要になる（会 H26-29
§141ⅡⅢ，142ⅡⅢ）。

　一定の期間内に承認するか否かの通知や買取りの通知がなかった場合には，
譲渡等承認請求に対して，株式会社が承認をしたものとみなされる（会§
145）。

第20節　取得請求権付株式

Topics ・取得請求権付株式の取得の対価を把握する。
　　　　　・分配可能額による制限に注意する。

1　取得請求権付株式の内容として定める事項

　全部の株式を取得請求権付株式とするときは，株式の内容として次の事項を定款で定めなければならない（会§107Ⅱ②）。

　　・株主が株式会社に対して当該株主の有する株式の取得を請求できる旨
　　・取得の対価に関する事項
　　・取得を請求することができる期間

　この取得の対価としては，社債，新株予約権，新株予約権付社債のほか，株式等以外の財産を交付する旨を定めることができる。つまり，その株式会社の株式を取得の対価とすることはできない。

┌─**用語解説**────────────────────────────────────┐
【株式等】
　株式，社債及び新株予約権をいう（会§107Ⅱ②ホ）。
　「株式等以外の財産」といった表現で使われるが，株式等以外の財産とは，株式等ではない全ての財産であり，金銭，動産，不動産，債権など，様々な財産が考えられる。

【新株予約権】
　株式会社に対して行使することにより当該株式会社の株式の交付を受けることができる権利をいう（会§2㉑）。
　新株予約権を行使するには株式会社に対する払込みが必要となるので，払い込むべき額と株式の価値を考慮して，新株予約権を行使するかどうかを判断することになる。新株予約権者は新株予約権の行使により株主となる。
└──┘

　種類株式発行会社で種類株式を取得請求権付株式とするときも，株式の内容として同様の事項を定めなければならない（会§108Ⅱ⑤）。ただし，種類株式を取得請求権付株式とするときは，**取得の対価を他の種類の株式とすることができる**。

➡　この場合，取得の請求をすることによって，他の種類の株主となることができるのである。

2　既存の株式を取得請求権付株式とする場合の手続

取得請求権付株式は，取得請求権を株主に与えるものであり，株式の権利が制限されるものではないから，既存の株式を取得請求権付株式とする手続は，比較的簡単である。

つまり，普通の定款変更として株主総会の特別決議を受けて，また，株式の内容の変更として損害を及ぼすおそれがある場合の種類株主総会（特別決議）を受ければいい。

3　取得請求権付株式の取得の手続

第166条　取得請求権付株式の株主は，株式会社に対して，当該株主の有する取得請求権付株式を取得することを請求することができる。ただし，当該取得請求権付株式を取得するのと引換えに第107条第2項第2号ロからホまでに規定する財産を交付する場合において，これらの財産の帳簿価額が当該請求の日における第461条第2項の分配可能額を超えているときは，この限りではない。

株式の内容として定めた取得を請求することができる期間内であれば，取得請求権付株式の株主はいつでも取得を請求できる。例外は，**分配可能額による制限**である。

➡　分配可能額による制限については，計算についての節で詳しく扱う。

┌─ **用語解説** ─
【分配可能額】

会社法461条2項に基づいて計算される額であり，債権者を害することなく株主に対して払い戻すことができる額である

株主が株式会社に出資した財産や，株式会社が事業活動によって手に入れた財産は，債権者がその債権の弁済を受ける根拠でもあるので，無制限に株主に払い戻すわけにはいかない。そこで，払戻しを制限する額として分配可能額が規定されている。

　取得請求権付株式の取得の対価の帳簿価額が分配可能額を超えるときは，取得の請求ができない。ただし，種類株式発行会社で，取得の対価が他の種類の株式であるときは，分配可能額による制限はない。

🖕**理由**　取得の対価が株式以外の財産である場合には，株主に対する会社財産の払戻しであるが，株式を取得して他の株式を交付するなら，株主の保有する株式の種類が換わっただけであり，払戻しとはいえないから。

　株券発行会社で，取得請求権付株式に係る株券が発行されている場合には，取得の請求に際して株券の提出が必要になる（会§166Ⅲ）。

　取得請求権付株式の取得の効力発生日は，取得の請求をした日である（会§167）。

　株式会社に取得された取得請求権株式が当然に消滅することはなく，株式会社が取得請求権付株式を保有することになる。つまり，取得された取得請求権株式は，自己株式となる。

第21節　取得条項付株式

Topics ・既存の株式を取得条項付株式とする手続を理解する。
・取得条項付株式の取得の手続を把握する。効力発生日など，取得請求権付株式ほど単純ではない。
・取得条項付株式についても分配可能額による制限がある。

1　取得条項付株式の内容として定める事項

全部の株式を取得条項付株式とするときは，株式の内容として次の事項を定款で定めなければならない（会§107Ⅱ③）。 H19-30

・一定の事由が生じた日に株式会社がその株式を取得する旨及びその事由
・株式会社が別に定める日が到来することを取得の事由とするときは，その旨
・取得の事由が生じた日に取得条項付株式の一部を取得することとするときは，その旨及び取得する株式の一部の決定の方法
・取得の対価に関する事項

取得の対価については，取得請求権付株式と同じである。種類株式発行会社では他の種類の株式を取得の対価とできることについても，取得請求権付株式と同じ。 H20-30

取得の事由については，会社法上の制限はない。最初から確定日を定めてもいいし，組織再編行為をする日の前日や証券取引所に上場した日などと定めてもいい。
➡　事由の定め方は自由である。

あらかじめ取得の事由を定めず，後で取得する日を定めることとしてもいい。この場合，取得する日は，取締役会設置会社では取締役会の決議で，取締役会設置会社以外の株式会社では株主総会の決議で定める（会§168Ⅰ）。ただし，定款で取得する日の決定機関を変更することは可能である。 H24-28
➡　取得する日を株主総会で定めるなら，実質的に全部取得条項付種類株式に近くなる。もちろん完全に同じではないが。

取得条項付株式では，その全部ではなく一部のみを取得することができる。その場合には，あらかじめ株式の内容としてその決定の方法を定款で定めてお

く必要がある。

2　既存の株式を取得条項付株式とする場合の手続

取得条項付株式は，強制的に取得されてしまうため，最も株主に不利になるおそれが大きい株式であるといえる。そのため，既存の株式を取得条項付株式とする場合には，かなり厳しい手続を経る必要がある。

H24-28
H19記述　　まず，種類株式発行会社以外の株式会社では**株主全員の同意**が，種類株式発行会社では取得条項付株式となる**種類株主全員の同意**が必要となる（会§110，111Ⅰ）。

種類株式発行会社では，取得条項付株式となる種類株式以外の種類株式について，損害を及ぼすおそれがある場合の種類株主総会が必要となることがある。

H24-28　　株主全員の同意・種類株主全員の同意が必要となるため，反対株主の株式買取請求は認められない。

➡　一般に，株主全員の同意が必要なら反対株主の株式買取請求を認める必要がない。一人でも反対したら効力が生じないからである。

新株予約権買取請求は，条文上は認められない（会§118）。

➡　118条の規定を類推適用として認めるべきという意見や，立法論として認めるべきという意見もある。

取得条項付株式としようとする株式について株券を発行している場合でも，株券の提出に関する公告等は必要とならない（会§219）。

　理由　譲渡制限株式である旨は株券に記載されるが，取得条項付株式である旨は株券に記載されないから。

3　取得条項付株式の内容を変更する場合の手続

取得条項付株式については，その内容の変更についても**株主全員の同意・種類株主全員の同意が必要になる**（会§110，111Ⅰ）。ただし，取得条項付株式を取得条項付株式でない株式とする場合には，全員の同意は不要である。普通の定款変更手続と損害を及ぼすおそれがある場合の種類株主総会が必要となる。

4　取得条項付株式の取得の手続

取得条項付株式の取得では，取得する日の決定が必要となる場合や，一部の

みを取得する場合があるため，若干複雑となる。

(1) 取得する日の決定と取得する株式の決定が不要な場合

　　まず，いちばんシンプルな定款で定めた事由に基づいて全部を取得する場合について整理しよう。

　　この場合には，定款で定めた取得の事由が生じた日に取得の効力が生じる　H20-30
（会§170Ⅰ）。ただし，取得請求権付株式と同様に，**分配可能額による制限がある**（同Ⅴ）。取得の対価が他の種類の株式である場合には制限がないことについても，取得請求権付株式と同様である。

　　取得の事由が生じたときは，取得条項付株式の株主とその登録株式質権者に対して通知か公告のどちらかをしなければならない（会§170ⅢⅣ）。

　　取得条項付株式について株券を発行している株券発行会社では，**株券の提出に関する公告等**が必要となる（会§219Ⅰ④）。
➡　株券の提出に関する公告等は，取得の効力発生日，つまり取得の事由が発生する日の1か月前までに行う必要がある。

(2) 取得する日の決定が必要な場合

　　取得する日を別に定めるとしていた場合の手続である。

　　取得する日は，前述したように，定款に別段の定めがなければ，取締役会　H24-28
設置会社では取締役会の決議で，取締役会設置会社以外の株式会社では株主総会の決議で定める（会§168Ⅰ）。

　　取得する日を決定したときは，取得条項付株式の株主とその登録株式質権者に対して通知か公告のどちらかをしなければならない（会§168ⅡⅢ）。この通知・公告は，取得する日の2週間前までに行わなければならない。

　　取得の効力発生日は，取得する日として定めた日である。

　　分配可能額による制限や株券の提出に関する公告等が必要となるのは，(1)の場合と同じである。

(3) 取得する株式の決定が必要な場合

取得条項付株式の一部を取得する場合である。

まず，取得に先立って，取得する取得条項付株式を決定しなければならない（会§169）。決定機関は，取得する日の決定機関と同様に，定款に別段の定めがなければ，取締役会設置会社では取締役会の決議で，取締役会設置会社以外の株式会社では株主総会の決議で定める（同Ⅱ）。

H24-28

取得する株式の決定をしたときは，直ちに，取得条項付株式の株主とその登録株式質権者に対して取得する旨の通知か公告のどちらかをしなければならない（会§169ⅢⅣ）。

効力発生日は，

・取得の事由が生じた日
・取得する旨の通知・公告の日から2週間を経過した日

のいずれか遅い日である（会§170Ⅰ）。つまり，一部を取得する場合には，取得の事由が生じた日が効力発生日とは限らない。

分配可能額による制限や株券の提出に関する公告等が必要となるのは，(1)の場合と同じである。

5　取得の効果

H19-29

取得された取得条項付株式は，取得請求権付株式と同様に，自己株式となる。したがって，取得のみで発行済株式の総数が減少することはない。

第22節　全部取得条項付種類株式

Topics ・既存の株式を全部取得条項付種類株式とする手続を理解する。
・全部取得条項付種類株式の取得の手続を把握する。取得請求権付株式・取得条項付株式との違いに注意したい。

1　全部取得条項付種類株式の内容として定める事項

　ある種類の株式を全部取得条項付種類株式とするときは，種類株式の内容として次の事項を定款で定めなければならない（会§108Ⅱ⑦）。

・取得対価の価額の決定の方法
・全部取得条項付種類株式の取得に係る株主総会の決議をすることができるか否かについての条件を定めるときは，その条件

　全部取得条項付種類株式では，定款で対価として交付する財産の種類を定める必要がない。定款では，取得対価の価額の決定の方法だけを定めておけばいい。具体的な取得対価については，取得の際に定めるのである。
　もっとも，具体的な取得対価を定款で定めてしまってもよく，現実には取得対価を定めてしまうことが多い。

　会社法上の規定はないが，もちろん株主総会の決議によってその全部を取得する旨は定款で定めておく必要がある。そうでないと全部取得条項付種類株式にならない。

2　既存の種類株式を全部取得条項付種類株式とする場合の手続

　全部取得条項付種類株式は，取得の請求が権利であった取得請求権付株式よりも株主にとって不利である。一方で，取得に際して株主総会の決議が必要という点で，取得の事由の発生により強制的に取得される取得条項付株式より株主にとって有利と考えられる。したがって，既存の種類株式を全部取得条項付種類株式とする場合の手続は，取得請求権付株式の場合より厳しく，取得条項付株式の場合より緩い。

　定款で種類株式の内容を定めるのだから，当然に定款の変更について株主総会の特別決議が必要になる。
　さらに，全部取得条項付種類株式としようとする種類株式の種類株主を構成員とする種類株主総会の決議が必要となる（会§111Ⅱ）。ある種類の株式を譲

渡制限株式とする場合の手続と同じように考えればいい。

　新たに全部取得条項付種類株式としようとする種類の株式のほか，

　　・全部取得条項付種類株式としようとする株式を対価とする取得請求権付株
　　式
　　・全部取得条項付種類株式としようとする株式を対価とする取得条項付株式

についても種類株主総会の決議が必要になる点も譲渡制限株式と同じである。

　譲渡制限株式と違うのは，必要となるのが，種類株主総会の特殊決議ではな
く，**種類株主総会の特別決議**であるという点になる。

　反対株主の株式買取請求，新株予約権買取請求はともに認められる。

　株券の記載事項に変更は生じないから，株券の提出に関する公告等は不要で
ある。

3　全部取得条項付種類株式の内容を変更する場合の手続

　全部取得条項付種類株式に関する定款の定めの変更や，全部取得条項付種類
株式を全部取得条項付種類株式でない種類株式とする場合には，普通の定款変
更手続をとればよく，損害を及ぼすおそれがある場合の種類株主総会以外には，
種類株主総会は要求されない。また，反対株主の株式買取請求は認められない。

4　全部取得条項付種類株式の取得の手続

　全部取得条項付種類株式の取得には，必ず株主総会の**特別決議**が必要である。
取得に際しては，株主総会の決議のみが必要であり，種類株主総会の決議は必
要ない。

　取得に際しての株主総会では，次の事項を定めなければならない（会§
171）。

　　・取得対価に関する事項
　　・取得する日

　取得対価に関する事項としては，交付する財産の種類，数量，価額などを定
めなければならない。取得対価の種類には特に制限がない。他の種類株式でも
構わない。

株券を発行している株券発行会社では，取得条項付株式の取得と同様に，株券の提出に関する公告等が必要になる。

取得に際して反対株主の株式買取請求は認められていないが，取得に不満がある全部取得条項付種類株式の株主に対する救済措置として，**裁判所に対する価格の決定の申立て**の制度がある。

取得の決議に反対するなど**反対株主**とほぼ同様の要件を満たす全部取得条項付種類株式の株主は，取得日の20日前の日から取得日の前日までの間に，裁判所に対し，全部取得条項付種類株式の取得の価格の決定の申立てをすることができる（会§172）。

➡　結局，反対株主の株式買取請求と同様な結果となる。

全部取得条項付種類株式の取得が法令又は定款に違反する場合において，株主が不利益を受けるおそれがあるときは，全部取得条項付種類株式の取得の差止めを請求することもできる（会§171の3）。この場合の株主は，全部取得条項付種類株式の種類株主に限られない。差止めを可能とするため，一定の書面の備置きや閲覧が義務づけられている（会§171の2）。

5　取得の効果

取得請求権付株式の取得，取得条項付株式の取得と同様に，取得した全部取得条項付種類株式は自己株式となる。効力発生日は，取得する日として株主総会の決議で定めた日である。また，裁判所に対する価格の決定の申立ては，申立てをしていない株主の保有する全部取得条項付種類株式の取得に影響を与えない。

➕アルファ

全部取得条項付種類株式は，おそらく取得請求権付株式や取得条項付株式よりも多く利用されている。それは，全部取得条項付種類株式を利用することによって，全株主を入れ替えることが可能だからである。

たとえば，新たにA種類株式という株式を発行し，新しい株主に引き受けさせる。そして，既存の株式を全部取得条項付種類株式とし，その全部を取得して対価を金銭としてしまえば，株主は，新たに発行したA種類株式の株主だけになる。今までの全株主が株主でなくなるのである。

このように，全部取得条項付種類株式は，企業グループを再編する組織再編行為に近い行為に利用されているのである。

第23節　種類株主総会の決議を必要とする事項の定め

Topics ・種類株式の内容として種類株主総会の決議を必要とする事項を定める
　　　　　場合について概観する。
　　　　・正直，それほど厄介な論点はない。

1　種類株主総会の決議を必要とする事項の定め

H29-28
H21記述
　　種類株式発行会社は，ある種類の株式の内容として，その種類株式の種類株
主を構成員とする種類株主総会の決議を必要とする事項を定めることができ
る。定款では，株式の内容として次の事項を定めなければならない（会§108
Ⅱ⑧）。

・種類株主総会の決議を必要とする事項
・種類株主総会の決議を必要とする条件を定めるときは，その条件

　　種類株主総会の決議を必要とする事項として定められた事項は，通常の手続
に加えて種類株主総会の決議が必要となる。つまり，その種類の種類株主の権
限を強化する結果となる。

2　種類株主総会の決議を必要とする事項の変更の手続

　　この種類株式の内容の設定，変更，廃止には，特別の手続は要らない。定款
変更についての株主総会の特別決議と損害を及ぼすおそれがある場合の種類株
主総会の特別決議があればいい。種類株主の権限を強化するものであり，特に
種類株主に不利益となるおそれがないからである。

第24節　種類株主総会における取締役・監査役の選解任

Topics ・選任権付種類株式の内容を理解する。
・種類株主総会における取締役・監査役の選任と解任の手続を理解する。
・定款の定めを廃止したものとみなされる場合に注意する。

1　選任権付種類株式の内容として定める事項

　取締役・監査役の選任権付種類株式については，種類株式の内容として次の事項を定款で定めなければならない（会§108Ⅱ⑨）。

➡　公開会社と指名委員会等設置会社では選任権付種類株式を発行できないことをもう一度思い出しておこう。

・種類株主総会において取締役又は監査役を選任すること及び選任する取締役又は監査役の数
・選任することができる取締役又は監査役の全部又は一部を他の種類株主と共同して選任することとするときは当該他の種類株主の有する株式の種類及び共同して選任する取締役又は監査役の数
・上の二つの事項を変更する条件があるときは，その条件及びその条件が成就した場合における変更後の上の二つの事項

　監査等委員会設置会社では，監査等委員である取締役とそれ以外の取締役についてそれぞれ定めなければならない。

　取締役選任権付種類株式を発行した場合には，取締役の選任は，株主総会で　[H29-28]
はなく種類株主総会で行われることになる。たとえば，取締役3名を，A種類株式の種類株主総会で2名，B種類株式の種類株主総会で1名といったかたちで選任することになる。取締役を選任できない種類株式を設けることは問題ない。監査役についても同じである。

➡　会計参与や会計監査人についての選任権付種類株式は認められない。

2　選任権付種類株式の内容の変更

　選任権付種類株式の内容の設定，変更，廃止には，特別の手続は要らない。定款変更についての株主総会の特別決議と損害を及ぼすおそれがある場合の種類株主総会の特別決議があればいい。

3　取締役選任権付種類株式を発行している場合の取締役の選任

　取締役選任権付種類株式を発行している場合には，取締役の選任は，種類株主総会の決議によって行う（会§347Ⅰ，329）。決議要件は，株主総会で選任する場合と同様で，議決権を行使することができる株主の議決権の過半数を有する株主が出席し，出席した当該株主の議決権の過半数をもって行い，定款で定足数を3分の1まで軽減できる（会§347Ⅰ，341）。定款で決議要件を加重することも問題ない。

　種類株主総会の決議による選任では，累積投票は認められない。

4　取締役選任権付種類株式を発行している場合の取締役の解任

　種類株主総会で選任された取締役の解任は，同じ種類の種類株主総会の決議で行うのが原則である（会§347Ⅰ，339）。決議要件は，選任の決議要件と同じである。累積投票の制度がないので，種類株主総会の特別決議となることはない。

　例外として，株主総会の決議で解任できる場合がある。株主総会の決議で解任できるのは，次の二つの場合となる。

　・定款に別段の定めがある場合
　・解任の対象である取締役の任期満了前に選任した種類の種類株主総会において議決権を行使することができる株主がいなくなった場合

5　種類株主総会で選任された取締役の退任

　種類株主総会で選任された取締役の任期も，株主総会で選任された取締役の任期と同じである。つまり，定時株主総会の終結時に満了するのであり，種類株主総会の終結時に退任するのではない。
➡　そもそも，株主総会と違って「定時種類株主総会」というようなものは存在しない。

　選任した種類の種類株主総会において議決権を行使することができる株主がいなくなっても，それだけで取締役が退任することはない。株主総会で解任できるようになるだけである。

　選任権付種類株式についての定款の定めを廃止しても，取締役は退任しない。他に退任事由がない限り，任期の満了まで在任する。

6　監査役の場合

　基本的に取締役と同じである。違うのは，解任の決議要件が種類株主総会の特別決議だということぐらいである。解任の決議要件が違ったのは，株主総会での解任も同じだった。

7　定款の定めが廃止されたものとみなされる場合

> **第112条**　第108条第2項第9号に掲げる事項（取締役に関するものに限る。）についての定款の定めは，この法律又は定款で定めた取締役の員数を欠いた場合において，そのために当該員数に足りる数の取締役を選任することができないときは，廃止されたものとみなす。
>
> **2**　前項の規定は，第108条第2項第9号に掲げる事項（監査役に関するものに限る。）についての定款の定めについて準用する。

　廃止されたものとみなされるのは，欠員が生じて，かつ，その欠員を解消するための選任ができない場合である。種類株主総会で議決権を行使することができる種類株主がいなくなった場合には，選任することができない場合に該当する。

　つまり，種類株主がいなくなっても，その時点では定款の定めはそのままで，その後に欠員が生じた時点で定款の定めが廃止されたものとみなされるのである。

　定款の定めが廃止されたものとみなされても，直ちに取締役や監査役全員の任期が満了するわけではない。

第25節　発行可能株式総数と発行可能種類株式総数

Topics・発行可能株式総数と発行可能種類株式総数の違いを意識する。「種類」
　　　　　の2文字を見逃さないようにしたい。
　　　　・その上限と下限を正しく理解する。
　　　　・択一式以上に記述式で論点となることが多い。

1　発行可能株式総数とは何か

　株式会社が発行することができる株式の総数が発行可能株式総数である（会
§37Ⅰ）。発行可能株式総数を超えるような株式の発行は無効となる。

　発行可能株式総数は，定款で定められ，その定めを廃止することはできない
（会§113Ⅰ）。

2　発行可能種類株式総数とは何か

　株式会社が発行することができる種類ごとの株式の総数である（会§101Ⅰ
③）。種類株式発行会社では，種類ごとに定款で発行可能種類株式総数を定め
なければならない（会§108Ⅱ）。

　発行可能株式総数と発行可能種類株式総数の関係について，会社法は何も定
めていない。つまり，全部の種類の発行可能種類株式総数の合計が発行可能株
式総数と一致しなくてもいい。発行可能種類株式総数は独立した数であり，発
行可能株式総数の内訳ではないのである。

3　発行可能株式総数の上限

（発行可能株式総数）
第113条　（略）
3　次に掲げる場合には，当該定款の変更後の発行可能株式総数は，当該定款
　の変更が効力を生じた時における発行済株式の総数の4倍を超えることがで
　きない。
　一　公開会社が定款を変更して発行可能株式総数を増加する場合
　二　公開会社でない株式会社が定款を変更して公開会社となる場合

　やたらに株式の数が増えると，既存の株主の権利が害されるおそれがある。
発行可能株式総数というのは，既存の株主を保護する制度であるともいえる。

発行可能株式総数の上限があるのは，公開会社だけである。　　　　H20-29

　公開会社でない株式会社については，公開会社となる場合にのみ上限が問題
になる。公開会社についてのみ上限が定められているのは，募集株式の発行が
簡単にできることと関係している。募集株式の発行について学ぶ際に思い出せ
ばいいだろう。

　発行済株式の総数の4倍が上限である。ちょうど4倍なら問題ない。
　また，上限が問題となるのは，**定款を変更して発行可能株式総数を増加する**　H30記述
場合と定款を変更して公開会社となる場合に限られる。発行済株式の総数が減　H19-29
少して，結果的に発行可能株式総数が発行済株式の総数の4倍を超えても，発
行済株式の総数の減少が無効となったりはしない。
➡　株式の併合に際しても，発行可能株式総数が問題となることがある。株式
　の併合のところで説明する。

重要　●●●●●●●●●●●●●●●●●●●●●●●●●●●●●●
　上限があるのは，発行可能株式総数である。発行可能種類株式総数については
上限がない。

　種類株式発行会社である以上，発行可能種類株式総数を必ず定めなければな
らない。一方で，種類株式発行会社では，現実に発行していない種類の株式に
ついても，将来の発行に備えて内容と発行可能種類株式総数を定款で定めるこ
とができる。つまり，発行済みの種類株式の数は，0株であるかもしれないの
である。もし，発行可能種類株式総数の上限を4倍とすると，発行済みの数が
0株である場合に困ったことになってしまう。

4　発行可能株式総数の下限

第113条　（略）
2　定款を変更して発行可能株式総数を減少するときは，変更後の発行可能株
　式総数は，当該定款の変更が効力を生じた時における発行済株式の総数を下
　ることができない。
3　（略）
4　新株予約権（第236条第1号第4号の期間の初日が到来していないものを除
　く。）の新株予約権者が第282条第1項の規定により取得することとなる株式

> の数は，発行可能株式総数から発行済株式（自己株式（株式会社が有する自己の株式をいう。以下同じ。）を除く。）の総数を控除して得た数を超えてはならない。

発行可能株式総数は，発行済株式の総数以上でなければならない。これは，発行可能株式総数の本質から当然のことである。

新株予約権を発行している場合には，**新株予約権の行使が可能となるような発行可能株式総数でなければならない。**新株予約権には行使期間があるので，行使期間外の新株予約権は考えなくていい。また，新株予約権が行使された場合には，株式を発行して交付するか，自己株式を交付するかのどちらかでいいので，自己株式の数も考慮しなければならない。

結局，発行可能株式総数の下限は，

　　発行済株式の総数
　＋　行使期間内の新株予約権の目的である株式の数
　−　自己株式の数

となる。もっとも，どんなに自己株式が多くても発行済株式の総数より小さい数にはできない。

5　発行可能種類株式総数の下限

発行可能種類株式総数の下限は，発行可能株式総数よりちょっと複雑である。

> **第114条**　定款を変更してある種類の株式の発行可能種類株式総数を減少するときは，変更後の当該種類の株式の発行可能種類株式総数は，当該定款の変更が効力を生じた時における当該種類の発行済株式の総数を下ることができない。
> 2　ある種類の株式についての次に掲げる数の合計数は，当該種類の株式の発行可能種類株式総数から当該種類の発行済株式（自己株式を除く。）の総数を控除して得た数を超えてはならない。
> 　一　取得請求権付株式（第107条第2項第2号への期間の初日が到来していないものを除く。）の株主（当該株式会社を除く。）が第167条第2項の規定により取得することとなる同項第4号に規定する他の株式の数
> 　二　取得条項付株式の株主（当該株式会社を除く。）が第170条第2項の規定により取得することとなる同項第4号に規定する他の株式の数

三　新株予約権（第236条第1項第4号の期間の初日が到来していないものを
除く。）の新株予約権者が第282条第1項の規定により取得することとなる
株式の数

その種類の発行済株式の総数以上でなければならないことは，発行可能株式　H18-30
総数と同じで，当然である。

発行可能種類株式総数では，新株予約権のほかに，**取得請求権付株式の対価**
と**取得条項付株式の対価**である株式の数を考慮しなければならない。つまり，
発行可能種類株式総数は，取得請求権付株式の取得があっても，取得条項付株
式の取得があっても，株式を発行できるような数でなければならない。
➡　全部取得条項付種類株式の対価は，取得に際して定めるのが原則なので，
発行可能種類株式総数との関係で考慮する必要はない。

➕アルファ

発行可能株式総数と発行可能種類株式総数でこのような違いがあるのには
理由がある。取得した取得請求権付株式や取得条項付株式は自己株式となる
ので，自己株式の消却の手続をとってしまえば，発行済株式の総数が減少し，
株式の発行が可能になる。一方，取得請求権付株式や取得条項付株式とその
対価である株式とは別な種類の株式になるから，自己株式の消却を行ったと
ころで対価である種類の株式の発行済みの数は減少しないのである。

取得請求権付株式と取得条項付株式の両方とも，自己株式であるものについ
ては考慮しなくていい。また，取得を請求できる期間外の取得請求権付株式も
考慮しなくていい。

まとめると，発行可能種類株式総数の下限は次のようになる。

その種類の発行済みの株式の数
＋　請求期間内の取得請求権付株式の対価であるその種類の株式の数
＋　取得条項付株式の対価であるその種類の株式の数
＋　行使期間内の新株予約権の目的であるその種類の株式の数
－　その種類の自己株式の数

取得請求権付株式と取得条項付株式については，自己株式を除外する必要も
ある。

第26節　株主の権利の行使に関する利益の供与

Topics・いわゆる総会屋をイメージすればいいが，必ずしも総会屋だけが対象
ではない。
・条文は一つだけだが，重要論点である。

1　株主の権利の行使に関する利益の供与の禁止

（株主の権利の行使に関する利益の供与）
第120条　株式会社は，何人に対しても，株主の権利，当該株式会社に係る適
格旧株主（第847条の2第9項に規定する適格旧株主をいう。）の権利又は当
該株式会社の最終完全親会社等（第847条の3第1項に規定する最終完全親会
社等をいう。）の株主の権利の行使に関し，財産上の利益の供与（当該株式会
社又はその子会社の計算においてするものに限る。以下この条において同じ。）
をしてはならない。

この条文はとても重要なので，一つ一つの語句を吟味していこう。

(1)　何人に対しても

「なんにん」ではなく「なんぴと」である。人数の問題ではない。

利益の供与は，株主に対してのみ禁止されているわけではない。株主の権
利の行使に関しているものであれば，株主以外の者に対する利益の供与も禁
止される。

(2)　株主の権利の行使に関し

広く株主の権利の行使が対象となっており，議決権の行使のみが対象とさ
れているわけではない。ただ，典型的なケースが議決権の行使なので，議決
権の行使を念頭に置いて理解してもらって構わない。

権利の行使だけではなく，権利の不行使も対象である。つまり，議決権を
行使しないことに対する利益の供与も禁止される。

適格旧株主と最終完全親会社等の株主については，あまり気にしなくてい
い。企業グループの全体を考えた場合，株主と同様の扱いをする必要がある
株主である。
➡　組織再編行為により完全親会社の株主となった者が適格旧株主だと理解

しておけばよい。

(3)　財産上の利益の供与

　　財産上の利益ならば，何でも該当すると思っていい。金銭や物品を渡すことはもちろん，債務の免除，時効の援用など，あらゆるものが対象である。

(4)　株式会社又はその子会社の計算においてするもの

　　利益の供与の禁止は株式会社の財産の浪費を防ぐ趣旨でもあるため，禁止される利益の供与は株式会社かその子会社の計算においてするものに限られている。子会社の計算で利益を供与することは親会社にとって難しくはないため，子会社も含めて禁止である。

　　基本的に「この議案に賛成したら○○を差し上げます」というのは全部ダメだと思って構わない。
　　株主総会に出席した株主全員に手土産を渡すような行為は，儀礼としての範囲内の金額であると判断される限り問題ない。

2　利益の供与の推定

第120条　（略）

2　株式会社が特定の株主に対して無償で財産上の利益の供与をしたときは，当該株式会社は，株主の権利の行使に関し，財産上の利益の供与をしたものと推定する。株式会社が特定の株主に対して有償で財産上の利益の供与をした場合において，当該株式会社又はその子会社の受けた利益が当該財産上の利益に比して著しく少ないときも，同様とする。

　　特定の株主に対して無償で財産上の利益の供与をしたときは，株主の権利の行使に関する利益の供与と推定される。

　　有償でも，引換えに交付する利益が少なく無償に近いような場合には，やはり推定されることになる。

　　推定にすぎないから，株式会社が株主の権利の行使に関してのものではないことを主張・立証することは可能である。

3　利益の返還

> **第120条** （略）
>
> 3　株式会社が第1項の規定に違反して財産上の利益の供与をしたときは，当該利益の供与を受けた者は，これを当該株式会社又はその子会社に返還しなければならない。この場合において，当該利益の供与を受けた者は，当該株式会社又はその子会社に対して当該利益と引換えに給付をしたものがあるときは，その返還を受けることができる。

　利益の供与は，当然に無効ではないので，特別に利益の供与を受けた者に利益の返還義務を課している。

　この返還義務は，会社法に違反する利益の供与である限り免れることができない。

　一定の要件を満たす株主は，この利益の返還を求める訴えの提起を株式会社に請求することができ，請求の日から60日以内に訴えが提起されないときは，株主が自ら訴えを提起することができる。

➡　いわゆる株主代表訴訟である。株主に求められる要件は，他の株主代表訴訟と共通となっている。

4　取締役・執行役の責任

> **第120条** （略）
>
> 4　株式会社が第1項の規定に違反して財産上の利益の供与をしたときは，当該利益の供与をすることに関与した取締役（指名委員会等設置会社にあっては，執行役を含む。以下この項において同じ。）として法務省令で定める者は，当該株式会社に対して，連帯して，供与した利益の価額に相当する額を支払う義務を負う。ただし，その者（当該利益の供与をした取締役を除く。）がその職務を行うについて注意を怠らなかったことを証明した場合は，この限りでない。
>
> 5　前項の義務は，総株主の同意がなければ，免除することができない。

　利益の供与が禁止されているのは，株式会社の財産の浪費を防止するためでもあるから，利益の供与に関与した取締役や執行役に対しては，供与した利益の価額に相当する額を支払う義務が課せられている。

　取締役・執行役の責任は，株式会社に対する任務懈怠として423条を根拠として問うことも可能だが，利益の供与については，その重大性のために，特に供与した利益の価額に相当する額の支払い義務が定められている。

　責任を負うのは，利益の供与をした取締役・執行役のほか，利益の供与に関する取締役会の決議に賛成した取締役などである（会施規§21）。

　利益の供与に直接関与しなかった取締役（取締役会で賛成しただけの取締役など）は，職務を行うについて注意を怠らなかったことを証明すれば，責任を免れることができる。一方，利益の供与をした取締役は，注意を怠らなかったことを証明しても責任を免れることができない。**無過失責任**である。

　株式会社に対する任務懈怠の責任（会§423）と違って，免除には必ず総株主の同意が必要となる。
➡　423条の責任でも，総株主の同意がなければ免除できないものがあった。忘れていたら確認しておこう。

第27節　株式会社による自己の株式の取得

Topics・株式会社が自らその株式を取得できる場合には，どのようなものがあるかを確認しておく。
・株主との合意による有償取得の手続を理解する。

1　株式会社による自己の株式の取得の効果

株式会社は，後述する一定の場合には，その株式を取得することができる。

取得した株式は自己株式となる。自己株式については通常の株主としての権利が認められないから，発行済株式の総数は減少しないものの，権利行使の可能な株式の数が減少することとなる。つまり，株式会社が自ら株式を取得すると，他の株主の保有している**株式の価値が上昇**することになるのである。

結局，自己の株式の取得は，株主に対する**出資の払戻し**としての性格を持つことになる。出資の払戻しは，株主にとって有利で，債権者にとって不利な行為だから，無制限に認めることはできない。

2　自己の株式を取得できる場合

H25-29
　自己の株式の取得は，無制限には認められず，会社法が規定する次の場合にしかできない。

・株主との合意による有償取得について必要な手続をとった場合
・譲渡制限株式の譲渡等承認請求に際して買い取る場合
・取得請求権付株式，取得条項付株式，全部取得条項付種類株式の取得
・定款の規定に基づく相続人等に対する売渡しの請求（会§176Ⅰ）
・単元未満株式の買取りの請求があった場合（会§192Ⅰ）
・所在不明株主の株式の買取り（会§197Ⅲ）
・1に満たない端数が発生した場合の買取り（会§234Ⅳ，235Ⅱ）
・他の会社の事業の全部の譲受けに際しての取得
・組織再編行為に伴う取得
・無償取得，反対株主の株式買取請求などの法務省令で定める場合（会施規§27）

ほとんどが他の行為の効果として結果的に取得する場合であり，株式会社が自発的に取得するのは，いちばん上の株主との合意による有償取得だけだといっていい。

3　株主との合意による有償取得

（株式の取得に関する事項の決定）

第156条　株式会社が株主との合意により当該株式会社の株式を有償で取得するには，あらかじめ，株主総会の決議によって，次に掲げる事項を定めなければならない。ただし，第3号の期間は，1年を超えることができない。

一　取得する株式の数（種類株式発行会社にあっては，株式の種類及び種類ごとの数）

二　株式を取得するのと引換えに交付する金銭等（当該株式会社の株式等を除く。以下この款において同じ。）の内容及びその総額

三　株式を取得することができる期間

　株主との合意による有償取得にもいくつかのパターンがあるが，まずはいちばん原則的な場合について説明していく。

　この原則的な場合では，不特定の株主から申込みを受けて株式を有償取得することになる。この場合，全部の株主（種類株式発行会社ではある種類の種類株主）について，その株式を株式会社に譲り渡す権利が与えられる。

　最初に必要となるのは，株主総会の決議である。原則的な有償取得では，普通決議でよい。

　株主総会の決議があればその範囲内で取得が可能となるので，この決議は，有償取得に関する授権決議であるといえる。つまり，株主総会の決議で取得の効力が生じるのではなく，株主総会の決議によって取得が可能となるのである。

➡　今後の説明中，「授権決議」というのは，156条1項の決議をさすものとする。

（取得価格等の決定）

第157条　株式会社は，前条第1項の規定による決定に従い株式を取得しようとするときは，その都度，次に掲げる事項を定めなければならない。

一　取得する株式の数（種類株式発行会社にあっては，株式の種類及び数）

二　株式1株を取得するのと引換えに交付する金銭等の内容及び数若しくは額又はこれらの算定方法

三　株式の譲渡しの申込みの期日

2　取締役会設置会社においては，前項各号に掲げる事項の決定は，取締役会

の決議によらなければならない。

この有償取得に際しては，授権決議の範囲内でより具体的に取得について定めなければならない。この具体的な事項の決定は，取締役会設置会社では取締役会の決議，取締役会設置会社以外の株式会社では取締役の過半数の一致によらなければならない。

具体的な取得に関する事項の決定後，株主に対する通知（公開会社では公告でも可），株主からの譲渡しの申込みを経て，株式会社が株式を有償取得することになる（会§158，159）。

取得する株式の数を超えて譲渡しの申込みがあった場合には，申込みがあった数に比例して，取得する株式の数の上限まで取得することになる。

4　特定の株主からの取得

特定の株主からのみ取得したい場合には，株主平等の原則を極力損なわないように厳格な手続が必要になる。

まず，特定の株主から取得する場合には，株主総会の授権決議の決議要件が特別決議となる（会§309Ⅱ②）。また，その株式を譲渡する予定の特定の株主は，他に議決権を行使することができる株主がいる限り，授権決議で議決権を行使することができない（会§160Ⅳ）。

一方，特定の株主以外の株主は，授権決議に際し，有償取得の対象となる株主として自分を追加してもらうことを請求できる（会§160Ⅲ）。売主追加請求権とよばれる。

そして，特定の株主から取得する場合には，取得に関する事項の通知は，授権決議で定められた株主に対してのみ行えばよいことになる。

この特定の株主からの取得についても，さらに例外がある。

・市場価格のある株式を取得する場合
・株主の相続人その他の一般承継人から取得する場合
・子会社から取得する場合
・定款の定めがある場合

の四つである。それぞれ，個別に説明する。

(1) 市場価格のある株式を取得する場合

　取得する株式が市場価格のある株式である場合には，取得と引換えに交付する金銭等の額が市場価格を超えない限り，特定の株主以外の株主に対して売主追加請求権を与えなくていい（会§161）。

➡　市場価格があればいいのであって，市場取引で取得する必要はない。市場取引で取得する場合については，このあと説明する。

(2) 株主の相続人その他の一般承継人から取得する場合

　公開会社でない株式会社では，株主を承継した相続人やその他の一般承継人（吸収合併により株式を承継した会社など）から株式を取得する場合も，特定の株主以外の株主に対して売主追加請求権を与えなくていい（会§162）。ただし，一般承継人が議決権を行使する前である場合に限られる。

➡　相続人や一般承継人に対しては，株式会社がその株式を売り渡すことを請求できる旨を定款で定めることができる。こちらは合意による有償取得とは全く別の制度であり，後述する。

➡　公開会社では，そもそも誰が株主となっても株式会社は文句が言えず，株主の個性は問題にならないのだから，このような制度を認める必要がない。

(3) 子会社から取得する場合

　子会社は親会社株式を取得できず，組織再編行為などによって親会社株式を取得してしまった場合には，相当の時期に親会社株式を処分しなければならない（会§135）。そこで，親会社が子会社の保有しているその株式を取得する場合には，簡単な手続で取得できるようになっている。

　まず，取締役会設置会社が子会社の有する株式を有償取得する場合には，授権決議をすべき機関が取締役会となる（会§163）。取締役会設置会社以外の株式会社であれば株主総会のままである。

　さらに，特定の株主から取得する場合の手続は一切不要である。当然他の株主に売主追加請求権は認められない。

　結局，取締役会設置会社では，取締役会の決議のみで子会社の有するその株式を有償取得できることになる。

(4) 定款の定めがある場合

　売主追加請求権は，定款で排除することができる（会§164 I）。種類株式発行会社では，種類ごとに排除することができる。

　売主追加請求権を株主から奪うことは，株主にとって非常に不利なので，売主追加請求権の排除に関する定款の定めの変更には，その株主全員の同意が必要となる（会§164Ⅱ）。定款の定めの廃止，つまり，奪っていた売主追加請求権を再び与えるような定款の変更に限っては，株主全員の同意は不要となる。

5　市場取引等による株式の取得

　市場による取引や公開買付けの方法で自己の株式を取得する場合には，全く違う手続になる。市場による取引であれば，価格にもそれなりの根拠があり，全株主が市場で株式を売却すれば売主となるのだから，株主平等の原則が害されることもない。

➡　市場というのは，証券取引所のことだと考えていい。公開買付けについては金融商品取引法27条の2第6項に規定されているが，あまり気にしなくていい。

　市場による取引や公開買付けの方法による場合には，譲渡しの申込みの手続（会§159）などは当然に不要となる。また，全株主に売主となるチャンスがあるから，売主追加請求権を認める必要もない。

　この方法の有償取得では，取締役会設置会社では，授権決議の決議機関を取締役会とする旨を定款で定めることができる（会§165Ⅱ）。定款で定めない限り決議機関は変わらないし，取締役会設置会社以外の株式会社でも決議機関は変わらない。

➡　もっとも，株式が市場で取引されている株式会社は公開会社だから，当然に取締役会設置会社である。

6　株主との合意による有償取得のまとめ

　ここまでが株主との合意による有償取得の全部になる。いろいろなパターンがあって混乱しやすいので，いったんまとめておこう。
　大きく分類すると，株主との合意による有償取得のパターンは次の三つになる。

・全株主に譲渡しの申込みの機会を与える場合
・特定の株主から取得する場合
・市場取引で取得する場合

　このうち，特定の株主から取得する場合が最も面倒である。株主間の不平等が生まれる可能性があるからだ。

　特定の株主から取得する場合については，売主追加請求権の有無に注意して整理すればよい。
　売主追加請求権が排除できるのは，先ほど説明した四つの場合である。

　授権決議の決議機関に注目して整理してもいい。授権決議の決議機関は原則として株主総会だが，取締役会設置会社において，次の場合には取締役会となる。

　　・子会社から取得する場合
　　・市場取引によって取得する場合で，定款の定めがある場合

　定款の定めが必要かどうかは，忘れないようにしたい。子会社からの取得は，親会社株式の取得が禁止されているため，簡単にできるようになっていると考えればよい。

➡　実は，もう一つだけ例外がある。会計監査人設置会社で，一定の要件を満たす場合である。やや特殊なケースなので，第40節で扱う。今のところは気にしなくていい。

7　相続人等に対する売渡しの請求

　ここで説明する株式の取得は，株主との合意が不要であり，これまでの有償取得とは全く異なる手続となる。

（相続人等に対する売渡しの請求に関する定款の定め）

第174条　株式会社は，相続その他の一般承継により当該株式会社の株式（譲渡制限株式に限る。）を取得した者に対し，当該株式を当該株式会社に売り渡すことを請求することができる旨を定款で定めることができる。

　株式に譲渡制限を設けるのは，誰が株主となるかを株式会社側が決定できるようにするためである。しかし，譲渡制限規定で制限できるのはあくまでも譲渡であって，相続や合併などの一般承継で株式が承継されることを制限することはできない。そこで，相続や合併があっても株主が誰であるかを株式会社が決められるようにするため，このような売渡しの請求が認められているのであ

る。
➡️　公開会社であっても，譲渡制限株式については定めることができる。一部
の種類の株式のみが譲渡制限株式なら公開会社であることを思いだそう。

　　売渡しの請求には，定款の定めが必要である。当然に売渡しが請求できるわ
けではない。

　　定款の定めに基づいて売渡し請求をする場合には，その都度，**株主総会の特
別決議が必要となる**（会§175，309Ⅱ③）。売渡しの請求を受ける株主は，他
に議決権を行使することができる株主がいる限り，その株主総会で議決権を行
使できない。

　　売渡しの請求は，株式会社が相続その他の一般承継があったことを知った日
から1年以内に行わなければならない（会§176）。

　　売渡しの請求があった場合，その株式の売買価格は，株式会社と売り渡す者
との協議で定めるが，裁判所に対して売買価格の決定の申立てをすることもで
きる（会§177）。

8　分配可能額による制限
　　この節の最初で述べたように，株式の有償取得は出資の払戻しとしての性格
を持ち，債権者にとって不利な行為である。
　　このように株主と債権者との利害が衝突する場合には，**分配可能額による制
限**が登場することになる。
➡️　取得請求権付株式の取得や取得条項付株式の取得のところでも登場してい
る。復習しておこう。

　　株式を有償取得する場合には，その対価の額は，分配可能額を超えてはなら
ない（会§461）。
➡️　分配可能額を超えてしまった場合にどのように処理するかは，計算につい
て学ぶ際に整理する。

　　この節で説明した株式の有償取得に限らず，株式会社がその株主から株式を
買い取る場合には，原則として分配可能額による制限を受けることになる（会
§461）。

第28節　自己株式

Topics ・ここまでも何度か登場している自己株式についてあらためて整理する。
　　　　・自己株式の消却について理解する。決議機関は覚えておくべき。

1　自己株式のまとめ

　自己株式については，ここまで何度も登場してきた。株式会社が保有しているその株式会社の株式が自己株式であり，株主が株式会社自身である株式が自己株式である。

　自己株式には，議決権をはじめとする株式についての権利がほとんど認められない。

　株式会社が取得したその株式は，取得の方法を問わず，自己株式となる。自己株式となっても株主がその株式会社に代わるだけだから，発行済株式の総数は減少しない。

　自己株式を処分する義務はない。いつまでも保有していていい。処分しなければならないのは親会社株式である（会§135）。　〔H29-29〕

2　自己株式の消却

> **第178条**　株式会社は，自己株式を消却することができる。この場合においては，消却する自己株式の数（種類株式発行会社にあっては，自己株式の種類及び種類ごとの数）を定めなければならない。
> **2**　取締役会設置会社においては，前項後段の規定による決定は，取締役会の決議によらなければならない。

　自己株式は，そのまま保有していてもいいが，消却してしまうこともできる。消却とは，自己株式を絶対的に消滅させることである。

　自己株式の消却をする場合には，**取締役会設置会社であれば取締役会の決議**が必要となる。取締役会設置会社でなければ，通常の業務執行の決定として取締役の過半数の一致があればよい。　〔H21-28〕
　→　取締役会設置会社以外の株式会社では，株主総会で決議することも可能である。株主総会の権限について忘れていたら295条の規定を復習しておこう。

　　自己株式の消却の効力は，株主名簿の書換えや株券の廃棄などの手続を行った時に生じるものとされている。

　　自己株式の消却の効力が生じたときは，その株式が消滅するので，発行済株式の総数が減少することになる。一方，発行可能株式総数は，当然には減少しない。発行可能株式総数の減少には定款変更の手続が必要である。
➡　その結果，公開会社において発行可能株式総数が発行済株式の総数の4倍を超えることとなっても問題はない。

　　もっとも，「自己株式の消却をしたときは，消却した株式の数について発行可能株式総数が減少するものとする」と定款で定めることも可能とされており，そういった定款の定めがあれば，定款の定めに基づいて発行可能株式総数が減少する。

3　自己株式の処分

H29-29
　　自己株式の処分は，新たに株主となる者が増えるという点で，新たに株式を発行する場合と変わらない。そのため，自己株式の処分は，募集株式の発行と同じ規定で扱われている。
➡　募集株式の発行のところで説明する。

　　もっとも，株式の発行ができるのは，募集株式の発行をする場合に限られない。ここまで扱った範囲でも，取得請求権付株式や取得条項付株式などの取得に際して対価として株式を発行する場合があった。このように，対価として株式を交付する場合などにも自己株式を利用することができる。
　　まだ扱っていないものが多いが，参考までに自己株式の交付ができる場合を列記しておく。

　　・取得請求権付株式，取得条項付株式，全部取得条項付種類株式の取得の対価として交付する場合
　　・株式無償割当て（会§185）
　　・単元未満株主からの売渡請求（会§194）があった場合
　　・新株予約権が行使された場合
　　・組織再編行為

第29節　株式の併合

Topics ・株式の併合について理解する。
　　　　・記述式でも問われる論点である。

1　株式の併合とは何か

　株式の数は，発行すればするだけ増えていく。しかし，たとえば1円の価値しかない株式を1億株発行していたりすると，株式の管理ばかりが面倒になってしまう。1円を1億株よりは，1万円を1万株の方が管理が楽である。そこで，**株式の数を減少させる方法**として株式の併合の制度が認められている。

　株式の併合によって，株式の数は株式会社が定めた割合で減少することになる。2株を1株とする株式の併合をした場合には株式の数が2分の1になり，100株を1株とする株式の併合をした場合には株式の数が100分の1になる。

　100株を1株に併合する場合を考えてみよう。全株主が100株を保有していれば問題ないが，99株しか保有していない株主がいると困る。199株の株主も不利になりそうである。つまり，株式の併合は，**株主にとって不利になる可能性**があるのである。株式の併合の手続では，不利益となる株主の保護を考えなければならない。

　一方で，株式の併合をしても株式の数が減少するだけであり，株式会社の財産には影響がないから，株式の併合は，債権者にとっては何の利害関係もない。

2　株式の併合の手続

（株式の併合）
第180条　株式会社は，株式の併合をすることができる。
2　株式会社は，株式の併合をしようとするときは，その都度，株主総会の決議によって，次に掲げる事項を定めなければならない。
　一　併合の割合
　二　株式の併合がその効力を生ずる日（以下この款において「効力発生日」という。）
　三　株式会社が種類株式発行会社である場合には，併合する株式の種類
　四　効力発生日における発行可能株式総数
3　前条第4号の発行可能株式総数は，効力発生日における発行済株式の総数

の4倍を超えることができない。ただし，株式会社が公開会社でない場合は，
この限りでない。

4　取締役は，第2項の株主総会において，株式の併合をすることを必要とす
る理由を説明しなければならない。

H21-28 株式の併合は株主にとって不利になるおそれがあるから，**株主総会の特別決
議が必要である**（会§309Ⅱ④）。また，株主総会では株式の併合が必要である
理由を説明しなければならない。

さらに，損害を及ぼすおそれがある場合の種類株主総会も必要となる。

株式の併合に際しては，その割合を定めることになる。「100株を1株に併合
する」などと定めればいい。

株式の併合は，種類株式発行会社では株式の種類ごとに行うことになる。も
っとも，いっぺんに全部の種類の株式を併合しても問題はない。

株式の併合に際しては，発行可能株式総数を定める必要がある。この発行可
能株式総数は，株式の併合の割合に応じて定めるものでなくても構わない。た
とえば，株式の併合によって発行済株式の総数が100分の1になるとしても，
発行可能株式総数を100分の1にする必要はない。変更しないことも可能である。

ただし，公開会社では，発行可能株式総数が発行済株式の総数の4倍を超え
ないように定める必要がある。

➡　平成26年改正法（平成27年5月1日施行）により設けられた規定である。
改正前は，株式の併合により発行可能株式総数が発行済株式の総数の4倍を
超えることが許されていた。

➡　発行可能株式総数は定款で定める事項であるが，株式の併合の決議要件と
定款の変更の決議要件は同じであるため問題はない。

H21-28 株式の併合をする場合には，その効力発生日の2週間前までに株式の併合の
対象である株主と登録株式質権者に対して，株式の併合の決議で定めた事項を
通知するか，通知に代えて公告しなければならない（会§181）。

また，併合する株式に係る株券を発行している株券発行会社では，**株券の提
出に関する公告等**が必要になる（会§219）。各株主の保有する株式の数が減少
するからである。

株式の併合に際して**反対株主の株式買取請求**が認められる場合がある。次の

全ての要件を満たす場合である（会§116Ⅰ③イ）。

・種類株式発行会社である場合
・ある種類の株式の種類株主に損害を及ぼすおそれがある場合
・損害を及ぼすおそれがある種類の株式について，損害を及ぼすおそれがあっても種類株主総会の決議を不要とする旨の定款の定めがある場合

　この全部の要件を満たす場合には，損害を及ぼすおそれがある種類の株式の種類株主のみに反対株主の株式買取請求が認められる。
➡　このほかにも，一定の要件を満たす株式の併合については，反対株主の株式買取請求が認められる場合がある。この節の最後に説明する。

3　1株に満たない端数の処理

　株式の併合によって各株主の保有する株式の数に1株に満たない端数が発生する場合には，金銭によって解決することになる（会§235）。
　具体的には，各株主の保有する1株に満たない端数を合計し，その合計した数に相当する株式を競売するか，裁判所の許可を得て市場価格によって売却するか，裁判所の許可を得て市場価格によって自らその株式を買い取り，その代金を各株主に分配することになる（会§235Ⅱ，234Ⅱ～Ⅴ）。

4　株主への影響が大きい株式の併合

　次のいずれかの場合には，株式の併合についてより厳格な手続が必要になる。

・単元株式数を定めていない場合
・単元株式数を定めていて，単元株式数に株式の併合の割合を乗じると1に満たない端数が発生する場合

　単元株式数が100株の場合を考えると，10株を1株に併合するときは端数が生じないが，3株を1株に併合するときは端数が生じることになる。
➡　結局，株式の併合によって株主の議決権の割合に変更が生じる場合が該当することになる。

　該当する株式の併合に際しては，反対株主の株式買取請求が認められ，通知・公告の期間が2週間から20日に伸長され，書面の備置きや閲覧が必要になり，株主による差止めの請求が可能になる。

　この場合の反対株主の株式買取請求では，株式の併合によって発生する端数についてのみ買取りを請求できる（会§182の4）。100株を1株に併合するような場合には，99株までの100株未満の株式である。

　反対株主の株式買取請求の期間を確保するため，株式の併合の対象である株主と登録株式質権者に対する通知・公告の期間が2週間から20日に伸長される（会§182の4Ⅲ）。

　株式の併合が法令又は定款に違反する場合において，株主が不利益を受けるおそれがあるときは，株主による株式の併合の差止めの請求が認められる（会§182の3）。

➕アルファ

　反対株主の株式買取請求や差止めの請求といった株主保護のための規定は，全部取得条項付種類株式の取得と同様の規定になっている。これらの規定は，平成26年改正法（平成27年5月1日施行）により設けられた規定である。

　株式の併合と全部取得条項付種類株式の取得は，どちらも株主の構成を変更し，企業グループを形成するための手段として用いられている。同じような目的のために用いられ，同じような効果が得られるので，同じように株主の保護を図る必要がある。

　株式の併合と全部取得条項付種類株式の取得以外にも，特別支配株主の株式等売渡請求，株式交換といったメニューが会社法には用意されている。本書では別々に扱っているが，似たような効果の得られる手続であり，共通する株主保護のための規定がある。

5　効力の発生

　株式の併合の効力は，株主総会の決議で定めた効力発生日に生じることになる（会§182）。効力発生日に，各株主の株式の数が減少することになる。減少する株式の数は，効力発生日の前日に保有していた株式の数に基づいて計算する。

　株式の併合については，自己株式も対象となるから，自己株式を保有している場合において株式の併合があったときは，自己株式の数も減少することになる。

第30節　株式の分割

Topics ・株式の分割について理解する。株式の併合とは逆の行為となる。
　　　　 ・株式の分割と同時にする定款の変更が要注意である。
　　　　 ・株式の分割も記述式で問われる。

1　株式の分割とは何か

　株式の分割は，すごく単純にいうなら株式の併合の逆の行為である。株式の併合が株式の数を減少するための行為だったのに対し，株式の分割は株式の数を増加するための行為である。

　株式の分割によって株式の数を増やすと，1株の価値が下がることになる。つまり，株価が高すぎるような場合には，株式の分割によって1株当たりの株価を下げ，株式の流通を容易にすることができるのである。

　株式の分割では，各株主の保有する株式の数が増加するから，株式の併合ほど株主にとって不利ではない。しかし，1株を1.5株に分割するなど，単純な整数倍以外の株式の分割も可能だから，やはり1株に満たない端数が生じるおそれがある。

　債権者に影響を与えない点は，株式の併合と同じである。

2　株式の分割の手続

（株式の分割）
第183条　株式会社は，株式の分割をすることができる。
2　株式会社は，株式の分割をしようとするときは，その都度，株主総会（取締役会設置会社にあっては，取締役会）の決議によって，次に掲げる事項を定めなければならない。
　一　株式の分割により増加する株式の総数の株式の分割前の発行済株式（種類株式発行会社にあっては，第3号の種類の発行済株式）の総数に対する割合及び当該株式の分割に係る基準日
　二　株式の分割がその効力を生ずる日
　三　株式会社が種類株式発行会社である場合には，分割する株式の種類

　株式の分割は，株式の併合ほどは株主にとって不利になるおそれがないから，　H21-28

223

取締役会設置会社では**取締役会の決議**があればよい。取締役会設置会社以外の株式会社では株主総会の決議が必要だが，決議要件は**普通決議**でいい。

➡　295条2項の規定に基づき，取締役会設置会社が株式の分割を株主総会の権限とすることは可能である。

株式の併合と同様に，損害を及ぼすおそれがある場合の種類株主総会も必要となる。

株式の分割に際しては,増加する株式の数の割合を定めるものとされている。増加する株式の数が発行済株式の総数に1を乗じた数なら，増加後の発行済株式の総数は増加前の2倍になる。同様に，増加する株式の数が発行済株式の総数に2を乗じた数なら，増加後の発行済株式の総数は増加前の3倍になる。

H21-28
H18-30
種類株式発行会社では種類ごとに行うことができることについては，株式の併合と同じである。

株式の分割では，**基準日**を定めることが要求されている。株式の併合では基準日は不要だったのだが，株式の分割では，必ず基準日を定めなければならない。

H21-28
基準日を定めるので，基準日に関する公告が必要となる。つまり，基準日の2週間前までに，基準日と基準日株主が受けることができる権利を公告しなければならない（会§124Ⅲ）。

➡　定款で基準日を定めたのなら基準日に関する公告は不要だが，株式の分割に先立って定款で基準日を定めるというのは，通常は考えられない。

H20-31
反対株主の株式買取請求については，株式の併合と同様に，損害を及ぼすおそれがある場合の種類株主総会が定款の定めによって不要となる場合に可能である。前節の要件を確認しておこう。

株式の分割では，株式の数が増加するのであり，増加した株式については新たに株券を発行すればいいから（会§215Ⅲ），株券の提出に関する公告等は不要である。

1株に満たない端数の処理も，株式の併合と全く同じである。

3　効力の発生

　株式の分割の効力は，株式の分割の決議で定めた効力発生日に生じることになる（会§184）。基準日株主は，基準日に保有していた株式の数に対して株式の分割の決議で定めた割合を乗じて得た数の株式の交付を受けることになる。

➡　基準日と効力発生日が同じである必要はないから，単純に効力発生日において株式の数が一定の割合で増加するわけではない。基準日における株式の数で計算するのである。

　株式の分割では，自己株式も対象となる。基準日現在で自己株式があった場合には，自己株式の数も増加する。 H21-28

➡　次節で触れる株式無償割当てとの違いである。

4　株式の分割と同時にする発行可能株式総数の増加

　発行可能株式総数を増加するには定款の変更が必要であるから，株主総会の特別決議が必要となるのが原則である。しかし，株式の分割によって株式の数が増加する場合には，一定の範囲内で発行可能株式総数を増加しても株主にとって不利ではない。また，株式の分割によって株式の数を大きく増加する場合には，発行可能株式総数の増加がどうしても必要になることが考えられる。そのため，株式の分割と同時にする場合には，株主総会の決議によらずに発行可能株式総数を増加できる場合がある。

第184条　（略）

2　株式会社（現に2以上の種類の株式を発行しているものを除く。）は，第466条の規定にかかわらず，株主総会の決議によらないで，前条第2項第2号の日における発行可能株式総数をその日の前日の発行可能株式総数に同項第1号の割合を乗じて得た数の範囲内で増加する定款の変更をすることができる。

　まず，括弧書が重要である。株主総会の決議によらずに発行可能株式総数を増加することができる株式会社は，現に2以上の種類の株式を発行していない株式会社である。種類株式発行会社でなければもちろん該当するが，種類株式発行会社であっても，現に発行している種類株式が1種類だけなら該当する。もっとも，現に発行しているのが1種類のみの種類株式発行会社でも，株主総会の決議によらずに増加できるのは発行可能株式総数であって，発行可能種類株式総数の増加は認められない。 H31-28 H18記述

> **理由**　現に２以上の種類の株式を発行していると，たとえば株式の分割
> によってある種類の株式の数を２倍にしたとしても発行済株式の総
> 数が２倍にはならず，いろいろややこしいから。

増加できる範囲についての条文の規定はややこしいが，要は「発行済株式の
総数が２倍になるなら発行可能株式総数は２倍まで増加していいですよ」とい
うことである。発行済株式の総数の増加割合を限度として発行可能株式総数を
増加できるのであり，発行可能株式総数の増加割合が発行済株式の総数の増加
割合以下であればいい。

➡　発行済株式の総数が３倍となる場合，発行可能株式総数を２倍に増加する
　　こともできる。３倍はあくまでも上限である。

発行可能株式総数の増加の決議機関は，通常の業務執行の決定機関となる。
つまり，取締役会設置会社では取締役会の決議であり，取締役会設置会社以外
の株式会社では取締役の過半数の一致である。

5　株式の分割と同時にする単元株式数の変更

発行可能株式総数の増加と同じような趣旨で，単元株式数の増加・設定につ
いても株主総会の決議が不要となる場合がある。

➡　単元株式数についての節で詳しく説明する。

第31節　株式無償割当て

Topics・株式の分割と株式無償割当ての違いについて理解する。株式の分割との比較のためだけの論点だといってもいいぐらいである。

1　株式無償割当てとは何か

（株式無償割当て）
第185条　株式会社は，株主（種類株式発行会社にあっては，ある種類の種類株主）に対して新たに払込みをさせないで当該株式会社の株式の割当て（以下この款において「株式無償割当て」という。）をすることができる。

　株式無償割当てとは，文字どおり株式を無償で割り当てることである。有償で割り当てるなら，募集株式の発行か自己株式の処分となる。
　割当ての対象は株主に限られる。その結果，株式無償割当てを行うと，対象となる株主の保有する株式の数が増加する。その意味で，株式の分割に近い。

2　株式無償割当ての手続

（株式無償割当てに関する事項の決定）
第186条　株式会社は，株式無償割当てをしようとするときは，その都度，次に掲げる事項を定めなければならない。
　一　株主に割り当てる株式の数（種類株式発行会社にあっては，株式の種類及び種類ごとの数）又はその数の算定方法
　二　当該株式無償割当てがその効力を生ずる日
　三　株式会社が種類株式発行会社である場合には，当該株式無償割当てを受ける株主の有する株式の種類
2　前項第1号に掲げる事項についての定めは，当該株式会社以外の株主（種類株式発行会社にあっては，同項第3号の種類の種類株主）の有する株式（種類株式発行会社にあっては，同項第3号の種類の株式）の数に応じて同項第1号の株式を割り当てることを内容とするものでなければならない。
3　第1項各号に掲げる事項の決定は，株主総会（取締役会設置会社にあっては，取締役会）の決議によらなければならない。ただし，定款に別段の定めがある場合は，この限りでない。

　種類株式発行会社では，株主に割り当てる株式の種類と株式無償割当てを受 **H21-28**

ける株主の有する株式の種類をそれぞれ定めることに注意したい。つまり，種類株式発行会社では，ある種類の株式の種類株主に別の種類の株式を割り当てることができるのである。

効力発生日は定めなければならないが，基準日を定める必要はない。もっとも，公開会社で株式の譲渡が頻繁に行われているような場合には，基準日を定めないと困るだろう。

株式の割当ては，株主の有する株式の数に応じて行わなければならず，株主平等の原則に反してはいけない。

H31-28 　割当てを受ける株式の数について1に満たない端数が発生することも考えられるが，株式の分割と同様の手続で処理する（会§234）。

H31-28
H21-28 　割当てを受ける株主からは，株式無償割当てをする株式会社が除外されている。つまり，自己株式について株式無償割当てを受けることはできない。**株式無償割当てによって自己株式の数は増加しないのである。**
　一方，株主に割り当てる株式については，自己株式を利用することができる。株式無償割当てでは，新たに株式を発行して交付しても，自己株式を交付してもいいのである。
➡　株式無償割当てでは，自己株式が増加することはないが，減少することはある。

H21-28 　決議機関は，**取締役会設置会社**では**取締役会**であり，**取締役会設置会社以外の株式会社**では**株主総会**である。ただし，定款で決議機関を変更することができる。

➕ アルファ

　株式無償割当てのように，「定款に別段の定めがある場合は，この限りでない」とある場合には，295条3項の規定が適用されなくなる。株主総会で決議すべきとされている事項について，取締役の過半数の一致により決定する旨を定款で定めることも可能なのである。この場合，会社法上定款で定めることができる決議機関は無制限だが，全く無関係の第三者に決定権を委ねるなど，会社の本質に反するような定めは無効だろう。

　反対株主の株式買取請求については，株式の分割と同じである。

効力発生日は株式無償割当てに関する決議で定めた日になる。

株式会社は，株式無償割当てを受ける株主とその登録株式質権者に対して割当てを受けた株式の数を通知しなければならない（会§187Ⅱ）。

3　株式の分割との違い

株式無償割当ては，株主の保有している株式の数を増加させるという点で株式の分割と似ている。株式無償割当てによって，株式の分割と似たような効果を得ることができる。

似ているからこそ，試験対策としてはその違いに注意しなければならない。

(1)　他の種類株式の割当て

株式の分割では，その保有している株式の数が増加するだけである。保有 H31-28 している株式の種類は変わらない。

株式無償割当てでは，保有している株式とは別の種類の株式を割り当てることができる。

A種類株式の株主にB種類株式を割り当てたい場合には，株式無償割当てを選択することになる。

(2)　株主総会の決議によらない定款変更

株式の分割では，株主総会の決議によらずに，発行可能株式総数を増加し，単元株式数を変更できる場合があった。

株式無償割当てでは，**株主総会の決議によらずに定款を変更することはできない**。

株式の分割を選択するメリットの一つとして，株主総会の決議によらずに発行可能株式総数を増加できる点を挙げることができるだろう。発行可能株式総数の増加について制限がある公開会社では，このメリットは無視できない。

(3)　自己株式の取扱い

株式の分割では，自己株式の数も他の株式と同じように増加した。

株式無償割当てでは，自己株式の数が増加することはなく，株主に自己株式を交付することも可能である。

大量に自己株式があるなら，株式無償割当てでは発行済株式の総数の増加を抑えることができる。

⑷　**決議機関**

　　定款で何も定めていなければ，決議機関は同じである。

　　取締役会設置会社以外の株式会社では，株式の分割を取締役の過半数の一致で決定する旨を定めることはできないが，株式無償割当てを取締役の過半数の一致で決定する旨を定めることは可能である。

⑸　**基準日**

　　株式の分割では基準日を定めなければならないが，株式無償割当てでは基準日を定めなくてもいい。

第32節　単元株式数

Topics・ここまでも登場してきた単元株式数だが，ここでより詳しく学ぶことになる。特に単元株式数の上限に注意する。
・単元未満株主の権利について理解する。
・単元未満株主の買取請求と単元未満株主の売渡請求について理解する。
・単元株式数についての定款の変更の手続を理解する。株主総会の決議が不要な場合がある。

1　単元株式数の上限

（単元株式数）
第188条　株式会社は，その発行する株式について，一定の数の株式をもって株主が株主総会又は種類株主総会において1個の議決権を行使することができる一単元の株式とする旨を定款で定めることができる。
2　前項の一定の数は，法務省令で定める数を超えることはできない。
3　種類株式発行会社においては，単元株式数は，株式の種類ごとに定めなければならない。

　単元株式数については，株主総会における議決権のところで扱った。もう一度条文を確認して思い出しておこう。単元株式数は，株主総会における議決権だけでなく，種類株主総会における議決権にも影響を与える。

　単元株式数では，その上限に注意する必要がある。株主総会のところで述べたように，上限は，1,000株か発行済株式の総数の200分の1に当たる数のどちらか小さい方である（会施規§34）。
　種類株式発行会社でも，上限の計算に用いるのは発行済株式の総数である。発行済みの各種類株式の数ではなく，全部の発行済みの種類株式の数を合計した発行済株式の総数なのである。したがって，単元株式数の上限は，全部の種類株式について同じ数となる。
➡　発行可能種類株式総数のところでも述べたように，現に発行していない種類株式については発行済みの数が0となる。単元株式数の上限を各種類の発行済みの数とすると，発行済みの数が0である場合に困ったことになってしまう。

　種類株式発行会社では，株式の種類ごとに単元株式数を定める。全部の種類

株式について単元株式数が同じであっても構わない。また，ある種類の株式について単元株式数を1株とし，実質的にその種類株式について単元株式数を定めないことも可能とされている。

➡　種類株式発行会社でなければ，単元株式数を1株と定めることは無意味である。

➕ アルファ

　上場企業では，単元株式数を100株とする例が多い。これは，証券取引所が100株を望ましい単元株式数としているからである。証券取引所では，原則として単元株式数を売買単位とし，単元株式数100株の株式会社の株式は，100株単位で売買されている。

📖 ケーススタディ

　次のような株式会社において，各株主の有する議決権の数は，それぞれ何個になるか。
　単元株式数
　　A種類株式　7株
　　B種類株式　3株
　各株主の有する株式の種類及び数
　　株主甲　A種類株式　270株
　　株主乙　A種類株式　190株
　　株主丙　A種類株式　150株
　　株主丁　B種類株式　620株
　　株主戊　B種類株式　310株

　質問に答える前に，まずこの株式会社の単元株式数が適法であることを確認しておこう。この株式会社の発行済株式の総数は，各株主の有する株式の数を合計した1,540株である。単元株式数の上限は，これを200で割って1未満の端数を切り捨てた7株であり，単元株式数は適法である。このように，単元株式数の上限は全部の種類株式について同じ数となる。

　各株主の有する議決権は，その有する株式の数を単元株式数で割って，1未満を切り捨てればいい。

　したがって，正解は次のようになる。

　　株主甲　　38個
　　株主乙　　27個

　株主丙　　21個

　株主丁　206個

　株主戊　103個

　もっとも，相互保有株式であれば議決権はないし，株主総会における議決権については，各種類の株式の内容として定めることにより制限できる。つまり，ここで与えられた情報のみでは，厳密には議決権の数を算定できない。

2　単元未満株主の権利

　単元未満株主に議決権がないのは当然である。さらに，議決権以外の権利も，定款で制限できる。

　189条2項では，単元未満株主についても制限できない権利を列挙している。`H28-29`
主なものを挙げると次のとおりである（会§189Ⅱ，会施規§35）。

　　・全部取得条項付種類株式の取得対価の交付を受ける権利
　　・取得条項付株式の取得の対価の交付を受ける権利
　　・株式無償割当てを受ける権利
　　・単元未満株式の買取請求権
　　・残余財産の分配を受ける権利
　　・定款や株主名簿の閲覧・謄写をする権利
　　・株式の併合，株式の分割，新株予約権無償割当て，剰余金の配当により金
　　　銭等の交付を受ける権利
　　・組織再編行為に際して金銭等の交付を受ける権利

　これらの権利以外は，定款で制限できる。たとえば，株主総会議事録の閲覧・謄写請求権（会§318Ⅳ），取締役の行為の差止請求権（会§360），取締役会の招集請求権（会§367Ⅰ）などは，定款で制限できる。
➡　単元未満株式も株式の併合・株式の分割の対象となること，単元未満株主も剰余金の配当を受けることができることを覚えておこう。

➕アルファ

　株券発行会社でない株式会社は，譲渡により単元未満株式を取得した場合における株主名簿の書換えを請求する権利を定款で排除できる（会施規§35Ⅰ④参照）。株主名簿上の名義を書き換えないと譲渡を株式会社その他の第三者に対抗できないから（会§130Ⅰ），この権利を定款で排除すると，単元

未満株式の譲渡について対抗要件を備えることが不可能となり，単元未満株式の売買が事実上不可能になる。

　会社法は，単元未満株式を売買の対象としないことを許容しており，単元未満株主の経済的利益は，次に説明する単元未満株式の買取請求などで保護すればいいとしているのである。

3　単元未満株主の買取請求

> （単元未満株式の買取りの請求）
> **第192条**　単元未満株主は，株式会社に対し，自己の有する単元未満株式を買い取ることを請求することができる。

　単元未満株主は，前述したように様々な権利が制限されることがあり，株式を保有するメリットが一般の株主よりも小さい。そこで，単元未満株主を救済するため，株式会社に対して買取りを請求する権利が認められている。

　この単元未満株主による単元未満株式の買取請求権は，定款で排除できず，必ず認められる（会§189Ⅱ④）。

　買取りの価格は，市場価格か単元未満株主と株式会社との協議で定めた額となるが，裁判所に対して価格の決定の申立てをすることができる（会§193）。

4　単元未満株主の売渡請求

> **第194条**　株式会社は，単元未満株主が当該株式会社に対して単元未満株式売渡請求（単元未満株主が有する単元未満株式の数と併せて単元株式となる数の株式を当該単元未満株主に売り渡すことを請求することをいう。以下この条において同じ。）をすることができる旨を定款で定めることができる。

　単元未満株式売渡請求は，単元未満株式の買取請求と逆で，株式会社が単元未満株主に株式を売り渡す行為になる。単元未満株式売渡請求をすることにより，単元未満株主は，単元株式数に相当する株式を有する通常の株主となる。

H28-29　買取請求権は必ず認められたが，単元未満株式売渡請求権は，定款で定めた場合に限り認められる。

　単元未満株式売渡請求を受けた株式会社は，必要な数の自己株式を単元未満株主に売り渡さなければならない（会§194Ⅲ）。自己株式を保有していない場

合には株式を売り渡すことができず，単元未満株式売渡請求に応じるために新たに株式を発行することはできない。

5　株式の分割と同時にする単元株式数の設定・変更

単元株式数は定款で定めなければならないから，単元株式数についての定款変更は，株主総会の特別決議によらなければならない（会§466，309Ⅱ⑪）。しかし，これには例外があり，株主総会の決議によらずに定款を変更できる場合がある。

例外の一つは，株式の分割と同時にする場合である。株式の分割をすると各株主の有する株式の数が増加するから，単元株式数を設定・増加しても各株主の有する議決権の数が減少しない場合があり得る。

各株主の議決権の数が減少しないなら，株主にとって不利益がないと考えられるから，そのような場合には，株式の分割と同時にすることにより，取締役会設置会社では取締役会の決議で，取締役会設置会社以外の株式会社では取締役の過半数の一致で，単元株式数の設定・増加が可能となる（会§191）。 `H18記述`

株式の分割によって増加する株式の数が発行済株式の総数に2を乗じた数である場合，つまり，株式の分割によって発行済株式の総数が3倍になる場合を考えてみよう。

この場合，各株主の有する株式の数は3倍になるから，単元株式数を3倍に増加しても議決権の数は減少しない。単元株式数を定めていなかったのなら，新たに単元株式数を3株としても議決権の数は減少しない。このような場合には，株主総会の決議によらずに単元株式数の設定・増加が可能になるのである。

各株主の議決権が減少しなければいいのだから，この例で単元株式数を2倍に増加することも可能である。3倍というのは上限にすぎない。

この株式の分割と同時にする単元株式数の設定・増加についての規定は，現に2以上の株式を発行している種類株式発行会社にも適用される。株式の数が増加した種類の株式についてのみ単元株式数を設定・増加すればいいのである。
➡　株式の分割と同時にする発行可能株式総数の増加との違いに注意。

株主総会の決議は不要とできるが，損害を及ぼすおそれがある場合の種類株主総会は，別途必要となることがある。

6　単元株式数の減少・廃止

> **第195条**　株式会社は，第466条の規定にかかわらず，取締役の決定（取締役会設置会社にあっては，取締役会の決議）によって，定款を変更して単元株式数を減少し，又は単元株式数についての定款の定めを廃止することができる。

H28-29

　単元株式数の減少と廃止については，株主総会の決議が不要であり，取締役会設置会社では取締役会の決議で，取締役会設置会社以外の株式会社では取締役の過半数の一致で，定款の変更ができる。

　理由　単元株式数の減少・廃止では，各株主の議決権の数が増加するため，各株主にとって特に不利となることがないから。

　この場合でも，損害を及ぼすおそれがある場合の種類株主総会が必要となることはある。

　株主総会の決議によらずに単元株式数の減少・廃止をしたときは，定款の変更の効力発生日以後遅滞なく，その株主に対し，定款の変更をした旨を，通知するか，通知に代えて公告しなければならない（会§195ⅡⅢ）。

第33節　特別支配株主の株式等売渡請求

Topics・平成26年改正法（平成27年5月1日施行）により設けられた制度である。
・完全親子会社関係を創設することを目的とする行為である。
・結局は，株主間における株式の譲渡であるといえる。

1　特別支配株主の株式等売渡請求の目的

特別支配株主の株式等売渡請求は，完全親子会社関係を創設するための制度である。もっとも，特別支配株主は会社に限らないので，特別支配株主が常に完全親会社になるわけではない。

最終的な目的は，特別支配株主に発行済株式の総数の全部を取得させることである。特別支配株主以外の株主は，特別支配株主の株式等売渡請求によって，その株式を特別支配株主に譲渡することになる。この制度のポイントは，この株式の譲渡が強制的に行われるところにある。

売渡しを請求するのは，特別支配株主であって，株式会社ではない。表面だけを見ると，株主間における株式の譲渡にすぎないのである。

株式の圧倒的多数を保有している株主が100%の株式を取得するため，他の株主に金銭を交付して株主の地位を喪失させる行為は，キャッシュ・アウトとよばれる。会社法上の用語ではないが，キャッシュ・アウトに代わるわかりやすい日本語の用語もないので，覚えておいた方が便利である。

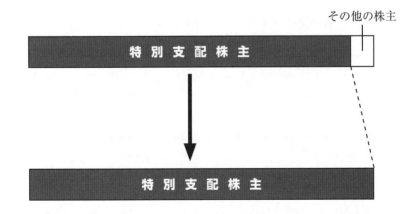

2　特別支配株主とは何か

（株式等売渡請求）

第179条　株式会社の特別支配株主（株式会社の総株主の議決権の10分の9（これを上回る割合を当該株式会社の定款で定めた場合にあっては，その割合）以上を当該株式会社以外の者及び当該者が発行済株式の全部を有する株式会社その他これに準ずるものとして法務省令で定める法人（以下この条及び次条第1項において「特別支配株主完全子法人」という。）が有している場合における当該者をいう。以下同じ。）は，当該株式会社の株主（当該株式会社及び当該特別支配株主を除く。）の全員に対し，その有する当該株式会社の株式の全部を当該特別支配株主に売り渡すことを請求することができる。ただし，特別支配株主完全子法人に対しては，その請求をしないことができる。

　条文からわかるように特別支配株主の定義は簡単ではないが，とりあえずは総株主の議決権の10分の9以上を有している株主と考えてしまってよい。定款で要件を厳しくできるし，特別支配株主完全子法人の議決権も考慮するが，まずは細かいところにこだわらない方がいい。

3　株式等売渡請求の流れ

　株式等とあるように，対象は株式に限られない。新株予約権も対象になる（会§179Ⅱ）。しかし，手続に大きな違いがあるわけではないので，株式の売渡しを想定して理解していけばよい。

　株式等売渡請求のおおまかな流れは次のようになる。

・特別支配株主から株式会社に対しての通知
　↓
・株式会社の承認
　↓
・株式会社から売渡しを請求する株主等に対しての通知
　↓
・効力発生

　特別支配株主が株式を取得するための手続なのだが，単純に当事者間で株式の売買が行われるのではなく，株式会社が関与することになる。一方で，単純な株式の売買とは異なり，強制的に株式が移転することになる。

　強制的に行われるものであるため，売渡しの対象となる株式の株主には，差止請求権（会§179の7）や裁判所に対して売買価格の決定の申立てをする権利（会§179の8）などが与えられている。逆に，それらの手続によらなければ売渡しの請求を拒否できないともいえる。

　最初の特別支配株主から株式会社に対してする通知では，対価の額や取得する日なども通知する（会§179の2）。つまり，これらの事項は請求をする特別支配株主が定める。対価は金銭に限られている。

　通知を受けた株式会社は，その請求を承認するか否かを決定しなければならない（会§179の3）。この承認について株主総会の決議は不要であり，取締役会設置会社では取締役会の決議があればよい。取締役会設置会社以外の株式会社では通常の業務執行の決定として行えばよい。
➡　特別支配株主は議決権の9割以上を持っているので，通常の株主総会の決議は成立するはずだし，もし仮に特別支配株主に議決権の行使を認めないとすると，強制的な取得を可能とするというこの制度の趣旨が損なわれてしまう。

　承認をした株式会社は，売渡しの対象となる株式の株主に対して必要な事項を通知しなければならない（会§179の4）。この通知は，取得する日の20日前までに行う必要がある。また，その株式の登録株式質権者に対しても通知しなければならないが，登録株式質権者に対する通知は公告で代えることができる。

➕ アルファ

　上場している株式会社などの振替株式を発行している株式会社は，社債，株式等の振替に関する法律161条2項の規定により，通知に代えて必ず公告しなければならない。株主名簿に名前が載っている者が株主とは限らないためである。

　対象となる株式について株券を発行している株券発行会社では，株券の提出に関する公告等も必要になる（会§219Ⅰ④の2）。
➡　株券は特別支配株主に直接交付するのではなく，株式会社に提出することになる。

　売渡しの請求を受けた株主は，その請求を拒否したい場合には，差止請求により対抗することができる（会§179の7）。差止請求ができる場合は，法令違

反がある場合や対価が著しく不当である場合などに限られている。

　対価の額に不満がある場合には，裁判所に対して売買価格の決定の申立てをすることができる（会§179の8）。

　さらに，売渡株式等の取得の無効の訴えも認められる（会§846の2）。

　株式等売渡請求をした特別支配株主は，取得する日として定めた日に売渡株式等の全部を取得する（会§179の9Ⅰ）。期日の到来により当然に効力が発生することになる。

　株式会社については，株式等売渡請求に関する書面等の備置きの義務が定められている（会§179の5，179の10）。

第34節　株　券

Topics ・株券発行会社でも株券を発行しなくていい場合について理解する。
・株券を発行する旨の定款の定めの廃止の手続を確認する。
・株券の提出に関する公告が必要な場合について整理する。
・株券を紛失した場合の扱いを理解する。

1　株券を発行する旨の定款の定め

（株券を発行する旨の定款の定め）
第214条　株式会社は，その株式（種類株式発行会社にあっては，全部の種類の株式）に係る株券を発行する旨を定款で定めることができる。

第13節で述べたように，株券を発行する旨の定款の定めがある株式会社が**株券発行会社**であり，株券を発行することができるのは株券発行会社だけである。
括弧書の趣旨は，**ある種類の株式のみについて株券を発行する旨を定めることはできない**ということである。発行する旨を定めるなら，全部の種類について発行する旨を定めなければならない。 H23-28

会社法上は，株券を発行する旨を定めなければいけない株式会社も，定めてはいけない株式会社もなく，株券発行会社となるかどうかは自由である。

＋アルファ

証券取引所で売買される上場会社の株式は「社債，株式等の振替に関する法律」の適用を受ける振替株式であり，振替株式については株券を発行できない（社債，株式等の振替に関する法律§128Ⅰ）。つまり，上場会社は，株券発行会社ではない。

第189条　（略）
3　株券発行会社は，単元未満株式に係る株券を発行しないことができる旨を定款で定めることができる。

単元未満株式だけは例外的な取扱いとなり，株券発行会社でも，単元未満株式については株券を発行しない旨を定款で定めることができる。

＋ アルファ

　株券発行会社が単元未満株式について株券を発行しない旨を定めた場合には，株式の譲渡の効力要件（会§128Ⅰ）を満たすことが不可能となり，単元未満株式の譲渡ができなくなる。この場合，単元未満株式を処分したい単元未満株主は，単元未満株式の買取請求（会§192）の制度を利用することになる。

2　公開会社でない株券発行会社における株券の発行

　株券発行会社は，原則としてその株式に係る株券を発行しなければならない（会§215Ⅰ参照）。しかし，**公開会社でない株券発行会社は，株主から請求がある時までは，株券を発行しないことができる**（会§215Ⅳ）。

➡　株主全員が株券の発行を請求しなければ，全部の株式について株券が発行されていない状況もあり得る。株券発行会社でも株券が発行されているとは限らないのである。

3　株券不所持の申出

> （株券不所持の申出）
> **第217条**　株券発行会社の株主は，当該株券発行会社に対し，当該株主の有する株式に係る株券の所持を希望しない旨を申し出ることができる。

　株主からは，株券の所持を希望しない旨の申出（**株券不所持の申出**）ができる。株券不所持の申出は，公開会社でも，公開会社でなくても認められる。定款で排除することもできず，全ての株券発行会社において，株券不所持の申出は可能である。

➡　公開会社では，株主全員から株券不所持の申出があった場合に限り，全部の株式について株券が発行されない状態となる。

　株券不所持の申出をする株主は，株券が既に発行されているときは，株式会社に株券を提出しなければならない（会§217Ⅱ）。株券が発行される前に株券不所持の申出をすることも可能である。

　株券不所持の申出を受けた株式会社は，その旨を株主名簿に記載し，その後は，その株式について株券を発行することができない（会§217Ⅲ Ⅳ）。

　株券不所持の申出に際して株券を提出した場合において，その後再び株券を

発行してもらうときは，株券の発行に要する費用を株主が負担しなければならない（会§217Ⅵ）。

4　株券を発行する旨の定款の定めの廃止

　　株券を発行する旨の定款の定めの廃止には，通常の定款変更の手続，つまり，株主総会の特別決議が必要になる（会§466，309Ⅱ⑪）。

　　さらに，次の手続も必要になる。

（株券を発行する旨の定款の定めの廃止）

第218条　株券発行会社は，その株式（種類株式発行会社にあっては，全部の種類の株式）に係る株券を発行する旨の定款の定めを廃止する定款の変更をしようとするときは，当該定款の変更の効力が生ずる日の２週間前までに，次に掲げる事項を公告し，かつ，株主及び登録株式質権者には，各別にこれを通知しなければならない。
　一　その株式（種類株式発行会社にあっては，全部の種類の株式）に係る株券を発行する旨の定款の定めを廃止する旨
　二　定款の変更がその効力を生ずる日
　三　前号の日において当該株式会社の株券は無効となる旨
2　株券発行会社の株式に係る株券は，前項第２号の日に無効となる。
3　第１項の規定にかかわらず，株式の全部について株券を発行していない株券発行会社がその株式（種類株式発行会社にあっては，全部の種類の株式）に係る株券を発行する旨の定款の定めを廃止する定款の変更をしようとする場合には，同項第２号の日の２週間前までに，株主及び登録株式質権者に対し，同項第１号及び第２号に掲げる事項を通知すれば足りる。
4　前項の規定による通知は，公告をもってこれに代えることができる。

　　必要な手続は，現実に株券を発行しているか，全部の株式について株券を発行していないかで異なる。

(1)　株券を発行している場合

　　その株主と登録株式質権者に対して，**公告と通知の両方**が必要となる。公告も通知も，効力発生日の２週間前までに行わなければならない。

　　その全部の株券は，効力発生日に無効となる。

➡　自動的に無効となるので，株券を株式会社に提出したりする必要はない。

(2)　株券を発行していない場合

　その株主と登録株式質権者に対して，公告か通知のどちらか一方を行えばよい。期間はこちらも２週間である。

　また，株券を発行していないのだから，株券が無効となる旨を公告・通知する必要はない。

　これらの公告・通知は，株主総会の特別決議の前に行うことも可能である。株主総会の特別決議の後に公告・通知しなければならないわけではない。

5　株券の提出に関する公告等

　株券発行会社では，次の場合に株券の提出に関する公告が必要となる（会§219）。

　・株式の譲渡制限に関する規定の設定
　・株式の併合
　・全部取得条項付種類株式の取得
　・取得条項付株式の取得
　・特別支配株主の株式等売渡請求に係る承認
　・組織変更
　・その株式会社が消滅することとなる合併
　・株式交換
　・株式移転

　株式の譲渡制限に関する規定は株券の記載事項なので，新たに設定した場合には株券を書き換える必要がある。株式の併合があった場合は，いったん株券を回収して，新しく併合後の株式数の株券を発行することになる（会§215Ⅱ）。その他の場合には，その株主がその株券に係る株主の地位を失うので，株券の提出が必要になるのである。

➡　組織再編行為については該当する章で扱うので，ここでは深入りしない。

　株券の提出に関する公告が必要になるのは，対象となる株式（たとえば，全部取得条項付種類株式の取得では，その全部取得条項付種類株式）に係る株券を１株でも発行している場合である。つまり，株券発行会社であっても，対象となる株式の全部について株券を発行していないのなら株券の提出に関する公告は不要である。

株券の提出に関する公告が必要となる場合には，効力発生日の1か月前まで
に，対象となる株式の株券を効力発生日までに提出しなければならない旨を公
告し，かつ，対象となる株式の株主・登録株式質権者に各別に通知しなければ
ならない。

➡ 公告と通知の両方が必要であることに注意する。どちらか一方ではない。

➡ この公告・通知も，株券を発行する旨の定款の定めの廃止の際の公告・通
知と同様に，必要な決議に先立って行うことができる。

➡ 株券を発行する旨の定款の定めの廃止の際の公告・通知との期間の違いに
も注意する。

株券の提出に関する公告が必要となる場合であっても，株式会社に全部の株
券の回収が義務づけられているわけではない。つまり，株券の提出がなくても，
公告が必要となる行為の効力は発生する。たとえば，株券が提出されなくても
株式の併合の効力は生じるのである。

基本的には，株券を提出しない株主が不利益を受けることになる。たとえば，
株式の併合では，株券を提出しない限り併合後の数の株式の株券を受け取れな
い（会§219Ⅱ）。

また，提出すべき期間内に提出されなかった株券は，無効となる（会§219Ⅲ）。

6 株券喪失登録

株券は，その占有者が株主と推定されることもあるので（会§131），紛失し
てしまうと大変である。また，紙の証券だから，火災などで燃えてしまうこと
も考えられる。間違ってシュレッダーに入れてしまうこともあるかもしれない。

そのような様々な理由で株券を失った場合の救済措置が株券喪失登録である。

➕アルファ

有価証券の紛失などについては，一般的に非訟事件手続法で規定される公
示催告手続が利用される。裁判所の関与により紛失した有価証券の無効を確
定する制度であり，権利者は公示催告手続を経た後，新たに有価証券の発行
を受けることが可能となる。

株券については，公示催告手続を利用することはできず（会§233），会社
法上の株券喪失登録の制度を利用することになる。株券喪失登録では，裁判
所が関与せず，公示催告に比べて手続が簡便であり，株主名簿上の名義の扱
いや株券の再発行などが一連の手続で行われることになる。

まず，全体的な流れを把握するため，株主名簿上の株主の保有していた株券

が燃えてしまった場合を想定して話を進めていく。基本的な手続は，次のように
なる。なお，株主名簿管理人は置いていないものとする。

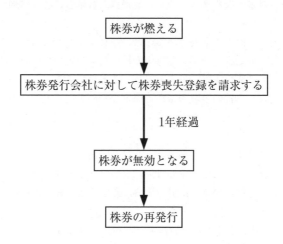

　株券が燃えた場合でも，株券喪失登録をした日の翌日から起算して1年を経
過しなければ，株券は無効とならない（会§228）。株券が燃えたのか，盗まれ
たのか，紛失したのか，株式会社が正確に判断することはできないからである。

　株主名簿管理人がある場合には，株券喪失登録の事務は株主名簿管理人が行
うことになる（会§222，123）。つまり，上の流れで，株券喪失登録を請求す
る先が株主名簿管理人になるのである。

　株券が燃えてしまった場合には簡単なのだが，紛失や盗難の場合には，その
株券を誰かが持っている可能性がある。株券は善意取得の対象となるから（会
§131Ⅱ），株券の所持人を保護する必要がある。
　そこで，株券を所持する者には，株券喪失登録の抹消を申請する権利が認め
られている（会§225）。株券の占有者はその権利の適法性が推定されるから（会
§131Ⅰ），株式会社は，株券の占有者が適法な権利を有するかどうかを確かめ
ずに株券喪失登録を抹消することができる。株券の占有者が株券を盗んだ人だ
ったとしても，それは当事者間で解決すべき問題であり，株式会社が関与する
必要はない。
　逆に，適法な株券の所持人がいたとしても，株券喪失登録をした日の翌日か
ら起算して1年を経過してしまえば，株券が無効となり，株券喪失登録を請求
した者が株主として扱われる。

　株券発行会社では，株券の交付によって株式の譲渡の効力が生じるので（会§128 I），株主名簿上の株主が株式の所有者であるとは限らない。そのため，株主名簿上の株主ではない者も，株券喪失登録の請求ができる。

　株主名簿上の株主でない者から株券喪失登録の請求があったときは，株主名簿上の株主も，株主総会・種類株主総会において議決権を行使できなくなる（会§230 III）。

　株券発行会社は，株券喪失登録のために**株券喪失登録簿**を作成しなければならず（会§221），その本店に備え置かなければならない（会§231 I）。株主名簿管理人がある場合には，株券喪失登録簿に関する事務は株主名簿管理人が行うし，備え置く場所も，株券発行会社の本店ではなく，株主名簿管理人の営業所となる。

　株券を取得した者は，株券喪失登録簿を確認することにより，その株券が紛失や盗難に係るものではないことを確認できる。また，株券の取引に先だって，株券喪失登録簿を確認する必要もあるだろう。そのため，株券喪失登録簿の閲覧・謄写の請求は，誰でもすることができる（会§231 II）。

第35節　募集株式の発行等

Topics・いよいよ真打ち登場である。ここまでの話はここにたどり着くまでの
準備だったといってもいい。択一式でも記述式でも重要な論点である。
・募集事項の決定機関をしっかり把握する。
・金銭以外の財産の出資に注意する。
・募集株式の発行等，募集新株予約権の発行，募集設立の三つは，非常
に似た手続である。募集株式の発行等を完璧にしておけば，今後の学
習が楽になる。

1　出資を募る方法

　会社が事業を行うには，元手（資本）が必要である。株式会社の特徴は，多
数の者から出資を募ることが容易である点にあった。株式会社は，その設立手
続において出資を募ることが可能だが，成立後に出資を募る手段も用意されて
いる。

➡　出資は借金（融資）ではないので，返済しなくていい。簡単に出資が集ま
るなら，これほど喜ばしいことはない。

　成立後に出資を募る手段の一つが，**新たに株式を発行する方法**である。新た
に株式を発行し，新しく株主となる者に出資を払い込んでもらうことが考えら
れる。
　また，**自己株式を処分する方法**によっても出資を募ることができる。自己株
式を譲り受けた者は新しく株主となる。出資をする者にとっては，新たに発行
する株式の株主となることも，自己株式を譲り受けて株主となることも，全く
違いがない。

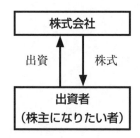

　このように，新たに株式を発行し，その株式を引き受ける者の募集をするこ
とも，自己株式を処分し，その自己株式を引き受ける者の募集をすることも，

同じような行為だと考えることができる。そのため，この二つの行為について
は，募集株式の発行等として，同じ規定が適用されることになる。

用語解説

【募集株式】

　発行する株式を引き受ける者の募集と処分する自己株式を引き受ける者の
募集の両方について，その株式の引受けの申込みをした者に対して割り当て
る株式をいう（会§199Ⅰ）。

　募集株式は，発行する株式でもあり得るし，処分する自己株式でもあり得
る。一方で，会社法上，「募集株式の発行等」という場合には自己株式の処
分も含むが，「等」をつけず「募集株式の発行」という場合には自己株式の
処分を含まない。「発行」なのだから自己株式の処分は含まないのである。
本書でも，自己株式の処分を含む場合には，必ず「募集株式の発行等」と記
載することにし，「募集株式の発行」とは区別する。

　募集株式の発行等は，既存の株主の持分比率が低下することになるから，既
存の株主の保護を考えなければならない。一方，株式会社の財産は増加するこ
とになるから，債権者にとって不利になることはない。

2　募集株式の発行等の方法

　募集株式の発行等の方法は，おおざっぱに二つに分類できる。**株主割当ての
方法とそれ以外の方法**である。

　株主に株式の割当てを受ける権利を与える方法による募集株式の発行等が**株
主割当て**とよばれる。既存の株主のみが募集株式の引受けの申込みをすること
になり，やや特殊な方法になる。

　株主割当て以外の方法について，「それ以外の方法」とまとめるのは乱暴な
気もするが，これが一番正確な分類になる。実際には，「それ以外の方法」と
して，特定の者に募集株式の引受けの権利を与える方法（**第三者割当て**）や，
広く不特定多数の者から引受けの申込みを受ける方法（**公募**）などが採用され
る。

　株主割当てであるか，そうでないかで，手続が大きく異なる。募集株式の発
行等では，まずどちらの方法であるかを判断する必要がある。

3　募集株式の発行等の流れ

　　まず，株主割当ての方法とそれ以外の方法とで共通な募集株式の発行等の流れを概観しよう。

　　募集事項とは，募集株式の発行等に際して必ず定めなければならない一定の事項である。

➡　　厳密には，募集新株予約権の発行に際しても募集事項は定めるので，募集株式の発行等に限った話ではないが，この節では，募集株式の発行等に際して定める募集事項を指して「募集事項」ということとする。

　　募集株式の引受人の確定の手続は，募集株式の発行等の方法などによって微妙に変わってくる。いずれにせよ，何らかの方法で募集株式の引受人を確定しなければならない。

　　最後に募集株式の引受人が**出資の履行**をすることになる。出資の目的が金銭なら払込みをすることになるが，金銭以外の財産を出資することもある。いずれにせよ，**出資の履行によって募集株式の発行の効力が生じる**。

4　株主割当て以外の方法による募集株式の発行

　　株主割当て以外の方法を原則的な方法と考えて，その例外として株主割当ての方法を捉えた方が理解しやすい。そのため，まず株主割当て以外の方法から説明していく。

　　また，金銭以外の財産の出資は別に扱い，まず**金銭を払い込む場合**を考えることにする。

　　株主割当て以外の方法では，募集株式の引受人の確定の方法が，

　　・引受けの申込みをした者に対して割り当てる方法

・総数の引受けを行う契約を締結する方法

の二つとなる。募集事項の決定や出資の履行の手続は共通である。引受けの申込みをした者に対して割り当てる方法を原則として捉えた方が理解しやすいだろう。

(1)　募集事項の決定

（募集事項の決定）

第199条　株式会社は，その発行する株式又はその処分する自己株式を引き受ける者の募集をしようとするときは，その都度，募集株式（当該募集に応じてこれらの株式の引受けの申込みをした者に対して割り当てる株式をいう。以下この節において同じ。）について次に掲げる事項を定めなければならない。

一　募集株式の数（種類株式発行会社にあっては，募集株式の種類及び数。以下この節において同じ。）

二　募集株式の払込金額（募集株式１株と引換えに払い込む金銭の額をいう。以下この節において同じ。）又はその算定方法

三　金銭以外の財産を出資の目的とするときは，その旨並びに当該財産の内容及び価額

四　募集株式と引換えにする金銭の払込み又は前号の財産の給付の期日又はその期間

五　株式を発行するときは，増加する資本金及び資本準備金に関する事項

この五つの事項が**募集事項**である。募集事項は，募集株式の発行等の方法によらない。つまり，**募集事項は株主割当ての方法と共通**である。

まず募集株式の数を定めるのだが，これは，発行・処分する予定の募集株式の数である。つまり，最終的に効力の生じる募集株式の数が募集事項で定めた数を下回ることもあり得る。募集事項で定めた数の株式が必ず発行されるわけではないし，募集事項で定めた数の自己株式が必ず処分されるわけでもない。

種類株式発行会社では，株式の種類も特定する必要がある。

募集株式の対価として，その**払込金額**を定めなければならない。「１株につき○円」と定めればいいだろう。具体的な金額ではなく，算定方法を定めてもよく，公開会社では，市場価格に基づく払込金額の決定の方法を定める

ともできる（会§201Ⅱ）。

　金銭以外の財産を出資の目的とする場合には，その財産についての事項を募集事項で定める。金銭以外の財産の出資は別にまとめて扱うが，募集事項で定めていなければ，金銭以外の財産を出資することはできない。

　払込みの期日か払込みの期間のどちらかを募集事項では定める。期日なら確定日を定めればいいし，期間なら「○年○月○日から○年○月○日まで」と定めればいい。

　最後に，増加する資本金と資本準備金に関する事項を定める。募集株式の発行では，基本的に資本金の額が増加する。株式の発行をせず，自己株式の処分のみを行う場合には，資本金の額は増加しない。
➡　増加する資本金の額の計算については，後でまとめて扱う。

　問題は，募集事項の決定機関である。これは，公開会社かどうかで異なる。

第199条　（略）
2　前項各号に掲げる事項（以下この節において「募集事項」という。）の決定は，株主総会の決議によらなければならない。
（公開会社における募集事項の決定の特則）
第201条　第199条第3項に規定する場合を除き，公開会社における同条第2項の適用については，同項中「株主総会」とあるのは，「取締役会」とする。この場合においては，前条の規定は，適用しない。

　募集事項の決定機関は，

　・公開会社では取締役会の決議
　・公開会社でない株式会社では株主総会の特別決議

となるのが原則である。この原則だけは必ず覚えておかなければならない。原則があるなら例外もある。例外は，

　・募集事項の決定の委任があった場合
　・払込金額が募集株式を引き受ける者に特に有利な金額である場合

の二つとなる。

> （募集事項の決定の委任）
> **第200条**　前条第2項及び第4項の規定にかかわらず，株主総会においては，その決議によって，募集事項の決定を取締役（取締役会設置会社にあっては，取締役会）に委任することができる。この場合においては，その委任に基づいて募集事項の決定をすることができる募集株式の数の上限及び払込金額の下限を定めなければならない。

　公開会社でない株式会社では，株主総会の特別決議で募集事項を定めるのが原則だが，株主総会の特別決議による委任があった場合には，委任の範囲内である限り，**取締役会設置会社以外の株式会社では取締役の決定により，取締役会設置会社では取締役会の決議により**，募集事項を定めることができる。
➡　募集株式の発行等のところで登場する株主総会の決議は，ほとんどが特別決議である（会§309Ⅱ⑤）。

　募集事項の委任の決議では，募集株式の数の上限と払込金額の下限を定める。その範囲内でしか，委任は有効にならない。
　また，委任が有効なのは，払込みの期日又は払込みの期間の末日が委任の決議の日から1年以内の日である場合に限られる（会§200Ⅲ）。

　公開会社では，**払込金額が募集株式を引き受ける者に特に有利な金額である場合**が例外となる。
➡　有利発行とよばれることもあるが，本書では意味を明確にするため長くても会社法上の表現を使っていく。

　払込金額が募集株式を引き受ける者に特に有利な金額である場合について　**H20-29**
規定したのは199条3項であるが，公開会社について規定した201条1項では，「199条3項に規定する場合を除き」とされている。払込金額が募集株式を引き受ける者に特に有利な金額である場合には，公開会社であっても公開会社でない株式会社と同じ規定が適用され，募集事項は，**株主総会の特別決議**により決定しなければならない。また，株主総会において理由の説明も必要になる。

理由　極端に安く募集株式を売り出すと，それなりのコストを負担し

て株主となっている既存の株主にとって不利益となるから。

➕**アルファ**

　募集事項の決定の委任については，払込金額が募集株式を引き受ける者に特に有利な金額である場合が除外されていない。払込金額の下限が募集株式を引き受ける者に特に有利な金額であっても，募集事項の決定の委任はできるのである（会§200Ⅱ）。つまり，公開会社において，募集事項の決定の委任があったときは，払込金額が募集株式を引き受ける者に特に有利な金額であっても，委任の範囲内である限り，取締役会の決議で募集事項を決定できる。

　以上を整理すると，募集事項の決定機関は次のようになる。

	公開会社	公開会社でない株式会社
原　則	取締役会の決議	株主総会の特別決議
例　外	【払込金額が募集株式を引き受ける者に特に有利な金額である場合】 →　株主総会の特別決議 【払込金額が募集株式を引き受ける者に特に有利な金額であるが募集事項の決定の委任があった場合】 →　取締役会の決議	【募集事項の決定の委任があった場合】 ・取締役会設置会社 　→　取締役会の決議 ・取締役会設置会社以外の株式会社 　→　取締役の決定

　結局，公開会社の方が簡単に募集株式の発行等を行うことができる。その代わり，公開会社では発行可能株式総数に４倍という上限を定め，既存の株主の持分比率の低下に制限を設けているのである。

(2)　種類株主総会の決議

第199条　（略）

4　種類株式発行会社において，第1項第1号の募集株式の種類が譲渡制限株
式であるときは，当該種類の株式に関する募集事項の決定は，当該種類の株
式の種類株主を構成員とする種類株主総会の決議を要しない旨の定款の定め
がある場合を除き，当該種類株主総会の決議がなければ，その効力を生じない。
ただし，当該種類株主総会において議決権を行使することができる種類株主
が存しない場合は，この限りでない。

種類株式発行会社では，募集事項の決定に種類株主総会の決議が必要とな　H20記述
る場合がある。募集株式が譲渡制限株式である場合である。この種類株主総　H20-29
会は，公開会社であっても，公開会社でなくても，必要となる。
➡　一部の種類株式のみが譲渡制限株式である株式会社は，公開会社である
　　ことに注意しよう。

📖**理由**　　譲渡制限株式は自由に譲渡できず，株式を売却して経済的利益
　　　　　を得ることが簡単ではない。そのため，譲渡制限株式の株主の持
　　　　　分比率を保護しなければならず，持分比率の低下につながる募集
　　　　　株式の発行等について譲渡制限株式の株主の承認を受ける必要が
　　　　　あるから。

募集株式が譲渡制限株式であっても，種類株主総会の決議が不要な場合が
ある。種類株主総会の決議を不要とする旨を定款で定めている場合と種類株
主総会において議決権を行使することができる種類株主がいない場合である。
➡　この種類株主総会の決議を不要とする旨の定款の定めは，株式の種類ご
　　とに定めることができるが，種類株式の内容とは扱われない（会施規§20
　　Ⅱ⑥）。

(3)　募集事項の通知・公告

公開会社に限り，株主に対して募集事項の通知か公告のどちらかが必要と　H25-28
なる（会§201ⅢⅣ）。
厳密には，募集事項の決定に株主総会が関与しなかった場合に通知・公告
が必要となる。
➡　公開会社であっても，払込金額が募集株式を引き受ける者に特に有利な
　　金額である場合には，株主総会の決議による募集事項の決定か株主総会の
　　決議による募集事項の決定の委任のどちらかが必要になるため，通知・公
　　告は不要となる。

🤚理由　　株主に募集株式の発行等の差止め（会§210）の機会を与える
　　　　ためである。株主総会の決議が不要だと，株主が募集事項を知る
　　　　機会がなくなってしまう。

　この通知・公告は，**払込みの期日の2週間前又は払込みの期間の初日の2
週間前**までにする必要がある。また，通知・公告は，取締役会の決議による
募集事項の決定後に行うから，結局，取締役会の決議の日と払込みの期日又
は払込みの期間の初日との間には，2週間の期間が必要になる。
➡　株主全員の同意があれば，この期間は短縮可能である。

　募集事項の通知・公告をすべき場合には例外がある。金融商品取引法に基
づく有価証券届出書の届出をしている場合には，通知・公告はしなくてよい
のである。

🤚理由　　株主は，有価証券届出書の閲覧をすることによって募集事項を
　　　　知ることができるから。

　この届出も，払込みの期日の2週間前又は払込みの期間の初日の2週間前
までに行わなければならない。

(4)　募集株式の申込み

　募集株式の引受人を確定するため，

　・株式会社から引受けの申込みをしようとする者に対する通知
　　↓
　・引受けの申込みをする者からの申込み

という手続が必要になる。

株式会社から引受けの申込みをしようとする者に対しては，

　・株式会社の商号
　・募集事項
　・金銭の払込みをなすべきときは，払込みの取扱いの場所
　・法務省令（会施規§41）で定める事項

を通知する必要がある（会§203Ⅰ）。

　払込みの取扱いの場所としては，通常は銀行の口座を指定する。払込みを取り扱うことができる機関は法令で定められている（会§208Ⅰ，34Ⅱ，会施規§7）。

　法務省令で定める事項として定められているのは，主に発行可能株式総数などの一定の定款の規定である。

　上場会社などの金融商品取引法の規定に従う株式会社では，この通知が不要となることがある（会§203Ⅳ）。金融商品取引法の規定によって，他の方法で知ることが可能だからである。

　株式会社からの通知があった後，引受けの申込みをする者は書面で申込みをすることになる。申込みの書面（申込書，申込証，申込証書）には，次の事項を記載しなければならない（会§203Ⅱ）。

　　・申込みをする者の氏名又は名称及び住所
　　・引き受けようとする募集株式の数

　株式会社の承諾があれば，書面に代えて電磁的方法により申込みをすることができる（会§203Ⅲ）。

(5)　募集株式の割当て

　申込みをした者（申込者）全員を引受人とする必要はないし，申込みが多数だと全員を引受人とすることは不可能となる。そこで，申込者に対して割り当てる募集株式の数を確定しなければならないのだが，**どのように割り当てるのかは完全に自由**である（割当て自由の原則）。申し込んだ数に応じて割り当てる必要はないし，申込者の個性に注目しても問題はない。申込者は株主ではないので，株主平等の原則は働かないのである。

　➡　もっとも，不特定多数から引受人を公募する場合には，ある程度公平な競争をさせるべきだろう。割当てのしかたによっては，著しく不公正な方法として差止請求（会§210）の対象となることもあり得る。

（募集株式の割当て）
第204条　株式会社は，申込者の中から募集株式の割当てを受ける者を定め，かつ，その者に割り当てる募集株式の数を定めなければならない。この場合において，株式会社は，当該申込者に割り当てる募集株式の数を，前条第2

項第2号の数よりも減少することができる。

2　募集株式が譲渡制限株式である場合には，前項の規定による決定は，株主総会（取締役会設置会社にあっては，取締役会）の決議によらなければならない。ただし，定款に別段の定めがある場合は，この限りでない。

　割り当てる募集株式の数は，申込者が引き受けようとする募集株式の数より減少することができ，全く割り当てないことも可能である。

　たとえば，次のような申込みがあった場合に，

- A　500株
- B　300株
- C　100株

次のように割り当てることも可能である。

- A　　0株
- B　200株
- C　100株

どのように割り当てるかは完全に自由となっている。

H19-30　募集株式の割当ての決定機関は，募集株式が譲渡制限株式かどうかで異なる。譲渡制限株式の割当ての決定機関は，**取締役会設置会社では取締役会の決議，取締役会設置会社以外の株式会社では株主総会の特別決議**である。ただし，定款で割当ての決定機関を変更することも可能である。

　譲渡制限株式でなければ，業務執行権のある者が割当ての決定をすることができる。たとえば，代表取締役が単独で割当ての決定をすることができる。

理由　譲渡制限株式では，誰が株主となるかが重要なので，譲渡等承認請求の承認機関（会§139Ⅰ）と同様の機関が決定すべきだから。

　割当ての決定をしたときは，払込みの期日の前日又は払込みの期間の初日の前日までに，申込者に対して割り当てる募集株式の数を通知しなければならない（会§204Ⅲ）。

➡　割当ての決定の時期については，これ以外の規定がないので，払込みの期日の前日又は払込みの期間の前日までに行えばよい。

＋アルファ

　　割当ての決定を募集事項の決定と同時に行うことも不可能ではない。引受　**H27記述**
けの申込みがあることを条件として割り当てる旨をあらかじめ決議しておけ
ばいいのである。ただし，割当ての決定機関と募集事項の決定機関が同じで
なければならない。公開会社でない取締役会設置会社が譲渡制限株式を発行
する場合など，割当ての決定機関と募集事項の決定機関が異なる場合には，
割当ての決定を別途行うしかない。

(6)　総数の引受けを行う契約を締結する方法

　　募集株式の引受人の確定の方法には，引受けの申込みをした者に対して割
り当てる方法と総数の引受けを行う契約を締結する方法があることは既に説
明した。前述した(4)と(5)の手続は，引受けの申込みをした者に対して割り当
てる方法である。これとは別に総数の引受けを行う契約を締結する方法で募
集株式の引受人を確定する方法がある。つまり，総数の引受けを行う契約を
締結する方法による場合には，(4)と(5)の手続は不要となる。

　　総数を引き受ける者は複数であってもいい。引き受ける者が何人でも，合
計して総数が引き受けられれば問題ない。

　　総数の引受けは契約によらなければならない。募集株式の総数の引受けの
申込みがあっても，それは契約ではないから，割当ての決定を省略すること
はできない。
➡　　申込みなのか契約なのかで判断すべきである。

第205条　前2条の規定は，募集株式を引き受けようとする者がその総数の引
　　受けを行う契約を締結する場合には，適用しない。
2　前項に規定する場合において，募集株式が譲渡制限株式であるときは，株
　　式会社は，株主総会（取締役会設置会社にあっては，取締役会）の決議によ
　　って，同項の契約の承認を受けなければならない。ただし，定款に別段の定
　　めがある場合は，この限りでない。

　　募集株式が譲渡制限株式である場合には，総数の引受けを行う契約の承認
が必要になる。承認機関は，定款で特に定めていなければ，取締役会設置会
社では取締役会の決議，取締役会設置会社以外の株式会社では株主総会の特
別決議である。

➡　平成26年改正法（平成27年5月1日施行）によって追加された規定である。

➡　申込みに対して割り当てる場合の割当ての決定に相当するものである。

(7)　支配株主の異動を伴う場合

　募集株式の発行等により，株式会社の株主構成が大きく変わることがあり得る。株主構成は株主総会における議決権の構成に直結するので，株主構成が大きく変わることは，それまでの株主にとって非常に大きな影響がある。

　公開会社では，株主総会の決議がなくても募集事項の決定ができた。しかし，株主構成が大きく変わる**支配株主の異動**とよばれる場合において，一定の要件に該当するときは，誰が株主となるかについて株主総会の意思を確認する手続が必要になる。

➡　平成26年改正法（平成27年5月1日施行）によって追加された規定である。難しい内容なので，後回しにしても構わない。

（公開会社における募集株式の割当て等の特則）

第206条の2　公開会社は，募集株式の引受人について，第1号に掲げる数の第2号に掲げる数に対する割合が2分の1を超える場合には，第199条第1項第4号の期日（同号の期間を定めた場合にあっては，その期間の初日）の2週間前までに，株主に対し，当該引受人（以下この項及び第4項において「特定引受人」という。）の氏名又は名称及び住所，当該特定引受人についての第1号に掲げる数その他の法務省令で定める事項を通知しなければならない。ただし，当該特定引受人が当該公開会社の親会社等である場合又は第202条の規定により株主に株式の割当てを受ける権利を与えた場合は，この限りでない。

一　当該引受人（その子会社等を含む。）がその引き受けた募集株式の株主となった場合に有することとなる議決権の数

二　当該募集株式の引受人の全員がその引き受けた募集株式の株主となった場合における総株主の議決権の数

2　前項の規定による通知は，公告をもってこれに代えることができる。

　単純にいうと募集株式の引受人が総株主の議決権の数の過半数を有することとなる場合が支配株主の異動を伴う場合に該当する。多少不正確であるが，別ないい方をすると，募集株式の発行により親会社等が交替する場合である。しかし，これでは乱暴すぎるので，やはり正確な要件も把握しておくべきである。

➡　株主構成の変更が問題になるので，株主割当ての方法による募集株式の発行等については支配株主の異動は問題にならない。

➡　募集事項の決定に株主総会の決議が必要となる公開会社でない株式会社についても適用されない。

　支配株主の異動というのは，募集株式の引受人が引き受けた募集株式の株主となった場合に有することとなる議決権の数が当該募集株式の引受人の全員がその引き受けた募集株式の株主となった場合における総株主の議決権の数の2分の1を超える場合と規定されている。つまり，募集株式の発行等の全部について引受けの申込みと払込みが行われたとして，その場合にある募集株式の引受人が総株主の議決権の数の過半数を有する場合である。現実に申込みや払込みが行われる前に判断する必要があるので，全部の申込みと払込みが完了したと仮定してその場合の数を考えるのである。

募集株式の発行前の議決権		募集株式の発行後の議決権	
株主A	10個	株主A	40個
株主B	10個	株主B	10個
株主C	10個	株主C	10個
合　計	30個	合　計	60個

　この場合，株主Aが議決権の過半数を有することになるので，支配株主の異動を伴う場合に該当する。通常，大量の募集株式の発行により支配株主の異動が発生するが，募集株式の発行によって2分の1を超えればよいので，1株のみの発行でも支配株主の異動はあり得る。次のような場合である。

募集株式の発行前の議決権		募集株式の発行後の議決権	
株主A	20個	株主A	21個
株主B	10個	株主B	10個
株主C	10個	株主C	10個
合　計	40個	合　計	41個

　ただし，募集株式の発行前から親会社等であった者が引受人となるケースは，支配株主の異動として扱われない。次のような場合である。

募集株式の発行前の議決権　　　　募集株式の発行後の議決権

株主A　　30個　　　　　　　株主A　　70個

株主B　　10個　　　　━━━▶　株主B　　10個

株主C　　10個　　　　　　　株主C　　10個

合　計　　50個　　　　　　　合　計　　90個

　正確には，支配株主かどうかを判断する者の子会社等の株式も含めて判断する。そのため，株主が他の株主の株式をどの程度保有しているかなども影響することになる。

　支配株主の異動を伴う場合には，株主の意思を確認する必要がある。具体的には，必要な事項を株主に対して通知・公告し，反対する株主の議決権数が一定以上なら株主総会の決議による承認が必要になる。

➡　いくつかの例外はある。後述する。

　通知と公告は，どちらか一方でよい。また，有価証券届出書の届出をしている場合などは，他の方法で募集事項等を知ることができるため，通知・公告が不要になる（会§206の2Ⅲ）。通知・公告は，払込みの期日の2週間前までにしなければならない。払込みの期間を定めた場合には，その期間の初日の2週間前までである。

第206条の2　（略）

4　総株主（この項の株主総会において議決権を行使することができない株主を除く。）の議決権の10分の1（これを下回る割合を定款で定めた場合にあっては，その割合）以上の議決権を有する株主が第1項の規定による通知又は第2項の公告の日（前項の場合にあっては，法務省令で定める日）から2週間以内に特定引受人（その子会社等を含む。以下この項において同じ。）による募集株式の引受けに反対する旨を公開会社に対し通知したときは，当該公開会社は，第1項に規定する期日の前日までに，株主総会の決議によって，当該特定引受人に対する募集株式の割当て又は当該特定引受人との間の第205条第1項の契約の承認を受けなければならない。ただし，当該公開会社の財産の状況が著しく悪化している場合において，当該公開会社の事業の継続のため緊急の必要があるときは，この限りでない。

　支配株主の異動を伴う募集株式の発行等に反対の株主は，その旨を株式会

社に対して通知することになる。そして，反対した株主の議決権の数が総株主の議決権の数の10分の１以上の場合には，株主総会の決議が必要になる。10分の１の割合については，定款で定めることにより緩和すること（20分の１などとすること）ができる。

　反対した株主の議決権の数の要件を満たしても，「当該公開会社の財産の状況が著しく悪化している場合において，当該公開会社の事業の継続のため緊急の必要があるとき」には株主総会の決議が不要になる。具体的にどのような場合が該当するかは解釈に委ねられているが，株主総会を開催していると株式会社が危機的状況に陥る場合などが該当すると思われる。

　支配株主の異動を伴う場合に必要となる株主総会の決議要件は，309条１項の普通決議ではなく，341条と同じ決議要件であり，役員の選任の場合と同じ決議要件である。つまり，定款で定足数を完全に排除することはできず，定款で定めても定足数は３分の１までしか緩和できない（会§206の２Ⅴ）。　`R2-28`

> **理由**　議決権の過半数を有する株主を決定することは，取締役を決定することと同じような意味を持つから。

(8)　出資の履行

　募集株式の引受人が確定したら，引受人は，払込みの期日又は払込の期間内に募集株式の払込金額の全額を払い込まなければならない（会§208Ⅰ）。

➕ アルファ

払込みの期日を定めた場合でも，期日前の払込みは有効と解されている。だとすると，わざわざ期間を定める必要はないと思うかもしれないが，効力発生日が異なることになる。

　募集株式の引受人は，　`R2-28`

　・払込みの期日を定めた場合には払込みの期日
　・払込みの期間を定めた場合には出資の履行をした日

に募集株式の株主となる（会§209Ⅰ）。

　出資の履行をしなかった募集株式の引受人は，募集株式の株主となる権利を失う（会§208Ⅴ）。つまり，出資の履行が完了した部分についてのみ募集株式の発行等の効力が生じる。

➡　募集事項として定めた募集株式の数の全部について効力が発生するとは限らない。

H23-28

金銭以外の財産を出資の目的としていないのであれば，払込みの取扱いの場所（銀行の口座など）に金銭を払い込まなければならない。出資の履行をする債務と株式会社に対する債権とを相殺することはできない（会§208Ⅲ）。

➡　株式会社に対する金銭債権を出資の目的として募集事項で定めれば，相殺と同様の結果を得ることができる。

出資の履行前の募集株式の株主となる権利は，権利株とよばれることもある。この権利の譲渡は，株式会社に対抗することができない（会§208Ⅳ）。株式会社は権利の譲受人を募集株式の引受人として取り扱う必要はないのである。もっとも，譲渡当事者間での債権的効力は認められる。

5　株主割当ての方法による募集株式の発行

株主割当ての方法でも，出資の目的が金銭である前提で話を進めていく。株主割当て以外の方法との違いに注意する必要がある。

(1)　募集事項の決定

H20-29

募集事項自体は，株主割当て以外の方法と変わらない。違うのは，募集事項の決定機関である。

・公開会社では取締役会の決議
・公開会社でない株式会社では株主総会の特別決議

が原則となるのは株主割当て以外の方法と同じだが，公開会社でない株式会社が定款で決定機関を変更できる点が異なる。

公開会社でない株式会社では，定款に別段の定めがない場合には株主総会の特別決議だが，定款で定めることにより，

・取締役会設置会社以外の株式会社では取締役の決定（過半数の一致）
・取締役会設置会社では取締役会の決議

を決定機関とすることができる（会§202Ⅲ）。

　まとめると，募集事項の決定機関は次のようになる。株主割当て以外の場合と比較して知識を整理しておこう。

	公開会社	公開会社でない株式会社
定款で何も定めていない場合	取締役会の決議	株主総会の特別決議
定款で定めた場合		・取締役会設置会社以外の株式会社 →　取締役の決定 ・取締役会設置会社 →　取締役会の決議

理由　株主割当ての場合には，既存の株主に不利益となるおそれが小さいので，ほんの少しだけ募集事項の決定機関についての制限が緩い。

＋アルファ

　公開会社であっても，株主総会の決議によって募集事項を決定する旨を定款で定めることができる。295条の論点である。忘れていたら，第4節の株主総会の権限のところを復習しておこう。

　株主割当ての方法による場合には，払込金額が募集株式を引き受ける者に　**R2-28**　特に有利な金額であるかを考慮する必要がない。株主割当てでは，既存株主の保護を考えなくていいのである。

(2)　株主に株式の割当てを受ける権利を与える旨の決定

（株主に株式の割当てを受ける権利を与える場合）
第202条　株式会社は，第199条第1項の募集において，株主に株式の割当てを受ける権利を与えることができる。この場合においては，募集事項のほか，次に掲げる事項を定めなければならない。
一　株主に対し，次条第2項の申込みをすることにより当該株式会社の募集

株式（種類株式発行会社にあっては，当該株主の有する種類の株式と同一の種類のもの）の割当てを受ける権利を与える旨

二　前号の募集株式の引受けの申込みの期日

2　前項の場合には，同項第1号の株主（当該株式会社を除く。）は，その有する株式の数に応じて募集株式の割当てを受ける権利を有する。ただし，当該株主が割当てを受ける募集株式の数に1株に満たない端数があるときは，これを切り捨てるものとする。

株主割当ての方法による場合には，その旨のほか，**募集株式の引受けの申込みの期日**を定めなければならない。これらの事項は，募集事項の決定に際して募集事項と一緒に定めればいい。

➡　この節では，この202条1項の二つの事項を株主割当てに関する事項とよぶことにする。

ここまで，株主割当ての方法について厳密な定義をしていなかった。実は，株主割当てかどうかは，そこまで単純でもない。

まず，202条1項1号の括弧書に注意する必要がある。株主割当てでは，種類株主に割り当てる募集株式は，その種類株主の保有している種類株式と同じ種類でなければならない。

➡　A種類株式の種類株主にB種類株式を割り当てる場合には，株主割当てではなく，株主割当て以外の方法となる。

202条2項の括弧書にも注意する必要がある。株式会社自身が株主である場合，つまり，株式会社が自己株式を保有している場合であっても，株式会社が株式会社自身に募集株式を割り当てることはできない。

➡　株式無償割当てでも同じ趣旨の規定があった。

株主割当ての方法による場合には，公開会社であっても，201条の規定に基づいて株主に対する通知・公告をする必要はない（会§202Ⅴ）。

➡　別の通知が必要になる。後述する。

(3)　損害を及ぼすおそれがある場合の種類株主総会

株主割当て以外の方法による場合には，募集株式が譲渡制限株式である場合に種類株主総会の決議が必要となった。この種類株主総会は，株主割当ての場合には不要となる。

その代わり，株主割当てでは，損害を及ぼすおそれがある場合の種類株主

総会が必要になる（会§322Ⅰ④）。募集株式の種類の株主は募集株式の割当
てを受ける権利を手に入れるのだから，募集株式の種類の株主に損害を及ぼ
すおそれがあることは考えにくく，募集株式の種類以外の種類株式について
種類株主総会の決議が必要となる。

(4)　株式の割当てを受ける権利を有する株主に対する通知

　　株式会社は，募集事項と株主割当てに関する事項を定めた後，**募集株式の
引受けの申込みの期日の2週間前までに**，株式の割当てを受ける権利を有す
ることとなる株主に対し，次の事項を通知しなければならない（会§202Ⅳ）。

　　・募集事項
　　・その株主が割当てを受ける募集株式の数
　　・募集株式の引受けの申込みの期日

　　引受けの申込みをするかしないかは株主の自由であり，その判断の材料を
与えるための通知である。
➡　個別に割当てを受ける募集株式の数を知らせなければならないから，公
　　告で代用することはできない。
➡　株式の割当てを受ける権利を有する株主全員の同意があれば，2週間の
　　期間は短縮可能である。

(5)　募集株式の申込み

　　募集株式の申込みに関する規定（会§203）は，株主割当て以外の方法に
よる場合と共通である。

　　引受けの申込みをしようとする者に対する通知は，株主割当て以外の場合
と同様に行わなければならないが，株主割当てでは，(4)の通知と併せて行う
ことができる。通知すべき事項にも共通のもの（募集事項）があるので，(4)
の通知（202条4項の通知）と203条1項の通知は併せて行うことが多いだろ
う。

　　引受けの申込みをする者からの申込みも株主割当て以外の場合と同じだ **R2-28**
が，株主割当てでは，引受けの申込みの期日が定められているため，この期
日までに申込みをしなければならず，期日までに申込みをしないときは，募
集株式の割当てを受ける権利を失う（会§204Ⅳ）。

　　株主割当ての方法による場合には，株主に株式の割当てを受ける権利が与えられており，申込みをすれば必ず募集株式の引受人となるから，**募集株式の割当ての手続は不要**である。また，株主に申込みをする権利が与えられるため，総数の引受けを行う契約を締結することはできない。

(6)　出資の履行

　　出資の履行と効力発生については，株主割当て以外の場合と完全に同じである。

(7)　株主割当て以外の場合との違い

　　株主割当て以外の場合との主な違いをまとめると，次のようになる。

　　・募集事項の決定機関
　　・公開会社における募集事項の通知・公告の要否
　　・株主に対する通知の要否
　　・割当ての決定の要否

　　特に募集事項の決定機関の違いが重要である。株主割当て以外では，**払込金額が募集株式を引き受ける者に特に有利な金額である場合と株主総会の決議による募集事項の決定の委任がある場合に注意しなければならないし，株主割当てでは，募集事項の決定機関についての定款の定めに注意しなければ**ならない。

　　また，必要となる種類株主総会も違う。株主割当て以外では，募集株式が譲渡制限株式である場合に当該募集株式の種類の株主を構成員とする種類株主総会が必要だが，株主割当てでは，損害を及ぼすおそれがある場合の種類株主総会が必要となる。

　　通知は，201条の募集事項の通知・公告，203条1項の引受け申込みをしようとする者に対する通知，202条4項の株式の割当てを受ける権利を有する株主に対する通知と，似たような通知があるのできちんと区別する必要がある。

6　金銭以外の財産の出資

　　募集株式の発行等に際しては，募集事項で定めることにより，金銭以外の財産を出資の目的とすることができる（会§199Ⅰ③）。

　金銭以外の財産を出資の目的とするときは，募集事項としてその財産の内容と価額を定めなければならないが，この価額が不当に高いと結果的に不当に安く株式を売り出すことになり，既存の株主に損害を与える。そこで，この価額の適正さを確保するための制度が必要になるのである。

　出資の目的とされる金銭以外の財産は，現物出資財産とよばれる。
　募集事項で現物出資財産について定めたときは，検査役による現物出資財産 [H19-30] の価額の調査を受けるのが原則である。しかし，試験対策的には，検査役の調査を省略できる場合が重要となる。

　まず，検査役の調査を省略できる場合について説明していく（会§207Ⅸ）。

(1) 現物出資財産を給付する募集株式の引受人に割り当てる株式の総数が発行済株式の総数の10分の1を超えない場合

　募集株式の引受人に割り当てる株式の数が十分に少なければ検査役の調査を省略できる。
　現物出資財産を給付する引受人が複数の場合には，その引き受ける数を合計する。また，現物出資財産の給付と金銭の払込みを両方行う場合には，現物出資財産の給付分だけを考えればいい。
　10分の1の基準となる発行済株式の総数は，募集株式の発行前の数である。
➡　発行済株式の総数であって，発行済みの種類株式の数ではない。

(2) 現物出資財産について定められた価額の総額が500万円を超えない場合

　ここでの価額は，募集事項として定めた価額である。
　実は，募集事項として定める価額について会社法はその基準を定めておらず，株式会社は自由に募集事項で現物出資財産の価額を定めることができる。だからこそ，原則として検査役の調査が必要になるのである。
　現物出資財産が複数ある場合には，その全部の価額を合計する。500万円を超えない場合だから，ちょうど500万円までは検査役の調査を省略できる。500万円以下であれば，既存の株主に与える影響も小さいと思われるからである。

(3) 市場価格のある有価証券について定めた価額が市場価格を超えない場合

　現物出資財産が市場価格のある有価証券であって，募集事項として定めたその価額が市場価格以下であれば，その有価証券の価額について検査役の調査を省略できる。価額の妥当性が客観的に判断できるからである。

　　ここで用いる市場価格は，募集事項の決定をした日における市場の最終価格か公開買付け等に係る契約における価格である。

(4)　**募集事項として定めた価額が相当であることについての証明を受けた場合**

　　価額が相当であることについて弁護士，弁護士法人，公認会計士，監査法人，税理士，税理士法人のいずれかの証明を受けたときは，証明を受けた現物出資財産の価額について検査役の調査を省略することができる。現物出資財産が不動産であるときは，不動産鑑定士の鑑定評価も得なければならない。
　➡　公認会計士には，外国公認会計士も含まれる（会§33Ⅹ③）。

　　募集株式の発行をする株式会社の役員や募集株式の引受人など，利害関係のある者は，弁護士などであっても，この証明をすることができない。

(5)　**現物出資財産が株式会社に対する金銭債権である場合**

　　この場合の金銭債権は，弁済期が到来しているものでなければならない。もっとも，株式会社は期限の利益を放棄して，弁済期を到来させることができる。
　　募集事項として定める金銭債権の価額がその金銭債権についての負債の帳簿価額を超えていない場合に限り，金銭債権の価額について検査役の調査を省略できる。金銭債権の債務者は株式会社だから，株式会社の会計帳簿に金銭債権が負債として計上されているはずなのである。
　　株式会社に対する金銭債権を現物出資財産とすると，株式会社に対する債権者が募集株式の発行等によって株主となる。結果的には，出資の履行をする債務を金銭債権で相殺したのと同じことになる。
　　株式会社にとっては，返済義務のある負債が返済義務のない資本に換わることになる。返済義務がなくなる一方で，債権者が株主となり経営に対する発言権を得ることになる。経営がうまくいかず債務超過などの状態となった株式会社を再建するのに利用することが考えられる。
　➡　債務（debt）と株主資本（equity）を交換する（swap）ことになるので，デット・エクイティ・スワップ（DES）とよばれる。試験では不要な用語だが，知っているとかっこいいかもしれない。

　　以上の五つの場合に検査役の調査を省略できる。発行済株式の総数の10分の1や，500万円という要件は，覚えておくべきである。

　　検査役の調査を省略できる要件に該当しない場合には，検査役の調査を受け

なければならない。

第207条　株式会社は，第199条第1項第3号に掲げる事項を定めたときは，募集事項の決定の後遅滞なく，同号の財産(以下この節において「現物出資財産」という。）の価額を調査させるため，裁判所に対し，検査役の選任の申立てをしなければならない。

会社法上の検査役は，全て裁判所が選任する者となっている。

検査役による調査は，

・裁判所による検査役の選任
　　↓
・検査役による調査
　　↓
・検査役の裁判所に対する報告
　　↓
・裁判所の決定

という手続を経る。裁判所は，現物出資財産について定められた価額を不当と認めたときは，その価額を変更する決定をすることになる。

現物出資財産の価額を変更する裁判所の決定を受けた場合には，現物出資財産を給付する募集株式の引受人は，決定の確定後1週間以内に限り，その引受けを取り消すことができる。

金銭以外の財産は，その価格が変動することも考えられる。募集事項の決定の時点では問題なく，検査役の調査を受けたとしても，その後，出資の履行をする時までに価格が下落してしまうこともあり得る。
そこで，募集株式の引受人と業務執行に関与した者に一定の責任が課されることになる。
➡　項目をあらためて，後でまとめて説明する。

7　資本金の額の増加
募集株式の発行をしたときは，資本金の額が増加する。

➡　募集株式の発行等ではなく，募集株式の発行としている点に注意する。自己株式の処分のみでは，資本金の額は増加しない。

➡　厳密には募集株式の発行をしても増加しないケースがあり得るのだが，細かい計算の話になるので気にしなくていい。募集株式の発行で資本金の額は増加すると覚えてしまっても試験対策的には問題ない。

　増加する資本金の額は，募集株式の発行に際して現実に払い込まれた金銭の額や現実に給付された現物出資財産の価額に基づいて計算する。そして，払込みや給付を受けた財産の価額のうち，2分の1を超えない部分については，資本金ではなく資本準備金とすることができる。

➡　計算についての節でもう一度説明する。

➡　現物出資財産については，募集事項で定めた価額ではなく，出資の履行をした日における価額（多くの場合は時価）に基づいて増加する資本金の額を計算する。

8　取締役の報酬等として株式を交付する場合

　取締役の報酬等（会§361Ⅰ）としてその株式会社の株式を交付する場合がある。取締役が株式を所有することになれば，取締役は株式の価値の向上を目指すことになり，取締役と株主の利害が一致する。

　取締役に報酬等として金銭を交付し，その金銭を募集株式と引換えに払い込んでもらえれば実現できるが，報酬等として直接株式を交付することができた方が便利である。そこで，取締役の報酬等として株式を交付しようとする場合については，特則が設けられている（会§202の2）。

➡　令和元年改正法（令和3年3月1日施行）により追加された特則である。

　この特則の対象となる株式会社は，金融商品取引所に上場されている株式を発行している株式会社（いわゆる上場企業）に限られる（会§202の2Ⅰ）。株式が上場されていないと，株式の価格に客観性がなく，報酬等の額にも客観性がなくなってしまう。また，交付する相手は，取締役と執行役に限られる。たとえば，監査役の報酬等については，この特則は適用されない。

　報酬等として株式を交付するのだから，募集株式と引換えに金銭を払い込む必要はない。払込みがないため，効力の発生については，募集事項の決定に際して募集株式を割り当てる日（割当日）を定めることとし，割当日に効力が発生するものとされている（会§209Ⅳ）。

➡　株式を発行した場合に増加する資本金の額についても，他の募集株式の発行とは異なる扱いとなるが（会§445Ⅵ），具体的な計算について出題される

可能性は限りなくゼロに近いので，気にする必要はない。

　募集株式を取締役の報酬等とする場合には，募集株式の数の上限等の一定の事項を定款か株主総会の決議で定めなければならない（会§361Ⅰ③）。あらかじめ定めておけばよく，募集株式の発行等のたびに定める必要はない。

➡　取締役に報酬等として金銭を交付し，その金銭を払い込んでもらって株式を交付する場合についても，同様の事項を定款か株主総会の決議で定める必要がある（会§361Ⅰ⑤イ）。

9　引受けの無効・取消し

> （引受けの無効又は取消しの制限）
> **第211条**　民法第93条第1項ただし書及び第94条第1項の規定は，募集株式の引受けの申込み及び割当て並びに第205条第1項の契約に係る意思表示については，適用しない。
> 2　募集株式の引受人は，第209条第1項の規定により株主となった日から1年を経過した後又はその株式について権利を行使した後は，錯誤，詐欺又は強迫を理由として募集株式の引受けの取消しをすることができない。

　民法93条は心裡留保の規定であり，そのただし書は，相手方が表意者の真意を知っていた場合や知ることができた場合に意思表示を無効とする規定である。つまり，募集株式の発行等では，外観を重視し，真意ではないことを双方が知っていても，無効とはならない。

　また，民法94条1項は虚偽表示の規定である。募集株式の発行等では，株式会社と募集株式の引受人が通じて虚偽の意思表示をしたとしても，無効とはならない。

　錯誤，詐欺，強迫についても，民法の規定が完全に適用されることはない。**H25-28** 錯誤，詐欺，強迫による取消しをすることができるのは，**株主となった日から1年以内であって，かつ，株主について権利を行使する前**に限られる。民法よりも，法律関係の安定性が重視されているといえる。

　錯誤，詐欺，強迫による取消し以外については，民法の規定に従うと考えていい。つまり，未成年者や被後見人による引受けは取り消すことができる。

10　募集株式の引受人と業務執行者の責任

　不公正な払込金額で株式を引き受けた場合などにおいては，募集株式の引受人が責任を負う。

　責任を負うのは次の場合である（会§212Ⅰ）。

- ・取締役（指名委員会等設置会社にあっては，取締役又は執行役）と通じて著しく不公正な払込金額で募集株式を引き受けた場合
- ・募集株式の株主となった時における給付した現物出資財産の価額が募集事項で定めた価額に著しく不足する場合

　これらの場合には，公正な払込金額との差額や募集事項で定めた価額に不足する額を募集株式の引受人が株式会社に支払う義務を負う。

➡　不足価額塡補責任，差額塡補責任などとよばれる。

　現物出資財産の価額が不足する場合で，募集株式の引受人がその不足について善意でかつ重大な過失がないときは，引受けを取り消すことができる（会§212Ⅱ）。

H25-28　現物出資財産の価額が不足する場合には，業務執行者なども不足額を支払う責任を負う。

　責任を負うのは，具体的には主に次の者である（会§213）。

- ・募集株式の引受人の募集に関する職務を行った業務執行取締役・執行役
- ・現物出資財産の価額の決定に関する株主総会や取締役会に議案を提出した取締役・執行役

　この責任は，次の場合に免れることができる。

- ・現物出資財産の価額について検査役の調査を経た場合
- ・その職務を行うについて注意を怠らなかったことを証明した場合

　また，検査役の調査を省略するために弁護士などの証明を受けた場合には，証明した弁護士なども同様の責任を負う。この責任も，証明をすることについて注意を怠らなかったことを証明したときは免れることができる。

11　出資の履行の仮装

> （出資の履行を仮装した募集株式の引受人の責任）
> **第213条の２**　募集株式の引受人は，次の各号に掲げる場合には，株式会社に対し，当該各号に定める行為をする義務を負う。
> 　一　第208条第１項の規定による払込みを仮装した場合　払込みを仮装した払込金額の全額の支払
> 　二　第208条第２項の規定による給付を仮装した場合　給付を仮装した現物出資財産の給付（株式会社が当該給付に代えて当該現物出資財産の価額に相当する金銭の支払を請求した場合にあっては，当該金銭の全額の支払）
> **2**　前項の規定により募集株式の引受人の負う義務は，総株主の同意がなければ，免除することができない。

　実質的な払込みを行わず，払込みが仮装されることがある。発行済みの株式数と資本金の額を増加させ，実態よりも株式会社の規模を大きく見せることなどに利用される。
➡　借入金などにより払込みを仮装する行為は，見せ金とよばれる。

　こういった出資の履行の仮装（仮装払込み）は，適法に出資の履行をしている既存の他の株主にとって不利益となる。
　そこで，出資の履行が仮装された場合には，払込みの期日や期間が経過したとしても，募集株式の引受人に対して，支払・給付の義務が課されることになる。
➡　平成26年改正法（平成27年５月１日施行）により追加された規定である。

　これらの義務は，総株主の同意によって免除することが可能である。
　さらに，出資の履行の仮装に関与した取締役・執行役も連帯して同様の義務を負う（会§213の３）。出資の履行の仮装に関与したにすぎない取締役・執行役は，注意を怠らなかったことを証明することにより義務を免れることができる。

　出資の履行が仮装された場合には，募集株式の引受人は，支払・給付を完了するまで株主の権利を行使することができない（会§209Ⅱ）。

12　募集株式の発行等をやめることの請求

> **第210条**　次に掲げる場合において，株主が不利益を受けるおそれがあるとき
> は，株主は，株式会社に対し，第199条第1項の募集に係る株式の発行又は自
> 己株式の処分をやめることを請求することができる。
> 一　当該株式の発行又は自己株式の処分が法令又は定款に違反する場合
> 二　当該株式の発行又は自己株式の処分が著しく不公正な方法により行われ
> 　る場合

　何度か述べたように，募集株式の発行等は既存の株主にとって不利となるお
それがある。そのため，既存の株主には，**募集株式の発行等をやめることの請
求（差止請求）**をする権利が与えられ，その利益の保護が図られている。
　この請求をするための要件は，法令・定款違反か，著しく不公正な方法によ
る場合となっている。

　払込金額が募集株式を引き受ける者に特に有利な金額であるにもかかわら
ず，株主総会の特別決議を経ずに募集株式の発行等をした場合などには，この
差止めの請求が認められることになる。また，特に有利な金額でなくても，著
しく不公正な方法であれば，差止めの請求が認められる。

　募集株式の発行等をやめることの請求は，会社法上は裁判によってする必要
がないが，差止めの訴えの提起と差止めの仮処分の申立てをすることにより，
実効性を高めることができる。

13　無効・不存在の確認の訴え

　募集株式の発行等の効力が生じる前は，差止めの請求によってその効力発生
を妨げることができる。しかし，いったん効力が発生した後にその効力を否定
するには，訴えによらなければならない（会§828Ⅰ②③）。
　この訴えは，株式の発行（新株の発行）の無効の訴えと自己株式の処分の無
効の訴えとして整理されており，募集株式の発行以外による株式の発行の無効
も含まれることになる。ここでは，便宜上，**新株発行の無効の訴え**と**自己株式
の処分の無効の訴え**を併せて「**新株発行等の無効の訴え**」とよぶことにする。

H22-34　➡　募集株式の発行等の効力を否定するには，新株発行等の無効の訴えによら
なければならず，株主総会の決議の無効の確認の訴えによることはできない。

H20-29　新株発行等の無効の訴えは，募集株式の発行等の効力が生じた日から，公開

会社では6か月以内に，公開会社でない株式会社では1年以内に提起しなければならない。

➡　公開会社では，提起期間が短くなっており，法律関係の安定性が重視されている。

　無効の訴えを提起することができるのは，株主，取締役，清算人，監査役設置会社の監査役，指名委員会等設置会社の執行役に限られる（会§828Ⅱ②③）。

　新株発行等の無効の訴えが認められる事由は，募集株式の発行等をやめることの請求をすることができる事由よりも，その範囲が狭くなっている。既に効力が生じているのだから，法律関係の安定性を重視する必要があるのである。
　募集事項の決定機関が違う場合などは，差止めの事由にはなっても，無効の訴えは認められないとされることが多いだろう（最判平6.7.14）。

　公開会社が必要な募集事項の通知・公告（会§201ⅢⅣ）をしていない場合には，株主が募集株式の発行等の差止めの請求をしたときであっても差止めの事由がないために請求が許容されないと認められる場合でない限り，無効の訴えが認められる（最判平9.1.28）。
　募集株式の発行等の差止めの仮処分が出されたにもかかわらず，それに反して募集株式の発行等をした場合には，無効の訴えが認められる（最判平5.12.16）。発行可能株式総数を超過するような株式の発行も無効である。 `H22-34`

　払込金額が募集株式を引き受ける者に特に有利な金額であるにもかかわらず，必要な株主総会の特別決議を経ずに募集株式の発行等をした場合であっても，無効の訴えは認められないと解されている（最判昭46.7.16）。

➡　旧商法時代の判例であり，現在では反対説も有力だが，試験では判例に従っておけばよい。

　新株発行等の無効の訴えに係る請求を認容する判決が確定したときは，新株の発行や自己株式の処分の効力は，将来に向かってその効力を失う（会§839）。無効の判決の効力が過去に遡及することはない。

　新株発行等の無効の訴えに係る請求を認容する判決が確定したときは，株主となっていた者が株主でなくなることとなる。株主でなくなった者は，株式会社から払込みをした金額や給付をした財産の価額に相当する金銭の支払いを受けることができる（会§840，841）。

＋アルファ

　募集株式の発行の無効の訴えに係る請求を認容する判決が確定しても，募集株式の発行によって増加した資本金の額が当然に減少して元に戻ることはない。資本金の額の減少は，債権者にも影響を及ぼすおそれがあるからである。

　募集株式の発行等の瑕疵が大きく，募集株式の発行等が存在していないと評価できる場合には，募集株式の発行等は不存在となる。
　不存在であるなら，絶対的に不存在であり，訴えを提起しなくても不存在なのだが，その確認をするため，**新株発行等の不存在の確認の訴え**を提起することが認められている（会§829）。
➡　新株発行等の不存在の確認の訴えの対象には，一般的な株式の発行や，新株予約権の発行も含まれている。

　新株発行等の不存在の確認の訴えは，いつでも，誰からでも，提起することができる。
➡　株主総会の決議の不存在の確認の訴えと同じである。

第36節　新株予約権

・最近出題頻度が上がっているので要注意である。

　　　　　・新株予約権とは何かを把握し，発行と行使について正しく理解する。

　　　　　・募集新株予約権の発行について学ぶことで，募集株式の発行について
　　　　　　復習することが可能である。

　　　　　・株式との違いに注意する必要がある。株主と新株予約権者の違い，株
　　　　　　券と新株予約権証券の違いなどにも注意する。

1　新株予約権とは何か

　新株予約権とは，株式会社に対して行使することにより当該株式会社の株式
の交付を受けることができる権利のことである（会§2㉑）。

　新株予約権を保有している者が新株予約権者であり，新株予約権者は，新株
予約権を行使することにより株式の交付を受け，株主となる。

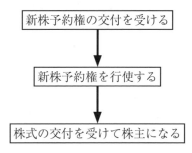

　新株予約権の行使には，株式会社に対する払込みが必要となる。新株予約権
者は，株式の価値と払込みをすべき額を比較して，株式の交付を受けた方が有
利な場合には新株予約権を行使することになる。株式の価値が低いと，払込み
をすべき額が割高になるということになり，新株予約権を行使するメリットが
なくなる。つまり，株式の価値の上昇は，新株予約権者にとって利益となり，
株式の価値の下落は，新株予約権者にとって不利益となる。新株予約権者には，
議決権をはじめとする株主の様々な権利が認められないためである。

　新株予約権は，募集株式の発行と同じような募集新株予約権の発行の手続を
経て発行されるが，募集新株予約権の発行以外にも，新株予約権無償割当てが
あり，取得請求権付株式，取得条項付株式，全部取得条項付種類株式の取得の
対価として新株予約権が発行される場合や，組織再編行為に際して新株予約権
が発行される場合がある。

＋アルファ

　新株予約権は，しばしば役員や従業員に対して発行される。前述したように，株式の価値の上昇は新株予約権者にとって利益となるから，役員や従業員が新株予約権者であれば，株式の価値の上昇に対する意欲が高まるというわけである。

H31-29　新株予約権は，社債とセットにすることができる。新株予約権が付された社債が**新株予約権付社債**である（会§2㉒）。

➡　新株予約権について正しく理解できるまでは，新株予約権付社債は無視していい。本書では，単に新株予約権という場合には，社債とセットになっていない新株予約権を考えるものとする。

用語解説

【社債】

　会社法の規定により会社が行う割当てにより発生する当該会社を債務者とする金銭債権であって，会社法の規定に従って償還されるものをいう（会§2㉓）。

　通常の会社の債務とは違って，割当てや償還の手続が法定されており，社債券を発行することによって流通性を高めることもできる。

　定義において「会社」とされていることに注意する。社債を発行することができるのは株式会社に限られず，持分会社も社債を発行することができる。

2　新株予約権の内容

H19-30　新株予約権については，次の事項を新株予約権の内容として定めなければならない（会§236Ⅰ）。新株予約権の内容は，発行する都度定めるのが原則である。また，必ずしも**定款で定める必要はない**。

➡　取得請求権付株式の取得の対価が新株予約権である場合には，新株予約権の内容はあらかじめ定められ，取得の請求がある度に同じ内容の新株予約権が発行されることになる。この場合には，発行する都度内容を定めるわけではない。

➡　新株予約権については，その内容ごとに名称が定められるのが通常である。名称は何でもいいのだが，「第○回新株予約権」とする例が多い。「第1回新株予約権」と「第2回新株予約権」では，異なる内容を定めることができるのである。名称と内容が一対一で対応すると考えていい。「新株予約権の内容」という表現は，名称のように新株予約権を特定するものとして用いられる場

合と，新株予約権の内容として定める個々の事項をさす場合とがある。

＋アルファ

　株式では，同じ内容の株式，つまり同じ種類の株式を何度も発行すること　**H23-29**
が可能だった。一方，新株予約権では，発行の都度新株予約権の内容を定め
ることが原則であり，募集新株予約権の発行ごとに異なる新株予約権の名称
が定められることになる。たとえば，既に発行されている「第1回新株予約
権」を募集新株予約権の発行の手続によって追加して発行するようなことは
できず，「第2回新株予約権」を発行するしかないのである。

　内容を決定する機関は，どのような方法で新株予約権を発行するのかに依存
する。たとえば，取得請求権付株式の取得の対価とする新株予約権の内容は，
株式の内容として定款で定めなければならないので，株主総会の特別決議が必
要となる。
➡　募集新株予約権の発行に際しては，募集事項の決定機関が新株予約権の内
　　容を定める。後述する。

(1)　**新株予約権の目的である株式の数**

　　新株予約権者は，新株予約権の行使をすることによって株式の交付を受け
　ることができる。この交付を受けることができる株式の数を新株予約権の内
　容として定めなければならない。
　　種類株式発行会社では，新株予約権の目的である株式の種類及び種類ごと
　の数を定めなければならない。
➡　「種類ごとの数」を定めることができる。つまり，複数の種類の株式を
　　新株予約権の目的とすることも可能なのである。

(2)　**新株予約権の行使に際して出資される財産の価額又はその算定方法**

　　新株予約権の行使に際しては，一定の額の財産を出資しなければならない。
　この額と株式の価値を比較して，新株予約権者は新株予約権を行使すべきか
　否かを判断するのである。

(3)　**金銭以外の財産を新株予約権の行使に際してする出資の目的とするとき
　は，その旨並びに当該財産の内容及び価額**

　　新株予約権の行使に際してする出資は，金銭に限られず，金銭以外の財産
　を出資する旨を定めることも可能である。逆に，金銭以外の財産を出資の目
　的とする旨を定めていないなら，新株予約権の行使に際しては金銭を払い込

まなければならない。

⑷　新株予約権を行使することができる期間

　　行使期間を定めることができる。行使期間を過ぎると，行使できなくなって新株予約権が消滅する（会§287）。

⑸　新株予約権の行使により株式を発行する場合における増加する資本金及び資本準備金に関する事項

H19-30

　　新株予約権の行使に際して新たに株式を発行する場合には，株式会社の資本金の額が増加する。新株予約権の行使に際して交付する株式としては，自己株式を利用することもでき，株式を発行せずに自己株式の交付のみをした場合には，資本金の額は増加しない。

　➡　増加する資本金の額については，後述する。

⑹　譲渡による新株予約権の取得について株式会社の承認を要することとするときは，その旨

　　新株予約権自体の譲渡を制限することができ，譲渡による新株予約権の取得について株式会社の承認を要する旨が定められている新株予約権を譲渡制限新株予約権とよぶ（会§243Ⅱ②）。

　　新株予約権の譲渡制限は，その目的である株式の譲渡制限の有無とは無関係である。譲渡制限新株予約権の目的である株式は，譲渡制限株式でなくてもいい。もちろん公開会社が譲渡制限新株予約権を発行することも問題ない。

　　また，新株予約権の譲渡制限は，新株予約権の内容として定めるから，発行する新株予約権ごとに譲渡制限新株予約権とするかしないかを任意に定めることができる。たとえば，「第1回新株予約権」が譲渡制限新株予約権ではないときでも，「第2回新株予約権」を譲渡制限新株予約権とすることができる。

⑺　一定の事由が生じたことを条件として新株予約権を取得できることとする場合には，取得の事由などの一定の事項

　　一定の事由が生じた場合に新株予約権を株式会社が取得する旨を定めることができ，そのような定めがある新株予約権を取得条項付新株予約権とよぶ（会§273Ⅰ）。

　　取得条項付新株予約権については，取得の事由，取得の対価などを定めなければならない。取得条項付株式と同じように考えればいい。

⑻　**組織再編行為に際して組織再編行為の相手方の株式会社の新株予約権を交付するときは，その旨**

　　組織再編行為について扱う際に軽く触れる。ややこしいので，とりあえずは無視してしまっていい。

⑼　**新株予約権を行使した新株予約権者に交付する株式の数に1株に満たない端数がある場合において，これを切り捨てるものとするときは，その旨**

　　新株予約権の行使に際して交付する株式の数に1株に満たない端数が発生するときは，その端数に相当する金銭を交付するのが原則である（会§283）。しかし，新株予約権の内容で定めることにより，端数を切り捨ててしまうことが可能となる。

⑽　**新株予約権証券を発行することとするときは，その旨**

　　新株予約権については，有価証券である新株予約権証券を発行することができる。新株予約権証券を発行するか否かは，新株予約権の内容として新株予約権ごとに定めることができる。株券の発行とは無関係で，株券発行会社でない株式会社でも新株予約権証券を発行することが可能である。

⑾　**新株予約権証券を発行する場合において，新株予約権者が記名式と無記名式との間の転換の請求の全部又は一部をすることができないこととするときは，その旨**

　　新株予約権証券については，記名式とすることも，無記名式とすることもできる。記名式と無記名式との間の転換は，いつでも請求できるのが原則だが（会§290），新株予約権の内容として定めることにより，その転換の請求を制限できる。

　➡　記名式と無記名式の違いについては，後述する。

　　以上のほか，新株予約権の行使の条件を定めることもできる（会§911Ⅲ⑫参照）。

3　募集新株予約権の発行

　　募集株式の発行と同じような手続で新株予約権の発行をするのが募集新株予約権の発行である。非常に似た手続となるので，募集株式の発行の手続をもう一度思い出し，復習しながら進めていくとよい。

　　募集新株予約権の発行では，募集株式の発行等のように「等」をつけない。　H23-29

自己新株予約権の処分と同じ手続にはならず，新たに新株予約権を発行する手続についてのみ規定されているからである。

用語解説

【自己新株予約権】

　株式会社が有する自己の新株予約権をいう（会§255Ⅰ）。

　株式と同様に，株式会社が自己の新株予約権を取得しても新株予約権が消滅することはなく，自己新株予約権となるとされている。もっとも，株式会社が自己新株予約権を行使することはできない（会§280Ⅵ）。

➕ **アルファ**

　少し前で述べたように，同じ名称の募集新株予約権を追加発行することはできない。つまり，既存の自己新株予約権と同じ名称の新株予約権を追加発行することは不可能となる。結局，新株予約権では，自己新株予約権の処分と募集新株予約権の発行を同列に扱うことはできないのである。

　募集新株予約権の発行は，募集株式の発行の手続と同様に，募集事項の決定，引受人の確定などの手続を経ることになる。

　また，募集株式の発行と同様に，株主割当ての方法とそれ以外の方法がある。

⑴　株主割当て以外の方法による募集新株予約権の発行

第238条　株式会社は，その発行する新株予約権を引き受ける者の募集をしようとするときは，その都度，募集新株予約権（当該募集に応じて当該新株予約権の引受けの申込みをした者に対して割り当てる新株予約権をいう。以下この章において同じ。）について次に掲げる事項（以下この節において「募集事項」という。）を定めなければならない。

　一　募集新株予約権の内容及び数

　二　募集新株予約権と引換えに金銭の払込みを要しないこととする場合には，その旨

　三　前号に規定する場合以外の場合には，募集新株予約権の払込金額（募集新株予約権1個と引換えに払い込む金銭の額をいう。以下この章において同じ。）

　四　募集新株予約権を割り当てる日（以下この節において「割当日」という。）

　五　募集新株予約権と引換えにする金銭の払込みの期日を定めるときは，そ

　の期日

六　（以下略）

　募集新株予約権の発行に際しては，**募集事項**を定める必要がある。募集事項は，株主割当ての方法と共通である。

➡　この節では，募集新株予約権の発行に際して定める募集事項のみを「募集事項」ということにし，単に「募集事項」というときは，募集株式の発行に際して定める募集事項を意味しないものとする。

　募集新株予約権の内容は募集事項として定めることになる。また，発行する予定の募集新株予約権の数も定める。

　募集株式の発行に際しては必ず払込金額を定めたが，募集新株予約権の発行では，払込金額を定めないこともできる。つまり，**無償で募集新株予約権を発行することも可能**なのである。 H24-29

　ここで定める払込金額は，新株予約権の内容として定める出資すべき財産の額とは異なる。この二つの金額は，明確に区別しなければならない。

重要●●●●●●●●●●●●●●●●●●●●●●●●●●●●●●●●●

　新株予約権の行使に際して払い込む額と，募集新株予約権の発行に際して払い込む額は異なる。行使に際して払い込むのは，株主となるための払込みであり，出資である。発行に際して払い込むのは，新株予約権を行使できる新株予約権者となるための払込みである。

　「払込金額」とよばれるのは，発行に際しての払込みの方である。行使に際しての払込みについては，「払込金額」という語句を用いない。

　募集新株予約権を割り当てる日（割当日）は必ず定める。

重要●●●●●●●●●●●●●●●●●●●●●●●●●●●●●●●●●

募集新株予約権の発行の効力発生日は，常に割当日である。 H23-29

　募集新株予約権と引換えにする金銭の払込みの期日は，定めても定めなくてもいい。払込みが必要な場合でも定めなくていいのである。定めなかった場合にどうなるかについては，後述する。また，払込みの期間を定めることはできない。

　238条の6号と7号は新株予約権付社債を発行する場合に定める事項であり，気にしなくていい。

　募集事項の決定機関は，募集株式の発行等と同じだと覚えてしまって構わない。
➡　募集株式の発行等における募集事項の決定機関を復習しておこう。

　公開会社では取締役会，公開会社でない株式会社では株主総会の特別決議が原則である（会§238Ⅱ，240Ⅰ）。
　募集事項の決定の委任があった場合が例外となるのも，募集株式の発行等と完全に同じとなる。
H30-29 　払込金額が特に有利な金額である場合が少し違っていて，募集新株予約権の発行では，次の場合が例外となる（会§238Ⅲ）。

・募集新株予約権と引換えに金銭の払込みを要しないこととすることが募集新株予約権を引き受ける者に特に有利な条件であるとき
・払込金額が募集新株予約権を引き受ける者に特に有利な金額であるとき

　払込みの不要な場合があるためである。その取扱いは，払込金額が募集株式を引き受ける者に特に有利な金額である場合と同じとなる。
➡　払込みが不要な場合でも，必ずしもこの例外に該当するわけではない。特に有利な条件であるかを新株予約権の内容などから判断することになる。

　種類株主総会の決議が必要となる場合も募集株式の発行等と似ているのだが，募集新株予約権の発行では，募集新株予約権の目的である株式の種類の全部又は一部が譲渡制限株式であるときに種類株主総会の決議が必要となる（会§238Ⅳ）。
➡　新株予約権自体に譲渡制限が定められた場合（譲渡制限新株予約権である場合）ではないことに注意する。新株予約権についての譲渡制限では，種類株主に不利とならない。譲渡制限株式の株主だから，不利になるおそれがあるのである。
➡　「全部又は一部」とされているのは，新株予約権の目的として複数の種類の株式を定めることができるからである。

　公開会社で募集事項の通知・公告が必要となる場合があるのも，募集株式の発行等と同じである（会§240ⅡⅢ）。有価証券届出書の届出をしている場

合に不要となるのも同じである（同Ⅳ）。

　募集新株予約権の発行でも，引受けの申込みをした者に対して割り当てる方法と総数の引受けを行う契約を締結する方法がある。

　申込みの手続は，募集株式の発行等と同じである。注意すべき点はない。
　募集新株予約権の割当ての手続も募集株式の割当てとほぼ同じなのだが，　H24-29
一つだけ注意すべき点がある。募集株式の発行では，募集株式が譲渡制限株式である場合だけ割当ての決定機関が異なった（会204Ⅱ）。募集新株予約権の発行では，

　　・募集新株予約権の目的である株式の全部又は一部が譲渡制限株式である
　　　場合
　　・募集新株予約権が譲渡制限新株予約権である場合

に割当ての決定機関が異なる（会§243Ⅱ）。
　この二つの場合には，取締役会設置会社では取締役会により，取締役会設　H19-30
置会社以外の株式会社では株主総会の特別決議により，募集新株予約権の割当ての決定をする。定款で他の機関を割当ての決定機関とすることもできる。
　この二つの場合以外では，業務執行機関が決定できる。
➡　種類株主総会が必要となる場合との違いに注意する。割当ての決定機関
　　についての規定は，既存の譲渡制限株式の株主の保護ではなく，譲渡の承
　　認機関と割当ての決定機関を一致させるためのものなのである。

　総数の引受けを行う契約を締結する場合についても，募集株式の発行等とほとんど違いがない。
　募集新株予約権の目的である株式の全部又は一部が譲渡制限株式である場合と募集新株予約権が譲渡制限新株予約権である場合には，総数の引受けを行う契約の承認が必要になる（会§244Ⅲ）。

　募集新株予約権の発行でも，支配株主の異動が問題になる。
　募集株式の発行と同様に考えればいいが，支配株主の異動かどうかを判断するための議決権の計算に際しては，支配株主かどうかを判断する募集新株予約権の引受人が引き受ける新株予約権が行使された場合の議決権を考えればよい。つまり，発行する新株予約権が全部行使されたとして議決権を考えるのではなく，その引受人以外が引き受ける新株予約権は無視して考えるの

である。

➡　厳密には，その引受人の子会社等が引き受ける新株予約権も含めて考える。

　前述したように募集新株予約権の発行の効力は，常に割当日に生じる（会§245）。払込みが必要でも不要でも関係ない。また，払込みが必要な場合でも，**払込みの期日を割当日後にすることは可能**であり，払込み前に効力が生じることもある。

　募集新株予約権の発行では，払込みについて正しく理解する必要がある。募集株式の発行等における**出資の履行とは，全く違う**。

第246条　第238条第1項第3号に規定する場合には，新株予約権者は，新株予約権についての第236条第1項第4号の期間の初日の前日（第238条第1項第5号に規定する場合にあっては，同号の期日。第3項において「払込期日」という。）までに，株式会社が定めた銀行等の払込みの取扱いの場所において，それぞれの募集新株予約権の払込金額の全額を払い込まなければならない。

　募集事項で払込みの期日を定めたときは，その日までに，払込みが必要にもかかわらず払込みの期日を定めなかったときは，**新株予約権の行使期間の初日の前日**までに，払込みをしなければならない。

➡　払込みの期日というのは，実は期限だったのである。

　これらの期日までに払込みをしなかったときは，新株予約権を行使できなくなる（会§246Ⅲ）。そして，行使のできない新株予約権は消滅する（会§287）。

➡　払込みの期日が割当日より前の場合には，払込みをしないと割当日前に新株予約権の消滅の原因が生じてしまう。結局，払込みのない部分については募集新株予約権の発行の効力が生じないのと同じことになる。

第246条　（略）

2　前項の規定にかかわらず，新株予約権者は，株式会社の承諾を得て，同項の規定による払込みに代えて，払込金額に相当する金銭以外の財産を給付し，又は当該株式会社に対する債権をもって相殺することができる。

　新株予約権は，将来株主となることができる権利であるが，株式そのもの H24-29 ではない。つまり，募集新株予約権の発行に際しての払込みは，出資ではない。出資ではなく，新株予約権を行使することができる新株予約権者となるための対価だから，一般の債務の履行と同じで，株式会社の承諾があれば，払込みに代えて**金銭以外の財産の給付**ができるし，株式会社に対する債権をもって相殺することができる。

➡　一種の代物弁済である。

　募集新株予約権の発行に際しての払込みは出資ではないから，**募集新株予** H19-32 **約権の発行によって資本金の額が増加することはない。**

(2)　株主割当ての方法による募集新株予約権の発行

　株主割当ての方法による場合も，募集株式の発行等と同じように考えればよい。

　まず，どのような募集新株予約権の発行が株主割当てなのかということに注意する必要がある。

　種類株式発行会社における募集株式の発行では，発行する株式の種類と割当てを受ける株式の種類が同じである必要があった（会§202 I ①）。同じように，株主割当てによる募集新株予約権の発行では，**募集新株予約権の目的である株式の種類が割当てを受ける株主の有する株式の種類と同じでなければならない**（会§241 I ①）。そのため，A種類株式の株主にB種類株式の交付を受けることができる新株予約権を割り当てる場合には，株主割当てではなくなるのである。

　募集事項の決定機関については，募集株式の発行と同じで，定款に別段の H24-29 定めがない場合，**公開会社では取締役会，公開会社でない株式会社では株主総会の特別決議**となる（会§241Ⅲ）。公開会社でない株式会社は，定款で定めることにより，取締役会設置会社では取締役会の決議により，取締役会設置会社以外の株式会社では取締役の決定により，募集事項を定めることができる。

　損害を及ぼすおそれがある場合の種類株主総会が必要となることも，募集株式の発行等と変わらない（会§322 I ⑤）。

　新株予約権の割当てを受ける権利を有する株主に対する通知も，募集株式

の発行等と同様に必要となる（会§241Ⅳ）。また，募集新株予約権の申込み
の手続も同様に必要となる（会§242Ⅰ）。

　効力の発生と，払込みについては，株主割当て以外の場合と同様で，やは
り割当日が効力発生日となる。

(3) 取締役の報酬等として新株予約権を交付する場合

　取締役の報酬等の株式を交付する場合の特則（第35節）と同様に，取締役
の報酬等として新株予約権を交付する場合の特則が設けられている（会§
236ⅢⅣ）。趣旨としては株式を交付する場合とだいたい同じである。

➡　令和元年改正法（令和3年3月1日施行）により追加された特則である。

➡　取締役の報酬等として交付される新株予約権は，しばしばストックオプ
　ションとよばれる。

　株式を交付する場合と同様に，この特則の対象となる株式会社は，金融商
品取引所に上場されている株式を発行している株式会社に限られる。取締役
と執行役の報酬等に限られる点についても株式と同じである。

　新株予約権の場合には，新株予約権の行使についても考えなければならな
い。この特則の対象となる新株予約権については，行使に際して払込みを要
しないとする旨を新株予約権の内容としなければならない。取締役は，新株
予約権の交付を受ける際も，新株予約権を行使する際も，払込みが不要とな
る。この払込みが不要な新株予約権は，報酬等として交付を受けた取締役自
身が行使しなければならない。

➡　そもそも，取締役を株主とすることで取締役と株主の利害を一致させる
　ことを目的としていたのである。取締役以外が新株予約権の行使によって
　株主となるのは趣旨に反しているため，認められない。

➡　取締役を退任した後に行使することも許容されている。

　報酬等について定款の定めか株主総会の決議が必要になる点は，株式の場
合と同じである（会§361Ⅰ④⑤ロ）。

(4) 募集新株予約権の発行をやめることの請求

H24-29

　募集株式の発行等と同様に，募集新株予約権の発行をやめることの請求を
する権利が株主には認められる（会§247）。

(5) 無効・不存在の確認の訴え

株式の発行の場合と同様に，新株予約権の発行の無効の訴えが認められている（会§828Ⅰ④）。新株予約権の発行の無効の訴えも，**公開会社では6か月以内に，公開会社でない株式会社では1年以内**に提起しなければならない。訴えを提起できる者も，株式の発行と同じで，株主，取締役，清算人，監査役設置会社の監査役，指名委員会等設置会社の執行役である（会§828Ⅱ④）。

➡ 株式の発行に加えて特に注意すべき事項はない。

新株予約権の発行の不存在の確認の訴えは，株式の発行や自己株式の処分と同じ条文で規定されている（会§829）。

4　新株予約権の行使

新株予約権者は，新株予約権を行使することによって株主となる。募集新株予約権の発行と新株予約権の行使は全く違う手続なので，しっかり区別しなければならない。

新株予約権者は，行使期間内であればいつでも新株予約権を行使できる。

（新株予約権の行使）

第280条　新株予約権の行使は，次に掲げる事項を明らかにしてしなければならない。

一　その行使に係る新株予約権の内容及び数

二　新株予約権を行使する日

2　証券発行新株予約権を行使しようとするときは，当該証券発行新株予約権の新株予約権者は，当該証券発行新株予約権に係る新株予約権証券を株式会社に提出しなければならない。ただし，当該新株予約権証券が発行されていないときは，この限りでない。

行使に際しては，行使する新株予約権のほか，新株予約権を行使する日を明らかにしなければならない。新株予約権の行使の効力発生日は，ここで新株予約権者が明らかにする**新株予約権を行使する日**である。

条文上，「明らかにしてしなければならない」とのみ規定されており，行使に際して書面を提出することは要求されていない。もっとも，現実には「新株予約権行使請求書」などの書面が提出されることが多い。

証券発行新株予約権とは，新株予約権証券を発行する旨の定めがある新株予

約権をいう（会§249③ニ）。新株予約権の内容として新株予約権証券を発行する旨の定めがあれば証券発行新株予約権なので，現実に新株予約権証券を発行していなくても，証券発行新株予約権に該当する場合がある。

➡　新株予約権証券の発行については，後述する。

　行使してしまうと新株予約権は消滅するから，新株予約権の行使に際しては新株予約権証券の提出が必要になる。

　新株予約権付社債の場合には，やや複雑になる。新株予約権付社債については，社債券が発行される場合があるのだが，新株予約権を行使しても社債が当然に消滅するわけではない。行使後も社債部分だけ残ることがあるのである。そのため，新株予約権の行使後も社債が残る場合には，新株予約権の行使に際して社債券を提示すれば足りることになる（会§280Ⅲ）。提示した社債券は，行使後，新株予約権が消滅した旨が記載されて社債権者に返却される。

（新株予約権の行使に際しての払込み）

第281条　金銭を新株予約権の行使に際してする出資の目的とするときは，新株予約権者は，前条第1項第2号の日に，株式会社が定めた銀行等の払込みの取扱いの場所において，その行使に係る新株予約権についての第236条第1項第2号の価額の全額を払い込まなければならない。

2　（略）

3　新株予約権者は，第1項の規定による払込み又は前項の規定による債務と株式会社に対する債権とを相殺することができない。

　新株予約権の行使に際しては，払込みが必要となる。この払込みは，株主となるための払込みであり，**出資**である。募集新株予約権の発行に際しての払込みとは区別しなければならない。

　出資であるから，新株予約権者が株式会社に対する債権を持っていても相殺することはできない。募集株式の発行等と同じである。

　行使に際しての払込みは，新株予約権の内容に従って行わなければならない。新株予約権の内容として金銭以外の財産を出資の目的とする旨が定められていなければ，金銭を払い込まなければならない。

> **第281条**　（略）
>
> 2　金銭以外の財産を新株予約権の行使に際してする出資の目的とするときは，新株予約権者は，前条第１項第２号の日に，その行使に係る新株予約権についての第236条第１項第３号の財産を給付しなければならない。この場合において，当該財産の価額が同項第２号の価額に足りないときは，前項の払込みの取扱いの場所においてその差額に相当する金銭を払い込まなければならない。

　新株予約権の内容として金銭以外の財産を出資の目的とする旨を定めていれば，その内容に従い行使に際して金銭以外の財産を給付することになる。

　新株予約権の行使は，新株予約権の内容を定めた時から何年も経過した後に行われることも予想される。そこで，給付した時点における価額が新株予約権の内容として定めた出資される財産の価額に足りないときは，その差額を金銭で払い込むものとされている。

　金銭以外の財産を給付する場合には，募集株式の発行等と同様に，検査役の　H19-30
調査が必要となることがある。検査役の調査が必要となるのは，新株予約権の発行時ではなく，**新株予約権の行使時**である（会§284Ⅰ）。
　検査役の調査を省略できる場合は，募集株式の発行と同様に，

- ・交付される株式数が発行済株式の総数の10分の１以下
- ・現物出資財産の価額の総額が500万円以下
- ・市場価格のある有価証券の価額が市場価格以下
- ・弁護士などの一定の者の証明を受けた場合
- ・株式会社に対する金銭債権の価額がその帳簿価額以下

のいずれかに該当する場合である（会§284Ⅸ）。しかし，この要件に該当するかは，新株予約権１個ごとに判断するものとされている。
➡　行使ごとにまとめて判断すると規定したとしても，１個ずつ分けて行使してしまえば簡単に回避できてしまうので，新株予約権１個ごとに判断するしかないのである。

　募集新株予約権の発行に際しての払込みと，新株予約権の行使に際しての払込み・給付（出資）とは，このようにいろいろと違う。ここで両者の違いを整

理しておこう。

	募集新株予約権の発行に際しての払込み	新株予約権の行使に際しての出資
何のための払込みか	新株予約権を行使できる新株予約権者となるため	新株予約権を行使して株主となるため
必ず必要か	定めがある場合に限り必要	報酬等の場合を除き必要
何で額を定めるか	募集事項	新株予約権の内容
いつ払い込むか	募集事項で定めた払込みの期日か，行使期間の初日の前日まで	新株予約権を行使する日
金銭以外の財産を給付できるか	株式会社の承諾があればできる	新株予約権の内容として定めていればできる
株式会社に対する金銭債権と相殺できるか	株式会社の承諾があればできる	できない（新株予約権の内容に従って金銭債権を給付することは可能）
検査役の調査が必要となることはあるか	ない	ある

　新株予約権の行使においても，不公正な払込金額で募集新株予約権を引き受けた者等の責任（会§285）や，出資された財産等の価額が不足する場合の責任（会§286），仮装払込みの場合の責任（会§286の2）が定められている。

　新株予約権の行使に際して新たに株式を発行した場合には，**資本金の額が増加する**。新株予約権の行使に際して自己株式を交付し，株式を発行しなかった場合には，資本金の額が増加しない。

新株予約権の行使に際して株式を発行した場合には，払い込まれた金額・給付された財産の価額のほか，新株予約権そのものも出資されたと考えることができる。株式会社が発行している新株予約権は貸借対照表に計上されており，その新株予約権の価額分も出資されたと考えるのである。

したがって，新株予約権が行使された場合には，新株予約権の帳簿価額と行使に際して払込み・給付された財産の価額を合計した額に基づいて増加する資本金の額を計算することになる。 ┃H21記述┃ ┃H18記述┃

そして，新株予約権の内容（会§236Ⅰ⑤）に基づき，この合計額の2分の1の額以上の額について資本金の額が増加する。

➡　計算についての節でもう一度説明する。

5　新株予約権無償割当て

募集新株予約権の発行以外にも，新株予約権を発行する手段はいくつかある。新株予約権無償割当てもその一つである。基本的には，株式無償割当てと同じ手続と考えればよい。

新株予約権無償割当てでは，新株予約権の目的である株式の種類と割当てを受ける株主の保有する株式の種類が同じである必要はない。株式無償割当てと同じである。

新株予約権無償割当てに関する事項の決定機関は，取締役会設置会社では取締役会，取締役会設置会社以外の株式会社では株主総会となる。定款で決定機関を変更することもできる（会§278Ⅲ）。

➕ アルファ

新株予約権無償割当ては，様々な場面で活用されている。おそらく，株式無償割当てよりも利用されている制度だろう。

まず，新株予約権無償割当てにより，株主割当てによる募集株式の発行と同じような効果を上げることができる。株主に株式の割当てを受ける権利を与える代わりに，株主に新株予約権を無償で割り当てるのである。株主割当てによる募集株式の発行では，株主は，払込みをして株式の交付を受けるか，何もせずに失権するかの選択肢しかないが，新株予約権の割当てを受ければ，新株予約権の行使・不行使以外に新株予約権を譲渡・売却するという選択もできるようになり，株主の選択肢が増える。また，株式会社にとっても，既存株主を害することなく資金調達をすることが可能となり，さらに，行使期間，行使条件などを工夫することにより，柔軟な資金調達が可能になる。こ

のような新株予約権無償割当ては，ライツイシューとよばれたりする。

　買収防衛策として新株予約権無償割当てを利用する例も登場している。新株予約権の行使条件を工夫することにより敵対的買収者が行使できないような新株予約権を設計し，それを株主に無償で交付するのである。こちらはライツプランやポイズンピルとよばれる。カタカナ語を多用すると，一部の人には賢いと思われるかもしれない。

　これらの新株予約権無償割当ての利用は試験対策として重要とはいえないが，新株予約権無償割当てという制度が意外に重要であることは認識しておいた方がいいかもしれない。

　新株予約権無償割当てについては，その効力発生後に割当てを受ける株主と登録株式質権者に対する通知が行われる（会§279Ⅱ）。事前に通知するのではないため，新株予約権無償割当てに関する事項の決定後，直ちに新株予約権無償割当ての効力を発生させることができる。

　しかし，新株予約権無償割当てをした旨の通知があった後すぐに新株予約権の行使期間が満了してしまうと，割当てを受けた株主による新株予約権の行使が困難になる。そのため，行使期間の末日が通知の日から2週間を経過するより前に到来する場合には，行使期間が2週間を経過する日まで延長されたものとみなされることになる（会§279Ⅲ）。新株予約権の行使のための期間が最低2週間は確保されるのである。

➡　平成26年改正法（平成27年5月1日施行）によって扱いの変わった部分である。

　新株予約権無償割当てについては，募集新株予約権の発行とは異なり，差止めの請求をすることができる旨の規定がない。しかし，募集新株予約権の発行をやめることの請求についての247条の規定は，新株予約権無償割当てについても類推適用できるというのが判例である（最決平19.8.7参照）。

6　新株予約権証券

　まず，新株予約権証券を発行する旨は，新株予約権の内容として定めることを思い出しておこう。

➡　新株予約権付社債の場合には，新株予約権証券が発行されることはなく，新株予約権付社債券の発行ができることになる。

（新株予約権証券の発行）

第288条　株式会社は，証券発行新株予約権を発行した日以後遅滞なく，当該証券発行新株予約権に係る新株予約権証券を発行しなければならない。

2　前項の規定にかかわらず，株式会社は，新株予約権者から請求がある時までは，同項の新株予約権証券を発行しないことができる。

新株予約権証券を発行する旨の定めがある新株予約権が**証券発行新株予約権**である。

株券については，公開会社でない場合に限り，請求がある時まで発行しないことができたのだが，新株予約権証券については，公開会社か否かにかかわらず，**請求がある時まで発行しないことができる**。

新株予約権証券には次の事項が記載される（会§289）。

・株式会社の商号
・新株予約権の内容及び数
・新株予約権証券の番号

また，新株予約権証券には，代表取締役・代表執行役が署名又は記名押印しなければならない。

新株予約権証券には，記名式と無記名式がある。本来，有価証券に権利者の氏名が記載されているものを記名式有価証券といい，権利者の氏名が記載されていないものを無記名式有価証券というのだが，新株予約権証券についての記名式・無記名式は，**新株予約権原簿への新株予約権者の氏名の記載の有無**によって区別される。

➡　新株予約権証券への氏名の記載について，会社法は特別の効力を与えていない。

➡　このあと，新株予約権原簿と新株予約権の譲渡のところで扱う。

無記名式の新株予約権証券が発行されている新株予約権を**無記名新株予約権**という（会§249①）。

新株予約権者は，新株予約権の内容で制限されていない限り，記名式と無記名式との間の転換の請求ができる（会§290）。

新株予約権証券を喪失した場合には，非訟事件手続法に基づく公示催告手続を経て，その除権決定を受けた後，株式会社に対して再発行の請求をすることになる（会§291）。

➡　株券喪失登録のような制度は，新株予約権については用意されていない。裁判所の関与が必要なのである。

7　新株予約権原簿

株主名簿と同様に，新株予約権については**新株予約権原簿**が作成される。

新株予約権原簿に記載すべき事項は，無記名式の新株予約権証券が発行されている場合，つまり**無記名新株予約権**である場合と，それ以外の場合とで異なる。

➡　話を簡単にするため，ここでも新株予約権付社債は無視していく。

無記名新株予約権である場合の記載事項は，

・新株予約権証券の番号
・無記名新株予約権の内容及び数

だけである（会§249①）。新株予約権者の氏名が記載されないことに注意しよう。

一方，それ以外の場合，つまり，記名式の新株予約権証券が発行されている場合と新株予約権証券が発行されていない場合には，

・新株予約権者の氏名又は名称及び住所
・新株予約権の内容及び数
・新株予約権を取得した日
・新株予約権証券を発行しているときは新株予約権証券の番号

を記載しなければならない（会§249②）。

書面ではなく電磁的記録で新株予約権原簿を作成してもよい。株主名簿と同じである。

H27–28　　新株予約権原簿の備置き・閲覧などは，株主名簿と同じだと思ってよい。重

要なのは，株主名簿管理人を置いたときは，**新株予約権原簿に関する事務も株主名簿管理人が行う**という点である（会§251，123）。「新株予約権原簿管理人」のようなものは，規定されていないのである。

8　新株予約権の譲渡

新株予約権の譲渡は，新株予約権証券を発行する旨の定めがあるかどうかで異なるが，さらに，無記名新株予約権かどうかでも異なる。つまり，新株予約権の譲渡についての扱いは，

- ・証券発行新株予約権以外の新株予約権
- ・無記名新株予約権以外の証券発行新株予約権
- ・無記名新株予約権

の3パターンとなる。

(1)　証券発行新株予約権以外の新株予約権の譲渡

新株予約権証券を発行する旨の定めがない新株予約権の譲渡である。

譲渡の効力は，意思表示によって生じる。

譲渡を対抗するには，新株予約権原簿への記載が必要になる（会§257Ⅰ）。

➡　株券発行会社以外の株式会社における株式の譲渡と同じ。

(2)　無記名新株予約権以外の証券発行新株予約権の譲渡

新株予約権の譲渡には，新株予約権証券の交付が必要になる（会§255Ⅰ）。つまり，新株予約権証券の交付が効力要件である。

新株予約権証券の交付を受けていないのであれば，新株予約権証券の発行を請求し，交付を受けてから譲渡することになる。

➡　交付を受けた新株予約権証券が無記名式だったら，次の(3)のケースになる。

株式会社に譲渡を対抗するには，新株予約権原簿への記載が必要である（会§257Ⅱ）。一方，株式会社以外の第三者には，新株予約権証券の引渡しで対抗できる。

(3)　無記名新株予約権の譲渡

新株予約権証券の交付が効力要件である点は，記名式の新株予約権証券が

発行されている場合と同じである。

　無記名新株予約権では，新株予約権者の氏名が新株予約権原簿に記載されない。そのため，新株予約権の譲渡を対抗するには，新株予約権証券の引渡しをする以外にない。

　新株予約権証券の占有者は，その権利が推定される（会§258Ⅰ）。
　また，新株予約権証券は，善意取得の対象にもなる（会§258Ⅱ）。
➡　いずれも株券と同じである。

H23-29　　新株予約権については，その内容で譲渡を制限できる（会§236Ⅰ⑥）。譲渡の承認の手続は，株式の場合と同じと考えていいが，株式の場合と違って，買取りの請求は認められていない（会§262〜266）。また，譲渡の承認をする機関も，新株予約権の内容として定める。

9　自己の新株予約権の取得

H29-29　　自己の新株予約権の取得については，株式の取得のような厳格な規定がない。株式の取得は株主に対する資本の払戻しとなるが，新株予約権の取得では資本の払戻しとならず，厳しく規制する必要がないのである。

　株式会社は，新株予約権の内容に従い，取得条項付新株予約権を取得することができる。取得条項付新株予約権を取得したときは，新株予約権の内容に従って対価を交付することになるが，対価が株式である場合には，新株予約権の取得と引換えに株式を交付することになり，新株予約権の行使と似たような結果が得られる。

H19-30　➡　対価として株式を発行した場合には，資本金の額が増加する。

10　新株予約権の消却

H29-29　　株式会社が自己の新株予約権を取得した場合には，その新株予約権は，自己新株予約権となる。自己新株予約権は，そのまま保有していてもいいし，処分することも可能である。
　➡　自己株式の処分のような厳格な手続は定められていない。

　株式会社は，自己新株予約権を行使することができない（会§280Ⅵ）。

　自己新株予約権は，自己株式と同様に，消却することができる（会§276Ⅰ）。

自己新株予約権の消却に関する事項は，取締役会設置会社では取締役会の決議によって定めなければならない（会§276Ⅱ）。取締役会設置会社以外の株式会社では，通常の業務執行の決定機関が決定すればよい。

11　新株予約権の消滅

新株予約権は，行使することができなくなったときは消滅する（会§287）。

ここでいう「行使することができなくなったとき」というのは，今後永遠に行使が不可能である状態を意味する。すなわち，新株予約権の行使の条件を定めている場合で，時間の経過や，新株予約権の譲渡など，様々な事情の変更によって新株予約権の行使ができるようになる可能性が残されているなら，新株予約権は消滅しない。

12　新株予約権買取請求

新株予約権者には，議決権などの権利がない。そのため，新株予約権者にとって不利益となるおそれがある行為をする場合には，**新株予約権買取請求**が認められることになる。

新株予約権買取請求が認められるのは，次の場合である（会§118）。 `H22-33`

- ・新株予約権の目的である株式を譲渡制限株式とする定款の変更をする場合
- ・新株予約権の目的である株式を全部取得条項付種類株式とする定款の変更をする場合
- ・組織再編行為をする場合（会§777，787，808）

新株予約権の目的である株式の内容の変更から新株予約権者を保護するためである。

➡　組織再編行為の場合については，組織再編行為について扱う際に触れる。

反対株主の株式買取請求とほぼ同じなのだが，新株予約権者にはそもそも反対の機会がないので，反対する必要がない点が違う。

新株予約権買取請求が可能となる場合には，効力発生日の20日前までに，新株予約権者に対する通知か公告が必要になる。

13　新株予約権証券の提出に関する公告

株券の提出に関する公告と同様に，新株予約権証券の提出に関する公告が必

要となる場合がある。次の場合である（会§293）。

- ・取得条項付新株予約権の取得
- ・特別支配株主の株式等売渡請求に際して新株予約権の売渡しを請求する場合
- ・組織変更
- ・その株式会社が消滅することとなる合併
- ・吸収分割をする一定の場合
- ・新設分割をする一定の場合
- ・株式交換をする一定の場合
- ・株式移転をする一定の場合

組織再編行為については，今のところ眺めておくだけでいい。

新株予約権付社債について新株予約権付社債券が発行されているときは，新株予約権証券ではなく新株予約権付社債券の提出に関する公告が必要になる。

第37節 社 債

Topics ・持分会社でも社債の発行は可能である。
　　　　・社債管理者について理解する。
　　　　・社債権者集会について理解する。株主名簿との違いに注意する必要がある。

1 社債とは何か

　社債とは何かという問題は，意外に難しい。金銭債権，つまり会社の借金なのだが，ただの金銭債権と社債とは，会社法の社債に関する規定に従うかどうかで区別される（会§2㉓）。

　社債については，社債券を発行することができ，社債の譲渡を容易にすることが可能である。また，不特定多数の者を債権者とすることも容易である。つまり，流通性を高め，画一的な処理を可能にしている金銭債権が社債であるといえる。

　社債を発行できるのは，株式会社に限られない。持分会社も社債を発行する H29-33 ことができる。そのため，本来，株式会社についての章で社債を扱うのは不適切なのだが，試験では株式会社の発行する社債について問われる可能性が高いため，この章で扱うことにする。

➡　補足的に，持分会社における社債についても触れる。

2 社債の発行

　株式や新株予約権は募集以外の方法でも発行できるケースがあったのだが，社債の発行は，組織再編行為を除き，社債を引き受ける者を募集する方法に限られる。発行される社債は，募集社債とよばれる。

　社債を発行するときは，募集社債に関する事項を決定しなければならない（会§676）。

　募集社債に関する事項のうち，主なものは次のとおりである（会§676，会施規§162）。

・募集社債の総額
・各募集社債の金額
・募集社債の利率
・募集社債の償還の方法及び期限

・利息支払の方法及び期限
・社債券を発行するときは，その旨
・社債管理者を定めないこととするときは，その旨
・社債管理補助者を定めることとするときは，その旨
・各募集社債の払込金額若しくはその最低金額又はこれらの算定方法
・募集社債と引換えにする金銭の払込みの期日
・一定の日までに募集社債の総額について割当てを受ける者を定めていない場合において，募集社債の全部を発行しないこととするときは，その旨及びその一定の日
・数回に分けて募集社債と引換えに金銭の払込みをさせるときは，その旨及び各払込みの期日における払込金額
・他の会社と合同して募集社債を発行するときは，その旨及び各会社の負担部分

H23-28　社債券を発行する旨は，募集社債に関する事項で定める。

➡　株券を発行する旨は定款で，新株予約権証券を発行する旨は新株予約権の内容で定めた。

R2-33　社債の場合には，その全部について引き受ける者がいないときは，社債の発行の全部をやめることができる。もちろん，一部を発行することもできる。一部の発行をするかしないかは，募集社債に関する事項で定める。一部のみの発行をする場合を打切発行とよぶこともある。

➡　株式や新株予約権の場合には，当然に一部のみの発行が可能であった。

R2-33　社債については，分割して払い込むことを可能とすることができる。

➡　株式や新株予約権では，払込金額の全額を一括して払い込む必要があった。

R2-33　社債では，他の会社と合同して発行することも認められる。

➡　株式や新株予約権では認められない。

募集社債に関する事項は，業務執行の決定機関が決定する。すなわち，取締役会設置会社では取締役会であり，取締役会設置会社以外の株式会社では取締役の過半数の一致である（会§348Ⅱ，362Ⅳ⑤）。

➡　持分会社でも，通常の業務執行の決定機関が決定する。

申込み・割当ての手続は，株式や新株予約権の発行に似ている。特に注意す

べき事項はない。

　社債も金銭債権であるから，払込みと同時に成立することになる（民§587）。つまり，払込みによって社債の発行の効力が生じる。

3　社債券

（社債券の発行）
第696条　社債発行会社は，社債券を発行する旨の定めがある社債を発行した日以後遅滞なく，当該社債に係る社債券を発行しなければならない。

　新株予約権証券と異なり，社債を発行する旨を定めたときは，請求の有無にかかわらず発行するものとされている。

　社債券を発行する場合には，その社債券を記名式とすることも無記名式とすることもできる。そして，無記名式の社債券が発行されている社債は，無記名社債とよばれる（会§681④）。

　社債券には，利札を付けることができる（会§697）。利札は，利息部分についての有価証券であり，社債権者は，利札と引換えに利息の支払いを受けることができる（会§700参照）。

　記名式と無記名式との間の転換（会§698）や，社債券を喪失した場合の扱い（会§699）は，新株予約権とほぼ同じである。

4　社債原簿

　社債については，株主名簿と同様に，社債原簿が作成される。社債原簿も，書面のほか，電磁的記録によって作成することができる。

　社債券を発行する場合には，その社債券を記名式とすることも無記名式とすることもできる。そして，無記名式の社債券が発行されている無記名社債については，社債権者の氏名が社債原簿に記載されない（会§681）。
➡　新株予約権と同じように考えればよい。

　社債原簿については，社債原簿管理人を置き，社債原簿に関する事務を行う　H23-28　ことを委託することができる。

➡　株主名簿管理人は，株主名簿のほか，新株予約権原簿に関する事務も扱うことができたが，社債原簿に関する事務を当然に扱うことはできない。社債は持分会社も発行できるので，株主名簿管理人が当然に扱うとするような制度にはできないのである。

➡　後述する社債管理者と区別する必要がある。

　　社債原簿管理人を置かない場合には，社債発行会社がその本店に社債原簿を備え置くが，社債原簿管理人を置く場合には，社債原簿管理人の営業所に社債原簿を備え置くことになる（会§684Ⅰ）。

用語解説

【社債発行会社】

　　社債を発行した会社をいう（会§682Ⅰ）。

　　繰り返しになるが，社債発行会社は株式会社に限られず，持分会社も社債発行会社になり得る。

　　社債権者，社債権者以外の債権者，株主・社員は，社債原簿の閲覧・謄写の請求ができる（会§684Ⅱ，会施規§167）。また，親会社社員は，その権利を行使するため必要があるときは，裁判所の許可を得て，閲覧・謄写の請求ができる（会§684Ⅳ）。

5　社債の譲渡

H23-28
H21-32

　　社債の譲渡については，新株予約権と同様に，社債券を発行していない場合，記名式の社債券を発行している場合，無記名式の社債券を発行している場合の三つの場合で異なる（会§688）。

➡　忘れてしまっていたら，前節の新株予約権の譲渡のところに戻って復習しておこう。

6　社債の償還

　　社債の償還の期限が到来すると社債権者は社債の償還を受けることができる。

　　社債の償還については，時効が論点になることがある。

（社債の償還請求権等の消滅時効）

第701条　社債の償還請求権は，これを行使することができる時から10年間行

使しないときは，時効によって消滅する。

2　社債の利息の請求権及び前条第2項の規定による請求権は，これらを行使
することができる時から5年間行使しないときは，時効によって消滅する。

社債は10年，利息は5年である。利札の所持人からの利息の請求も5年とな
る。

7　社債管理者

（社債管理者の設置）

第702条　会社は，社債を発行する場合には，社債管理者を定め，社債権者の
ために，弁済の受領，債権の保全その他の社債の管理を行うことを委託しな
ければならない。ただし，各社債の金額が1億円以上である場合その他社債
権者の保護に欠けるおそれがないものとして法務省令で定める場合は，この
限りでない。

社債を発行する会社には，原則として，**社債管理者**の設置が義務づけられる。
社債管理者は，社債権者のために社債の管理を行うのだが，社債管理者を設置
する義務は社債を発行する会社が負う。

社債管理者となることができるのは，銀行や信託銀行などの一定の金融機関
である（会§703，会施規§170）。

社債管理者を置くことにより，社債権者は専門的知識のある者に管理を委託
することができる。また，会社としても，個々の社債権者ではなく社債管理者
を相手にすればよくなり，様々な手間が省ける。

社債管理者は設置するのが原則なのだが，

H30-33
H26-33

・各社債の金額が1億円以上である場合
・ある種類の社債の総額を当該種類の各社債の金額の最低額で除して得た数
が50を下回る場合

のいずれかに該当する場合には，設置義務が免除される（会§702，会施規
§169）。

🔍**理由**　各社債の金額が高額なら社債権者を保護する必要性に乏しいし，
発行される社債の数が少ないなら社債権者が各自の社債を管理し，

社債発行会社は個別に対応すればいいから。

用語解説

【社債の種類】

社債の内容を特定する一定の事項をいう（会§681Ⅰ①）。

利率，償還の方法及び期限，利息支払の方法及び期限などの一定の事項が同じであれば，同一の種類の社債として扱われる（会施規§165）。必ずしも，1度の募集で発行された社債が一つの種類となるのではない。会社法上の「社債の種類」という用語は，一般的に用いられる社債の分類といったような意味ではなく，「新株予約権の内容」に近い用いられ方をするので，少しだけ注意すべきである。新株予約権のように，社債についても種類ごとに「第○回無担保社債」のような名称が付けられることが多い。

（社債管理者の義務）

第704条　社債管理者は，社債権者のために，公平かつ誠実に社債の管理を行わなければならない。

H30-33

2　社債管理者は，社債権者に対し，善良な管理者の注意をもって社債の管理を行わなければならない。

（社債管理者の権限等）

第705条　社債管理者は，社債権者のために社債に係る債権の弁済を受け，又は社債に係る債権の実現を保全するために必要な一切の裁判上又は裁判外の行為をする権限を有する。

H26-33

社債管理者は，**社債権者のために**社債の管理を行う。社債発行会社によって設置されるのだが，社債発行会社のために社債の管理を行うのではない。社債発行会社の利益よりも社債権者の利益を優先しなければならないのである。

社債管理者は，社債権者に対して損害を賠償する責任を負うこともある（会§710Ⅰ）。

H26-33

社債管理者は，社債権者のために**弁済の受領**をすることができる。また，債権の実現の保全のために必要な裁判上と裁判外の権限を持っている。さらに，裁判所の許可を得て社債発行会社の業務及び財産の状況を調査することもできる（会§705Ⅳ）。かなり大きな権限が与えられているといえる。

　弁済の受領などは社債管理者が当然に行うことができるのだが，社債権者にとって不利益となるおそれがあるような行為には，社債権者集会の決議が必要になる。

➡　社債権者集会は，この後すぐ登場する。

　社債権者集会の決議が必要となる事項は，次のとおりである。

・社債の全部についてする支払いの猶予，その債務若しくはその債務の不履行によって生じた責任の免除又は和解
・社債の全部についてする訴訟行為又は破産手続，再生手続，更生手続若しくは特別清算に関する手続に属する行為

　ただし，2番目の行為は，募集社債に関する事項で社債権者集会の決議を不要とする旨を定めることができる（会§676⑧）。

　社債管理者は，社債権者の保護のため，簡単に辞任することが認められない。社債管理者が辞任できるのは，

・社債発行会社と社債権者集会の同意を得た場合
・社債の管理を委託する契約に辞任できる旨の定めがある場合
・やむを得ない事由があるときにおいて裁判所の許可を得た場合

のいずれかに該当する場合である（会§711）。

　社債発行会社と社債権者集会の同意による辞任の場合には，辞任する社債管理者があらかじめ事務を承継する社債管理者を定めなければならず，契約の内容に基づく辞任の場合には，契約中に事務を承継する社債管理者に関する定めがなければならない。 `H26-33`

8　社債管理補助者

（社債管理補助者）
第714条の2　会社は，第702条ただし書に規定する場合には，社債管理補助者を定め，社債権者のために，社債の管理の補助を行うことを委託することができる。ただし，当該社債が担保付社債である場合は，この限りでない。

　社債管理補助者という名称はやや紛らわしいが，社債管理者の補助をするの

ではない。社債の管理の補助を行うのである。社債管理者が定められている場合には，社債管理補助者を定めることはできない。社債管理者を定める必要がない場合において，募集社債に関する事項で定めることにより社債管理補助者を定めることができる。社債管理者の設置義務がない場合には，任意に社債管理者を定める，任意に社債管理補助者を定める，社債管理者も社債管理補助者も定めないという三つの選択肢があることになる。

➡　令和元年改正法（令和3年3月1日施行）により追加された制度である。
➡　担保付社債については，あまり気にしなくてよい。担保付社債信託法の適用があるため別な制度になる。

社債管理補助者の資格は，社債管理者よりもやや広範囲であり，弁護士や弁護士法人もなることができる（会§714の3，会施規§171の2）。そして，社債管理補助者の権限は，社債管理者よりも限定されている。

➡　このような似た職務を行う者について権限の違いがある場合には，その違いを把握することが試験対策として重要になる。

社債管理者は，当然に弁済の受領ができる（会§705Ⅰ）。一方，社債管理補助者は，委託に係る契約に定める範囲内で弁済の受領ができる（会§714の4Ⅱ①）。社債管理者の権限とされている事項の多くは，委託に係る契約で定めることにより社債管理補助者の権限とすることができるが，社債発行会社の業務及び財産の状況を調査する権限（会§705Ⅳ）を社債管理補助者に与えることはできない。また，債権者の異議手続において異議を述べることは，社債管理者にはできるが，社債管理補助者にはできない（会§740Ⅱ）。

➡　社債管理補助者の権限は，委託に係る契約の内容に大きく依存することになる。委託に係る契約の内容にかかわらず当然に認められている権限は，破産手続参加などの一定のものに限られている（会§714の4Ⅰ）。

辞任と解任については，社債管理者についての規定が準用されている（会§714の7，711，713）。

社債管理補助者が複数定められている場合の扱いは，社債管理者が複数の場合と異なる。社債管理者が2以上である場合には共同してその権限に属する行為をしなければならないが（会§709Ⅰ），社債管理補助者については，各自，その権限に属する行為をすることができる（会§714の5Ⅰ）。

➡　社債管理補助者の権限は社債管理者よりも制限されているため，共同して行う必要はないものとされている。

9　社債権者集会

> （社債権者集会）
> **第715条**　社債権者は，社債の種類ごとに社債権者集会を組織する。

　株主が株主総会を組織するように，社債権者は**社債権者集会**を組織する。もっとも，社債の種類ごとに組織されるので，株主総会というよりも種類株主総会に近いのかもしれない。

➡　新株予約権者については，このような組織はない。ただし，新株予約権付社債は社債の一種であるから，その社債権者によって社債権者集会が組織される。

> （社債権者集会の権限）
> **第716条**　社債権者集会は，この法律に規定する事項及び社債権者の利害に関する事項について決議をすることができる。　　H21-32

　社債権者が会社の経営に口を出すことは認められず，社債権者集会の権限は，もっぱら社債権者の利害に関する事項に限られる。

➡　社債管理者のところで，一定の行為をする場合に社債権者集会の決議が必要となることがあった。少し前のページを確認しておこう。

　社債権者集会で決議できる事項には，社債の期限の利益を喪失する旨の通知に関する事項（会§739），債権者の異議手続に際して異議を述べる旨（会§740）などがある。

　社債権者集会の運営については，株主総会と比較して理解すべきである。以下，株主総会との違いを中心に整理していく。

　社債権者集会は，いつでも招集することができる（会§717Ⅰ）。定時株主総会のように定期的に開催する義務はない。

　社債権者集会の招集権者は，原則として**社債発行会社か社債管理者**である（会　H26-33
§717Ⅱ）。社債発行会社も，社債管理者も，単独で社債権者集会を招集できる。社債管理補助者は，社債権者による招集の請求があった場合か社債権者集会の同意を得るため必要がある場合に限って招集することができる（同Ⅲ）。また，

　ある種類の社債の総額の10分の１以上に当たる社債を有する社債権者は，社債権者集会の招集を請求することができ，一定の要件を満たせば自ら社債権者集会を招集できる（会§718）。この10分の１の基準となる社債の総額には，償還済みの額は含まれない。

　招集の通知は，社債権者集会の日の２週間前までに発しなければならず，また，書面か電磁的方法に限られる（会§720ⅠⅡ）。公開会社でない株式会社における株主総会の招集より厳しく，公開会社における株主総会の招集に近い。

H27-33　無記名式の社債券を発行している場合には，社債権者が誰であるかを社債発行会社が把握していないから，社債権者集会の日の３週間前までに，社債権者集会を招集する旨などを公告しなければならない（会§720Ⅳ）。
➡　株主総会のような招集手続の省略（会§300）が認められる場合はない。

　株主総会と同様に，**議決権の代理行使，議決権の不統一行使**などが認められる（会§725，728）。

H27-33　書面による議決権の行使は，社債権者集会では常に認められる（会§726）。一方，電磁的方法による議決権の行使は，招集に際して定めた場合に限って認められる（会§719③）。
➡　株主総会ではどうだったか，第４節に戻って確認しておこう。

　社債権者集会では，社債の金額によって議決権を算定する（会§723）。
　社債権者集会の決議では，定足数に相当する要件はない（会§724）。

　社債権者集会の議事については，議事録を作成しなければならず，社債権者集会の日から10年間備え置かなければならない（会§731ⅠⅡ）。議事録の作成は，社債権者集会を招集した者が行う。
　社債管理者と社債権者は，社債発行会社の営業時間内は，いつでも，社債権者集会の議事録の閲覧・謄写の請求ができる（会§731Ⅲ）。

（社債権者集会の決議の効力）
第734条　社債権者集会の決議は，裁判所の認可を受けなければ，その効力を生じない。
2　社債権者集会の決議は，当該種類の社債を有するすべての社債権者に対してその効力を有する。

社債権者集会で最も重要な条文はこれかもしれない。

重要❗ ●●●●●●●●●●●●●●●●●●●●●●●●●●●●●●●●●●●

社債権者集会の決議の効力発生には，裁判所の認可が必要である。

H23-28
H21-32

株主総会などとは全く異なる社債権者集会だけの特徴である。

社債権者集会の決議があったときは，社債権者集会を招集した者が決議の日から1週間以内に裁判所に対して認可の申立てをしなければならない（会§732）。

そして，裁判所は，決議が著しく不公正である場合など，一定の要件に該当する場合を除いて，決議を認可することになる（会§733）。

裁判所の認可については，例外がある。社債権者集会の決議があったものとみなされる場合である。

（社債権者集会の決議の省略）

第735条の2　社債発行会社，社債管理者，社債管理補助者又は社債権者が社債権者集会の目的である事項について（社債管理補助者にあっては，第714条の7において準用する第711条第1項の社債権者集会の同意をすることについて）提案をした場合において，当該提案につき議決権者の全員が書面又は電磁的記録により同意の意思表示をしたときは，当該提案を可決する旨の社債権者集会の決議があったものとみなす。

2　（略）

3　（略）

4　第1項の規定により社債権者集会の決議があったものとみなされる場合には，第732条から前条まで（第734条第2項を除く。）の規定は，適用しない。

株主総会の決議の省略などと同様の制度である。この場合には，全員の同意が得られているので，裁判所の認可を受けることなく決議の効力が生じることになる。

➡　令和元年改正法（令和3年3月1日施行）により追加された制度である。

第38節　会計帳簿と計算書類

Topics ・会計帳簿と計算書類の違いを確認する。閲覧・謄写を請求できる者の
範囲に注意する。
・計算書類の監査の手続を理解する。機関設計による違いに注意する。
・計算書類の公告について理解する。公告に代えて電磁的方法による開
示をすることができる場合に注意する。

1　会計帳簿と計算書類

会計帳簿と計算書類は既に登場しているが，ここでもう一度確認しておこう。

日々の取引を記帳するのが会計帳簿であり，事業年度ごとの資産や負債の状
態，損益の計算などを表すのが計算書類である。会計帳簿の作成は日常の事務
だが，計算書類は事業年度ごとに作成し，決算の処理が必要になる。

会計帳簿には細かい情報が記帳されるが，計算書類に表示されるのは，もっ
と大ざっぱな会計上の計数である。

2　会計帳簿

（会計帳簿の作成及び保存）
第432条　株式会社は，法務省令で定めるところにより，適時に，正確な会計
帳簿を作成しなければならない。
2　株式会社は，会計帳簿の閉鎖の時から10年間，その会計帳簿及びその事業
に関する重要な資料を保存しなければならない。

会計帳簿は適時に作成する。計算書類と違って決算の処理は不要なのである。

会計帳簿の保存期間は，10年間である。

会計帳簿には，取引の詳細な情報が記録されているので，閲覧・謄写を請求
できる者は非常に限られている。

まず，次の要件を満たす株主が閲覧・謄写を請求できる（会§433）。

・総株主の議決権の100分の3以上の議決権を有する株主
・発行済株式の100分の3以上の数の株式を有する株主

議決権を全く有しない株主や自己株式は，100分の3の要件の計算に含めな

い。また，要件を定款で緩和することが可能である。

　要件を満たす株主からの請求でも，その目的が不当な場合などには，株式会社は閲覧・謄写の請求を拒むことができる（会§433Ⅱ）。

　親会社社員も，その権利を行使するため必要があるときは，裁判所の許可を得て，閲覧・謄写の請求ができる（会§433Ⅲ）。

3　計算書類と事業報告の作成と監査

　計算書類とは，貸借対照表，損益計算書，株主資本等変動計算書，個別注記表の四つをいう（会§435，計算規§59Ⅰ）。

　貸借対照表には，事業年度の末日の株式会社の資産や負債の状況が表示される。貸借対照表は，資産の部，負債の部，純資産の部の三つに区分され，会社計算規則で定められた計数が表示される。資本金や資本準備金などは純資産の部の計数である。貸借対照表上の資産の部の金額は，負債の部の金額と純資産の部の金額の合計額となる。つまり，資産の部の金額から負債の部の金額を減じると，純資産の部の金額が得られる。

　損益計算書には，事業年度中の売上や経費などの損益の状況が表示される。やはり，個々の計数については，会社計算規則で定められている。

　株主資本等変動計算書には，資本金をはじめとする株主資本の変動が表示され，個別注記表には，他の三つの計算書類についての注記などが表示される。

➡　現在，多くの株式会社がインターネットで計算書類を公開している。閲覧して概要を把握しておくといいだろう。

　計算書類は，事業年度ごとに作成する（会§435Ⅱ）。また，貸借対照表については，会社の成立の日現在のものも作成しなければならない（同Ⅰ）。

➕ アルファ

　計算書類のようで計算書類でないものに臨時計算書類と連結計算書類がある。会社法の定義では，計算書類に含まれない。

　臨時計算書類とは，事業年度の途中に臨時決算日を設け，決算の処理を行って作成する貸借対照表と損益計算書のことである（会§441）。事業年度の末日以外の時点での貸借対照表と損益計算書が必要な場合には，臨時決算日における臨時計算書類を作成することになる。

　連結計算書類とは，子会社などを含めた企業集団について作成される連結貸借対照表，連結損益計算書，連結株主資本等変動計算書，連結注記表の総称である（会§444Ⅰ，計算規§61）。複雑な企業集団では，企業集団全体の資産や負債の状況，損益の状況などを把握する必要がある。そのため，上場

企業をはじめとする有価証券報告書の提出義務がある株式会社については，連結計算書類の作成が義務づけられている。

　計算書類は，取締役が作成するのが基本であるが，指名委員会等設置会社では執行役が作成する。また，会計参与設置会社では，会計参与と取締役・執行役が共同して作成する。
➡　もちろん事務仕事は使用人（経理担当の従業員など）にやらせていい。

　会計参与は，計算書類の作成に関して会計参与報告を作成する。

　取締役・執行役は，**事業報告**も作成しなければならない。事業報告は，計算書類と同様に事業年度ごとに作成し，株式会社の現況などの一定の事項を内容としなければならない（会§435Ⅱ，会施規§118〜128）。

　作成した計算書類と事業報告は，**監査**を受けなければならない。監査をする機関は，監査役，監査等委員会，監査委員会，会計監査人であり，これらの機関を設置しているかどうかで監査の手続が異なる。監査をする機関を全く置いていないなら，監査の手続は不要である。

重要❗ ●●●●●●●●●●●●●●●●●●●●●●●●●●●●●●●●●●●●●●

　監査役の監査の範囲を会計に関するものに限定する旨の定款の定めがある株式会社の監査役も，計算書類と事業報告を監査しなければならない。

　監査機関として監査役のみを置いている場合には，計算書類と事業報告について監査役の監査を受けることになる（会§436Ⅰ）。監査役は，監査報告を作成する。
➡　監査役会の設置の有無は影響ない。監査役会を置いていても，監査をする機関は監査役である。もっとも，監査役会も監査報告を作成する。

H21-30　監査役と会計監査人を置いている場合には，計算書類について監査役と会計監査人の監査を受け，事業報告について監査役の監査を受ける（会§436Ⅱ）。**会計監査人は，事業報告を監査しない**。会計監査人は，会計監査報告を作成する。

　監査等委員会設置会社では，計算書類について監査等委員会と会計監査人の監査を受け，事業報告について監査等委員会の監査を受ける（会§436Ⅱ）。

➡　監査等委員ではなく監査等委員会であることに少しだけ注意しよう。

　指名委員会等設置会社では，計算書類について監査委員会と会計監査人の監査を受け，事業報告について監査委員会の監査を受ける（会§436Ⅱ）。

➡　こちらも，監査委員ではなく監査委員会である。

　取締役会設置会社では，計算書類と事業報告について取締役会の承認を受けなければならない（会§436Ⅲ）。監査が必要な場合には，監査を受けた後に取締役会の承認を受ける。

➡　この取締役会には，会計参与が出席しなければならないことに注意しよう（会§376）。

　計算書類は，その後に定時株主総会による承認を受けることになる（会§438Ⅱ）。ただし，会計監査人設置会社で，一定の要件を満たす場合には，定時株主総会の承認が不要となり，定時株主総会へ報告すればよい（会§439）。

➡　この「一定の要件」を全部覚える必要はない。たとえば，計算書類を不適正とする会計監査人の意見が会計監査報告に記載されている場合などには，承認が省略できなくなる。

　事業報告については，常にその内容を定時株主総会に報告しなければならない（会§438Ⅲ）。　H21-30

　まとめると，取締役会，監査役，会計監査人を置く典型的な大企業における計算書類に関する手続は，次のようになる。

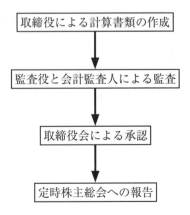

この図で，計算書類に何らかの問題があると，定時株主総会の承認が必要になったりするのである。

4　計算書類の公告

（計算書類の公告）

第440条　株式会社は，法務省令で定めるところにより，定時株主総会の終結後遅滞なく，貸借対照表（大会社にあっては，貸借対照表及び損益計算書）を公告しなければならない。

2　前項の規定にかかわらず，その公告方法が第939条第1項第1号又は第2号に掲げる方法である株式会社は，前項に規定する貸借対照表の要旨を公告することで足りる。

3　前項の株式会社は，法務省令で定めるところにより，定時株主総会の終結後遅滞なく，第1項に規定する貸借対照表の内容である情報を，定時株主総会の終結の日後5年を経過する日までの間，継続して電磁的方法により不特定多数の者が提供を受けることができる状態に置く措置をとることができる。この場合においては，前2項の規定は，適用しない。

4　金融商品取引法第24条第1項の規定により有価証券報告書を内閣総理大臣に提出しなければならない株式会社については，前3項の規定は，適用しない。

貸借対照表は，定時株主総会の終結後に公告しなければならない。大会社では，貸借対照表に加えて損益計算書も公告しなければならない。ただし，これにはいくつかの例外がある。

最終的には，四つのパターンに分類できる。

・官報又は時事に関する事項を掲載する日刊新聞紙で貸借対照表の要旨を公告する
・電子公告で貸借対照表を公告する
・貸借対照表の公告に代えて電磁的方法により貸借対照表の内容を開示する
・一切の公告・開示をする必要がない

まず，例外として，有価証券報告書の提出義務がある株式会社は，会社法の規定による貸借対照表の公告が免除される。この免除は，株式会社の公告方法によらない。

🖐理由　有価証券報告書を提出している株式会社は，金融商品取引法に基

づきより詳細な情報が開示されるから。

　貸借対照表の公告についての扱いは，株式会社が公告方法をどのように定めているのかに依存する。
➡　公告方法については，第2節で扱っている。

　公告方法としては，官報，新聞，電子公告の三つから選ぶことができた。貸借対照表の公告に関しては，電子公告かそれ以外かで扱いが異なる。

　電子公告の場合には，選択肢がない。貸借対照表を電子公告によって公告するしかない。この公告は，定時株主総会の終結の日後5年を経過する日まで継続して行わなければならない（会§940Ⅰ②）。

　公告方法が官報に掲載する方法か時事に関する事項を掲載する日刊新聞紙に掲載する方法である場合には，選択肢がある。公告方法に従って貸借対照表の要旨を公告するか，公告に代えて電磁的方法による開示をするかである。電磁的方法による開示を選択した場合には，インターネットで貸借対照表の内容を公開することになる。
　電磁的方法による開示は，結果的には電子公告と同じようなことになるのだが，公告方法による公告に代えて行うので，公告とよぶわけにはいかないのである。
　公告方法は定款で定めるが，電磁的方法による開示をする旨は定款によらずに定めることができ，通常の業務執行として定めることができる。

5　計算書類と事業報告の備置きと閲覧

　計算書類と事業報告は，その本店に備え置かなければならない（会§442Ⅰ①）。取締役会設置会社では定時株主総会の日の2週間前の日から5年間備え置かなければならず，取締役会設置会社以外の株式会社では，定時株主総会の日の1週間前の日から5年間備え置かなければならない。
　また，計算書類と事業報告の写しを，その支店に備え置かなければならない（会§442Ⅱ①）。ただし，支店への備置きについては，株主総会の議事録と同様に電磁的記録で作成されている場合の例外規定がある。備置きの期間は3年間である。

　計算書類の備置きは本店に5年間でいいのだが，10年間は保存する必要がある（会§435Ⅳ）。

➡　保存期間は会計帳簿と同じである。

　　計算書類や事業報告は，公告もされるものであり，公開されるべき情報である。そのため，会計帳簿よりも，閲覧・謄写を請求できる者の範囲が広い。

H21-30　　まず，株主と債権者は，株式会社の営業時間内は，いつでも，閲覧・謄写の請求ができる（会§442Ⅲ）。会計帳簿のような拒否できる場合はない。

H21-30　　また，親会社社員は，その権利を行使するため必要があるときは，裁判所の許可を得て，閲覧・謄写を請求できる（会§442Ⅳ）。

6　大会社の要件

> 第2条　（略）
>
> 　六　大会社　次に掲げる要件のいずれかに該当する株式会社をいう。
>
> 　　イ　最終事業年度に係る貸借対照表（第439条前段に規定する場合にあっては，同条の規定により定時株主総会に報告された貸借対照表をいい，株式会社の成立後最初の定時株主総会までの間においては，第435条第1項の貸借対照表をいう。ロにおいて同じ。）に資本金として計上した額が5億円以上であること。
>
> 　　ロ　最終事業年度に係る貸借対照表の負債の部に計上した額の合計額が200億円以上であること。

　　乱暴にいうと，資本金の額が5億円以上であるか，負債の額が200億円以上である株式会社が大会社なのだが，問題は大会社となるタイミングである。

H23記述　　5億円以上，200億円以上という要件は，貸借対照表上の数字で判断する。ここでの貸借対照表は，株式会社成立後間もない場合を除いては，最終事業年度に係る貸借対照表，つまり**各事業年度の末日現在の貸借対照表**である。結局，事業年度の途中に資本金の額や負債の額が増加していても，事業年度の末日現在において要件を満たしていなければ，大会社にはならない。事業年度の末日が3月31日なら，3月31日現在の数字だけが問題になるのである。

H28-30　　さらに，貸借対照表は，定時株主総会における承認か報告を受ける必要がある。つまり，貸借対照表を作成して大会社の要件を満たしていた場合でも，**大会社となるのは，定時株主総会の日**である。3月31日に事業年度が終了し，6月に定時株主総会を招集するケースでは，3月31日現在の貸借対照表に基づいて判断することになり，その結果，大会社となるか，あるいは大会社とならないかは，6月の定時株主総会からということになる。

・・・・・・・・・・・・・・・・・・・・・・・・・・・・・・・・・

　大会社となったり，大会社とならなかったりするのは，常に定時株主総会の日である。

第39節　資本金と準備金

Topics・貸借対照表の純資産の部の構成を把握する。
　　　　・資本金の額がどのような場合に変化するのかを理解する。資本金の額
　　　　　の減少の手続についても理解する。
　　　　・準備金については，資本金との違いに注意する。また，資本準備金と
　　　　　利益準備金を区別するようにする。

1　純資産の構成

　前節で触れたように，貸借対照表は，資産の部，負債の部，純資産の部の三
つから成り立っている。そして，**資産＝負債＋純資産**である。

資産の部	負債の部
	純資産の部

　司法書士試験で問われるのは，ほとんど純資産の部の計数についてである。
純資産の部にどのような計数があるのかを把握しておく必要がある。

　貸借対照表の純資産の部を抜粋すると，次のようになる。

```
純資産の部
  株主資本
    資本金                ×××
    資本剰余金
      資本準備金          ×××
      その他資本剰余金    ×××
      資本剰余金合計      ×××
    利益剰余金
      利益準備金          ×××
      その他利益剰余金    ×××
      利益剰余金合計      ×××
    自己株式             △×××
    株主資本合計          ×××
  評価・換算差額等        ×××
```

新株予約権	×××
純資産合計	×××

　これらの様々な計数のうち，最も重要なのは**資本金**である。
➡　登記事項でもあり，商業登記法での論点ともなる。

　資本金の下に資本剰余金，資本準備金，その他資本剰余金，利益剰余金，利益準備金，その他利益剰余金といった計数が並んでいる。これらの計数は，会社計算規則で定義されている計数であり，会社法の条文に登場する計数とは若干ずれている。

　会社法では，**資本準備金と利益準備金を総称して準備金**という。また，**その他資本剰余金とその他利益剰余金を併せて剰余金**とよんでいる。
　会社法上は，自己株式以外の株主資本の計数は，資本金，準備金，剰余金の三つに分類されているのである。
　一方，会社計算規則では，資本準備金とその他資本剰余金を併せて資本剰余金とよび，利益準備金とその他利益剰余金を併せて利益剰余金とよんでいる。
➡　会社計算規則は，資本と利益の違いを重視しているといえる。

　まとめると，次のようになっている。

・会社法による整理
　　資本金
　　準備金 ｛ 資本準備金
　　　　　　 利益準備金
　　剰余金 ｛ その他資本剰余金
　　　　　　 その他利益剰余金

・会社計算規則による整理
　　資本金
　　資本剰余金 ｛ 資本準備金
　　　　　　　　 その他資本剰余金
　　利益剰余金 ｛ 利益準備金
　　　　　　　　 その他利益剰余金

　一見複雑だが，会社計算規則上の資本剰余金とその他資本剰余金は違うこと，会社計算規則上の資本剰余金・利益剰余金は会社法上の剰余金ではないことなどに気をつければよい。つまり，「資本剰余金」「利益剰余金」という言葉を安易に使わなければいいのである。

　本書では，会社法による整理に従い，資本金，準備金，剰余金の三つの分類を意識して話を進めていく。

　株主資本の計数には，自己株式が含まれているが，自己株式は常にマイナスの額で計上される。したがって，自己株式が増加すると株主資本は減少する。株式会社がその株式を取得して自己株式とすることは，株主に対して資本を払い戻すことになるのである。

　評価・換算差額等は，司法書士試験では気にしなくていい。

　新株予約権の額も，純資産の部に計上されることになる。新株予約権は，行使されると株式となる。そして，新株予約権の行使により株式を発行すると，資本金の額が増加する。新株予約権の額は，将来株主資本となる可能性が高いのである。

2　資本金の額の増加

　もともとは，株主が出資したお金が資本金であった。現在の会社法では，必ずしも出資したお金がそのまま資本金にはならないが，それでも株式の発行に際して出資の履行があった場合には，資本金の額が増加することになる。

（資本金の額及び準備金の額）

第445条　株式会社の資本金の額は，この法律に別段の定めがある場合を除き，設立又は株式の発行に際して株主となる者が当該株式会社に対して払込み又は給付をした財産の額とする。

2　前項の払込み又は給付に係る額の2分の1を超えない額は，資本金として計上しないことができる。

3　前項の規定により資本金として計上しないこととした額は，資本準備金として計上しなければならない。

　株式を発行しても，払込みや給付がなければ資本金の額は増加しない。した H18-28 がって，株式無償割当てや株式の分割では資本金の額は増加しない。逆に，払込みや給付があっても，株式を発行しないのなら資本金の額は増加しない。自己株式の処分では資本金の額は増加しないのである。

　取得請求権付株式，取得条項付株式，全部取得条項付種類株式の取得と引換 H19-30 えに株式を発行する場合には，資本金の額は増加しない。株主の保有する株式の種類が換わるだけだからである。

　新株予約権の行使に際して株式を発行した場合には，資本金の額が増加する。この場合，行使された新株予約権の額が既に純資産の部に計上されているので，この額も株主資本にしなければならない。つまり，行使に際しての払込み・給付と既に計上されている新株予約権の価額の合計が出資されたと考えるのである。

　払込み・給付があった額のうち，**最低2分の1を資本金として計上しなけれ**ばならない。資本金としなかった部分は，資本準備金となる。2分の1は最低限の数字だから，全額を資本金とすることにしても問題ない。

➡　会社計算規則では，この払込み・給付があった額を資本金等増加限度額とよぶ。

📖ケーススタディ

　新たに株式100株を発行する募集株式の発行を行った。払込金額は募集株式1株につき10万円であり，払込み・給付があった額（資本金等増加限度額）の2分の1を資本金の額とする旨が定められている。

　払込金額の全額の払込みがあり，100株を発行する募集株式の発行の効力が生じた場合，増加する資本金の額は何円になるか。

　1株につき10万円で，100株発行したのだから，払い込まれた額の合計は1,000万円である。資本金とするのは，この2分の1であるから，増加する資本金の額は500万円になる。

📖ケーススタディ

　新株予約権1個当たりの目的である株式が10株，行使に際して出資される財産の価額が新株予約権1個当たり10万円，新株予約権の帳簿価額が1個当たり20万円，新株予約権の行使により株式を発行する場合には資本金の額のみを増加し資本準備金の額を増加しないと定めている新株予約権を考える。

　この新株予約権が5個行使され，新たに株式を発行した場合，増加する資

本金の額は何円になるか。

H21記述
H18記述　　新株予約権の行使では，行使される新株予約権自身も出資されたものと考える。新株予約権5個が行使され，1個当たり20万円だから，行使された5個の新株予約権の帳簿価額は100万円である。

　　また，行使に際して出資される財産は新株予約権1個当たり10万円だから，新株予約権5個の行使に際して50万円払い込まれることになる。

　　したがって，行使された新株予約権の帳簿価額である100万円と行使に際して払い込まれた額である50万円を合計した150万円が株式の発行に際しての払込み・給付があった額（資本金等増加限度額）となる。この全額を資本金とし，資本準備金は増加しないから，増加する資本金の額は150万円となる。

　　株式の発行に際して金銭以外の財産が給付された場合には，その財産の価額（時価）で資本金の額を計算するのが原則である。募集事項などで定める価額は，資本金の額の計算には用いない。

　　組織再編行為に際して株式を発行する場合にも資本金の額の増加がありうるが，組織再編行為に際しての資本金の額の計算ついては深入りしない方がいい。

　　株式の発行以外にも，資本金の増加をする方法はある。貸借対照表の株主資本内で数字を操作するのである。
　　具体的には，準備金を減少して資本金の額を増加する方法（**準備金の資本組入れ**）と剰余金を減少して資本金の額を増加する方法（**剰余金の資本組入れ**）がある。

　　準備金の資本組入れは，準備金の額の減少の手続のなかで行うので，準備金の額の減少のところで扱う。

　　剰余金には，その他資本剰余金とその他利益剰余金があるが，**その他資本剰余金とその他利益剰余金はいずれも資本金に組み入れることができる。**そのため，この二つの剰余金を区別する必要はないから，ここではまとめて剰余金として話を進める。

（資本金の額の増加）
第450条　株式会社は，剰余金の額を減少して，資本金の額を増加することが

できる。この場合においては，次に掲げる事項を定めなければならない。

一　減少する剰余金の額

二　資本金の額の増加がその効力を生ずる日

2　前項各号に掲げる事項の決定は，株主総会の決議によらなければならない。

3　第1項第1号の額は，同項第2号の日における剰余金の額を超えてはならない。

剰余金の資本組入れには，**株主総会の決議**が必要である。決議要件は，普通決議で足りる。

剰余金は，株主への配当が可能な計数であるので，剰余金を減少すると株主にとって不利益となることがある。なので，剰余金の減少には株主総会の決議が必要なのである。ただし，剰余金の扱いについては，特別決議は要求されない。

減少する剰余金の額は，減少前の剰余金の額を超えてはならない。つまり，**剰余金の額がマイナスとなるような剰余金の額の減少はできない。**

➕アルファ

貸借対照表の純資産の部の計数には，マイナスの数字が許されるものと許されないものがある。

資本金，準備金は，マイナスとなることは許されない。最低額は0円である。

一方，剰余金はマイナスとなることがあり得る。いわゆる資本に欠損が生じている状態や，債務超過の状態というのは，剰余金がマイナスなのである。

逆に，自己株式は，常にマイナスの数字で計上される。自己の株式の取得は資本の払戻しであるという理解は，今後も登場するので気に留めておいて欲しい。

剰余金を減少し資本金の額を増加することは，配当を困難にする行為であり，債権者にとって不利益とはならないので，剰余金の資本組入れに際して債権者を保護する必要はない。

3　資本金の額の減少

資本金の額の減少に進む前に，もう一度資本金とは何かを考えておこう。

そもそもは，事業を行う元手となる財産であり，株主が出資した財産が資本

327

である。しかし，計算について詳細な規定が設けられ，計算が複雑になっていくと，「出資した財産＝資本」というだけでは済まされなくなってくる。

　会社法では，資本金というのは，株主と債権者の利害を調整するための数字であると理解するのが妥当である。まず，現実に株主が出資した財産の額と資本金の額が一致するわけではない。出資した財産の額の最低2分の1を資本金の額とすればいいし，出資以外の要因でも資本金の額は変動する。また，資本金の額に相当する財産が存在することは保証されない。資本金の額がどんなに大きくても，債務超過の状態というのはあり得る。

　剰余金の配当についてはこの後の節で扱うが，資本金の額を大きくすることは，剰余金の配当が困難となることにつながる。逆に資本金の額を小さくすると，剰余金の配当が容易になる。ものすごく単純化すると，資本金の額以上の財産がないと剰余金の配当はできない。資本金の額に相当する財産というのは，株主が勝手に処分できない財産なのである。

　結局，資本金の額を大きくすることは，株式会社の財産が散逸する可能性が減り，債権者にとって有利となる。逆に，資本金の額を小さくすることは，弁済を受ける財産の減少の可能性が増え，債権者にとって不利となるのである。

　株主と債権者は，株式会社の財産を巡って対立することが考えられ，資本金の額が株主と債権者の利害を調整する数字として働くことになる。

　このような資本金の額の性格を考えると，資本金の額の減少というのは，債権者にとって不利であり，株主にとって有利な行為であると捉えることができる。会社法は，債権者を保護するための規定を設けたうえで，資本金の額の減少を可能としている。

（資本金の額の減少）

第447条　株式会社は，資本金の額を減少することができる。この場合においては，株主総会の決議によって，次に掲げる事項を定めなければならない。

　一　減少する資本金の額

　二　減少する資本金の額の全部又は一部を準備金とするときは，その旨及び準備金とする額

　三　資本金の額の減少がその効力を生ずる日

2　前項第1号の額は，同項第3号の日における資本金の額を超えてはならない。

3　株式会社が株式の発行と同時に資本金の額を減少する場合において，当該

> 資本金の額の減少の効力が生ずる日後の資本金の額が当該日前の資本金の額を下回らないときにおける第1項の規定の適用については，同項中「株主総会の決議」とあるのは，「取締役の決定（取締役会設置会社にあっては，取締役会の決議）」とする。

　資本金の額の減少には，原則として株主総会の決議が必要である。決議要件は，原則は**特別決議**なのだが，**一定の要件を満たせば普通決議でも可能になる。**
　資本金の額の減少は，繰り返し述べたように株主にとって有利な行為なのだが，にもかかわらず原則として特別決議が要求される。株式会社の基礎的な事項の変更だからと説明されることが多い。
➡　債権者に重大な影響を与える行為であるために株主総会でも慎重に決議することを求めていると理解することも可能だろう。

　特別決議ではなく普通決議で足りるための要件は，次のとおりである（会§309Ⅱ⑨）。

　・定時株主総会で資本金の額の減少について決議すること
　・減少する資本金の額が定時株主総会の日における欠損の額を超えないこと

　二つ目の要件がやや面倒である。
　計算書類について定時株主総会の承認が不要となる場合には，計算書類について取締役会の承認があった日における欠損の額で判断する。
➡　定時株主総会における計算書類の承認については，前節参照。

　欠損の額というのは，マイナスの**分配可能額**である。分配可能額については次節で扱うが，とりあえずは剰余金と同じような数字（**分配可能額≒剰余金の額**）だと思っておけばよい。
　分配可能額がマイナスで，減少する資本金の額がそのマイナスの額を超えないなら，資本金の額の減少をしても分配可能額がプラスにならない。つまり，**資本金の額を減少しても剰余金の配当が可能にならない。**このような場合に，普通決議による資本金の額の減少が可能とされている。

　株主総会の決議すら不要な場合がある。3項の株式の発行と同時にする場合である。　**H29-32 H18-28**
　株式の発行をすると，資本金の額が増加する。減少する額が株式の発行により増加する額以下であるなら，資本金の額と株式の発行をセットで考えた場合，

結果的に資本金の額が減少していないことになる。このような場合には，株主総会の決議ではなく，取締役会設置会社では取締役会の決議で，取締役会設置会社以外の株式会社では取締役の決定で，資本金の額の減少が可能になる。

　結局，資本金の額の減少の決議機関には，

・株主総会の特別決議
・定時株主総会の普通決議
・取締役会の決議か取締役の決定

の3パターンがあることになる。それぞれの要件を覚えておく必要がある。

H29-32　減少した資本金の額は，剰余金（その他資本剰余金）になるのが原則である。資本金の額が減少し，剰余金の額が増加するのである。ただし，資本金の額の減少の決議で定めることにより，減少する資本金の額の全部又は一部を準備金（資本準備金）とすることができる。

重要⚠️・・・・・・・・・・・・・・・・・・・・・・・・・・・・・・・・

H19-32
H19-29
H18-28
　いずれにせよ，資本金の額の減少というのは，株主資本内の数字を変更する行為にすぎない。実際に金銭が動くことはないし，株式の数が動くこともないのである。

H25記述　減少する資本金の額は，減少前の資本金の額以下でなければならない。つまり，資本金の額をマイナスの数字にすることはできない。減少後の資本金の額を0円とすることは問題ない。

　資本金の額の減少は，債権者にとって不利益となるので，債権者に異議を述べる機会が与えられる。**債権者の異議手続**である。

H29-32
H25-33
H22-32
H18-28
　株式会社が資本金の額を減少するときは，その債権者は，常に資本金の額の減少について異議を述べることができる（会§449Ⅰ）。
➡　決議機関が何であれ，減少する額がいくらであれ，債権者は異議を述べることができる。

　株式会社は，債権者に異議を述べる機会を与えるため，

　・資本金の額の減少の内容
　・株式会社の計算書類に関する事項
　・債権者が一定の期間内に異議を述べることができる旨

を**官報**に**掲載する方法**により公告し，かつ，知れている債権者に対して**各別に催告**しなければならない（会§449Ⅱ）。定款で定めた公告方法にかかわらず，官報に掲載することが義務づけられている。
　債権者が異議を述べることができる期間は，1か月以上必要である。

➕ アルファ

　債権者に対する公告・催告は，資本金の額の減少に関する決議の前に行うことができる。なので，十分に早く公告・催告を行っておけば，資本金の額の減少に関する決議の日に効力を発生させることも可能となる。

　定款で定めた公告方法が官報以外である場合には，官報での公告に加えて定款で定めた公告方法による公告をすれば，**各別の催告を省略**することができる（会§449Ⅲ）。催告をせずに2とおりの方法で公告すればよいのである。
➡　この各別の催告の省略は，他の債権者の異議手続でもたいてい可能である。
　債権者の異議手続が登場する度に触れることにする。

　債権者が異議を述べなければ何も問題はない。期間内に異議を述べなかったときも承認したものとみなされる（会§449Ⅳ）。債権者が異議を述べた場合に何をしなければならないかが問題となる。

　債権者が異議を述べたときは，

　・債権者に対して弁済をする
　・債権者に対して相当の担保を提供する
　・債権者に弁済を受けさせることを目的として信託会社等に相当の財産を信託する
　・資本金の額の減少をしても債権者を害するおそれがないと主張する

のいずれかをする選択肢がある（会§449Ⅴ）。債権者を害するおそれがないのであれば，弁済などをしなくてもいいのである。

　　資本金の額の減少の効力は，資本金の額の減少の決議で定めた日に生じることになる（会§449Ⅵ）。ただし，異議を述べた債権者への弁済などの手続が全部終了していなければならず，債権者に対する手続が終了していなければ，資本金の額の減少の効力は生じない。

➡　債権者に対する手続が終了した時点で効力が発生するわけではない。

H23記述　　予想以上に債権者に対する手続が長びいてしまったときは，最初に定めていた効力発生日を変更するしかない（会§449Ⅶ）。この効力発生日の変更には，株主総会の決議は不要で，通常の業務執行の決定としてできるものとされている。

4　準備金の額の増加

　　準備金というのは，資本金以上に厄介な計数である。準備金とは何かという問いに対してシンプルに答えることは，結構難しい。

　　法令により計上が強制されていて，資本金と同じように配当できない金額であるが，資本金よりは少しだけ減少するのが楽な計数だと理解するのがいいかもしれない。

　　純資産の部の金額が資本金の額を下回ることは望ましいことではない。準備金の存在は，剰余金がマイナスとなっても直ちに「純資産＜資本金」とならないようにするクッションのような役割を担っている。

　　準備金については，計上しなければならない場合が法定されている。まず，株式の発行により資本金が増加するケースで，払込み・給付があった額のうち資本金としなかった額は準備金（資本準備金）となる（会§445Ⅲ）。

　　剰余金の配当をする場合には，会社計算規則の規定に従って一定の額の準備金を積み立てなければならない（会§445Ⅳ）。積み立てる額の計算は，やや複雑であるが，配当をする額の10分の1の額で，準備金の合計額（資本準備金と利益準備金の合計額）が資本金の額の4分の1に達するまで積み立てると理解すればよい（計算規§22）。

H19-32　　剰余金の資本組入れと同じようにして，剰余金を減少して準備金を増加することができる（会§451）。その手続は剰余金の資本組入れと同じである。

＋アルファ

　　資本準備金を増加するためにはその他資本剰余金を減少しなければなら

ず，利益準備金を増加するためにはその他利益剰余金を減少しなければならない。その他利益剰余金を減少して資本準備金を増加するようなことはできない。

5　準備金の額の減少

準備金も，資本金と同じように自由に配当できない金額を意味する計数だから，準備金の額を減少して剰余金の額を増加することは，債権者にとって不利で，株主にとって有利な行為である。そのため，準備金の額の減少には，資本金の額の減少と似たような手続が必要になる。

準備金の額の減少には，資本金の額の減少と同様に**株主総会の決議**が必要になる（会§448Ⅰ）。資本金の額の減少と異なり，準備金の額の減少の決議は，**普通決議**で足りる（会§309参照）。特別決議が必要になることはない。
➡　資本金よりも少しだけ減少するのが楽なのである。

資本金の額の減少と同様に，株式の発行と同時にする場合で，減少する準備 H18-28 金の額が株式の発行によって増加する準備金の額以下であるなら，株主総会の決議は不要となり，取締役会設置会社では取締役会の決議で，取締役会設置会社以外の株式会社では取締役の決定で，準備金の額の減少が可能になる（会§448Ⅲ）。
➡　株式の発行によって増加するのは資本準備金だけだから，この規定は資本準備金の減少についてのみ適用される。
➡　準備金の額の減少については，もう一つの例外がある。この例外はやや重要なので，項目をあらためてこの節の最後に説明する。

準備金の額を減少した結果，剰余金の額が増加するが，資本金の額を増加させることもできる（会§448Ⅰ②）。一部を剰余金とし，一部を資本金とすることも可能である。

剰余金を増加するか資本金を増加するかによって，準備金の額の減少の性格は全く異なることになる。剰余金を増加すると配当が容易になり，債権者にとって不利だが，剰余金を増加せず，資本金の額を増加するなら，債権者にとって不利にならない。

準備金の額を減少して資本金の額を増加する行為は，**準備金の資本組入れ**とよばれる。減少する準備金の一部のみを資本金とする場合も準備金の資本組入れに含むものとする。

資本準備金と利益準備金のいずれも，資本金に組み入れることができる。

　　減少後の準備金の額をマイナスとすることはできず，最低0円でなければならないことは，資本金の額の減少と同じである。

　　債権者の異議手続は，剰余金の額を増加するかどうかで異なることになる。

重要❶ •

H18-28　　準備金の額の減少によって剰余金の配当が容易になるなら，債権者の異議手続が必要となる。

　　減少する準備金の額の全部を資本金とし，剰余金の額を全く増加しないのであれば，債権者の異議手続は不要である（会§449Ⅰ）。

➡　　この場合には，準備金の額の減少をしても剰余金の配当が容易にならない。

　　また，次の要件を満たす場合にも，債権者の異議手続は不要である（会§449Ⅰ）。

　　・定時株主総会において準備金の額の減少について決議すること
　　・減少する準備金の額が定時株主総会の日における欠損の額を超えないこと

　　定時株主総会の普通決議による資本金の額の減少と似た要件である。やはり，定時株主総会による計算書類の承認が不要な場合には，計算書類を承認した取締役会の決議の日における欠損の額で判断する。

➡　　減少する準備金の額が欠損の額以下であるから，準備金の額を減少しても分配可能額がプラスにならず，準備金の額の減少をしても剰余金の配当が可能にならない。

　　この二つの場合以外には，債権者の異議手続が必要になる。減少する準備金の額の一部を資本金とし，残りを剰余金とする場合であっても，債権者の異議手続は必要なのである。

　　債権者の異議手続と効力の発生については，資本金の額の減少と同じである。

6　準備金の額の減少の決定機関の特則

　　準備金の額の減少の決議機関を取締役会とする旨を定款で定めることができる場合がある（会§459）。
　　まず，そのような定款の定めを設けることができる株式会社の要件は，次の

とおりである。この要件の全部を満たす必要がある。

・会計監査人設置会社であること
・取締役（監査等委員であるものを除く。）の任期の末日が選任後１年以内に終了する事業年度のうち最終のものに関する定時株主総会の終結の日以前であること
・監査役会設置会社であるか，監査役を置かない株式会社であること

　会計監査人設置会社であるにもかかわらず，監査役を置かない機関設計が許されるのは，監査等委員会設置会社と指名委員会等設置会社だけである。また，監査等委員会設置会社と指名委員会等設置会社の取締役の任期は，当然に２番目の要件を満たす。つまり，監査等委員会設置会社と指名委員会等設置会社は当然にこの三つの要件を満たすことになる。
　監査等委員会設置会社でなく，指名委員会等設置会社でもない場合には，会計監査人と監査役会を置いて，かつ，取締役の任期を短縮する必要がある。

　理由　監査機関が充実しており，取締役の任期が短いなら，計算に関わる一定の権限を取締役会に与えても株主に損害を与えるおそれが小さいから。

　これらの要件を満たす株式会社は，準備金の額の減少を取締役会で決議することができる旨を定款で定めることができる。
➡　準備金の額の減少以外にも，剰余金の配当などの決議機関を変更できる。次節でもう一度触れる。

　どのような準備金の額の減少でも取締役会で決議できるわけではない。対象となる準備金の額の減少も限られる。
　対象となる準備金の額の減少は，

・資本金の額を増加せず全額を剰余金とする
・計算書類の承認をする取締役会で準備金の額の減少について決議する
・減少する準備金の額がその取締役会の日における欠損の額を超えない

という三つの要件を満たすものに限られる。
➡　つまり，準備金の資本組入れについては，この定款の定めは適用されない。

　準備金の額の減少について債権者の異議手続が不要な場合と要件が重なっている。実際，この定款の定めに基づき取締役会の決議で準備金の額の減少を決議する場合には，債権者の異議手続は不要となるのである（会§459Ⅲ）。

　計算書類についての定時株主総会の承認が不要とされている前提なので，計算書類について定時株主総会の承認が必要となる場合には，取締役会で決議することができない（会§459Ⅱ）。

➡　定時株主総会による計算書類の承認が不要な場合を忘れていたら，前節に戻って復習しておこう。

　取締役会で定めることができる旨のほか，株主総会では定めない旨をも定款で定めることができる（会§460）。

第40節　剰余金と分配可能額

Topics ・剰余金の配当の手続を理解する。決議機関に注意する必要がある。

・分配可能額による制限がある行為の共通点を把握する。

・分配可能額による制限に違反した場合の扱いを理解する。

1　剰余金とは何か

前述したように，剰余金には**その他資本剰余金**と**その他利益剰余金**がある。その他資本剰余金は少し特殊な計数なので，剰余金について理解するためには，その他利益剰余金を理解すればよい。

➡ 実際，その他資本剰余金が0円で，「その他利益剰余金＝剰余金」となっている株式会社は多い。

➡ その他利益剰余金を細分化し，繰越利益剰余金，任意積立金などとすることもある。

株式会社は，日々の事業で売上を計上していくが，売上から原価や経費を差し引いた利益は，決算の手続を経て，損益計算書を作成するまではわからない。損益計算書は事業年度ごとに作成し，損益計算書に残った数字は，事業年度末日の貸借対照表に移すことになる。損益計算書には，黒字であれば当期純利益が残り，赤字であれば当期純損失が残る。この残った数字を移す先がその他利益剰余金なのである。

結局，損益計算書を作成した結果，当期純利益が残ればその他利益剰余金が増加し，当期純損失が残ればその他利益剰余金が減少することになる。損失の額が大きければ，その他利益剰余金がマイナスになることもあり得る。

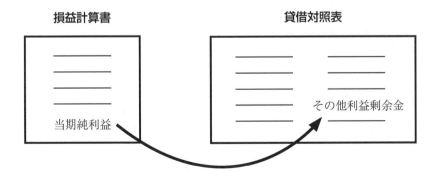

利益が出ても，この作業を行わないと，その他利益剰余金は増加しない。つ

まり，決算をしないとその他利益剰余金は増加しない。

➕アルファ

　通常の事業年度末の決算のほか，臨時決算を行い臨時計算書類を作成することでも，利益を分配可能額とすることが可能である。

　その他利益剰余金は，この決算の手続のほか，利益準備金の額の減少，組織再編行為などによって増加する。また，剰余金の資本組入れ，剰余金の配当などによって減少する。

　一方，その他資本剰余金は，資本金の額の減少，資本準備金の額の減少，組織再編行為などによって増加する。また，剰余金の資本組入れ，剰余金の配当，自己株式の消却などによって減少する。自己株式の処分をしたときは，その他資本剰余金が増加することも減少することもある。

➡　会社法は，剰余金の額の求め方について詳細な規定を置いている（会§446）。しかし，実際には，会社計算規則に従ってその他資本剰余金とその他利益剰余金を増減し，その他資本剰余金とその他利益剰余金を合計すれば，会社法が規定する剰余金の額と一致する。会社法446条の計算は，覚える必要がないのである。

　株式会社は，その他資本剰余金を減少してその他利益剰余金を増加することや，その逆の行為をすることができる（**剰余金の処分**）。この剰余金の処分には，原則として株主総会の普通決議が必要である（会§452）。

➡　現実には，企業会計基準などによる制約がある。

2　剰余金の配当

> （**株主に対する剰余金の配当**）
> **第453条**　株式会社は，その株主（当該株式会社を除く。）に対し，剰余金の配当をすることができる。

　株式会社は，剰余金を株主に分配することができる。**剰余金の配当**である。その他利益剰余金を減少して剰余金の配当をすることも，その他資本剰余金を減少して剰余金の配当をすることも可能である。

H25-29　株式会社が株式会社自身に対して剰余金の配当をすることはできない。つまり，自己株式は剰余金の配当の対象とならない。

> （剰余金の配当に関する事項の決定）
> **第454条**　株式会社は，前条の規定による剰余金の配当をしようとするときは，その都度，株主総会の決議によって，次に掲げる事項を定めなければならない。
> 　一　配当財産の種類（当該株式会社の株式等を除く。）及び帳簿価額の総額
> 　二　株主に対する配当財産の割当てに関する事項
> 　三　当該剰余金の配当がその効力を生ずる日

　剰余金の配当に際しては，配当財産の種類を定める必要がある。つまり，**配当される財産は金銭に限られない**のである。

　多くの株式会社では，毎年一定の時期に剰余金の配当を行っているが，会社法上は，**いつでも剰余金の配当を行うことができる**。会社法が定める要件さえ満たせば，年に何回でも行うことができる。

　剰余金の配当についての定めがある種類株式を発行している場合には，その定めに従って剰余金の配当を行うが，そうでなければ株主の所有する株式数に応じて剰余金の配当を行わなければならない。

　配当する財産は金銭でなくてもいいのだが，金銭による配当を望む株主もいるかもしれない。株式会社は，金銭以外の財産を配当財産とするときは，金銭以外の財産に代えて金銭を交付することを請求する権利（**金銭分配請求権**）を株主に与えることができる（会§454Ⅳ①）。

　株主が金銭分配請求権を行使したときは，株式会社は，配当財産の価額に相当する金銭を交付することになる（会§455）。

　配当財産が金銭以外の財産で，その価額が大きい場合には，株式数に応じて　**H23-32**
剰余金の配当をすることが困難になることが考えられる。そういった場合，株式会社は，一定の数未満の株式を有する株主には配当財産を割り当てず，代わりに金銭を交付することを選択することができる（会§454Ⅳ②，456）。

　問題は，剰余金の配当について決定する機関である。原則は**株主総会**であり，決議要件は**普通決議**となる（会§454Ⅴ）。

　取締役会設置会社では，取締役会の決議で剰余金の配当について決定できる場合がある。中間配当と会計監査人設置会社における特則に基づく場合である。
➡　本当のことをいうと，もう一つだけ例外がある。会社分割に際して行う場

合である。しかし，かなり特殊なケースなので，この節では扱わない。

(1) 中間配当

名前こそ中間配当だが，べつに何かの中間である必要はない。

中間配当に該当するための要件は，

・1事業年度に1回限りであること
・定款に中間配当をすることができる旨の定めがあること
・配当財産が金銭であること

の三つである。

➡　昔は定時株主総会で剰余金の配当を決議し，事業年度の中間に中間配当を行っていたのである。現行法では，定時株主総会でなくても剰余金の配当を決議でき，中間配当を行う時期についても制限がない。

この三つの要件を満たせば，取締役会で剰余金の配当について決定できる。
➡　取締役会設置会社以外の株式会社では，中間配当は認められない。

(2) 会計監査人設置会社における特則

前節の「6　準備金の額の減少の決定機関の特則」と同じ話である。

監査等委員会設置会社，指名委員会等設置会社と，会計監査人と監査役会を置き取締役の任期を短縮している株式会社は，準備金の額の減少のほか，次の事項を取締役会が定めることができる旨の定款の定めを置くことができる（会§459Ⅰ）。

・不特定の株主に申込みの機会を与えてする自己の株式の有償取得（会§156）
・剰余金の処分（会§452）
・配当財産が金銭である場合か株主に金銭分配請求権を与える場合の剰余金の配当

中間配当とは異なり，配当財産が金銭以外の財産でも株主に金銭分配請求権を与えればよい。

これらの行為は，定款の定めに基づき取締役会の決議で決定することができる。ただし，準備金の額の減少のところでも述べたように，定時株主総会

による計算書類の承認が必要となる場合などには，取締役会で決定できなくなる。

取締役会で決定できる旨のほか，株主総会では決定しない（つまり取締役 $\boxed{\text{H23-32}}$ 会で決定しなければならない）旨を定めることもできる（会§460）。

3　分配可能額とは何か

剰余金の配当は，分配可能額による制限を受けることになる（会§461）。

分配可能額による制限について説明する前に，そもそも分配可能額とは何なのかを明らかにしなければならない。

前節では，とりあえずの処置として「分配可能額≒剰余金」としていた。実際には，分配可能額の計算はもっと複雑で，剰余金がそのまま分配可能額となるわけではない。詳しい計算は，会社法461条と会社計算規則156条から158条までに規定されている。基本的には，剰余金に一定の数字を加算・減算して求めるのである。

加算・減算する数字にはそれぞれ意味があるが，貸借対照表を作成してから生じた出来事を分配可能額に反映させているのだと理解してしまえばよい。貸借対照表は事業年度の末日現在で作成するから，事業年度の途中の出来事が反映されていないのである。分配可能額の計算では，事業年度の途中の出来事（自己株式の取得など）も反映される。

➡　いろいろ述べたが，「分配可能額≒剰余金」と考えてしまうのがいちばん楽である。もう少し頑張って「分配可能額≒剰余金－自己株式の帳簿価額」でもいい。これ以上の知識は，司法書士試験に合格してから身につけても遅くない。

分配可能額の計算で唯一注意しなければならないのは，資本金の額と準備金 $\boxed{\text{H22-32}}$ の額などの一定の計数を合計した額が300万円に不足する場合には，その不足する額を分配可能額の計算に際して減額するという点である（計算規§158⑥）。これは，株式会社の純資産額が300万円を下回る場合において，剰余金の配当を禁止する会社法の規定（会§458）を反映させたものである。

4　分配可能額による制限

剰余金の配当を初めとする一定の行為をする場合には，分配可能額による制限を受けることになる。

制限される行為は次のとおりである（会§461Ⅰ）。

・譲渡制限株式の譲渡等承認請求の手続に際して行う株式の買取り
・株主との合意による自己の株式の有償取得
・全部取得条項付種類株式の取得
・相続人等に対する売渡しの請求による株式の買取り
・所在不明株主の株式の買取り
・1に満たない端数の処理に際しての株式の買取り
・剰余金の配当

これらの株式の買取り・取得の対価として交付する金銭の額や，剰余金の配当に際して交付する財産の価額は，分配可能額を超えてはならない。
➡　「超えてはならない」というのは条文どおりの表現である。そこに含まれる意味については，後述する。

これらの行為を全部覚えるのは，とても効率が悪い。ここでは，これらの行為に共通する点を見つけ，その共通点を覚えておくべきである。
　列挙されているのは，株式会社が自らその株式を取得し対価を交付する場合と剰余金の配当である。これらの行為は，金銭などの財産を株主やそれまで株主であった者に対して交付するという点で共通している。つまり，これらの行為は，いずれも株主に対して出資された財産を払い戻す行為であるといえる。そのため，分配可能額による制限は，払戻規制ともよばれる。
　規制されるのは払戻しであるから，全部取得条項付種類株式の取得と引換えに他の種類の株式を交付した場合には，払戻しがないので，規制の対象にならない。

出資された財産の払戻しが制限されるのは，債権者を保護するためである。何度か資本金の額が債権者と株主の利害を調整するという話をしたが，具体的には，分配可能額による払戻規制によって債権者が保護されることになる。
➡　資本金の額の減少によって分配可能額を増加させることができる。逆に，剰余金の資本組入れによって分配可能額は減少する。

H29-29　分配可能額による制限があるのは，株主に対する払戻しだけなので，新株予約権の取得（取得条項付新株予約権の取得など）については，対価を支払ったとしても制限されない。

　分配可能額による制限に違反した場合にはどうなるかが問題になる。「超えてはならない」にもかかわらず超えてしまった場合である。制限される行為の全部について問題になるのだが，ここでは，剰余金の配当のケースを考えていくことにする。

➡　分配可能額による制限に違反する剰余金の配当は，一般に違法配当とよばれる。

　分配可能額による制限に違反して剰余金の配当をした場合には，配当を受けた**株主**と配当に関する**業務を執行した者**が責任を負い，株式会社に対して金銭を支払う義務を負うことになる（会§462）。

　株主は交付を受けた財産に相当する額の金銭を支払う義務を負い，業務を執行した者は同じ義務を株主と連帯して負うことになる。

　この責任を負う業務を執行した者とは，剰余金の配当では，

・剰余金の配当に関する議案を株主総会に提案した取締役
・取締役会の決議で剰余金の配当を行った場合には，剰余金の配当に関する議案を取締役会に提案した取締役
・剰余金の配当に関する職務を行った取締役・執行役
・取締役会の決議において剰余金の配当に賛成した取締役

などである。剰余金の配当以外のケースでも，同じような取締役・執行役が責任を負う。

　他の多くの責任と同様に，この取締役・執行役の責任も免除されることがある。

➡　株主の責任は免除されない。

　取締役・執行役は，その職務を行うについて**注意を怠らなかったことを証明**したときは，その責任を免れることができる（会§462Ⅱ）。

➡　注意を怠らなかったことにより免除される責任には，ここまで登場した範囲だと，株主の権利の行使に関する利益の供与についての責任（会§120），募集株式の発行に際しての出資された財産の価額が不足する場合の責任（会§213）などがある。

　総株主の同意があるときは，分配可能額を限度として，取締役・執行役の責任を免除することができる（会§462Ⅲ）。つまり，総株主の同意があっても，　H31-32　H23-32

給付した財産の価額のうち，分配可能額を超える部分については免除されない。

🖐️ 理由　分配可能額を超える部分については，債権者が害されているのであり，株主の意思で免除するわけにはいかないから。

　株主と取締役・執行役は連帯して責任を負う。そして，株主は分配可能額による制限に違反していたことについて善意であったとしても責任を負う。しかし，株式会社に対して金銭を支払っていない株主は，取締役・執行役からの求償の請求があっても，分配可能額による制限に違反していたことについて**善意であった場合**には，その求償の請求に応じなくてよい（会§463Ⅰ）。連帯して責任を負う取締役・執行役からの求償の請求だけを拒否できるのであり，完全に責任が免除されるわけではない。株式会社に対しては，やはり金銭を支払う義務を負うのである。

H31-32

　分配可能額による制限に違反する行為は，債権者を害する行為である。そのため，債権者は，責任を負う株主と取締役・執行役に対して，直接金銭を支払わせることができる（会§463Ⅱ）。一種の債権者代位であると考えることができる。この場合，株主は善意であっても拒否することができない。また，債権者が支払わせることのできる金額は，その債権額を限度とする。

5　取得請求権付株式・取得条項付株式の取得についての規制

H20-30

　取得請求権付株式や取得条項付株式の取得に際しても，分配可能額による制限があった。これも同じ趣旨の規定である。
➡　第20節と第21節で触れている。

➕ アルファ

　分配可能額による制限に違反する取得請求権付株式や取得条項付株式の取得は無効とされていた。一方，剰余金の配当などについては，無効とする旨の規定がない。会社法463条1項では「効力を生じた日」という表現をしており，分配可能額による制限に違反する剰余金の配当も，有効であると読める。

　分配可能額による制限に違反する剰余金の配当や株式の取得については，無効とはせずに，株式会社に対して金銭を支払う義務を定めているのだと説明されている。無効と解すると，株式の取得と引換えに交付された財産は不当利得となり，株式の返還と財産の返還が同時履行になり不都合だというのである。

　しかし，分配可能額による制限に違反する剰余金の配当や株式の取得を有効とする見解には，反対する説も多く，無効としたうえで金銭の支払義務を特別の法定責任として負担させればいいという見解もある。

　結局，試験対策としては，有効なのか無効なのかという話よりも，まず株主と業務執行者がどのような責任を負うのかを理解すべきだろう。そのうえで，会社法を立案した人は有効としたかったらしいことを覚えておけばよい。

6　反対株主の株式買取請求についての責任

　反対株主の株式買取請求に応じることも，株式の取得と引換えに金銭を交付することになり，払戻しに該当するといえる。反対株主の株式買取請求は，株主を保護するために必要な制度であり，分配可能額がないことを理由として株式会社が請求を拒むことは許されない。

　そこで，分配可能額が不足しているにもかかわらず株式買取請求があった場合には，反対株主の株式買取請求の原因となる行為についての業務を執行した取締役・執行役が分配可能額を超えて支払った額について責任を負うものとしている（会§464Ⅰ）。

　この責任も，職務を行うについて注意を怠らなかったことを証明した場合には免れるし，総株主の同意によって免除することもできる（会§464）。

➡　この場合，総株主の同意によって全部の責任を免除できる。この責任は，債権者を保護するためのものではなく，取締役・執行役の行為から株主を保護するためのものであると解すべきである。

➡　組織再編行為に際しての反対株主の株式買取請求については，この責任を負わない。

7　欠損が生じた場合の責任

　ここまでの様々な分配可能額による制限（払戻規制）に違反しなかったとしても，払戻しを行い，計算書類の承認を受けた時点で分配可能額がマイナスとなっていたとき，つまり欠損が生じていたときは，払戻しに関する業務を執行した者が欠損を塡補する責任を負う（会§465）。

　この責任も，職務を行うについて注意を怠らなかったことを証明した場合には免れるし，総株主の同意によって免除することができる（会§465）。

8　払戻規制のまとめ

　分配可能額による制限（払戻規制）に関連して，次のような規定がある。

　・取得請求権付株式・取得条項付株式の取得を無効とする規定（会§166Ⅰ

ただし書，170Ⅴ）
・剰余金の配当など，株主と業務を執行した者が連帯して責任を負う旨の規定（会§462）
・反対株主の株式買取請求について業務を執行した者が責任を負う旨の規定（会§464）
・計算書類の承認時に欠損が生じていた場合の責任についての規定（会§465）

　いずれも払戻しであることが要件なので，株式の取得と引換えに他の種類の株式を交付する場合には規制されない。

　株主に対する払戻しは，多くの場合どれかの規定の適用を受ける。しかし，全く規制がない払戻しも少しだけ存在している。

H28-29　単元未満株式の買取請求（会§192），事業譲渡に際しての反対株主の株式買取請求（会§469），組織再編行為に際しての反対株主の株式買取請求（会§785，797，806）は，分配可能額による制限を受けない払戻しである。

　取締役・執行役が責任を負う場合，株主がその責任を追及するために株式会社に対して訴えを請求し，また株主自らが訴えを提起することができる（会§847）。株主代表訴訟の対象となるのである。

第41節　設　立

Topics・いよいよ設立である。機関設計や株式についての学習を終えているので，設立特有の論点に専念できるはずである。逆に，設立手続を学びながらこれまでの論点を復習することも可能である。
・発起人の地位と設立中の株式会社の性質を理解する。
・募集設立の手続では，募集株式の発行との違いを意識する。創立総会と株主総会の違いも意識する。
・発起人と設立時役員等が負う責任について整理する。

1　発起人

　株式会社を設立するには，発起人が必要となる。発起人は，定款の作成など，株式会社の設立に必要な事務を行う。発起人は，必ず設立時発行株式を引き受け，成立後の株式会社の株主となる（会§25Ⅱ）。　〔H24-27〕〔H22-27〕〔H18-32〕

➡　株主には必ずなるが，必ず役員になるわけではない。

用語解説

【設立時発行株式】
　株式会社の設立に際して発行する株式をいう（会§25Ⅰ①）。
　設立時発行株式を引き受け，出資の履行をした者は，成立後の株式会社の株主となる。

　発起人の人数に制限はない。最低1名でよい。また，自然人である必要もない。法人が発起人となってもいい。　〔H26-27〕〔H21-27〕

　発起人が複数である場合には，発起人間の関係は民法上の組合関係であると理解されている。そして，この組合は，発起人組合とよばれる。組合の規定の適用があるので，発起人組合の業務の執行は，発起人の過半数で決定するのが原則である（民§670Ⅰ）。

➕アルファ

　株式会社の成立前は，権利能力を有する法人が存在しない。そのため，株式会社の成立前，設立手続中に生じた権利義務が誰に帰属するのかが問題になる。
　設立手続中の権利義務の主体として，「設立中の会社」という権利能力な

き社団の存在を認めるのが一般的である。株式会社の成立前は，「設立中の会社」が権利義務の主体となり，株式会社の成立によってその権利義務が法人である株式会社に承継されると考えるのである。この見解を採ると，発起人組合は「設立中の会社」の意思決定機関となり，発起人は「設立中の会社」の業務執行機関となる。

2　発起設立と募集設立

設立時発行株式を引き受ける者が発起人だけなら発起設立である（会§25Ⅰ①）。一方，発起人以外からも設立時発行株式を引き受ける者を募集するなら募集設立となる（同Ⅰ②）。

➕アルファ

発起設立か募集設立かを最初に決める必要はない。結果的に設立時発行株式を引き受ける者を募集したら募集設立となるのであり，募集をするかどうかは，設立手続の途中で決めればいいのである。また，募集をする予定があっても，実際に募集に着手するまでは，発起設立と同じ手続である。

発起設立であれ，募集設立であれ，会社法が定める一定の手続を経て，本店の所在地で設立の登記をすれば，株式会社が成立する。株式会社を設立するだけなら，特別な許可や認可は要らない。
➡　準則主義とよばれる。

3　定款の作成

定款の作成の手続は，発起設立でも募集設立でも同じである。

（定款の作成）
第26条　株式会社を設立するには，発起人が定款を作成し，その全員がこれに署名し，又は記名押印しなければならない。

H19-28　定款は発起人が作成する。そして，発起人は定款に署名か記名押印をする。逆に，定款に署名か記名押印した者こそが発起人である。
➡　定款を電磁的記録で作成した場合には，電子署名をすることになる。

発起人が作成する定款には，必ず一定の事項を定めなければならない（会§27）。絶対的記載事項（必要的記載事項）である。絶対的記載事項を欠く定款

は無効である。

➡ 第2節で既に扱っている。忘れてしまっていたら，第2節に戻って確認しておこう。

設立に際して作成する定款では，設立に際して出資される財産の価額又はその最低額を定めるものとされている（会§27④）。設立する株式会社の規模の目安となるが，資本金の額について定款で定める必要はない。 `H19-28`

➡ 資本金の額の定め方については後述する。

設立に際して金銭以外の財産を出資する場合などは，一定の事項を定款で定めなければならない（会§28）。いわゆる**変態設立事項**である。金銭以外の財産を出資する場合などには，募集株式の発行の場合と同様に検査役の調査が必要になったりする。

変態設立事項については，後でまとめて扱うこととし，まず最もシンプルな設立を想定して話を進めることにする。

（定款の認証）
第30条 第26条第1項の定款は，公証人の認証を受けなければ，その効力を生じない。

定款の効力は，**公証人の認証**を受けることによって発生する。

公証人とは，公証人法に基づいて公正証書の作成，書面の認証などを行う者で，法務大臣が任命する。公証人は，法務局又は地方法務局に所属して事務を行う。公証人が事務を行う事務所は，公証役場とよばれる。

定款については，設立する株式会社の本店の所在地を管轄する法務局又は地方法務局に所属する公証人の認証を受けなければならない（公証人法§62ノ2）。

認証では，公証人が定款の内容を審査するが，公証人の認証によって無効な内容が有効になることはない。つまり，公証人の認証によって定款の瑕疵が治癒するわけではない。

公証人の認証を受ける定款を**原始定款**とよぶ。

➡ ごくまれに株式会社が成立した時点での定款を原始定款とよぶこともある。次に述べるように，公証人の認証を受けた時点の定款と，株式会社が成立した時点での定款がいつも同じであるとは限らない。

　公証人の認証を受けた後は，会社法に定めがある場合を除いて定款の変更ができなくなる（会§30Ⅱ）。逆の見方をすると，会社法の規定に従えば定款の変更も可能である。

　発起設立において定款を変更できるのは，変態設立事項について検査役の調査を受けた場合と発行可能株式総数についての定款の定めを変更する場合である（会§30Ⅱ）。変態設立事項については，後で扱うのでここでは省略する。
➡　募集設立の場合も後述する。

　発行可能株式総数は，株式会社の定款で必ず定められる事項であり，発行可能株式総数についての定款の定めを廃止することは許されなかった（会§113）。しかし，発行可能株式総数は，公証人の認証を受ける時点では定めていなくてもいい。公証人の認証後，株式会社が成立する時までに定めることが可能なのである。

（発行可能株式総数の定め等）
第37条　発起人は，株式会社が発行することができる株式の総数（以下「発行可能株式総数」という。）を定款で定めていない場合には，株式会社の成立の時までに，その全員の同意によって，定款を変更して発行可能株式総数の定めを設けなければならない。
2　発起人は，発行可能株式総数を定款で定めている場合には，株式会社の成立の時までに，その全員の同意によって，発行可能株式総数についての定款の変更をすることができる。
3　設立時発行株式の総数は，発行可能株式総数の4分の1を下ることができない。ただし，設立しようとする株式会社が公開会社でない場合は，この限りでない。

H31-27
H24-27
H21-27
H18-32

　発起設立では，公証人の認証後，株式会社の成立の時までの間に，発起人の全員の同意によって発行可能株式総数を定めることができ，また，発起人の全員の同意によって発行可能株式総数についての定款の変更が可能なのである。

　公開会社を設立する場合には，設立時発行株式の総数が発行可能株式総数の4分の1以上でなければならない。つまり，発行可能株式総数は設立時発行株式の総数の4倍以下でなければならない。
➡　だからこそ，発行可能株式総数の変更を可能とし，設立時発行株式の総数

が当初の予定と変わっても対応できるようにしているのである。

➕ **アルファ**

　成立後の株式会社でも似たような規定はあった（第25節参照）。しかし，成立後においては，定款を変更して発行可能株式総数を増加する行為のみが対象だったのであり，発行可能株式総数が発行済株式の総数の４倍を超える状態を違法とするものではなかった。設立手続においては，状態について規定が設けられている点が異なる。

（定款の備置き及び閲覧等）
第31条　発起人（株式会社の成立後にあっては，当該株式会社）は，定款を発起人が定めた場所（株式会社の成立後にあっては，その本店及び支店）に備え置かなければならない。

　株式会社の成立前は，発起人が定款を備え置かなければならない。備え置く 〔H19-28〕
場所は，発起人が定めた場所である。株式会社が成立した後は，株式会社が備え置くことになり，備え置く場所が本店と支店になる。株主総会議事録などと同様に，電磁的記録で作成した場合には，支店への備置きが免除されることがある。

　株式会社の成立前に定款の閲覧・謄写を請求できるのは，発起人である。株 〔H29-27〕
式会社の成立後は，株主と債権者がいつでも閲覧・謄写を請求でき，親会社社員は，その権利を行使するため必要がある場合において裁判所の許可を得て閲覧・謄写を請求できる。
➡　募集設立では，設立時募集株式の引受人も，定款の閲覧・謄写を請求できる（会§102Ⅰ）。

4　発起人の全員の同意で定める事項

（設立時発行株式に関する事項の決定）
第32条　発起人は，株式会社の設立に際して次に掲げる事項（定款に定めがある事項を除く。）を定めようとするときは，その全員の同意を得なければならない。
一　発起人が割当てを受ける設立時発行株式の数
二　前号の設立時発行株式と引換えに払い込む金銭の額

　三　成立後の株式会社の資本金及び資本準備金の額に関する事項

H31-27
H22-27
　設立時発行株式に関してこの三つの事項を定款で定めていない場合には、発起人の全員の同意によって定めなければならない。逆に、定款で定めておけば発起人の全員の同意を得る必要はない。

H18-32
➡　募集設立でも同じである。

　出資された財産の価額の合計額の2分の1以上の額を資本金の額としなければならない。そして、残りが資本準備金となる。

➡　募集株式の発行と同じ計算である。

＋アルファ

　設立時発行株式に関する事項として、発起人が割当てを受ける設立時発行株式と引換えに払い込む金銭の額を定める。募集株式の発行等とは違って、1株当たりの金額を定めるとはされていない。

　実は、発起人が引き受ける設立時発行株式については、1株当たりの金額が同じであることは要求されていないのである。つまり、発起人Aが10株を20万円で引き受け、発起人Bが20株を30万円で引き受けるようなことも許される。発起人全員の同意を得ているので、不平等な扱いも許される。

　種類株式発行会社を設立する場合で、定款で設立時発行株式である種類株式の内容の要綱のみを定めているとき（会§108Ⅲ）は、発起人の全員の同意によってその設立時発行株式の内容を定めなければならない（会§32Ⅱ）。

5　出資の履行

　発起人は、遅滞なく、その引き受けた設立時発行株式につき、その出資に係る金銭の全額を払い込まなければならない（会§34Ⅰ）。払込みは、**遅滞なく**行うのであり、募集株式の発行等のような払込みの期日や期間は定められない。この時点での利害関係人は発起人自身だけなので、いろいろ緩いのである。

H19-28
H18-32
　払込みは、銀行などの払込みの取扱いの場所で履行しなければならない（会§34Ⅱ）。銀行などの口座に入金せず、現金を集めるだけでは、出資の履行があったことが客観的に明らかにならないのである。

（設立時発行株式の株主となる権利の喪失）
第36条　発起人のうち出資の履行をしていないものがある場合には、発起人は、

当該出資の履行をしていない発起人に対して，期日を定め，その期日までに当該出資の履行をしなければならない旨を通知しなければならない。

2　前項の規定による通知は，同項に規定する期日の2週間前までにしなければならない。

3　第1項の規定による通知を受けた発起人は，同項に規定する期日までに出資の履行をしないときは，当該出資の履行をすることにより設立時発行株式の株主となる権利を失う。

出資の履行をしない発起人があるときは，他の発起人が2週間以上前に期日を定めて通知することになる。発起人が1人なら，通知する人もいないので株式会社が成立しないことになるだけである。

通知された期日までに出資の履行をしない発起人は，設立時発行株式の株主　H20-28
となる権利を失う。

出資の履行の全部がなくても株式会社の設立は可能だが，　　　　　　　　H30-27
　　　　　　　　　　　　　　　　　　　　　　　　　　　　　　　　　　H26-27

・定款で定めた設立に際して出資される財産の価額又はその最低額を満たさなくなる場合

・いずれかの発起人が設立時発行株式を1株も引き受けないこととなる場合

のいずれかに該当する場合には，そのままでは設立ができなくなる。定款の作成からやり直すしかない。発起人は，設立時発行株式を1株以上引き受けなければならないのである（会§25Ⅱ）。

➡　発起人による出資の履行についての規定は，募集設立についても適用される。

6　設立時役員等の選任・解任

この手続は，発起設立限定である。募集設立では，違う手続となる。

┌**用語解説**┐
【設立時取締役】

株式会社の設立に際して取締役となる者をいう（会§38Ⅰ）。

設立時取締役は，株式会社の成立と同時に取締役となる。

株式会社が成立するまでは，株式会社についての規定を適用するわけにはいかないから，取締役という機関を置くことができない。そのため，株式会

社の成立後に取締役となる者を設立時取締役とよんで，成立後の取締役と区別しているのである。設立時取締役は，株式会社の成立と同時に取締役となる。

　設立時会計参与，設立時監査役，設立時会計監査人も同様に考えればよい。

【設立時役員等】

　設立時取締役，設立時会計参与，設立時監査役，設立時会計監査人の総称である（会§39Ⅲ）。

H24-27
H22-27
　発起設立における設立時役員等の選任方法には，2種類ある。発起人が選任する方法と，定款で定める方法である。

　発起人が設立時役員等になっても構わないし，発起人以外の者を設立時役員等に選任してもいい。設立時役員等の資格は，株式会社成立後の役員等の資格と同じである。

(1) 発起人による選任

　発起人による設立時役員等の選任は，出資の履行が完了した後，遅滞なく行う（会§38Ⅰ）。設立時会計参与，設立時監査役，設立時会計監査人は，成立後の株式会社の機関設計に応じて選任する。

H23-27
H21-27
　設立時役員等の選任は，発起人が出資の履行をした設立時発行株式1株につき1議決権とし，その**議決権の過半数**によって決定する（会§40ⅠⅡ本文Ⅳ）。ただし，単元株式数を定めている場合には単元株式数によって議決権を計算し，種類株式発行会社を設立する場合には，その種類株式の内容（議決権制限株式や選任権付種類株式の内容）によって議決権を算定する（同Ⅱただし書ⅢⅣ）。

➡　発起人組合の意思決定は，原則として議決権ではなく頭数（人数）の過半数である。設立時役員等の選任は，例外的な扱いとなる。

　発起人によって選任された設立時役員等は，発起人によって解任できる（会§42）。

H25-27
　解任は，発起人の議決権の過半数で足りるが，設立時監査役と設立時監査等委員である設立時取締役の解任は，発起人の議決権の3分の2以上に当たる多数である（会§43Ⅰ）。議決権の数え方は，選任の場合と同じである（同ⅡⅢⅣ，44）。

(2) 定款で定める方法

　設立時役員等は，定款で定めることもできる。定款で設立時役員等を定め H29-27 た場合には，発起人による出資の履行が完了した時に選任されたものとみなされる（会§38Ⅳ）。

　定款で定めた設立時役員等も，発起人によって解任することが可能である（会§42）。解任方法は，(1)と同じである。

7　設立時代表取締役の選定

　設立に際して代表取締役となる者が設立時代表取締役である。指名委員会等設置会社を設立する場合を除き，最低1名の設立時代表取締役が必要になる。

(1) 取締役会設置会社を設立する場合

　指名委員会等設置会社以外の取締役会設置会社を設立する場合には，設立 H23-27 時取締役の中から設立時代表取締役を選定する必要がある（会§47Ⅰ）。

　設立時代表取締役の選定は，設立時取締役の過半数をもって決定することになる（会§47Ⅲ）。設立時取締役については，発起人の議決権のようなものは考えられないので，頭数（人数）の過半数である。

➕アルファ

　取締役会設置会社における代表取締役の選定は，取締役会の決議で行った。しかし，株式会社の成立前は，取締役会というものは組織されない。そもそも，設立時取締役は取締役ではないから，取締役すらいないのである。また，「設立時取締役会」のような会議体も規定されていない。そのため，設立時代表取締役の選定は，設立時取締役の過半数で決定するしかないのである。

　設立時代表取締役の解職も可能である。こちらも，設立時取締役の過半数で行う（会§47ⅡⅢ）。

(2) 取締役会設置会社以外の株式会社を設立する場合

　取締役会設置会社以外の株式会社を設立する場合には，ちょっとややこしくなる。覚えられなかったら，後回しにしても構わない。それほど出題可能性が高いわけではない。

　➡　あらかじめ，取締役会設置会社以外の株式会社における代表取締役の定め方（第6節の4）を復習しておくことを奨める。

　まず，設立時代表取締役を定めないという選択肢がある。この場合には，

設立時取締役の全員が設立時代表取締役となる。取締役会設置会社以外の株式会社で代表取締役を定めなかった場合と同じ扱いである。

　定款で設立時代表取締役を定めてしまうこと，つまり特定の者を代表取締役にすると定款で定めることも可能である。株式会社の成立後も，定款で代表取締役を定めることができた。それと同じである。

　定款で設立時代表取締役の選定方法を定めることができる。定款で選定方法を定めた場合には，その定めに従って選定することになる。たとえば，「設立時取締役の過半数によって設立時代表取締役を定める」と定款で定めることができる。

➕アルファ

　成立後の株式会社では，取締役の互選によって代表取締役を定める旨の定款の定めを設けることができた。同様に，設立時取締役の互選（過半数）によって設立時代表取締役を定める旨の定款の定めを設けることができる。しかし，「取締役の互選によって代表取締役を定める」という定款の定めがあるからといって，設立時取締役の過半数によって設立時代表取締役を定めることが可能になるわけではない。代表取締役と設立時代表取締役は明確に区別されており，代表取締役についての定款の定めを設立時代表取締役について適用するわけにはいかないからである。

　以上のほか，発起人が設立時代表取締役を定めることも可能である。発起人は，法令に違反しない範囲で株式会社の設立に関する一切の事項を決定できるのであり，設立時代表取締役の選定も発起人の権限の範囲内と解されるのである。発起人が複数の場合には，発起人組合の業務の執行として，発起人の過半数により決定することになる。

8　監査等委員会設置会社を設立する場合

　監査等委員会設置会社を設立する場合には，設立時監査等委員である設立時取締役とそれ以外の設立時取締役を区別して選任する必要がある（会§38Ⅱ）。
　選任方法は，通常の設立時取締役の選任と同じで，定款で定めていない限り発起人の議決権の過半数によって決定する。

9　指名委員会等設置会社を設立する場合

　指名委員会等設置会社を設立する場合には，設立時委員，設立時執行役，設

立時代表執行役が必要になる。

　委員，執行役，代表執行役は取締役会の決議で定めたが，設立時委員，設立時執行役，設立時代表執行役は，設立時取締役の過半数で決定することになる（会§48Ⅰ）。

　また，設立時執行役が1人であるときは，その者が設立時代表執行役に選定されたものとされる（会§48Ⅱ）。

　設立時取締役の過半数により解職・解任することも可能である（会§48ⅡⅢ）。

10　設立時取締役等による調査

　この手続も発起設立に限ると考えていい。募集設立でも似たような手続があるが，いろいろと違う部分がある。

第46条　設立時取締役（設立しようとする株式会社が監査役設置会社である場合にあっては，設立時取締役及び設立時監査役。以下この条において同じ。）は，その選任後遅滞なく，次に掲げる事項を調査しなければならない。

一　（略）

二　（略）

三　出資の履行が完了していること。

四　前3号に掲げる事項のほか，株式会社の設立の手続が法令又は定款に違反していないこと。

2　設立時取締役は，前項の規定による調査により，同項各号に掲げる事項について法令若しくは定款に違反し，又は不当な事項があると認めるときは，発起人にその旨を通知しなければならない。

3　設立しようとする株式会社が指名委員会等設置会社である場合には，設立時取締役は，第1項の規定による調査を終了したときはその旨を，前項の規定による通知をしたときはその旨及びその内容を，設立時代表執行役（第48条第1項第3号に規定する設立時代表執行役をいう。）に通知しなければならない。

　設立手続の最後に，**設立時取締役による調査**が必要になる。監査役設置会社を設立する場合，つまり監査役を置き監査役の監査の範囲を定款で制限しない株式会社を設立する場合には，設立時監査役も調査に加わる。

H27-27　　調査する事項は，出資の履行が完了していることのほか，設立の手続全般である。

➡　金銭以外の財産を出資する場合の調査事項は後述する。

H18-32　　調査の結果，法令・定款違反や不当な事項があると認められる場合には，発起人にその旨を通知しなければならない。一方，指名委員会等設置会社を設立する場合には，発起人のほか，設立時代表執行役にも通知しなければならない。設立時代表執行役に対しては，設立の手続に問題がなかった場合でも，調査が終了した旨を通知しなければならない。

11　発起設立の流れ

以上が発起設立の流れである。ただし，変態設立事項がない場合となる。これが最も簡単に株式会社を設立する方法だろう。

まとめると次のようになる。

・発起人による定款の作成
　↓
・公証人による定款の認証
　↓
・発起人による出資の履行
　↓
・設立時役員等の選任
　↓
・設立時取締役等による調査
　↓
・設立の登記（株式会社の成立）

定款の内容によっては，設立時発行株式に関する事項を発起人全員の同意によって定めなければならない。

また，本店の具体的な所在場所など，定款で定める必要がないが，設立に際して定めなければならない事項は，発起人の過半数で決定することになる。設立に関する事項は，会社法に定めがある場合を除いて，全部発起人の過半数によって決定する。

重要❗ ●

設立に関する事務を行うのは，発起人であって，設立時取締役や設立時代表執

行役ではない。

　設立時取締役は，設立に関する事項の調査と設立時代表取締役の選定（その必要がある場合）ぐらいしか行わない。

12　変態設立事項

第28条　株式会社を設立する場合には，次に掲げる事項は，第26条第1項の定款に記載し，又は記録しなければ，その効力を生じない。
一　金銭以外の財産を出資する者の氏名又は名称，当該財産及びその価額並びにその者に対して割り当てる設立時発行株式の数（設立しようとする株式会社が種類株式発行会社である場合にあっては，設立時発行株式の種類及び種類ごとの数。第32条第1項第1号において同じ。）
二　株式会社の成立後に譲り受けることを約した財産及びその価額並びにその譲渡人の氏名又は名称
三　株式会社の成立により発起人が受ける報酬その他の特別の利益及びその発起人の氏名又は名称
四　株式会社の負担する設立に関する費用（定款の認証の手数料その他株式会社に損害を与えるおそれがないものとして法務省令で定めるものを除く。）

　1号から4号までの四つの事項が変態設立事項である。これらは，公証人の認証を受ける定款で定めなければならない。また，他の設立手続にも影響を与える。

`H31-27` `H25-27` `H21-27` `H19-28`

　1号は，設立に際して出資する金銭以外の財産についてである。金銭以外の財産を出資する場合には，定款の定めが必要になる。

　金銭以外の財産の場合，財産を過大評価すると，他の出資者に不利益となることが考えられる。発起人が財産の価額に対して不相応に多くの設立時発行株式の割当てを受けると，その発起人は不当に利益を得ることになるのである。

　2号は，成立後に譲り受ける財産についてである。財産引受けとよばれる行為になる。不当に高い金額で財産を譲り受けると，特に株主を害するおそれがある。株式会社の財産の流出につながるからである。

　3号は，発起人が受ける報酬についてである。発起人に報酬を支払うことは，やはり株式会社の財産の流出につながる。発起人が出資した財産は，株式会社

の財産となるのであって，もはや発起人の財産ではない。発起人であっても，受け取る報酬は規制される必要がある。

　4号は，株式会社が負担する設立費用についてである。定款で何も定めなければ，設立に関する費用は発起人が負担する。設立費用を株式会社が支払うというのは，やはり財産の流出のおそれがあるのである。ただし，定款の認証の手数料，定款の印紙代，設立の登記の登録免許税などは，定款で定めなくても，株式会社に負担させられる（会施規§5）。これらは金額が確定しているので，財産流出を心配する必要がないのである。

➕ アルファ

　財産引受けについて定款の定めが要求されていることについては，2とおりの解釈がある。本来発起人の権限の範囲である財産引受けについて特に規制するものだとする解釈と，財産引受けは本来発起人の権限の範囲外であるが発起人が行うことを特に認めたものだとする解釈である。つまり，財産引受けが本来的に発起人の権限の範囲内なのかという問題である。

　結局は，財産引受けに限らず株式会社が事業を行うための準備をする権限が発起人にあるのか，つまり発起人は開業準備行為を行えるのかという論点になる。判例（最判昭33.10.24）では，発起人の権限は，株式会社を成立させるために必要な行為に限られ，開業準備行為は発起人の権限の範囲外だとしている。開業準備行為のうち，財産引受けだけが定款で定めることにより可能となると解釈するのである。

13　検査役の調査

　変態設立事項を定款で定めた場合には，原則として検査役の選任の申立てをし，検査役の調査を受けなければならない（会§33）。

　➡　募集株式の発行等の場合と同様である。

　募集株式の発行等と同様に，検査役の調査を省略できる場合がある。ただし，検査役の調査を省略できるのは，金銭以外の財産の出資と財産引受けについてである。

重要 ❗ ●

　定款で定めた発起人の報酬と設立費用については，必ず検査役の調査を受けなければならない。

出資される金銭以外の財産と財産引受けの目的である財産をまとめて，この節では現物出資財産等とよぶことにする（会§33Ⅹ①）。

検査役の調査を省略できるのは，次の場合である（会§33Ⅹ）。 H30-27

・定款で定めた現物出資財産等の価額の総額が500万円を超えない場合
・現物出資財産等のうち，市場価格のある有価証券について定款で定めた価額が市場価格を超えない場合
・定款で定めた現物出資財産等の価額について弁護士，弁護士法人，公認会計士，監査法人，税理士，税理士法人のいずれかの証明を受けたとき

500万円，市場価格，弁護士などの証明と，いずれも募集株式の発行と同じである。不動産の場合には不動産鑑定士の鑑定評価が必要となる点も，募集株式の発行と同じである。発行済株式の総数は０だから，募集株式の発行等のような10分の１の要件を設けるわけにはいかない。また，成立前の時点で株式会社に対する金銭債権というのはないので，株式会社に対する金銭債権の出資も問題にならない。

検査役の調査を省略できない場合には，発起人が裁判所に対して検査役の選 H27-27 任の申立てをし，定款の定めについて検査役の調査を受けることになる（会§33）。

裁判所は，検査役の調査についての報告を受けた結果，変態設立事項につい H31-27 ての定款の定めを不当と認めたときは，その定款の内容を変更する決定をする H23-27 ことになる（会§33Ⅶ）。

裁判所の決定により変態設立事項が変更されたときは，発起人は，変更の決定の確定後１週間以内に限り，その設立時発行株式の引受けに係る意思表示を取り消すことができる（会§33Ⅷ）。また，発起人は，決定の確定後１週間以内に限り，その全員の同意によって変更された事項についての定めを廃止する定款の変更をすることができる（同Ⅸ）。

➡ 引受けを取り消せる点は募集株式の発行と同じだが，定款の変更ができる点は違う。

14 金銭以外の財産の出資

（出資の履行）
第34条 発起人は，設立時発行株式の引受け後遅滞なく，その引き受けた設立時発行株式につき，その出資に係る金銭の全額を払い込み，又はその出資に

係る金銭以外の財産の全部を給付しなければならない。ただし，発起人全員の同意があるときは，登記，登録その他権利の設定又は移転を第三者に対抗するために必要な行為は，株式会社の成立後にすることを妨げない。

出資の履行のタイミングは，金銭でも金銭以外の財産でも同じである。

金銭以外の財産を給付する場合には，登記などの行為を株式会社の成立後にすることができる。

➡　募集株式の発行等では，このような規定はなかった。

理由　株式会社の成立前は，株式会社を権利者として登記することが不可能だから。

金銭以外の財産の出資があった場合には，設立時取締役が調査しなければならない事項も増える（会§46Ⅰ）。

・500万円を超えない現物出資財産等や市場価格のある有価証券について検査役の調査を省略した場合に定款で定めたその価額が相当であること
・弁護士などの証明を受けた場合にその証明が相当であること

といった事項も調査しなければならない。

設立に際しての金銭以外の財産の出資も，募集株式の発行等の場合と同様に，価額が不足していた場合の責任が問題になる。

➡　責任については，後でまとめて説明する

15　事後設立

財産引受けとは，株式会社の成立後に財産を譲り受けることを株式会社の成立前に契約することであった。はっきり契約があれば明らかに財産引受けなのだが，契約は意思表示で成立するので，契約がどの時点で成立したのかは客観的に判断しにくい。契約の成立が株式会社の成立後であれば，財産引受けではないのである。

そのため，株式会社の成立前から存在する財産を株式会社の成立後2年以内に取得する場合には，一定の制限が設けられている。財産引受けの規制を不当に逃れることを防ぐためである。

規制の対象となるのは，

・株式会社の成立後２年以内であること。ただし，組織再編行為によって株式会社を設立した場合を除く。
・取得する財産が株式会社の成立前から存在すること。
・事業のために継続して使用する財産の取得であること。
・財産の対価として交付する財産の帳簿価額が純資産額の５分の１を超えること。

の全ての要件を満たす財産の取得である（会§467 I ⑤）。このような行為を**事後設立**とよぶ。なお，５分の１の要件については，定款でより厳しくすること（たとえば10分の１などとすること）が可能である。

事後設立については，**株主総会の特別決議**が必要となる（会§467, 309 II ⑪）。

16　募集設立の手続

募集設立の手続は，発起設立から分岐することになる。

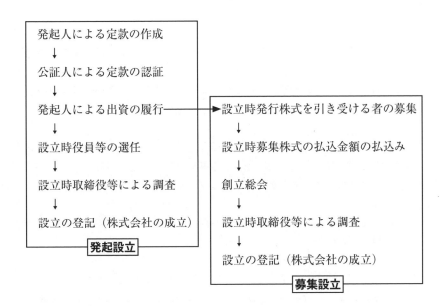

募集設立では，設立時発行株式を引き受ける者の募集が行われる。募集に応

じて引受けの申込みをした者に対して割り当てる設立時発行株式を**設立時募集株式**とよぶ。設立時発行株式を引き受ける者の募集の手続は，募集株式の発行の手続に似ている。

　募集設立では，**創立総会**が開催される。設立時役員等の選任は，原則として創立総会で行われる。

　設立時発行株式を引き受ける者が発起人だけではなくなるので，利害関係人が増え，より厳格な手続が必要になってくる。

17　設立時発行株式を引き受ける者の募集

　募集株式の発行等と同様に，募集に関する事項の決定，申込み，割当てなどの手続を経ることになる。募集株式の発行等の手続を復習しながら進めていくとよい。

（設立時発行株式を引き受ける者の募集）

第57条　発起人は，この款の定めるところにより，設立時発行株式を引き受ける者の募集をする旨を定めることができる。

2　発起人は，前項の募集をする旨を定めようとするときは，その全員の同意を得なければならない。

　設立時発行株式を引き受ける者の募集をする旨の決定は，**発起人の全員の同意**によらなければならない。この決定が，募集設立の方法を選択するという決定になる。この決定の時期については，特に定められていない。設立中のどの段階でも募集設立の方法を選択することが可能である。

　募集をする旨を決定したなら，設立時募集株式に関する事項の決定をしなければならない。募集株式の発行等でいう募集事項の決定である。

`H22-27`　決定すべき事項は，次のとおりである（会§58Ⅰ）。

- 設立時募集株式の数（種類株式発行会社を設立する場合には，その種類及び種類ごとの数）
- 設立時募集株式の払込金額
- 設立時募集株式と引換えにする金銭の払込みの期日又はその期間
- 一定の日までに設立の登記がされない場合において，設立時募集株式の引受けの取消しをすることができることとするときは，その旨及びその一定の日

　この決定には，発起人全員の同意が必要である（会§58Ⅱ）。また，払込金額などは，募集ごとに均等に定めなければならない（同Ⅲ）。

　金銭以外の財産の給付については定めることができない。つまり，設立時募 **H31-27** 集株式の引受人は金銭を払い込まなければならず，**現物出資はできない。**
➡　現物出資ができるのは発起人だけである。

　発起人は，設立時募集株式の引受けの申込みをしようとする者に対し，設立時募集株式に関する事項のほか，定款で定めた一定の事項などを通知しなければならない（会§59Ⅰ）。この通知は，**発起人による出資の履行が完了した後**にしなければならない（同Ⅱ）。

　設立時募集株式の引受けの申込みをしようとする者は，引き受けようとする設立時募集株式の数などを記載した書面を発起人に交付しなければならない（会§59Ⅲ）。発起人の承諾があれば，電磁的方法を用いることもできる（同Ⅳ）。
➡　募集株式の発行等における申込みとだいたい同じである。

　募集株式の発行等と同様に，割当てを受ける者と割り当てる設立時募集株式 **H28-27** の数を定めなければならない（会§60Ⅰ）。この決定は発起人が行う。発起人以外に決定をできるような者はいないのである。どのように割り当てても構わないという点も，募集株式の発行等と同じである。
　そして，発起人は，払込みの期日の前日まで，又は払込みの期間の初日の前日までに，申込者に対し，割り当てる設立時募集株式の数を通知しなければならない（会§60Ⅱ）。

　募集株式の発行等と同様に，申込みと割当てではなく，設立時募集株式の総数の引受けを行う契約を締結する方法により設立時募集株式の引受人を決定することもできる（会§61）。

18　設立時募集株式の払込金額の払込み

　設立時募集株式の引受人は，払込みの期日又は払込みの期間内に，設立時募 **H19-28** 集株式の払込金額の全額の払込みを行わなければならない（会§63Ⅰ）。払込みは，発起人が定めた銀行等の払込みの取扱いの場所（募集株式の発行等と同じ）において行う。通常は発起人の代表名義の銀行口座が払込みの取扱いの場所とされる。

H25-27 　　　払込みをしなかった設立時募集株式の引受人は，設立時募集株式の株主となる権利を失う（会§63Ⅲ）。払込みをしない設立時募集株式の引受人がいたために，予定した設立時募集株式の数に不足することになっても，定款で定める設立に際して出資される財産の価額又はその最低額を満たしている限り，設立手続を続行することができる。

（払込金の保管証明）

第64条　第57条第１項の募集をした場合には，発起人は，第34条第１項及び前条第１項の規定による払込みの取扱いをした銀行等に対し，これらの規定により払い込まれた金額に相当する金銭の保管に関する証明書の交付を請求することができる。

H22-27 　　　募集設立では，銀行等に対して，**払込金の保管に関する証明書**（払込金保管証明書）の交付を請求することができる。発起設立にはなかった制度である。

　　　このことは，単に証明書の交付を請求できるという意味以上のものを持っている。保管証明書の交付を受けると，払込金が保管されてしまうのである。

H30-27
H29-27 　　　発起設立では，発起人が出資した財産を保管する義務がなかった。つまり，発起人が出資した財産を設立に必要な費用（設立の登記の登録免許税など）として使用してもよかったのである。株式会社が成立した時点で，出資した財産がそのまま残っていることは要求されない。

　　　一方，募集設立では，払込金が保管される。銀行等に保管された財産は，株式会社が成立するまで，つまり設立の登記が完了するまで取り崩すことができない。払込金保管証明書の対象となる払込金は，証明書を作成してから設立の登記が完了するまで，動かすことができないのである。

　　　払込金保管証明書の対象となる払込みは，設立時募集株式の払込金額の払込みに限られず，発起人による払込みも含まれる。つまり，募集設立では，発起人が払い込んだ分についても，勝手に使うことができないのである。

19　創立総会

　　　設立時募集株式の払込金額の払込みの手続の後に，**創立総会**が招集されることになる。出資の履行を完了し，株式会社の成立時に株主となる者を**設立時株主**とよぶが，創立総会は，設立時株主の総会である。

　　　種類株式発行会社を設立する場合には，**種類創立総会**が必要となることがある。

（創立総会の権限）

第66条　創立総会は，この節に規定する事項及び株式会社の設立の廃止，創立総会の終結その他株式会社の設立に関する事項に限り，決議をすることができる。

「株式会社の設立に関する事項に限り」という表現になっているが，株式会社 ̇ ̇の設立に関する事項なら何でも決議できるのであり，その権限は決して狭くない。ただし，招集の決定の際に創立総会の目的である事項として定めた事項のほかは，定款の変更と株式会社の設立の廃止しか決議できない（会§73Ⅳ）。 **H26-27**

➡　この機会にもう一度株主総会の権限を復習しておこう。

創立総会では，決議のほか，発起人による設立に関する事項の報告が行われる（会§87Ⅰ）。

創立総会は，発起人が招集する（会§65Ⅱ）。発起人以外に招集ができる者はいない。

招集の期間は，株主総会と同様に考えればよい。公開会社を設立する場合は2週間，公開会社でない場合には1週間，取締役会設置会社以外の株式会社を設立する場合には定款で1週間よりも短縮できる（会§68Ⅰ）。

招集の通知の方法も株主総会と同じである（会§68ⅡⅢ）。

書面や電磁的方法による議決権の行使を認めることもできる（会§67Ⅰ③④）。

設立時株主全員の同意があるときは，招集手続の省略が可能である（会§69本文）。ただし，書面や電磁的方法による議決権の行使が可能な場合には，招集手続の省略はできない（同ただし書）。これも，株主総会と同じである。

議決権の算定方法も，株主総会と同じである（会§72）。ただし，株式会社の設立の廃止については，本来なら種類株式の内容に基づいて議決権が制限される場合であっても，議決権の行使が認められる。

議決権の代理行使（会§74），議決権の不統一行使（会§77）なども，株主総会と同様に可能である。

決議要件については，注意する必要がある。

> （創立総会の決議）
> **第73条**　創立総会の決議は，当該創立総会において議決権を行使することができる設立時株主の議決権の過半数であって，出席した当該設立時株主の議決権の３分の２以上に当たる多数をもって行う。

　株主総会のどの決議要件とも違う。賛成した株主の議決権数が，全体の過半数であって，かつ，出席した数の３分の２以上でなければならない。株主総会の特別決議では，議決権の過半数を有する株主の出席が必要だったが（会§309Ⅱ），創立総会では，出席数の要件（定足数）は定められていない。もっとも，過半数の出席がないと過半数の賛成が得られないので，少なくとも過半数の出席は必要である。

　創立総会でも，さらに厳しい決議要件がある。

> **第73条**　（略）
> 2　前項の規定にかかわらず，その発行する全部の株式の内容として譲渡による当該株式の取得について当該株式会社の承認を要する旨の定款の定めを設ける定款の変更を行う場合（設立しようとする株式会社が種類株式発行会社である場合を除く。）には，当該定款の変更についての創立総会の決議は，当該創立総会において議決権を行使することができる設立時株主の半数以上であって，当該設立時株主の議決権の３分の２以上に当たる多数をもって行わなければならない。

H23-27
H20-28
　株主総会の特殊決議と同じだと考えればよい。全部の株式を譲渡制限株式にしようとする場合に必要になる。種類株式発行会社を設立しようとする場合には，創立総会の決議要件が加重されず，種類創立総会の決議要件が加重される。

　創立総会の決議要件は，この**二つ**だけである。株主総会のように多くはない。

　種類株式発行会社以外の株式会社を設立する場合において，全部の株式を取得条項付株式とする場合や取得条項付株式の内容を変更する場合には，設立時株主全員の同意が必要となる（会§73Ⅲ）。
➡　株式会社成立後も同様の規定があった。第21節で確認しておこう。

　創立総会についても議事録を作成しなければならない（会§81Ⅰ）。

株式会社の成立前は，発起人が定めた場所に発起人が備え置かなければならない（会§81Ⅱ）。一方，株式会社の成立後は，本店に株式会社が備え置かなければならない（同Ⅱ）。

設立時株主，株式会社の成立後の株主，債権者は，閲覧・謄写の請求ができる（会§81Ⅲ）。株式会社の成立前は，発起人が定めた時間内いつでも閲覧・謄写の請求ができ，株式会社の成立後は，営業時間内いつでも請求できる（同Ⅲ）。また，株式会社成立後は，親会社社員にも閲覧・謄写の請求権が認められるが，その権利を行使するため必要があるときであって，裁判所の許可を得たときに限られる（同Ⅳ）。

創立総会についても，株主総会と同様に，**決議の省略**が認められる（会§82）。発起人からの提案があり，設立時株主の全員が書面か電磁的記録で同意の意思表示をすれば，現実に創立総会を開催しないことが可能なのである。

株主総会と同様に，**報告の省略**も認められる（会§83）。

20　種類創立総会

種類株式発行会社を設立する場合には，**種類創立総会**が必要となることがある。種類創立総会が必要となるのは次の場合である。

・種類株主総会を必要とする事項についての定款の定め（会§108Ⅰ⑧）があり，設立に際して当該事項を決議する場合（会§84）
・種類株主総会で取締役・監査役を選任する旨の定め（会§108Ⅰ⑨）がある場合において，設立時取締役・設立時監査役を選任する場合（会§90）
・ある種類の株式を譲渡制限株式か全部取得条項付種類株式にしようとする場合（会§100）
・株式の種類の追加，株式の内容の変更，発行可能株式総数・発行可能種類株式総数の増加をする場合において，ある種類の設立時発行株式の設立時種類株主に損害を及ぼすおそれがある場合（会§101）

基本的に，種類株主総会が必要となるようなケースで種類創立総会が必要になると考えていい。種類株式発行会社を設立する場合でも，種類創立総会の決議が必ず必要となるわけではない。

種類創立総会の決議要件は，創立総会と同じだと考えていい（会§85Ⅱ）。ある種類の株式を譲渡制限株式か全部取得条項付種類株式にしようとする場合には，決議要件が加重される（同Ⅲ，100Ⅰ）。

　　ある種類の株式を取得条項付株式とする場合や取得条項付株式に係る内容の変更，それと，ある種類の株式の内容として損害を及ぼすおそれがある場合の種類株主総会を不要とする旨の定めを設ける場合には，種類創立総会の決議ではなく，設立時種類株主全員の同意が必要になる（会§99）。

➡　株式会社の成立後においては，これらの定款変更には，種類株主全員の同意が必要であった。

21　募集設立における設立時役員等の選任・解任

H22-27　　募集設立では，設立時役員等の選任は，創立総会の決議で行うのが原則である（会§88 I）。創立総会で解任することもできる（会§91）。例外は二つあって，設立時取締役・設立時監査役を種類創立総会で選任する場合と，定款で設立時役員等を定める場合である。

　　種類株主総会で取締役・監査役を選任する旨の定めがある種類株式，つまり選任権付種類株式を発行する場合には，設立時取締役・設立時監査役の選任は，種類創立総会で行うことになる（会§90）。この場合，解任も種類創立総会の決議で行うのが原則であるが，定款に株主総会の決議で解任できる旨の定めがあれば，創立総会で解任できる（会§92）。

　　募集設立でも，定款で設立時役員等を定めることは可能である。創立総会で定款を変更することは可能なので，定款で設立時役員等を定めても，設立時株主の権利は害されない。

　　以上の二つの場合を除き，創立総会は，設立時役員等を設立する株式会社の機関設計に応じて選任しなければならない。

　　設立時取締役の選任においては，設立時株主の請求に基づき，累積投票によることが可能である（会§89）。株式会社の成立後と同様に，定款で累積投票を排除できる。

　　決議要件は，選任も，解任も，全て同じである（会§73 I）。二つあるうちの，軽い方の決議要件となる。

　　監査等委員会設置会社を設立する場合には，設立時監査等委員である設立時取締役とそれ以外の設立時取締役を区別して選任する必要がある（会§88 II）。

設立時代表取締役の選定は，発起設立と同じである。ただし，創立総会で設立時代表取締役を選定する旨の定款の定めがあれば，創立総会で設立時代表取締役を選定することが可能となる。

指名委員会等設置会社を設立する場合の設立時委員，設立時執行役，設立時代表執行役の選任・選定についても，発起設立と同じである。

22 募集設立における設立時取締役等による調査

募集設立でも，設立時取締役による調査が必要になる（会§93）。監査役設置会社を設立する場合には，設立時監査役も調査をする。

発起設立における調査との違いは，

・設立時募集株式の払込金額の払込みについても調査すること
・報告先が創立総会であること
・調査の結果にかかわらず報告が必要なこと
・指名委員会等設置会社を設立する場合でも設立時代表執行役への通知が不要なこと

H18-32
H20-28

の4点となる。特に，報告先が創立総会であることは覚えておきたい。

募集設立の場合は，別途調査をする者を選任できる場合がある。

（設立時取締役等が発起人である場合の特則）

第94条 設立時取締役（設立しようとする株式会社が監査役設置会社である場合にあっては，設立時取締役及び設立時監査役）の全部又は一部が発起人である場合には，創立総会においては，その決議によって，前条第1項各号に掲げる事項を調査する者を選任することができる。

2 前項の規定により選任された者は，必要な調査を行い，当該調査の結果を創立総会に報告しなければならない。

発起人が設立時取締役か設立時監査役になる場合である。ただし，監査役の権限が定款で会計に関するものに限定されている場合には，設立時監査役は含まない。
この場合には，調査する者を創立総会で選任し，調査の結果を創立総会に報告させることができる。

23　募集設立における定款の変更

　まず最初に，発起設立において，公証人による認証を受けた後に定款の変更ができる場合を確認しておこう。

　発起設立では，

　　・検査役の報告を受けた裁判所の決定による変態設立事項の変更
　　・裁判所の決定があった場合の変態設立事項の廃止
　　・発行可能株式総数の定めの設定・変更

の三つの場合に定款の変更が可能であった。

H30-27
H20-28
H18-32
　募集設立では，設立時募集株式と引換えにする金銭の払込みの期日又は期間の初日以後は，発起人の全員の同意による定款の変更ができなくなる（会§95）。つまり，発起設立の三つの場合のうち，最初の場合（裁判所の決定）以外の定款の変更ができなくなる。

➕ アルファ

　募集設立の方法で株式会社を設立した場合の募集を始める前の手続（定款の作成，認証，検査役の調査など）を「募集設立の手続」といっていいのかという問題がある。募集を始める前は，発起設立と共通の手続であり，募集をするかどうかすら決めなくてもいいので，「募集設立の手続」に含めなくていいようにも思う。かといって，結果的に募集設立の方法で設立したのに，募集の前の手続を「発起設立の手続」といってしまうのも無理がある。結局，「発起設立の手続」「募集設立の手続」が何を指しているのかを文脈で判断するしかない。

　募集設立では，創立総会の決議で定款を変更することが可能である（会§96）。変更できる定款の内容に制限はなく，発行可能株式総数はもちろん（会§98），変態設立事項を変更することも可能である。

（設立時発行株式の引受けの取消し）
第97条　創立総会において，第28条各号に掲げる事項を変更する定款の変更の決議をした場合には，当該創立総会においてその変更に反対した設立時株主は，当該決議後2週間以内に限り，その設立時発行株式の引受けに係る意思表示を取り消すことができる。

変態設立事項の変更は，設立時株主に与える影響が大きいため，設立時発行株式の引受けに係る意思表示の取消しが認められている。

譲渡制限株式，取得条項付株式，全部取得条項付種類株式に係る定款変更については，既に述べた。決議要件が変わったり，株主全員の同意が必要になったりする。前に戻って確認しておこう。

ある種類の株式を譲渡制限株式や全部取得条項付種類株式とする定款の変更をする場合には，種類創立総会においてその定款の変更に反対した株主に設立時発行株式の引受けに係る意思表示を取り消す権利が認められる（会§100Ⅱ）。
➡　反対株主の株式買取請求に相当する制度である。

24　株式会社の成立
発起設立でも，募集設立でも，本店の所在地において設立の登記をすることによって株式会社は成立する（会§49）。
株式会社が成立した時点で，設立時株主は株主となり，設立時取締役は取締役となる。他の設立時役員等も同様である。

25　設立時発行株式の引受けに係る意思表示の瑕疵
民法93条（心裡留保）の１項ただし書と民法94条（虚偽表示）の１項の規定は，発起人による設立時発行株式の引受けに係る意思表示についても，設立時募集株式の引受けに係る意思表示についても，適用されない（会§51Ⅰ，102Ⅴ）。
➡　募集株式の発行でも同様の規定があった。第35節で扱っている。

錯誤，詐欺，強迫による取消しについても，制限がある。発起設立では，株式会社の成立後は，錯誤，詐欺，強迫を理由とする引受けの取消しができなくなる（会§51Ⅱ）。募集設立では，創立総会・種類創立総会においてその議決権を行使した後に取消しができなくなる（会§102Ⅵ）。
➡　こちらも，募集株式の発行と似た規定である。無効の主張や取消しができなくなる時期の違いに注意しよう。

26　設立自体の瑕疵
設立の登記を完了したとしても，設立手続に問題があれば，設立は無効である。しかし，簡単に株式会社の設立を無効にできてしまうと，取引の安全を害する。株式会社が有効に成立していると思って取引した人が困るのである。
そこで，株式会社の成立の無効は，訴えをもってのみ主張することができる

こととし，無効の主張を制限している。

➡　設立の無効の訴えに関しては，持分会社も同じ規定になる。

H27-27
H18-34
会社の設立の無効は，会社の設立の日から２年以内に訴えをもって主張しなければならない（会§828Ⅰ①）。２年を超えてしまうと，訴えの提起はできなくなる。

H27-27
訴えを提起できるのは，株主，取締役，清算人，監査役設置会社の監査役，指名委員会等設置会社の執行役である（会§828Ⅱ①）。債権者は提起できない。

H30-27
H26-27
H18-34
会社の設立の無効の訴えに係る請求を認容する判決が確定したときは，会社の設立が無効となるが，確定した判決の効力が過去に遡って適用されることはない。設立の無効の訴えに係る請求を認容する判決が確定したときは，解散した場合と同様に，清算をすることになるのである。

➡　清算手続については，第43節で扱う。

27　設立に関する責任

株式会社の設立に際しては，発起人や設立時役員などが責任を負う場合がある。また，発起設立と募集設立で異なる責任もある。きちんと整理しておきたい論点である。

(1)　現物出資財産等の価額が不足する場合の責任

> **（出資された財産等の価額が不足する場合の責任）**
> **第52条**　株式会社の成立の時における現物出資財産等の価額が当該現物出資財産等について定款に記載され，又は記録された価額（定款の変更があった場合にあっては，変更後の価額）に著しく不足するときは，発起人及び設立時取締役は，当該株式会社に対し，連帯して，当該不足額を支払う義務を負う。

「現物出資財産等」なので，財産引受けの目的である財産も対象になる。

現物出資財産等について定款で定めた価額が株式会社の成立時における価額に不足する場合に，発起人と設立時取締役が不足額を支払う義務を負うことになる。

➡　募集株式の発行，新株予約権の行使について，同様の規定があった。不足価額塡補責任である。

H27-27
発起設立において，この義務を免れることができるのは，次の場合である。

・現物出資財産等に関する定款の定めについて検査役の調査を受けた場合
・発起人・設立時取締役がその職務を行うについて注意を怠らなかったことを証明した場合

ただし，金銭以外の財産を出資した発起人と財産引受けの財産の譲渡人である発起人は，この二つの場合に該当しても義務を免れることができない。 H21-27

募集設立では，免れることができる場合が異なる（会§103Ⅰ，52Ⅱ）。

重要❗ ●

募集設立の場合には，職務を行うについて注意を怠らなかったことを証明したときであっても，不足額を支払う義務を免れることができない。 R2-27 H22-27 H20-28

募集設立では，無過失責任となる。募集設立では，設立時募集株式の引受人が害されないように，責任が重くなっているのである。

この発起人と設立時取締役の義務は，総株主の同意によって免除することが可能である（会§55）。発起設立でも募集設立でも免除できる。

発起人と設立時取締役のほか，現物出資財産等の価額について証明をした弁護士，弁護士法人，公認会計士，監査法人，税理士，税理士法人，不動産鑑定士も，同様の責任を負う（会§52Ⅲ）。こちらも，証明をするについて注意を怠らなかったことを証明したときは，免れることができる。発起設立でも募集設立でも免れることができる。 R2-27

(2) 仮装払込み

募集株式の発行等と同様に，出資の履行を仮装した場合（仮装払込み）の責任についても定められている。 R2-27

発起設立の場合に責任を負うのは，仮装払込みをした発起人のほか，仮装払込みに関与した発起人と設立時取締役である（会§52の2）。一方，募集設立の場合には，これらの者に加えて，仮装払込みをした設立時募集株式の引受人も責任を負うことになる（会§102の2）。

いずれの責任も，総株主の同意による免除が可能である。また，仮装払込みに関与したにすぎない発起人と設立時取締役の責任は，その職務を行うについて注意を怠らなかったことを証明することにより免れることができる（会§52の2Ⅱ，103Ⅱ）。

(3) **任務懈怠責任**

> **第53条**　発起人，設立時取締役又は設立時監査役は，株式会社の設立について
> その任務を怠ったときは，当該株式会社に対し，これによって生じた損害を
> 賠償する責任を負う。

　株式会社の成立後の役員等が負う任務懈怠による株式会社に対する損害賠
償責任（会§423）と同じ趣旨の規定である。
　発起設立でも募集設立でもこの責任は変わらない。

　責任を負うのは，**発起人，設立時取締役，設立時監査役**の三つに限られて
いる。設立時会計参与や設立時会計監査人は株式会社成立前に行う職務がな
いので，任務懈怠が考えにくいのである。

H25-27　この責任も，総株主の同意によって免除できる（会§55）。

(4) **第三者に対する責任**

> **第53条**　（略）
> 2　発起人，設立時取締役又は設立時監査役がその職務を行うについて悪意又
> は重大な過失があったときは，当該発起人，設立時取締役又は設立時監査役は，
> これによって第三者に生じた損害を賠償する責任を負う。

　これも，株式会社の成立後の役員が負う責任と同じである。やはり責任を
負うのは発起人，設立時取締役，設立時監査役である。発起設立でも募集設
立でも同じ責任を負う。

　この責任は第三者に対する損害賠償責任なので，総株主の同意では免除で
きない。

(5) **株式会社が成立しなかった場合の責任**

> （株式会社不成立の場合の責任）
> **第56条**　株式会社が成立しなかったときは，発起人は，連帯して，株式会社の
> 設立に関してした行為についてその責任を負い，株式会社の設立に関して支
> 出した費用を負担する。

　株式会社が成立しなかった場合には，発起人が責任を負うことになる。発起人以外に責任を負うべき者はいないから，ある意味当然である。発起人が複数の場合には，連帯して責任を負う。

(6)　疑似発起人

　募集設立において，発起人でないにもかかわらず，募集の広告その他募集　H26-27
に関する書面に自己の氏名又は名称を記載し，かつ，株式会社の設立を賛助する旨を記載した者と記載することを承諾した者は，発起人と同様の責任を負う（会§103Ⅳ）。書面ではなく電磁的記録であっても同じである。

　この発起人と同様の責任を負う者は，疑似発起人とよばれる。

第42節　解　散

Topics・設立が株式会社を始める手続なら，解散は株式会社を終わらせるための手続である。
・どのような場合に株式会社が解散するのかを理解する。
・休眠会社のみなし解散の手続を理解する。

1　解散の事由

（解散の事由）
第471条　株式会社は，次に掲げる事由によって解散する。
一　定款で定めた存続期間の満了
二　定款で定めた解散の事由の発生
三　株主総会の決議
四　合併（合併により当該株式会社が消滅する場合に限る。）
五　破産手続開始の決定
六　第824条第1項又は第833条第1項の規定による解散を命ずる裁判

　株式会社が事業を行うことをやめ，法人格を消滅させるための手続を開始するのが解散である。合併による消滅を除き，解散によって直ちに法人格が消滅することはない。株主，債権者といった多数の利害関係人が存在するので，ある日突然株式会社が無くなってしまうと困るのである。

　合併による消滅の場合には，消滅する株式会社の権利義務が他の会社に承継されることになるので，直ちに法人格が消滅しても問題がない。
➡　組織再編行為についての章で扱う。

　株式会社が破産手続開始の決定を受けたときは，破産法の規定に従って処理をすることになる。破産法の規定については司法書士試験の出題範囲を超えているので扱わないが，破産手続開始の決定を受けても法人格が消滅することはない。

＋アルファ

　破産手続開始決定の時点で取締役の地位にあった者は，破産手続開始決定によって当然に取締役の地位を失わず，株式会社の組織に関する行為等については，取締役としての権限を行使することができるというのが判例である

（最判平16.6.10）。

　合併と破産手続開始の決定以外の事由で解散した場合には，解散後，清算の手続に入り，債務の弁済や株式会社の財産の株主への分配（残余財産の分配）などを経て，清算の結了によって法人格が消滅することになる。

➡　清算の手続は，次節で扱う。

　ここでは，合併と破産手続開始の決定以外の解散事由を整理しておく。

(1)　定款で定めた存続期間の満了

　株式会社は，定款で存続期間を定めることができる。具体的に「○年○月○日まで」と定めてもいいし，「成立の日から○年間」と定めてもいい。

　定款で定めた存続期間が満了したら，株式会社は解散することになる。

(2)　定款で定めた解散の事由の発生

　定款で解散の事由を定めることも可能である。解散の事由について明文の制限はないが，「取締役会の決議があったときは解散する」といった定めは，295条3項に違反するので認められないだろう。

(3)　株主総会の決議

　株式会社は，株主総会の特別決議によって解散することができる（会§309Ⅱ⑪）。

　解散の決議に期限を設けることは可能だが，「○年後に解散する」といった解散までの期間が長い決議は，解散の決議ではなく存続期間を定めたものと解されるだろう。

(4)　解散を命ずる裁判

　解散を命ずる裁判には，二つある。解散命令と解散の訴えである。

（会社の解散命令）

第824条　裁判所は，次に掲げる場合において，公益を確保するため会社の存立を許すことができないと認めるときは，法務大臣又は株主，社員，債権者その他の利害関係人の申立てにより，会社の解散を命ずることができる。

一　会社の設立が不法な目的に基づいてされたとき。

二　会社が正当な理由がないのにその成立の日から1年以内にその事業を開

始せず，又は引き続き1年以上その事業を休止したとき。
　三　業務執行取締役，執行役又は業務を執行する社員が，法令若しくは定款
　　で定める会社の権限を逸脱し若しくは濫用する行為又は刑罰法令に触れる
　　行為をした場合において，法務大臣から書面による警告を受けたにもかか
　　わらず，なお継続的に又は反覆して当該行為をしたとき。

　解散命令は，公益が害されることを防ぐ趣旨なので，申立てをすることが
できる者の範囲が広い。法務大臣が申立てをすることもできるのである。

　一方，株式会社の**解散の訴え**は，

　・株式会社が業務の執行において著しく困難な状況に至り，当該株式会社
　　に回復することができない損害が生じ，又は生ずるおそれがあるとき
　・株式会社の財産の管理又は処分が著しく失当で，当該株式会社の存立を
　　危うくするとき

のいずれかに該当する場合において，やむを得ない事由があるときに認めら
れる（会§833Ⅰ）。つまり，そのままにしておくと，株式会社の財産が流
出してしまうような場合であり，株主を保護するための制度である。
　したがって，訴えを提起することができるのは株主に限られ，

　・総株主の議決権の10分の1以上の議決権を有していること
　・発行済株式の10分の1以上の数の株式を有していること

のいずれかの要件を満たす必要がある。要件は定款で緩和することができ，
また，自己株式の数は発行済株式の数から除外される。
　解散命令を申立てることができる者に比べ，解散の訴えを提起できる者の
範囲は狭い。
　➡　10分の1というのは，似たような要件の中でも最も厳しいものである。
　　役員の解任の訴えを提起できる株主の要件や，株主総会の招集を請求でき
　　る株主の要件と比較しておこう。

2　休眠会社のみなし解散

（休眠会社のみなし解散）
第472条　休眠会社（株式会社であって，当該株式会社に関する登記が最後に

あった日から12年を経過したものをいう。以下この条において同じ。）は，法務大臣が休眠会社に対し２箇月以内に法務省令で定めるところによりその本店の所在地を管轄する登記所に事業を廃止していない旨の届出をすべき旨を官報に公告した場合において，その届出をしないときは，その２箇月の期間の満了の時に解散したものとみなす。ただし，当該期間内に当該休眠会社に関する登記がされたときは，この限りでない。

2　登記所は，前項の規定による公告があったときは，休眠会社に対し，その旨の通知を発しなければならない。

12年間一切の登記をしていない株式会社が**休眠会社**である。株式会社の取締役の任期は最長で10年であるから（会§332Ⅱ），最低10年に１回は取締役についての登記が発生するはずである。なので，12年間登記のされていないことが休眠会社の要件となっている。

➡　商業登記法でもう少し詳しく扱う。

休眠会社だからといって，直ちに解散したものとみなされてしまうことはない。公告から２か月以内に届出をしなかった場合において，２か月の期間が満了した時に休眠会社は解散したものとみなされる。

3　株式会社の継続

（株式会社の継続）
第473条　株式会社は，第471条第１号から第３号までに掲げる事由によって解散した場合（前条第１項の規定により解散したものとみなされた場合を含む。）には，次章の規定による清算が結了するまで（同項の規定により解散したものとみなされた場合にあっては，解散したものとみなされた後３年以内に限る。），株主総会の決議によって，株式会社を継続することができる。

解散後，再び解散前の状態に戻すのが**株式会社の継続**である。
継続ができるのは，

H27-31

・定款で定めた存続期間の満了による解散
・定款で定めた解散の事由の発生による解散
・株主総会の決議による解散
・休眠会社のみなし解散

　の場合である。休眠会社のみなし解散の場合に限っては，解散したものとみなされた後3年以内に限って継続できる。

R2-31　　　株式会社を継続するには，**株主総会の特別決議**が必要になる（会§309Ⅱ⑪）。

第43節　清　算

Topics ・清算株式会社の機関を把握する。誰が清算人になるかに注意する必要がある。
　　　　・清算手続の流れを理解する。
　　　　・特別清算は，余裕がなかったら無視してもいい。

1　清算の開始原因

> （清算の開始原因）
> **第475条**　株式会社は，次に掲げる場合には，この章の定めるところにより，清算をしなければならない。
> 　一　解散した場合（第471条第4号に掲げる事由によって解散した場合及び破産手続開始の決定により解散した場合であって当該破産手続が終了していない場合を除く。）
> 　二　設立の無効の訴えに係る請求を認容する判決が確定した場合
> 　三　株式移転の無効の訴えに係る請求を認容する判決が確定した場合

　解散した場合には，合併と破産手続開始の決定の場合を除いて，清算をすることになる。清算の手続では，株式会社の債務を弁済し，その後に残った財産（残余財産）を分配することになる。最終的には，株式会社の資産と負債を両方ともゼロにする必要がある。

　解散した場合だけでなく，設立の無効の訴えに係る請求を認容する判決が確定した場合にも清算をする必要がある。設立の無効の訴えは，解散と同じような結果になると理解してもいい。
➡　株式移転の無効の訴えについては，組織変更についての章で扱う。

用語解説

【清算株式会社】
　清算をする株式会社をいう（会§476）。
　清算株式会社は，事業を行うことができず，清算の目的の範囲内で存続する。

2　清算株式会社の機関

　清算株式会社は事業を行わないので，事業を行うことを前提とした清算前の株式会社とは，設置しなければならない機関，設置することができる機関が異なることになる。

第477条　清算株式会社には，一人又は二人以上の清算人を置かなければならない。

2　清算株式会社は，定款の定めによって，清算人会，監査役又は監査役会を置くことができる。

　清算株式会社が必ず置かなければならない機関は，株主総会と清算人である。清算株式会社では，取締役を置くことができず，清算前の取締役に相当する機関として清算人が置かれる。

H27-31
H19-33　清算株式会社が置くことのできる機関は，清算人会，監査役，監査役会のみである。会計参与，会計監査人，委員会などは置くことができない。

➡　とりあえずは，清算人会は取締役会に相当する機関であると考えればいい。

第477条　（略）

3　監査役会を置く旨の定款の定めがある清算株式会社は，清算人会を置かなければならない。

R2-31　清算人会の設置義務があるのは，監査役会設置会社だけである。取締役会とは異なり，公開会社であっても清算人会の設置義務はない。また，清算前に取締役会を置いていたとしても，清算人会の設置義務はない。

重要　●●●●●●●●●●●●●●●●●●●●●●●●●●●●●●●●●●●

　監査役会を置いておらず，定款で清算人会を置く旨を定めていなければ，清算人会は置かれない。

第477条　（略）

4　第475条各号に掲げる場合に該当することとなった時において公開会社又は大会社であった清算株式会社は，監査役を置かなければならない。

監査役の設置義務は，清算の開始原因に該当することとなった時の状態で判 H19-33
断する。清算の開始原因に該当することとなった時点で**公開会社**か**大会社**であ
った清算株式会社は，監査役の設置義務がある。

重要！・・・・・・・・・・・・・・・・・・・・・・・・・・・・・・・・・

清算の開始原因に該当した後で公開会社や大会社となっても，監査役の設置義
務は生じない。

監査役を置く場合であっても，清算人会の設置義務はない。また，監査役会
を置かなければならない場合はない。
➡　公開会社である大会社では清算の開始に伴って監査役会の設置義務がなく
　　なることが考えられるが，設置義務がなくなっても，監査役会を置く旨の定
　　款の定めを廃止しない限り，監査役会を置き続けることにはなる。

3　清算人

（清算人の就任）
第478条　次に掲げる者は，清算株式会社の清算人となる。
　一　取締役（次号又は第3号に掲げる者がある場合を除く。）
　二　定款で定める者
　三　株主総会の決議によって選任された者
2　前項の規定により清算人となる者がないときは，裁判所は，利害関係人の
　　申立てにより，清算人を選任する。

裁判以外の事由で解散した場合の清算人である。また，監査等委員会設置会
社と指名委員会等設置会社が解散した場合の扱いも異なる。
➡　監査等委員会設置会社と指名委員会等設置会社については，項目をあらた
　　めて説明する。

清算人は，定款で定めることができ，また，株主総会の普通決議で選任でき
る。定款や株主総会で清算人を定めなかったときは，解散時の取締役が清算人
となる。清算人を定めず，解散時の取締役が清算人となった場合の清算人を**法
定清算人**とよぶ。法定清算人以外の場合には，取締役ではなかった者を清算人
と定めることができる。
➡　取締役がいなくても，退任後も取締役としての権利義務を有する者がいる
　　場合には，その取締役としての権利義務を有する者が法定清算人となる。

　　清算人を定めず，解散時に取締役がいなかった場合には，利害関係人の申立
てにより，裁判所が清算人を選任する。

H27-31

　　また，解散命令か解散の訴えの裁判によって解散した場合には，利害関係人
の申立て，法務大臣の申立て，裁判所の職権のいずれかに基づき，裁判所が清
算人を選任する（会§478Ⅲ）。

　　設立の無効の訴えや株式移転の無効の訴えによって清算が開始することとな
った場合には，利害関係人の申立てにより，裁判所が清算人を選任する。

　　結局，裁判所が清算人を選任するのは，

　　・清算人を定めておらず，法定清算人もいない場合
　　・裁判によって解散した場合
　　・設立の無効の訴え・株式移転の無効の訴えによって清算が開始した場合

　　の三つの場合となる。

➕ アルファ

　　裁判所が清算人を選任する場合と，裁判所が一時清算人の職務を行うべき
者（会§479Ⅳ，346Ⅱ）や清算人の職務代行者（会§483Ⅵ，352）を選任す
る場合は，区別する必要がある。会社法ではあまり論点にならないが，登記
手続が違うので，商業登記法で論点になるのである。

　　以上が清算開始時の最初の清算人の定め方である。清算開始後に清算人を追
加したり，別の清算人にしたい場合には，株主総会の普通決議によって清算人
を選任することになる。

　　株式会社と清算人との関係は委任関係だが（会§478Ⅵ，330），法定清算人
の場合には，清算人に就任するのに就任承諾は必要ないと考えられている。取
締役としての委任関係の延長だと考えるのである。それ以外の場合には，取締
役に就任する場合と同様に，清算人への就任承諾が必要になる。

　　資格（会§331Ⅰ），欠員が生じた場合に権利義務を有する旨の規定（会§
346Ⅰ）など，取締役についての規定が準用されている（会§478Ⅵ，479Ⅳ）。
競業・利益相反取引の制限（会§356），報告義務（会§357），株主による行為
の差止め（会§360）なども準用される（会§482Ⅳ）。

　清算人は，最低１名でいい。ただし，清算人会設置会社は，３人以上必要である。

➡　清算人会設置会社という用語は，取締役会設置会社などと同じように考えればよく，清算人会を置いている株式会社と清算人会を置かなければならない株式会社の両方を含むものである。

　清算人には**任期がない**。就任して何年経っても，期間の経過だけでその地位を失うことはない。

➡　任期がないので，補欠の清算人というようなものはない。329条２項の規定は準用されないのである。

　清算人を解任することも可能である。裁判所によって選任された清算人でなければ，**株主総会の普通決議**によって解任することができる（会§479Ⅰ）。

➡　清算人の場合，累積投票による選任がないので，決議要件が変わることはない。

重要❗ •

裁判所が選任した清算人を株主総会の決議で解任することはできない。

　裁判所によって選任された清算人も含め，全ての清算人は，重要な事由があるときは，株主の申立てにより，裁判所が解任することができる（会§479Ⅱ）。申立てをすることができる株主は，総株主の議決権の100分の３以上の議決権か，発行済株式の100分の３以上の数の株式を６か月前から引き続き有する株主である。公開会社でない清算株式会社では６か月という要件が不要であり，定款で要件を緩和することもできる。また，100分の３の要件の算定に当たっては，自己株式や解任の対象である清算人の有する株式などが除外される。

➡　役員の解任の訴え（会§854）と異なり，株主総会において解任に関する議案が否決されたことは要件とされない。

4　代表清算人

　清算株式会社を代表する清算人は，**代表清算人**とよばれる（会§483Ⅰ）。清算前の株式会社における代表取締役のようなものと考えればいい。

　法定清算人が就任した場合において，清算開始前に代表取締役が定められていた場合には，代表取締役が代表清算人になる（会§483Ⅳ）。**法定代表清算人**とよばれる。取締役が法定清算人になり，代表取締役が法定代表清算人になる

のである。

　　代表清算人の定め方は，**清算人会設置会社**かどうかで異なる。

　　清算人会設置会社以外の清算株式会社では，代表清算人を定めなかったとき
は，清算人全員が各自代表清算人になる（会§483Ⅱ）。法定代表清算人がいる
場合には，法定代表清算人のみが代表清算人となる。
　　代表清算人を定める場合には，株主総会の普通決議，定款，定款の定めに基
づく清算人の互選によって定めることができる（会§483Ⅲ）。
➡　取締役会設置会社以外の株式会社における代表取締役と同様である。

　　裁判所が清算人を選任する場合には，同時に代表清算人を定めることもでき
る（会§483Ⅴ）。これは，清算人会設置会社かどうかにかかわらず同じである。

　　清算人会設置会社では，**清算人会の決議**により清算人の中から代表清算人を
選定しなければならない（会§489Ⅲ）。ただし，法定清算人がいる場合には別
に代表清算人を選定する必要はない。また，裁判所が清算人と同時に代表清算
人を定めた場合には別に代表清算人を選定することができない（同Ⅴ）。
　　代表清算人を解職することも可能であり，法定代表清算人も解職できるが，
裁判所が定めた代表清算人は解職できない（会§489Ⅴ）。

　　欠員が生じた場合に権利義務を有する旨の規定（会§351Ⅰ），職務代行者（会
§352）など，代表取締役についての規定が代表清算人について準用されてい
る（会§483Ⅵ）。

5　清算株式会社の監査役
　　前述したように清算株式会社でも監査役は置かれるが，清算前の監査役とは
適用される規定が若干異なる。

重要❗ ●

R2-31　清算株式会社の監査役には任期がない。

　　清算前は，選任後4年以内に終了する事業年度のうち最終のものに関する定
時株主総会の終結時に任期が満了していたが（会§336），清算株式会社では法
定の任期はない。
➡　定款で任期を定めることは可能であり，解散前から定款に監査役の任期の

定めがあれば，その任期に従うことになる。

監査役を置く旨の定款の定めを廃止する定款の変更をした場合と，監査役の監査の範囲を会計に関するものに限定する旨の定款の定めを廃止する定款の変更をした場合には，監査役は退任することになる（会§480Ⅰ）。

➡　清算前の監査役も同様な場合には任期が満了した。

監査役と取締役の兼任が禁止されているのと同様に，監査役と清算人の兼任も禁止される（会§491，335Ⅱ）。

6　監査等委員会設置会社について清算が開始した場合

監査等委員会設置会社について清算が開始した場合には，いくつかの点で異なる扱いになる。

監査等委員会設置会社が解散した場合において法定清算人となるのは，**監査等委員である取締役以外の取締役**である（会§478Ⅴ）。

そして，監査役の設置義務がある場合には，**解散時の監査等委員である取締役が監査役となる**（会§477Ⅴ）。清算株式会社における監査役の設置義務を確認すればわかるように，監査等委員会設置会社について清算が開始した場合でも，監査役の設置義務があるとは限らない。 `R2-31`

7　指名委員会等設置会社について清算が開始した場合

指名委員会等設置会社について清算が開始した場合も異なる扱いになる。

指名委員会等設置会社が解散した場合において法定清算人となるのは，**監査委員以外の取締役**である（会§478Ⅵ）。

そして，監査役の設置義務がある場合には，**解散時の監査委員が監査役となる**（会§477Ⅵ）。常に監査役の設置義務があるわけではないことは，監査等委員会設置会社と同様である。

➕ アルファ

監査役会設置会社では，監査役の半数以上が社外監査役でなければならない。この規定を監査等委員会設置会社と指名委員会等設置会社について清算が開始した場合にも適用すると，少々困ったことになる。

社外監査役の定義に従うと，直前まで取締役であった者は社外監査役ではない。そして，監査等委員も監査委員も取締役であるから，監査等委員や監

査委員が監査役となると，その監査役は社外監査役ではないことになる。

　ここで，新たに半数以上の社外監査役を選任しなければならないとすると，あまりに負担が大きいため，会社法は，監査等委員会設置会社と指名委員会等設置会社について清算が開始した場合には，社外監査役ではなく，社外取締役以外の取締役でなかったことなどの一定の要件を満たす者が半数以上であればいいとし，直前まで取締役であった者が監査役になっても問題ない扱いとなっている（会§478Ⅶ）。

8　清算株式会社の業務執行

　清算株式会社の業務執行とその決定は，清算人会設置会社かどうかで異なる。

⑴　清算人会設置会社以外の清算株式会社の場合

　清算人が清算株式会社の業務を執行する（会§482Ⅰ）。また，業務の決定は，清算人の過半数で決定する（同Ⅱ）。取締役会設置会社以外の株式会社の取締役を清算人に置き換えただけである。

⑵　清算人会設置会社の場合

　代表清算人と清算人会が選定した清算人が業務を執行する（会§489Ⅶ）。業務執行の決定は，清算人会が行う（同Ⅱ①）。取締役会設置会社と同じように考えればいい。

　清算人会の運営については，取締役会と同様な規定が置かれている（会§490）。また，取締役会についての規定の多くが準用されている（同ⅣⅤⅥ）。

9　清算人の責任

　清算人は，取締役と同様に，任務を怠ったことによる清算株式会社に対する損害賠償責任を負う（会§486）。総株主の同意による責任の免除は可能だが（会§486Ⅳ，424），一部免除（会§425，426）や責任限定契約（会§427）についての規定は準用されていない。

　清算人がその職務を行うについて悪意又は重大な過失があったときは，これによって第三者に生じた損害を賠償する責任を負う（会§487）。役員等の第三者に対する損害賠償責任（会§429）と同じ趣旨の規定である。

10　清算の流れ

　清算手続では，最終的に清算株式会社の資産と負債をゼロにする必要がある。ここではゼロにする順番が重要で，最初に負債をゼロにしなければならない。

つまり，全ての債務を弁済してから，残った財産を株主に分配するのが基本的な流れになる。

```
┌──────────┐      ┌──────────────┐      ┌──────────┐
│ 債務の弁済 │ ──→ │ 残余財産の分配 │ ──→ │ 清算の結了 │
└──────────┘      └──────────────┘      └──────────┘
```

11 財産目録の作成と計算

　債務の弁済を始める前に，まず清算株式会社の資産と負債の状況を明らかにしなければならない。清算が開始した日における財産目録と貸借対照表の作成が業務を執行する清算人に義務づけられている（会§492）。

　清算株式会社では，清算前の株式会社の事業年度に代わって清算事務年度ご H19-33 とに計算を行うことになる。清算が開始した日の翌日から始まる１年間の期間が清算事務年度となる（会§494）。

　貸借対照表については，監査役の監査，清算人会の承認などが必要になる（会§495）。

　清算株式会社でも定時株主総会は招集するが，事業年度ではなく清算事務年度ごとに貸借対照表を作成するので，開催すべき時期が異なることになる。

　清算株式会社が作成した貸借対照表は，清算前のように公告しなくてよい（会§509，440Ⅰ）。

12 債務の弁済

> （債権者に対する公告等）
>
> **第499条** 清算株式会社は，第475条各号に掲げる場合に該当することとなった後，遅滞なく，当該清算株式会社の債権者に対し，一定の期間内にその債権を申し出るべき旨を官報に公告し，かつ，知れている債権者には，各別にこれを催告しなければならない。ただし，当該期間は，２箇月を下ることができない。

　まず必要となるのが債権者に対する公告と催告である。**債権申出の催告**とよ H19-33 ばれる。この場合には，公告と催告が必ず必要で，債権者の異議手続のように２とおりの方法で公告することによって催告を省略することはできない。

　債権申出の期間は，２か月必要である。つまり，債務の弁済が終了するまでには，最低でも２か月必要ということになる。

　そして，この2か月の期間内は，原則として債務の弁済が禁止される（会§500Ⅰ）。期間内の弁済は，他の債権者を害するおそれがない債務の弁済でなければならず，かつ，裁判所の許可が必要になる（同Ⅱ）。

　通常の清算手続は，全ての債務を弁済できる前提で進んでいく。清算株式会社の財産が債務を完済するのに足りないことが明らかになったときは，清算人が破産手続開始の申立てをしなければならず（会§484），破産法に基づいて処理することになる。

（債務の弁済前に置ける残余財産の分配の制限）
第502条　清算株式会社は，当該清算株式会社の債務を弁済した後でなければ，その財産を株主に分配することができない。ただし，その存否又は額について争いのある債権に係る債務についてその弁済をするために必要と認められる財産を留保した場合は，この限りでない。

　債務の弁済前の残余財産の分配は，原則として禁止されている。ただし，清算を迅速に進めるため，存否や額について争いがあり，確定していない債権については，必要な財産を留保した上で後回しにすることができる。
　清算手続においては，条件付債権や弁済期が未到来の債権に係る債務の弁済も可能である（会§501）。

R2-31　2か月の催告の期間内に申出がなかった債権者は，清算株式会社に知れている債権者を除き，除斥される（会§503）。弁済を受けられなくなるのである。残余財産がまだある場合に限って弁済が請求できることになる。

13　残余財産の分配

　残余財産の分配は，剰余金の配当と同じような感じで進むと考えればよい。清算株式会社に残った財産を株主平等の原則に違反することなく分配するのである。
　残余財産の分配について異なる定めをした種類株式も認められており（会§108Ⅰ②），その場合には株式の内容に従って残余財産を分配する（会§504Ⅱ）。

　残余財産の分配は，必ずしも金銭で行わなくてもいい。剰余金の配当が金銭に限られなかったのと同じである。ただし，剰余金の配当では株主に金銭分配請求権を与えなくてもよかったが，残余財産の分配では，金銭分配請求権が当

然に与えられる（会§505）。株主は，金銭以外の財産に代えて金銭を交付することを請求できるのである。

　残余財産が金銭以外の財産であるときは，清算株式会社は，金銭分配請求権を行使することができる期間を定めなければならず，一定の数未満の数の株式を有する株主に対して残余財産の割当てをしない旨を定めることができる（会§505Ⅰ）。この場合の一定の数未満の数の株式を有する株主に対しては，金銭が支払われることになる（会§506）。

　金銭分配請求権が行使された場合には，清算株式会社は，配当財産の価額に相当する金銭を支払うことになる（会§505Ⅲ）。

14　清算の結了

　残余財産の分配が終わったら，清算事務は終了する。

第507条　清算株式会社は，清算事務が終了したときは，遅滞なく，法務省令で定めるところにより，決算報告を作成しなければならない。

2　清算人会設置会社においては，決算報告は，清算人会の承認を受けなければならない。

3　清算人は，決算報告（前項の規定の適用がある場合にあっては，同項の承認を受けたもの）を株主総会に提出し，又は提供し，その承認を受けなければならない。

　決算報告の作成とその承認を経て清算は結了する。清算人会設置会社以外の清算株式会社では，株主総会の承認を受ければよく，清算人会設置会社では，清算人会の承認を受けた後に株主総会の承認を受けなければならない。

　清算が結了し，決算報告について株主総会による承認を受けると，法人格が消滅すると解されている。

➡　設立は登記によって効力が生じたが，清算結了は登記によって効力が生じるのではない。

　清算が結了した後も，清算株式会社についての帳簿資料を保存しなければならない（会§508）。保存義務は，業務を執行する清算人が負う。保存期間は，本店の所在地における清算結了の登記の時から10年間である。

　裁判所は，利害関係人の申立てにより，清算人に代わって帳簿資料を保存する者を選任することができる（会§508Ⅱ）。

15　清算株式会社ができない行為

　清算株式会社は，清算前の株式会社とは異なり，一定の行為を行うことが禁止されている。次の行為である。

(1)　株式の取得

　自己の株式を取得することは，株主に対する払戻しになる。債務の弁済前に株主に対して払戻しを行うことはできないから，自己の株式の取得は原則として禁止される（会§509Ⅰ①，155）。例外的に取得できるのは，無償で取得する場合のほか，組織再編行為や反対株主の株式買取請求などに際して必然的に取得してしまう場合に限られる（会§509Ⅲ，会施規§151）。

(2)　分配可能額を増減させる行為

H31-32

　清算株式会社は，債務の弁済をした後でないと残余財産の分配ができず，剰余金の配当もすることができない。資本金や準備金の増減は，分配可能額を増減させ，剰余金の配当や株主に対する払戻しを容易にしたり困難にしたりする意味があったから，清算株式会社ではそのような行為は無意味であり，清算手続を煩雑にするだけである。

　結局，清算株式会社では，次のような行為ができない（会§509Ⅰ②）。

・資本金の額の減少
・準備金の額の減少
・剰余金の額の減少や剰余金の処分
・剰余金の配当

(3)　一部の組織再編行為

　清算株式会社は清算のために存続しているのだから，事業を行うことを前提とする組織再編行為は認められない。

　認められないのは次のような行為である（会§474，509Ⅰ③）。

・解散した株式会社が存続することとなる吸収合併
・解散した株式会社が他の会社の権利義務の全部又は一部を承継する吸収分割
・株式交換
・株式移転
・株式交付

　　清算株式会社が消滅することとなる合併や他の会社に権利義務の全部又は一部を承継させる吸収分割・新設分割は認められる。組織再編行為に際して学ぶ際に思い出せばよい。

➡　解散した株式会社が合併により解散することは可能であり，２度解散することになってしまうが，そこは気にしなくていい。

⑷　特別支配株主の株式等売渡請求

　　清算株式会社を対象とする特別支配株主の株式等売渡請求もすることができない（会§509Ⅱ）。

➡　株式交換と同様の結果を得るための制度であり，他の会社の完全子会社となる株式交換ができないことと同じ趣旨であると考えればよい。

➡　清算株式会社が特別支配株主である場合において，他の株式会社を対象とする株式等売渡請求をすることは，禁止されない。

　　以上の禁止されている行為以外は，基本的に可能だと考えてよい。募集株式の発行なども禁止されていない。

16　特別清算

（特別清算開始の原因）

第510条　裁判所は，清算株式会社に次に掲げる事由があると認めるときは，第514条の規定に基づき，申立てにより，当該清算株式会社に対し特別清算の開始を命ずる。

一　清算の遂行に著しい支障を来すべき事情があること。

二　債務超過（清算株式会社の財産がその債務を完済するのに足りない状態をいう。（中略））の疑いがあること。

　　通常の清算手続は，債務の弁済が滞りなく行われることを前提としていた。それができない場合には，**特別清算**を選択することになり，裁判所が関与して清算手続が行われる。

　　特別清算開始の申立ては，債権者，清算人，監査役，株主が行うことができる。

　　債務超過の疑いがある場合には，特別清算開始の原因となるが，債務超過が明らかである場合には，破産手続開始の原因となる（会§484Ⅰ）。つまり，特別清算は，通常の清算と破産手続の中間的な性格を持っている。

　特別清算では，裁判所による監督・調査を受けることになり（会§519, 520），裁判所は，監督委員・調査委員を選任することができる（会§527, 534）。

　また，清算株式会社が財産の処分や借財などの一定の行為をする場合には，裁判所の許可又は監督委員の同意が必要になる（会§535）。

　特別清算では，債権者集会を招集することができ，清算株式会社は，債権者集会に対して協定を申し出ることができる（会§546, 563）。

　特別清算は，裁判所の特別清算終結の決定により終了する（会§573）。特別清算の必要がなくなったときは，通常の清算手続に戻ることもある。

第44節　特例有限会社

Topics ・特例有限会社と通常の株式会社の違いを理解する。

・特例有限会社が通常の株式会社へ移行する場合の手続を理解する。

・覚えるべき事項が多いが，他の分野を理解する助けにはならないので，余裕がなければ後回しにしてもいい。

1　特例有限会社とは何か

　かつて，有限会社というものがあった。平成18年（2006年）の５月に会社法が施行される以前の話である。

　会社法の施行によって有限会社は廃止された。会社法には，有限会社についての規定はない。しかし，会社法施行前に設立されている有限会社については，その存続を認めなければならない。**特例有限会社**とは，会社法施行前に有限会社として設立され，会社法施行後も存続が認められている会社のことである。

　特例有限会社については，「会社法の施行に伴う関係法律の整備等に関する法律」中に規定がある。法律名がやや長いので，この節では単に「整備法」ということにする。

重要❗ ・・・・・・・・・・・・・・・・・・・・・・・・・・・・・・・・

　特例有限会社は，株式会社である。

　株式会社とは別に特例有限会社というものが存在するのではない。特例有限会社は，株式会社に含まれるものであり，原則として株式会社についての規定が適用される。株式会社についての規定が適用されないものについては，整備法でその旨が定められている。

➡　もっとも，本書では，ここまで特例有限会社を含まない株式会社について説明をしてきた。厳密には，いくつかの部分では「特例有限会社以外の株式会社」としなければならなかったのである。

　特例有限会社は株式会社なのだから，特例有限会社を理解するには，特例有限会社以外の株式会社とどこが違うのかを理解すればよい。

➡　この節では，特例有限会社以外の株式会社を「通常の株式会社」とよぶことにする。

➡　通常の株式会社と異なる規定が適用される理由を理解するためには，会社法施行前の有限会社についての理解が必要になる。今から昔の有限会社につ

いて学ぶのは負担が大きいため，本書では，理由について深く踏み込むこと
はしない。

2　特例有限会社と通常の株式会社との違い

　重要なものに限って説明していく。必ずしもここで挙げたものが全部ではな
い。また，登記事項についての違いは，商業登記法で扱う。

(1)　商号

　特例有限会社は，商号中に「有限会社」の文字を用いなければならず，「株
式会社」の文字を用いてはならない（整備§3）。特例有限会社かどうかは，
商号によって判断できるのである。

(2)　株式の譲渡制限に関する規定

　特例有限会社は，その全部の株式について株式の譲渡制限に関する規定が
定められている（整備§9Ⅰ）。全部の株式が譲渡制限株式なのである。株
式の譲渡制限に関する規定を廃止することはできない（同Ⅱ）。結局，特例
有限会社は，公開会社ではない。

　また，特例有限会社の株主がその株式を譲渡により取得する場合において
は，譲渡が承認されたものとみなされる（整備§9Ⅰ）。つまり，既に株主
である者が追加で株式を取得する場合には，承認が不要なのである。

(3)　株主総会の特別決議

H24記述

　特例有限会社の株主総会の特別決議は，**総株主の半数以上であって，当該
株主の議決権の4分の3以上に当たる多数をもって行う**（整備§14Ⅲ，会§
309Ⅱ）。要件を定款で厳しくすることはできる。通常の株式会社では，定款
で何も定めていない場合には，株主総会において議決権を行使することがで
きる株主の議決権の過半数を有する株主が出席し，出席した当該株主の議決
権の3分の2以上に当たる多数で行うのだった。全く要件が異なっている。
むしろ，会社法309条4項の決議要件と同じである。

(4)　機関の設置

　特例有限会社は，通常の株式会社と同様に株主総会と取締役を置かなけれ
ばならないが，任意に置くことができる機関は，**監査役のみ**である（整備§
17）。取締役会，会計参与，監査役会，会計監査人，監査等委員会，指名委
員会等は置くことができない。特例有限会社は，常に取締役会設置会社以外
の株式会社である。

監査役を置く特例有限会社の定款には，監査役の監査の範囲を会計に関するものに限定する旨の定款の定めがあるものとみなされる（整備§24，会§389Ⅰ）。

清算株式会社の機関としても，任意に置くことができるのは監査役だけである（整備§33Ⅰ，会§477Ⅱ）。清算人会を置くことはできない

(5) 役員の任期

特例有限会社では，法定の役員の任期がない（整備§18，会§332，336）。定款で任期を定めることはできるが，定款で何も定めていなければ，任期の満了によって退任することがない。

任期がないので，休眠会社のみなし解散もない（整備§32，会§472）。

(6) 計算書類の公告

特例有限会社は，定時株主総会後に貸借対照表などを公告しなくてよい（整備§28，会§440）。

(7) 組織再編行為

特例有限会社は，存続することとなる吸収合併，他の会社の権利義務の全部又は一部を承継する吸収分割ができない（整備§37）。

➡ 解散した株式会社と同じである（会§474）。

株式交換，株式移転，株式交付をすることもできない（整備§38）。

➡ これも清算株式会社と同じである。

これら以外の組織再編行為は可能であり，持分会社となる組織変更もできる。

➕アルファ

特例有限会社を対象とする特別支配株主の株式等売渡請求も可能である。

3 通常の株式会社への移行

特例有限会社は，その商号中の「有限会社」の文字を外し，「株式会社」という文字を用いる定款の変更をすることによって，通常の株式会社へ移行することができる（整備§45Ⅰ）。

　この定款の変更の効力は，本店の所在地において登記をすることによって生じる（整備§45Ⅱ）。

➡　株式会社に移行するかしないかは完全に自由であり，ずっと特例有限会社であり続けることが可能である。

第3章
持分会社

第1節　持分会社とは何か

Topics　・持分会社の概要を理解する。3種類の持分会社の違いに注意する。
　　　　　・持分会社と株式会社の違いを理解する。

1　持分会社の概要

合名会社，合資会社，合同会社の3種類の会社が**持分会社**である。

持分会社に出資する者は**社員**とよばれる。出資をする者という意味では株式会社の株主に相当する。しかし，持分会社の社員は，株主とは異なり，原則として持分会社の業務を執行する。株式会社における株主であると同時に取締役でもあるのである。

➡　社員に業務を執行させないことは可能だが，社員以外の者に業務を執行させることはできない。会社の所有者である社員が経営に参加するので，所有と経営が分離されていないといえる。

出資者と業務執行者が原則的に一致するので，株式会社のようにいろいろな機関を置く必要がない。**社員が全ての中心である**。株式会社に比べて圧倒的にシンプルな構成となる。

一方で，持分会社の社員は，株式会社の株主のように出資さえすればいいということにはならず，様々な責任を負うから，多くの出資を集めることが困難になる。

結局，持分会社は，小規模で閉鎖的な会社が想定されているのである。

2　無限責任社員と有限責任社員

社員には，**無限責任社員**と**有限責任社員**がある。正確な責任の違いは後述するが，基本的には，債権者に対して無限の責任を負うのが無限責任社員で，有限の責任を負うのが有限責任社員である。無限責任社員は，持分会社の債務を持分会社に代わって弁済しなければならないが，有限責任社員の責任は，出資の価額に限定される。

債権者に対する責任に限っていうと，有限責任社員は，株式会社の株主に近

い。

3　3種類の持分会社

　無限責任社員のみによって構成される持分会社が合名会社であり，無限責任社員と有限責任社員によって構成される持分会社が合資会社であり，有限責任社員のみによって構成される持分会社が合同会社である。

　全部の社員が有限責任社員である合同会社は，持分会社のなかでは株式会社に近いが，株式会社と違って，業務を執行するのは社員である。株式会社では，株主以外の者に業務を執行させることができる。

➕ アルファ

　合名会社や合資会社は，家族経営の会社などに多い。醤油や日本酒，焼酎などのラベルを眺めていると，合名会社や合資会社が見つかると思う。もちろん，「合名会社　醤油」などとネットで検索してもいい。

　合同会社は，会社法施行によって認められた会社なので，基本的には新しい会社に限られる。設立が簡単で，設立のコストも低いので，会社法施行以後，合同会社の数は着実に増えている。

第2節　持分会社の定款と設立

Topics・持分会社が定款で定めるべき事項を把握する。
　　　　・持分会社の設立の手続を理解する。合同会社における出資の履行に注意する。

1　持分会社の定款

（定款の記載又は記録事項）

第576条　持分会社の定款には，次に掲げる事項を記載し，又は記録しなければならない。

　一　目的

　二　商号

　三　本店の所在地

　四　社員の氏名又は名称及び住所

　五　社員が無限責任社員又は有限責任社員のいずれかであるかの別

　六　社員の出資の目的（有限責任社員にあっては，金銭等に限る。）及びその価額又は評価の標準

　この六つの事項は，必ず定款で定めなければならない。3種類の持分会社全部に共通である。 `H31-33` `H19-28`

　目的，商号，本店の所在地は，株式会社と同じである。特に違いはない。ただし，持分会社の商号には，その種類に応じ，「合名会社」「合資会社」「合同会社」という文字を含まなければならない（会§6Ⅱ）。

　持分会社は，定款で社員の氏名・名称と住所を定めなければならない。
➡　株式会社は，定款で株主や取締役の氏名を定める必要がなかった。

　社員の「名称」と規定されていることに注意したい。実は，持分会社の社員は自然人に限られない。

重要●・・・・・・・・・・・・・・・・・・・・・・・・・・・・

　法人は，持分会社の社員となることができる。 `H24-33` `H20-35`

　社員の出資の目的は，無限責任社員か有限責任社員かで異なる。

無限責任社員の出資の目的は，何でもいい。物権でも債権でも，形のないものでも，とにかく何でもいい。信用や，持分会社に対する将来の労務などでもいい。出資が何であれ，結局は無限責任なのだから，問題はないのである。

H24-33
H19-34
有限責任社員の出資の目的は，金銭等に限られる。金銭等というのは，金銭その他の財産であると定義されている（会§151）。金銭による評価が可能なものであると考えればいいだろう。評価可能な債権などは，出資の目的になり得る。有限責任社員は出資の価額によって責任の範囲が決まるから，値段をつけることが可能なものでないと出資の目的としてふさわしくないのである。

2　持分会社の設立

持分会社は，株式会社に比べて簡単に設立することができる。社員しかいないので利害関係が単純なのである。

持分会社の設立に必ず必要なのは，定款の作成と本店の所在地における設立の登記のみである。

H30-32
H23-27
H19-28
定款は，とにかく作成すればよい。株式会社とは異なり，公証人の認証は不要である。社員になろうとする者が作成し，署名か記名押印をすればよい（会§575）。

➡　電磁的記録でも作成できることも，株式会社と同様に可能である。

持分会社も，株式会社と同様に，本店の所在地における設立の登記によって成立する（会§579）。

合同会社の場合，これに加えて出資の履行が必要になる。逆に，合同会社以外の持分会社では，出資の履行をしなくても設立が可能なのである。

（合同会社の設立時の出資の履行）

第578条　設立しようとする持分会社が合同会社である場合には，当該合同会社の社員になろうとする者は，定款の作成後，合同会社の設立の登記をする時までに，その出資に係る金銭以外の財産の全部を給付しなければならない。ただし，合同会社の社員になろうとする者全員の同意があるときは，登記，登録その他権利の設定又は移転を第三者に対抗するために必要な行為は，合同会社の成立後にすることを妨げない。

合同会社の社員は，出資の履行をしなければならない。そして，その責任は出資の価額を限度とするから，最初に履行した出資以上の責任は負わないのである。株式会社の株主と同じ責任となる。

➡　同じ有限責任社員でも，合資会社の有限責任社員は異なる。あらかじめ出資を履行する義務がないのである。次節で重ねて説明する。

➡　株式会社とは異なり，出資の履行場所についての規定はない。　H19-28

登記などは，持分会社の成立後にすればよい。成立前は，会社を権利者として登記ができないからである。

➡　株式会社の設立でも同種の規定があった（会§34Ⅰ）。

3　設立の無効と取消し

株式会社と同様に，持分会社についても設立の無効の訴えが認められる。設立の無効の訴えは，持分会社の成立の日から2年以内に提起しなければならず（会§828Ⅰ①），社員と清算人だけが提起できる（同Ⅱ②）。

持分会社では，設立の無効の訴えのほかに，設立の取消しの訴えの提起ができる。

（持分会社の設立の取消しの訴え）

第832条　次の各号に掲げる場合には，当該各号に定める者は，持分会社の設立の日から2年以内に，訴えをもって，持分会社の設立の取消しを請求することができる。

一　社員が民法その他の法律の規定により設立に係る意思表示を取り消すことができるとき　当該社員

二　社員がその債権者を害することを知って持分会社を設立したとき　当該債権者

社員が設立に係る意思表示を取り消すことができることを前提とし，設立に係る意思表示だけでなく，設立そのものの取消しを請求できることを規定している。

また，社員の債権者が設立の取消しを請求できる点が設立の無効とは異なる。

➡　社員の債権者が請求する場合には，持分会社に加えて社員も被告となる（会　H18-34　§834⑲）。

H18-34　持分会社の設立の無効や取消しの訴えに係る請求を認容する判決が確定したときは，解散した場合と同様に，清算をすることになる（会§644②③）。ただし，持分会社は，無効・取消しの原因のある社員を退社させ，他の社員の全員の同意によって持分会社を継続することができる（会§845）。

第3節　社　員

Topics・持分会社の社員の責任を正確に理解する。
・社員の加入，退社，持分の譲渡について学ぶ。特に退社の事由に注意する必要がある。

1　社員の責任

（社員の責任）

第580条　社員は，次に掲げる場合には，連帯して，持分会社の債務を弁済する責任を負う。

一　当該持分会社の財産をもってその債務を完済することができない場合

二　当該持分会社の財産に対する強制執行がその効を奏しなかった場合（社員が，当該持分会社に弁済をする資力があり，かつ，強制執行が容易であることを証明した場合を除く。）

2　有限責任社員は，その出資の価額（既に持分会社に対し履行した出資の価額を除く。）を限度として，持分会社の債務を弁済する責任を負う。

社員は，持分会社の債務を弁済する責任を負う。ただし，有限責任社員の場合には，出資の価額が限度となる。

社員間は連帯して責任を負うが，持分会社と社員が連帯債務者というわけではない。社員は，持分会社が債務を完済できない場合に責任を負うのである。

無限責任社員は無限の責任を負い，債権者に対して直接の責任を負う。持分会社の債権者は，無限責任社員に対して直接弁済を求めることができるのである。そのため，無限責任社員の責任は，**直接無限責任**であるといわれる。

有限責任社員の責任は，出資の価額に限定される。そして，既に履行した部分については，重ねて責任を負わない。たとえば，出資の価額が100万円であり，既にそのうち20万円を履行しているのであれば，その後に債務を弁済する責任を負うのは80万円までとなる。80万円分は直接責任，20万円分は間接責任であるといえる。持分会社の債権者に対して直接責任を負うのは80万円だけなのである。もし，出資の価額100万円の全額を履行しているのであれば，それ以上の責任は負わない。この場合，持分会社の債権者に対して直接責任を負う部分がないことになる。

後述するが，合同会社の有限責任社員は，その出資の全部を履行しなければ

ならないとされている。つまり，合同会社の有限責任社員は，**間接有限責任**である。合資会社の場合には，出資を履行する義務がないので，直接責任を負う場合がある。

　合資会社では，有限責任社員の出資の価額と既に履行した出資の価額によって債権者が弁済を求めることができる額が確定する。そのため，合資会社では，有限責任社員の出資の価額と既に履行した出資の価額が登記事項とされており（会§913⑦），債権者にこれらの額を知る手段が与えられている。

（社員の抗弁）
第581条　社員が持分会社の債務を弁済する責任を負う場合には，社員は，持分会社が主張することができる抗弁をもって当該持分会社の債権者に対抗することができる。
2　前項に規定する場合において，持分会社がその債権者に対して相殺権，取消権又は解除権を有するときは，社員は，当該債権者に対して債務の履行を拒むことができる。

　あくまでも債務者は持分会社なのであり，社員が持分会社以上に重い責任を負うことはない。持分会社が弁済しなくてもいい債務まで弁済することはないのである。

2　社員の責任の変更

　有限責任社員を無限責任社員としたり，無限責任社員を有限責任社員としたりすることができる。合名会社や合同会社では会社の種類が変わってしまうが，それについては後ほど説明する。とりあえずは，合資会社における社員の責任の変更を想定すればよい。
➡　種類が変わる場合でも，適用される規定は同じである。

（社員の責任を変更した場合の特則）
第583条　有限責任社員が無限責任社員となった場合には，当該無限責任社員となった者は，その者が無限責任社員となる前に生じた持分会社の債務についても，無限責任社員としてこれを弁済する責任を負う。

H19-34　　まずは，有限から無限になった場合である。この場合には責任が重くなって

いる。責任が重くなった場合には，重い方の責任を採用する。債務が生じた時
点の責任で判断するのではなく，常に重い方の責任を負う。

第583条　（略）

2　有限責任社員（合同会社の社員を除く。）が出資の価額を減少した場合であ
っても，当該有限責任社員は，その旨の登記をする前に生じた持分会社の債
務については，従前の範囲内でこれを弁済する責任を負う。

3　無限責任社員が有限責任社員となった場合であっても，当該有限責任社員
となった者は，その旨の登記をする前に生じた持分会社の債務については，
無限責任社員として当該債務を弁済する責任を負う。

4　前2項の責任は，前2項の登記後2年以内に請求又は請求の予告をしない
持分会社の債権者に対しては，当該登記後2年を経過した時に消滅する。

　合資会社の有限責任社員が出資の価額を減少した場合と無限責任社員が有限
責任社員となった場合，つまり責任が軽くなった場合である。責任が軽くなっ
た場合には，**債務の発生と登記との前後**で判断する。**登記をすることによって
責任が軽くなる**と理解してもよい。

⟨理由⟩　登記を信用した債権者が不利益を被らないようにするため。

　変更前の重い責任を問うには，登記後2年以内に請求か請求の予告をしなけ H27-32
ればならない。何もせずに登記後2年を経過すると，もはや変更後の軽い責任
しか問えなくなる。
　結局，有限責任社員に対して無限責任を問うためには，

　・登記をする前に生じた債権であること
　・登記後2年以内に請求又は請求の予告をすること

の両方の要件を満たす必要がある。

3　責任を誤認した場合

　持分会社の債権者が社員の責任を誤認した場合の債権者の保護が問題にな
る。実際よりも軽く誤認していた場合には，期待していたよりも弁済を受ける
チャンスが広がるので，何の問題もない。問題となるのは，実際よりも責任を
重い方に誤認していた場合である。

　　債権者が誤認しても，社員の責任は変わらないのが原則だが，その誤認が社員の行為に基づく場合には，債権者の期待を保護する必要がある。

　　結局，有限責任社員が無限責任社員であると誤認させる行為をしたときは，誤認させる行為をした有限責任社員は，誤認した債権者に対し無限責任社員と同一の責任を負う（会§588Ⅰ）。責任の限度を誤認させる行為をした場合も同じように責任を負う（同Ⅱ）。

➡　外観を保護する権利外観法理の一種である。この場合，虚偽の外観を作り出した社員に責任（帰責性）がある。

　　社員でない者が社員であると誤認させる行為をした場合にも，誤認に基づいて取引をした者は保護される（会§589）。

4　社員の加入

> （社員の加入）
> **第604条**　持分会社は，新たに社員を加入させることができる。
> 2　持分会社の社員の加入は，当該社員に係る定款の変更をした時に，その効力を生ずる。
> 3　前項の規定にかかわらず，合同会社が新たに社員を加入させる場合において，新たに社員となろうとする者が同項の定款の変更をした時にその出資に係る払込み又は給付の全部又は一部を履行していないときは，その者は，当該払込み又は給付を完了した時に，合同会社の社員となる。

　　社員の加入には，定款の変更が必要になる。後述するが，持分会社の定款の変更は，原則として総社員の同意によって行う（会§637）。

`R2-32`
`H26-32`
　　合同会社に限っては，社員となるのに出資の履行が必要である。定款を変更しても，出資が履行されていないと社員にならない。設立に際しても，合同会社に限り出資の履行義務があった（会§578）。設立であれ，途中からの加入であれ，合同会社の社員になるには，出資の全部を履行する必要がある。

`H30-32`
　　新たに加入した社員は，加入前に生じた持分会社の債務についても責任を負うことになる（会§605）。

➡　社員の責任が重くなった場合と同趣旨である。

5　持分の譲渡

　既存の社員の持分を他人に譲渡することも可能である。ある社員が持分の全部を社員以外の者に譲渡した場合には，持分を譲渡した社員の地位を持分の譲渡を受けた者が承継することになる。社員が交代するのである。持分の一部を譲渡する場合には，譲渡をした者も引き続き社員の地位に残る。他の社員に持分を譲渡した場合には，新たに社員が加入することはない。

（持分の譲渡）

第585条　社員は，他の社員の全員の承諾がなければ，その持分の全部又は一部を他人に譲渡することができない。

2　前項の規定にかかわらず，業務を執行しない有限責任社員は，業務を執行する社員全員の承諾があるときは，その持分の全部又は一部を他人に譲渡することができる。

3　第637条の規定にかかわらず，業務を執行しない有限責任社員の持分の譲渡に伴い定款の変更を生ずるときは，その持分の譲渡による定款の変更は，業務を執行する社員の全員の同意によってすることができる。

4　前3項の規定は，定款で別段の定めをすることを妨げない。

　持分の譲渡には，他の社員全員の承諾が必要である。例外は，業務を執行し `H30-32` ない有限責任社員の持分の譲渡と定款に別段の定めがある場合である。

　先に，定款に別段の定めがある場合について説明しておこう。持分会社の条文では，この4項のような規定が何度か登場する。このような規定での「別段の定め」は，基本的にどのような規定でも許されると考えていい。「社員の過半数の同意」と定款で定めてもいいし「社員Aの承認」などと定めてもいい。手続を厳しくするものでも，緩くするものでもいい。

　持分の譲渡についての承諾は，定款で自由に定めることが許されているのである。

　もう一つの例外が業務を執行しない有限責任社員の持分の譲渡である。社員 `H23-34` の業務執行については，次節で扱うが，持分会社は，定款で業務を執行する社 `H21-31` 員を一部の社員に限定することができる。有限責任か無限責任かは関係ない。 `H20-35` 業務を執行しない有限責任社員がいるということは，業務を執行する社員について定款に何らかの規定が置かれているということになる。

　業務を執行しない有限責任社員の持分の譲渡については，他の社員全員の承

諾が必要ない。**業務を執行する社員全員の同意**でいい。より簡単に持分の譲渡ができるようになっているのである。

　持分の譲渡は，社員の交代を伴うこともあり，また，社員の出資の目的が変わるから，定款の変更を伴うことになる。業務を執行しない有限責任社員の持分の譲渡が簡単にできても，定款の変更ができないと意味がない。そのため，業務を執行しない有限責任社員の持分の譲渡に伴う定款の変更については，業務を執行する社員の全員の同意によってできるものとされている。

➕アルファ

　持分の譲渡と社員の責任については，ちょっとした論点がある。無限責任社員の持分を譲り受けた者は無限責任社員となり，有限責任社員の持分を譲り受けた者は有限責任社員となる。そこまでは問題がないが，では，無限責任社員が有限責任社員の持分を譲り受けた場合にはどうなるのか，あるいは，有限責任社員が無限責任社員の持分を譲り受けた場合にはどうなるのか，という問題である。

　無限責任社員が有限責任社員の持分を譲り受けても，無限責任社員が有限責任社員になることはない。持分を譲り受けて責任が軽くなるのは普通におかしい。また，1人の社員の中で無限責任社員としての地位と有限責任社員としての地位が同時に存在すると考えるのも無理がある。結局，無限責任社員は，有限責任社員の持分を譲り受けても，無限責任社員のままである。債権者の保護という点からも妥当な結論である。

　逆に，有限責任社員が無限責任社員の持分を譲り受けた場合には，譲り受けた社員が無限責任社員になると考えるべきである。持分とともに無限責任社員としての地位をも承継するのである。

（持分の全部の譲渡をした社員の責任）
第586条　持分の全部を他人に譲渡した社員は，その旨の登記をする前に生じた持分会社の債務について，従前の責任の範囲内でこれを弁済する責任を負う。
2　前項の責任は，同項の登記後2年以内に請求又は請求の予告をしない持分会社の債権者に対しては，当該登記後2年を経過した時に消滅する。

H28-32　持分の全部の譲渡をした社員は，社員としての地位を失うが，地位を失った後も一定の責任を負う。
　社員の責任を軽い方へ変更した場合と同じ趣旨の規定である。

持分を持分会社に譲渡することはできない（会§587Ⅰ）。株式会社は自己の株式を有償取得できたが（会§155），持分会社はできない。 H29-33 H24-33 H23-34

譲渡以外の原因で持分会社が自己の持分を取得してしまうことがある。いろいろなケースが考えられるが，一つ例を挙げるなら，持分会社の社員である会社と合併し，その会社の地位を承継する場合である。そのような行為によって持分会社が自己の持分を取得してしまった場合には，その持分は，取得の時点で消滅することになる（会§587Ⅱ）。 H24-33

➡ 自己株式のような「自己持分」といったものは存在しない。

6 社員の退社

持分会社の社員の退社には，大きく分けて，**任意退社，法定退社，持分の差押債権者による退社**，継続に同意しなかった場合の退社がある。ここでは，継続に同意しなかった場合以外を扱い，継続に同意しなかった場合については，解散について扱う際に触れる。

(1) 任意退社

（任意退社）

第606条 持分会社の存続期間を定款で定めなかった場合又はある社員の終身の間持分会社が存続することを定款で定めた場合には，各社員は，事業年度の終了の時において退社をすることができる。この場合においては，各社員は，6箇月前までに持分会社に退社の予告をしなければならない。

2 前項の規定は，定款で別段の定めをすることを妨げない。

3 前2項の規定にかかわらず，各社員は，やむを得ない事由があるときは，いつでも退社をすることができる。

社員が自発的に退社をするのが**任意退社**である。任意退社には，6か月前までに予告をしてする退社（**予告退社**）とやむを得ない事由による退社がある。 H26-32 H25-34

予告退社をすることができるのは，

・存続期間を定款で定めていない場合
・ある社員の終身の間持分会社が存続することを定款で定めた場合

　　のいずれかの場合である。つまり，定款で存続期間を定めていなければOK
Kで，存続期間を定めていても，ある社員の終身の間（死亡するまで）とい
う定め方ならOKである。

　　これらの要件を満たせば，6か月前までに予告し，事業年度の終了の時に
退社をすることができる。

　　任意退社については，定款で別段の定めができる。もっと簡単に退社がで
きるようにしてもいい。

⑵　法定退社

> （法定退社）
> **第607条**　社員は，前条，第609条第1項，第642条第2項及び第845条の場合の
> ほか次に掲げる事由によって退社する。
> 一　定款で定めた事由の発生
> 二　総社員の同意
> 三　死亡
> 四　合併（合併により当該法人である社員が消滅する場合に限る。）
> 五　破産手続開始の決定
> 六　解散（前2号に掲げる事由によるものを除く。）
> 七　後見開始の審判を受けたこと。
> 八　除名
> 2　持分会社は，その社員が前項第5号から第7号までに掲げる事由の全部又
> は一部によっては退社しない旨を定めることができる。

　　法定の退社事由で退社するのが**法定退社**である。法定退社といっても，そ
のうち，破産手続開始の決定，解散，後見開始の審判の三つについては，定
款で排除が可能である。

　　後見開始の審判を受けたときは，定款に別段の定めがない限り退社するが，
保佐開始の審判では退社しない。

　　除名というのは，出資の義務を履行しないことなどの一定の事由がある場
合に，対象となる社員以外の社員の過半数の決議に基づき，訴えにより請求
されるものである（会§859）。

死亡や合併による消滅の場合には，当然に退社する。当然に退社するのだが，その権利義務を承継した者の扱いが問題になる。

（相続及び合併の場合の特則）

第608条　持分会社は，その社員が死亡した場合又は合併により消滅した場合における当該社員の相続人その他の一般承継人が当該社員の持分を承継する旨を定款で定めることができる。

死亡の方がイメージしやすいので，死亡について説明していくが，合併でも基本的には同じである。

重要❗・・・・・・・・・・・・・・・・・・・・・・・・・・・・・・・・

死亡した社員の相続人が社員の持分を承継するのは，定款にその旨の定めがある場合に限られる。

👆 **理由**　社員の持分は，単純な財産権ではなく，持分会社に対する義務や責任を伴うものであるから。

定款で何も定めていなければ，死亡した社員の持分は承継されない。定款で承継する旨を定めていれば，持分は承継され，以前から相続人が社員であった場合を除き，相続人が社員となる。

社員の変更には定款の変更を伴うが，相続人が社員となる場合には，相続時に定款の変更があったものとみなされる（会§608Ⅲ）。

(3)　持分の差押債権者による退社

（持分の差押債権者による退社）

第609条　社員の持分を差し押さえた債権者は，事業年度の終了時において，当該社員を退社させることができる。この場合においては，当該債権者は，6箇月前までに持分会社及び当該社員にその予告をしなければならない。

H27-32
H21-31

持分会社の社員であることは，場合によっては財産の減少につながる。そのため，社員の持分を差し押さえた債権者には，その社員を退社させる権利が与えられている。

　　　社員を退社させた債権者は，退社に伴う持分の払戻しによって弁済を受け
　ることも可能である。

　➡　持分の払戻しについては，計算についての節で説明する。

7　退社した社員の責任

> （退社した社員の責任）
> **第612条**　退社した社員は，その登記をする前までに生じた持分会社の債務に
> 　ついて，従前の責任の範囲内でこれを弁済する責任を負う。
> **2**　前項の責任は，同項の登記後2年以内に請求又は請求の予告をしない持分
> 　会社の債権者に対しては，当該登記後2年を経過した時に消滅する。

　　社員の責任を軽い方へ変更した場合と同じ趣旨の規定である。

H25-34　　退社の登記をする前に生じた債権の債権者は，退社の登記後2年以内に請求
　か請求の予告をすれば，退社した社員に対しても退社前と同様に弁済を請求で
　きる。

8　商号変更の請求

H29-33　　商号中に社員の氏，氏名，名称を用いているときは，それらを使用されてい
H25-34　る社員は，退社後，商号変更の請求ができる（会§613）。

第4節　持分会社の管理

Topics ・業務の執行を行う者と代表する者を正しく理解する。

　　　　・法人が社員になっている場合に注意する。

　　　　・業務を執行する社員の競業と利益相反取引は制限される。株式会社の
　　　　取締役との違いに注意する。

1　定款の変更

（定款の変更）
第637条　持分会社は，定款に別段の定めがある場合を除き，総社員の同意に
よって，定款の変更をすることができる。

　定款の変更には，総社員の同意が必要である。ただし，これについても定款 H23-34
で別段の定めをすることが可能であり，特定の社員が独断で定款を変更できる
ような規定を置くことすらできる。

➡　結局，持分会社の管理・運営は，定款の定め次第である。定款で定めるこ
とのできる範囲は，株式会社に比べて圧倒的に広い。

2　業務の執行

（業務の執行）
第590条　社員は，定款に別段の定めがある場合を除き，持分会社の業務を執
行する。
2　社員が二人以上ある場合には，持分会社の業務は，定款に別段の定めがあ
る場合を除き，社員の過半数をもって決定する。
3　前項の規定にかかわらず，持分会社の常務は，各社員が単独で行うことが
できる。ただし，その完了前に他の社員が異議を述べた場合は，この限りで
ない。

　1項が業務の執行について，2項が業務の決定について，3項が常務につい
てである。業務の執行は既に決定されている事項に基づく行為であり，常務は
繰り返し行われている定型的な行為であると理解しておけばいいだろう。日常
的に行われないような事項に関する意思決定は，業務の決定である。

　定款で何も定めていなければ，各社員が業務を執行できる。社員全員が業務 H19-34

417

を執行する社員（業務執行社員）であると表現してもいい。

　業務の決定は，社員の過半数により行う。これについては，定款で別段の定めをすることができる。

　常務であれば，社員の過半数による意思決定は不要である。ただし，他の社員は異議を述べることができる。

（業務を執行する社員を定款で定めた場合）

第591条　業務を執行する社員を定款で定めた場合において，業務を執行する社員が二人以上あるときは，持分会社の業務は，定款に別段の定めがある場合を除き，業務を執行する社員の過半数をもって決定する。この場合における前条第3項の規定の適用については，同項中「社員」とあるのは，「業務を執行する社員」とする。

2　前項の規定にかかわらず，同項に規定する場合には，支配人の選任及び解任は，社員の過半数をもって決定する。ただし，定款で別段の定めをすることを妨げない。

H23-34　定款では，その一部の社員を業務を執行する社員とすることができる。業務を執行する社員の責任は，有限責任でも無限責任でも構わない。

H27-32　業務を執行する社員を一部の社員に限った場合には，業務を執行する社員の過半数によって業務の決定を行い，常務を行うのも，それに異議を述べるのも，業務を執行する社員のみとなる。

H20-35　支配人の選任と解任だけは例外的扱いとなり，業務を執行する社員を定めていても，全社員の過半数によって決定する。定款で別段の定めをすることは可能である。

H28-32　定款の定めにより業務を執行しないとされた社員であっても，持分会社の業務・財産の状況の調査は可能である（会§592Ⅰ）。この調査権を定款で制限することは可能だが，事業年度の終了時と重要な事由があるときは，定款の定めにかかわらず業務・財産の状況の調査を認めなければならない（同Ⅱ）。

3　業務を執行する社員

第591条　（略）

3　業務を執行する社員を定款で定めた場合において，その業務を執行する社

　員の全員が退社したときは，当該定款の定めは，その効力を失う。

4　業務を執行する社員を定款で定めた場合には，その業務を執行する社員は，正当な事由がなければ，辞任することができない。

5　前項の業務を執行する社員は，正当な事由がある場合に限り，他の社員の一致によって解任することができる。

6　前2項の規定は，定款で別段の定めをすることを妨げない。

　業務を執行する社員がいなくなってしまうと持分会社の運営上とても困る。そのため，業務を執行する社員が簡単にいなくなったりしないようにしている。

　定款で定めた業務を執行する社員の全員が退社したときは，定款の定めの効力がなくなり，全ての社員が業務を執行する社員となる。社員がいる限り，業務を執行する社員がゼロになってしまうことはない。

　業務を執行する社員の辞任は，簡単には認められない。正当な事由が必要である。ただし，定款で別段の定めをすることは可能である。

　業務を執行する社員の解任についても，正当な事由が必要である。これについても，定款で別段の定めをすることができる。

　業務を執行する社員と持分会社との関係は，委任に関する規定に従うものとされていない。ただし，委任に関する規定のうち，費用の前払請求や費用等の償還請求等などの一部の規定は，準用される（会§593Ⅳ，民§646〜650）。どちらかというと，準用されない規定の方が重要で，委任の解除（民§651），委任の終了事由（民§653）は準用されない。また，準用される規定についても，定款で別段の定めをすることができる（会§593Ⅴ）。

　業務を執行する社員については，善良な管理者の注意義務（善管注意義務）や忠実義務，職務の執行の状況の報告義務が定められている（会§593ⅠⅡⅢ）。報告義務については，定款で別段の定めをすることができる（同Ⅴ）。

（業務を執行する社員の持分会社に対する損害賠償責任）

第596条　業務を執行する社員は，その任務を怠ったときは，持分会社に対し，連帯して，これによって生じた損害を賠償する責任を負う。

　役員等の株式会社に対する損害賠償責任と同趣旨である。無限責任社員も有

限責任社員も同じ責任を負う。

（業務を執行する有限責任社員の第三者に対する損害賠償責任）

第597条　業務を執行する有限責任社員がその職務を行うについて悪意又は重大な過失があったときは，当該有限責任社員は，連帯して，これによって第三者に生じた損害を賠償する責任を負う。

　有限責任社員の責任が有限となるのは，持分会社の債権者に対する責任である。第三者に対する損害賠償責任については，有限ではなく，その出資の価額に影響されない。

（法人が業務を執行する社員である場合の特則）

第598条　法人が業務を執行する社員である場合には，当該法人は，当該業務を執行する社員の職務を行うべき者を選任し，その者の氏名及び住所を他の社員に通知しなければならない。

`H27–32`　法人である業務執行社員は，その職務を行うべき者として自然人を選任する必要がある。そして，具体的な職務は，その選任された者が行う。この業務を執行する社員の職務を行うべき者は，その法人の代表者でなくても構わない。

4　代表する社員

（持分会社の代表）

第599条　業務を執行する社員は，持分会社を代表する。ただし，他に持分会社を代表する者を定めた場合は，この限りでない。

2　前項本文の業務を執行する社員が二人以上ある場合には，業務を執行する社員は，各自，持分会社を代表する。

3　持分会社は，定款又は定款の定めに基づく社員の互選によって，業務を執行する社員の中から持分会社を代表する社員を定めることができる。

　特に代表する社員を定めなければ，業務を執行する社員が各自持分会社を代表する。

➡　結局，定款で何も定めていなければ，社員全員が業務を執行する社員となり，代表する社員となるのである。

　持分会社を代表する社員の定め方は，定款で直接代表する社員を定めるか，定款の定めに基づく社員の互選によって定めるかの2とおりである。定款で何も定めていなければ，代表する社員を定めることはできない。

　持分会社を代表する社員と持分会社との間の訴えにおいては，その代表する社員は持分会社を代表できないから，その社員以外の社員の過半数により，その訴えについて持分会社を代表する者を定めることができる（会§601）。

5　競業と利益相反取引

（競業の禁止）

第594条　業務を執行する社員は，当該社員以外の社員の全員の承認を受けなければ，次に掲げる行為をしてはならない。ただし，定款に別段の定めがある場合は，この限りでない。

　一　自己又は第三者のために持分会社の事業の部類に属する取引をすること。

　二　持分会社の事業と同種の事業を目的とする会社の取締役，執行役又は業務を執行する社員となること。

　株式会社の取締役と同様に，業務を執行する社員の競業は禁止される。競業 `H29-33` を行うには，**他の社員全員の承諾が必要である**。定款で別段の定めをすることは許される。

　株式会社の取締役と異なり，同種の事業を目的とする会社の取締役，執行役，業務を執行する社員となることも，他の社員全員の承諾がない限り，禁止される。

➡　取締役についての356条，支配人についての12条と比較しておこう。

　いずれも，業務を執行する社員についての規定であり，業務を執行しないのであれば競業は禁止されない。

（利益相反取引の制限）

第595条　業務を執行する社員は，次に掲げる場合には，当該取引について当該社員以外の社員の過半数の承認を受けなければならない。ただし，定款に別段の定めがある場合は，この限りでない。

　一　業務を執行する社員が自己又は第三者のために持分会社と取引をしよう

とするとき。
二　持分会社が業務を執行する社員の債務を保証することその他社員でない
者との間において持分会社と当該社員との利益が相反する取引をしようと
するとき。

R2-32
H23-34

利益相反取引については，他の社員の過半数の承認でいい。競業よりも要件
が緩い。競業取引は業務を執行する社員が単独で行うことができるため，要件
が厳しいのである。

6　業務執行権又は代表権の消滅の訴え

業務を執行する社員については業務執行権の消滅の訴えが認められ，代表す
る社員については代表権の消滅の訴えが認められる（会§860）。訴えの提起に
は，対象となる社員以外の社員の過半数の決議が必要である。

➡　民事保全法による職務執行停止や職務代行者選任の仮処分も認められる。

第5節　持分会社の計算

Topics・持分会社でも，会計帳簿と計算書類を作成する必要がある。
・資本金の額の減少をすることができる場合を整理する。
・利益の配当の概要を理解する。
・計算に関する規定は，合同会社だけ異なるものが多い。合同会社と他の持分会社とで違う規定が適用される場合には，試験問題として出題したくなるので要注意である。

1　会計帳簿と計算書類

　持分会社でも，会計帳簿と計算書類を作成しなければならない（会§615Ⅰ，617Ⅰ Ⅱ）。合名会社と合資会社では，計算書類として，貸借対照表を作成しなければならず，損益計算書，社員資本等変動計算書，個別注記表を作成することができる(計算規§71Ⅰ①)。一方，合同会社では，貸借対照表，損益計算書，社員資本等変動計算書，個別注記表の全部を作成しなければならない(同Ⅰ②)。

➡　会計帳簿と計算書類の違いについては，株式会社と同じである。株式会社の計算のところに戻って確認しておこう。

　会計帳簿も，計算書類も，10年間の保存が義務づけられている（会§615Ⅱ，617Ⅳ）。

　合名会社と合資会社では，計算書類の閲覧・謄写を請求できるのは，社員に限られている（会§618Ⅰ）。また，社員による閲覧・謄写を定款で制限することもできるが，事業年度の終了時における閲覧・謄写は制限できない（同Ⅱ）。
　合同会社では，債権者も計算書類の閲覧・謄写を請求できる（会§625）。請求できるのは，作成した日から5年以内のものに限られる。

➡　株式会社と異なり，貸借対照表の公告義務はない。

2　資本金の額

　持分会社でも，資本金の額が計上される。ただし，株式会社のような厳格な規定はなく，社員が出資した額のうち資本金として計上する額は，持分会社が自由に定めることができる（計算規§30Ⅰ）。株式会社のように2分の1以上を資本金とする必要はない。

3　資本金の額の減少

　持分会社が資本金の額を減少することができるのは，次の場合である。

　・社員の退社に伴う持分の払戻しをする場合

　・社員に対して出資の払戻しをする場合

　・損失の塡補に充てる場合

　合同会社が資本金の額を減少できるのは，この三つの場合に限られる（会§
626 I，620 I）。一方，合名会社と合資会社では，資本剰余金の額を増加する
ために資本金の額を減少することなども許される（計算規§30 II）。

➡　試験対策的には，この三つの場合だけを理解すればよい。

（債権者の異議）

第627条　合同会社が資本金の額を減少する場合には，当該合同会社の債権者
は，当該合同会社に対し，資本金の額の減少について異議を述べることがで
きる。

重要❗ ●

H30-32
H22-32
H20-35

合同会社では，資本金の額の減少に際して，必ず債権者の異議手続が必要となる。

👉理由　無限責任社員の存在する合名会社と合資会社では，資本金の額に
かかわらず，無限責任社員に対して債権者が弁済を請求できるため。

　合同会社の資本金の額は株式会社のそれに近いが，合名会社と合資会社の資
本金の額は，債権者にとって意味のある計数ではないのである。

　債権者の異議手続自体は，株式会社のそれと同じである。ただし，持分会社
の債権者手続では，計算書類に関する事項を公告する必要がない（会§627 II）。
株式会社と同様に，官報以外に定款で定めた公告方法により公告することで，
知れている債権者に対する各別の催告を省略できる（同 III）。

　合同会社における資本金の額の減少の効力発生日は，債権者の異議手続が終
了した日である（会§627 VI）。そのため，合同会社の資本金の額の減少に際し
ては，効力発生日を定めることができない。

➡　株式会社における資本金の額の減少との違いに注意しよう。

(1)　社員の退社に伴う持分の払戻し

退社した社員は，持分の払戻しを受けることができる（会§611Ⅰ）。金銭 `H25-34`
以外の財産が出資の目的であった場合でも，払戻しは金銭で行うことができ
る（同Ⅲ）。

合同会社では，持分の払戻しのために減少することができる資本金の額が
制限される。持分の払戻しにより社員に対して交付する金銭等の帳簿価額（**持
分払戻額**）から剰余金額を控除して得た額が限度である（会§626Ⅲ）。つま
り，剰余金額を減少して持分の払戻しを行い，それで不足した分についての
み資本金の額の減少ができる。

➡　剰余金額というのは，株式会社における分配可能額のようなものだと考
えておけばよい。細かい計算を覚える必要はない。

合同会社が剰余金額を超えて持分の払戻しをする場合には，より厳格な債
権者の異議手続が要求される。資本金の額が0円で，資本金の額の減少をせ
ずに剰余金額を超えて持分の払戻しをする場合も，債権者の異議手続は必要
である。

➡　資本金の額が0円，かつ，剰余金額が0円であっても，持分の払戻しは
禁止されない。だからこそ，債権者の異議手続が重要なのである。

持分払戻額が合同会社の純資産額を超える場合には，債権者が異議を述べ
ることができる期間が1か月から2か月になり，各別の催告の省略もできな
い（会§635ⅡⅢ）。

(2)　社員に対する出資の払戻し

出資の払戻しは，社員の請求に基づいて行うことになる（会§624）。出資
の目的が金銭以外の財産であっても，金銭による出資の払戻しが請求できる。

合名会社と合資会社では，出資の全部を履行する義務がないから，出資の `R2-32`
価額を減少しなくても出資の払戻しが可能である。一方，合同会社では，社 `H26-32`
員が出資の全部を履行しているため，定款で定めた出資の価額を減少しなけ
れば，社員に対する出資の払戻しができない（会§632Ⅰ）。また，払戻しに
より交付する金銭等の帳簿価額は，減少する出資の価額以下でなければなら
ない（同Ⅱ）。

合同会社では，出資の払戻しにより社員に対して交付する金銭等の帳簿価

額（**出資払戻額**）から剰余金額を控除して得た額までしか資本金の額を減少できない（会§626Ⅱ）。

➡　これについては退社に伴う持分の払戻しと同じである。

　出資払戻額は，資本金の額の減少前の剰余金額と減少する資本金の額の合計額以下でなければならない（会§632Ⅱ）。これに違反する出資の払戻しは認められない。

➡　結局，資本金の額が0円，かつ，剰余金額が0円であるなら，出資の払戻しはできない。退社に伴う持分の払戻しとの違いである。

➡　違反した場合には，業務を執行した社員が責任を負う（会§633）。

(3)　損失の塡補

　損失の塡補のために資本金の額を減少する場合には，損失の額が減少する資本金の額の上限となる（会§620Ⅱ）。

4　利益の配当

　株式会社における剰余金の配当に相当するのが**利益の配当**である。利益の配当は社員が請求でき，その詳細は定款で定めることができる（会§621ⅠⅡ）。必ずしも，全社員に平等に配当する必要はない。

R2-32

　合名会社は，自由に利益の配当をすることができる。無限責任社員しかいないので，合名会社の財産を社員に分配しても，債権者にとって不利益とならないのである。

　合資会社では，有限責任社員がいるので少しだけ事情が異なる。利益の配当により有限責任社員に対して交付した金銭等の帳簿価額が当該利益の配当をする日における利益額を超える場合には，利益の配当を受けた有限責任社員は，持分会社に対して配当額に相当する金銭を支払う義務を負う（会§623Ⅰ）。この利益額を超過する部分については，債権者が有限責任社員に対して直接弁済を請求できる（同Ⅱ，580Ⅱ）。

➡　ここでの計算で用いるのは剰余金額ではなく利益額となるが，その計算方法は気にしなくていい。本当はかなり違う数字となるが，それでも気にしなくていい。分配可能額のようなものという理解で十分である。

　合同会社でも，合資会社と同じ有限責任社員の責任がある。ただし，持分会社に対しての支払い義務だけである（会§630Ⅲ）。それに加えて，次のような

制限がある。

> （利益の配当の制限）
> **第628条**　合同会社は，利益の配当により社員に対して交付する金銭等の帳簿
> 　価額（以下この款において「配当額」という。）が当該利益の配当をする日に
> 　おける利益額を超える場合には，当該利益の配当をすることができない。（以
> 　下略）

　株式会社における分配可能額による制限のようなものである。合資会社では，利益の配当自体は制限されなかったが，合同会社では，利益の配当自体が制限される。

　この制限に違反して利益の配当をした場合には，業務を執行した社員が責任を負う（会§629Ⅰ）。また，合同会社の債権者は，利益の配当を受けた社員に対し，金銭を支払わせることができる（会§630Ⅱ）。支払わせることができる額は，配当額か債権額のうち小さい方の額である。

　利益の配当によって欠損が生じた場合も，業務を執行した社員は責任を負う（会§631Ⅰ）。

第6節　持分会社の種類の変更

Topics ・持分会社間での種類の変更について理解する。

・定款の変更による種類の変更と社員の退社による種類の変更がある
が，注意すべきなのは社員の退社の方である。

・種類の変更に際して債権者を保護する必要はないことに注意する。

1　定款の変更による持分会社の種類の変更

　持分会社は，定款の変更をすることによって，他の種類の持分会社となる種
類の変更をすることができる（会§638）。必要な手続は，**定款の変更のみ**であ
る。

➡　定款に別段の定めがなければ，総社員の同意で定款を変更する。

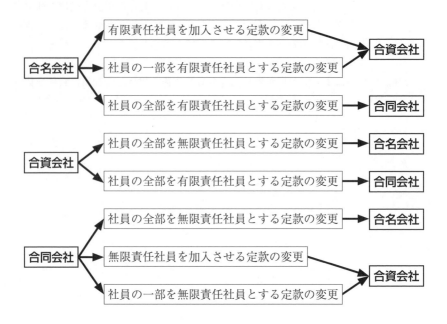

　ここで，一つ問題が生じる。合同会社の有限責任社員には，出資の履行義務
があるのである。そのため，合同会社となる定款の変更については，**出資の履
行が完了した日**に効力が生じることになる（会§640Ⅰ）。

➡　社員の加入の場合と同じ取扱いである。

R2-32　　合名会社が合同会社となる場合など，無限責任社員がいなくなってしまう場

合には，債権者にとって不利益となりそうな気もする。しかし，実際には，無限責任社員が有限責任社員となっても，登記されるまでに生じた債権者は，無限責任社員としての責任を問うことができるので（会§583Ⅲ），債権者にとって不利益とはならないのである。

2　合資会社の社員の退社に伴う種類の変更

> （合資会社の社員の退社による定款のみなし変更）
> **第639条**　合資会社の有限責任社員が退社したことにより当該合資会社の社員が無限責任社員のみとなった場合には，当該合資会社は，合名会社となる定款の変更をしたものとみなす。
> **2**　合資会社の無限責任社員が退社したことにより当該合資会社の社員が有限責任社員のみとなった場合には，当該合資会社は，合同会社となる定款の変更をしたものとみなす。

　合資会社は，社員の退社により，無限責任社員のみとなったり，有限責任社員のみとなったりする。その場合には，他の種類の持分会社となる定款の変更をしたものとみなされるのである。定款の変更をしたものとみなされるのは，社員が退社した時である。

　ここでも，合同会社となる場合には，出資の履行が問題となる。

> （定款の変更時の出資の履行）
> **第640条**　（略）
> **2**　前条第2項の規定により合同会社となる定款の変更をしたものとみなされた場合において，社員がその出資に係る払込み又は給付の全部又は一部を履行していないときは，当該定款の変更をしたものとみなされた日から1箇月以内に，当該払込み又は給付を完了しなければならない。ただし，当該期間内に，合名会社又は合資会社となる定款の変更をした場合は，この限りでない。

　無限責任社員全員の退社により，直ちに合同会社となる定款の変更をしたものとみなされるが，その時点では出資の履行が完了していないこともある。出資の履行が完了していない場合には，1か月以内に完了しなければならない。
　出資の履行をするのが嫌なら，有限責任社員を無限責任社員とするか，無限責任社員を加入させて，合名会社か合資会社になるしかない。この場合でも，いったん合同会社となっていることに注意する必要がある。

➡　定款の変更による種類の変更の場合には出資の履行が完了した日が効力発生日となるが，退社による定款のみなし変更の場合には退社した時点でみなし変更の効力が生じる。

第7節　持分会社の解散と清算

Topics・持分会社の解散の事由を整理する。
　　　　・法定清算と任意清算があることを理解する。公告や催告の要否に注意する。
　　　　・解散と清算では，株式会社との違いを意識する必要がある。

1　解　散

（解散の事由）
第641条　持分会社は，次に掲げる事由によって解散する。
　一　定款で定めた存続期間の満了
　二　定款で定めた解散の事由の発生
　三　総社員の同意
　四　社員が欠けたこと。
　五　合併（合併により当該持分会社が消滅する場合に限る。）
　六　破産手続開始の決定
　七　第824条第1項又は第833条第2項の規定による解散を命ずる裁判

　社員が欠けた場合に解散するのが株式会社との違いである。　　　　　　　H24-33
　合名会社と合同会社では，最低1名の社員があればいい。社員が0名となっ　　H19-34
た場合に解散する。合資会社では，無限責任社員と有限責任社員が必要なので，
社員が1名となったときは，合名会社か合同会社となる種類の変更になる。

　持分会社でも，解散命令（会§824Ⅰ）と解散の訴え（会§833Ⅱ）の制度が
ある。持分会社では，解散の訴えを提起するのは社員であり，やむを得ない事
由がある場合に提起することができる。

　持分会社では，休眠会社のみなし解散のような制度はない。

2　持分会社の継続

（持分会社の継続）
第642条　持分会社は，前条第1号から第3号までに掲げる事由によって解散
　した場合には，次章の規定による清算が結了するまで，社員の全部又は一部
　の同意によって，持分会社を継続することができる。

> 2　前項の場合には，持分会社を継続することについて同意しなかった社員は，持分会社が継続することとなった日に，退社する。

持分会社の継続ができるのは，

・定款で定めた存続期間の満了
・定款で定めた解散の事由の発生
・総社員の同意

によって解散した場合である。

社員の一部の同意によって継続することも可能で，一部の同意で継続した場合には，継続に同意しなかった社員が退社することになる。

3　持分会社の清算

持分会社の清算の方法には，**法定清算**と**任意清算**がある。
法定清算とは，会社法の規定に従って清算人が行う清算で，株式会社の通常の清算と同じイメージである。一方，任意清算では，定款又は総社員の同意によって定めた方法により財産の処分を行うことになり，清算人が置かれることはない。

重要❗ ●

H31-33
H26-32
合同会社では，任意清算は認められない。

任意清算が可能なのは，合名会社と合資会社に限られる。無限責任社員のない合同会社では，必ず法定清算の方法によらなければならない。

持分会社では，合併と破産手続開始の決定以外の事由で解散した場合のほか，設立の無効の訴えに係る請求を認容する判決が確定した場合と設立の取消しの訴えに係る請求を認容する判決が確定した場合にも，清算をしなければならない（会§644）。
➡　設立の無効の訴えと設立の取消しの訴えについては，第2節で扱った。継続が可能であることに注意する必要がある。

清算の方法にかかわらず，清算をしなければならない持分会社を**清算持分会社**とよぶ。

4　法定清算

　法定清算では，清算人が置かれることになる。清算人は，最低1名でよい（会§646）。

　継続が可能な解散の事由（会§641①②③）によって解散した場合，清算人は，定款で定めることができ，また，業務を執行する社員の過半数の同意によって定めることができるが，清算人を定めなかったときは，業務を執行する社員が清算人となる（会§647）。

➡　株式会社と比較して整理しておくとよい。

　清算人となる者がないときは，利害関係人の申立てにより，裁判所が清算人を選任する（会§647Ⅱ）。

　社員が欠けたことによって解散した場合と裁判によって解散した場合には，裁判所が清算人を選任する（会§647Ⅲ）。この選任は，利害関係人の申立てや法務大臣の申立てによるほか，裁判所が職権で行うこともできる。

　設立の無効の訴えや設立の取消しの訴えにより清算をすべき場合には，利害関係人の申立てにより，裁判所が清算人を選任する（会§647Ⅳ）。

　清算人は社員の過半数の決定により解任することができるが（会§648ⅠⅡ），裁判所が選任した清算人は，社員の過半数の決定では解任できない。
　裁判所が選任した清算人も含め，重要な事由があるときは，社員や利害関係人の申立てにより裁判所が解任できる（会§649Ⅲ）。

　持分会社では，法人が清算人となることも可能である（会§654）。

➡　株式会社では認められない。

　清算人は，各自が業務を執行する（会§650Ⅰ）。そして，業務の決定は，清算人の過半数によって行う（同Ⅱ）。ただし，清算持分会社の事業の譲渡には，社員の過半数の同意が必要である（同Ⅲ）。

　清算持分会社と清算人との関係は，委任に関する規定に従う（会§651Ⅰ）。

➡　持分会社と社員との関係は，委任に関する規定に従うとされていなかった。

　裁判所が清算人を定めた場合を除き，清算持分会社は，定款，定款の定めに基づく清算人の互選のいずれかの方法により代表清算人を定めることができる（会§655Ⅲ）。代表清算人を定めなかった場合には，各清算人が代表清算人となる（同ⅠⅡ）。

　清算人を定めず業務を執行する社員が清算人となった場合には，代表する社員が代表清算人となる（会§655Ⅳ）。

　裁判所が清算人の選任に際して代表清算人を定めることも可能である（会§655Ⅴ）。

　法定清算では，株式会社の清算と同様に，債務の弁済の後に残余財産の分配をすることになる。

　株式会社の清算では，債権者に対する**債権申出の催告**が必要だったが，清算持分会社では，**合同会社に限り債権申出の催告が必要**になる（会§660Ⅰ）。株式会社と同様に，債権を申し出る期間は2か月間である。合名会社と合資会社の法定清算では，公告も催告も不要である。

　合同会社の清算では，申し出なかった債権者が清算から除斥されることになるが，合名会社と合資会社の清算では，債権者が除斥されることはない（会§665）。

👉 **理由**　無限責任社員の存在する合名会社と合資会社では，持分会社の財産がゼロになっても，債権者が弁済を受けることが可能だから。

　債務の弁済の後，残余財産の分配をして，清算事務が終了することになる。

　清算事務が終了したときは，清算に係る計算をし，社員の承認を受けることで清算が結了する（会§667）。

5　任意清算

（財産の処分の方法）
第668条　持分会社（合名会社及び合資会社に限る。以下この節において同じ。）は，定款又は総社員の同意によって，当該持分会社が第641条第1号から第3号までに掲げる事由によって解散した場合における当該持分会社の財産の処分の方法を定めることができる。

　定款又は総社員の同意で定めた財産の処分の方法に従って財産を処分するのが任意清算である。任意清算では，清算人が就任せず，業務を執行する社員が財産の処分を行うことになる。

　任意清算が可能なのは，

- ・定款で定めた存続期間の満了
- ・定款で定めた解散の事由の発生
- ・総社員の同意

によって解散した場合に限られる。継続が可能な解散の事由と同じである。

　財産の処分の方法は，解散前に定めても，解散後に定めてもいい。解散後に定める場合には，法定清算から任意清算に移行することになる。

　任意清算では，**債権者の異議手続**が必要になる（会§670）。この債権者の異議手続では，官報のほかに定款で定めた公告方法に従って公告することにより，知れている債権者に対する各別の催告を省略できる。

➡　異議を述べることができる期間は，他の多くの債権者の異議手続と同様に1か月間である。債権申出の催告の2か月と混同しないようにしたい。

　異議を述べた債権者に対しては，弁済，相当の担保の提供，信託会社への信託などが必要になる（会§670Ⅴ）。債権者を害するおそれがないとして，これらの行為を省略することはできない。

➡　普通の債権者の異議手続では，債権者を害するおそれがないときは，弁済などをしなくてもよい。

　任意清算では，財産の処分の完了によって清算が結了する。

6　清算持分会社ができない行為

　清算持分会社は，清算の目的の範囲内で存続するため，一部の行為が制限される。

(1)　社員の加入・退社

　清算持分会社は，社員を加入させることができない（会§674①）。社員の加入は，清算手続を無駄にややこしくするだけである。

社員の任意退社も認められない（会§674②，606）。

法定退社が認められるのは，社員が死亡した場合と合併により消滅した場合だけである（会§674②，607Ⅰ）。死亡と合併により退社した場合には，その相続人・一般承継人が当該社員の持分を承継することになる（会§675）。解散前と異なり，定款の定めがなくても承継する。

持分の差押債権者による退社も認められない（会§674，609）。

➡　持分会社の債権者に対して責任を負う社員の退社は認めるべきではなく，退社に伴う持分の払戻しも認めるべきではない。死亡した社員の相続人は，持分会社の債権者に対する責任を承継することになる。

(2)　計算に関する行為

資本金の額の減少，利益の配当，持分の払戻しは，清算持分会社では認められない（会§674③）。

(3)　種類の変更

合名会社や合資会社が合同会社となる種類の変更をすることは認められない（会§674④）。合同会社では，清算の手続が異なるのである。

(4)　組織再編行為

組織再編行為のうち，清算持分会社が存続する合併と他の会社の権利義務を承継する吸収分割は，持分会社が解散した場合には認められない（会§643）。

➡　株式会社でも同じような規定があった。

第4章

組織再編行為

第1節　様々な組織再編行為

Topics ・組織再編行為にはどのようなものがあるのかを把握する。
　　　　　・会社の種類による制限に注意する。

1　組織再編行為

　　合併，会社分割，株式交換・株式移転，株式交付といった行為を総称して，
組織再編行為とよぶのが一般的である。また，手続や性質に似たところが多い
事業譲渡等や組織変更も，この章で扱う。

　　組織変更とは，株式会社が持分会社となる行為と，持分会社が株式会社とな
る行為をいう。持分会社間の種類の変更とは，様々な点で異なる。

　　合併には，吸収合併と新設合併がある。
　　吸収合併とは，二つの会社が合体して，二つの会社のうち一方の会社が権利　H24-34
義務の全部を承継する行為である。

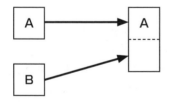

　　新設合併とは，二つ以上の会社が合体して，新しく一つの会社を設立し，合
体した会社の権利義務の全部を承継する行為である。

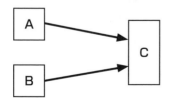

　会社分割には，吸収分割と新設分割がある。

　吸収分割とは，ある会社が他の会社の権利義務を承継する行為である。承継する権利義務は，全部でも一部でもいい。合併とは異なり，他の会社に権利義務を承継させた会社も，そのまま存続する。

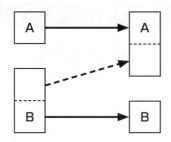

　新設分割とは，会社の権利義務を新しく設立する会社に承継させる行為である。ある一つの会社の権利義務を設立する会社に承継させてもいいし，複数の会社の権利義務を設立する会社に承継させてもいい。

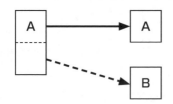

　株式交換と株式移転は，いずれも完全親子会社関係を作るための行為である。ある株式会社が他の株式会社の発行済株式の総数を保有している場合，発行済株式の総数を保有している会社を完全親会社といい，発行済株式の総数を保有されている株式会社を完全子会社という。完全子会社の株主は，完全親会社のみとなっているのである。

H19-29
H18-29
　株式交換とは，二つの会社のうち，一方を完全親会社とし，他方を完全子会社とする行為である。

　株式移転とは，新しく設立する会社を完全親会社とする行為である。既に存在している株式会社が完全子会社となるが，完全子会社は，一つでも複数でもいい。

　株式交付とは，他の会社を子会社とする行為である。完全子会社ではなく，子会社であることに注意する必要がある。

　新設合併，新設分割，株式移転の三つは，いずれも新しく会社を設立するという点で共通している。この三つをまとめて新設型組織再編行為とよぶこともある。

　事業譲渡等については，第10節で詳しく説明することにする。

2　組織再編行為をすることができる会社の種類

　合併，組織変更，事業譲渡等をすることができる会社の種類に制限はない。 H18-29 株式会社でも，持分会社でも，することができる。

➡　解散した会社は，合併について制限があったことを思い出しておこう。解散した会社が消滅する合併は制限されない。既に解散している会社も合併により解散できるのである。

　吸収分割によって，他の会社に権利義務を承継させる会社は，**株式会社と合** R2-34 **同会社**に限られる。逆に，他の会社の権利義務を承継する会社の種類の制限はない。つまり，株式会社が合名会社に権利義務を承継させる吸収分割は可能だが，合名会社が株式会社に権利義務を承継させる吸収分割は不可能である。

➡　解散した会社は，吸収分割によって他の会社の権利義務を承継することができない。他の会社に承継させることは問題ない。

➡　合名会社と合資会社には無限責任社員がいるため，その債権者は，無限責任社員に弁済の請求ができることを期待している。そのため，合名会社と合資会社の権利義務を分割して他の会社に承継させると，無限責任社員が存在するために債権者の保護が複雑になることが予想される。

　新設分割をすることができる会社も，**株式会社と合同会社**に限られる。新設分割によって新しく設立される会社の種類には制限がない。株式会社が新設分割によって合名会社を設立することなどは，可能なのである。

　株式交換と株式移転は，完全親子会社関係を創る行為である。完全子会社というのは，その発行済株式の総数を他の会社に所有されている会社であり，当然に**株式会社**である。

　株式交換によって完全親会社となることができるのは，**株式会社と合同会社**に限られる。一方，株式移転によって設立される完全親会社は，**株式会社**に限られる。

➡　持分会社を設立して完全親会社とする行為には，需要がないと考えられたためと思われる。

　株式交付によって親会社となる会社も子会社となる会社も，株式会社に限られる。持分会社は株式交付ができず，持分会社を株式交付によって子会社とすることもできない。

➡　清算中の会社は，株式交換も株式移転も株式交付もできない。事業を行うことが前提の行為だからである。

第2節　組織変更

Topics ・組織変更の手続を理解する。
・最も手続の理解しやすい組織再編行為であり，その手続を理解することで他の組織再編行為の理解が容易になる。

1　組織変更の流れ

　株式会社が持分会社になる組織変更も，持分会社が株式会社になる組織変更も，基本的には次のような流れとなる。

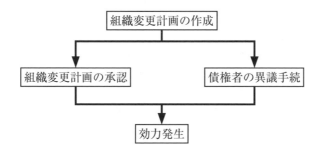

　組織変更計画の承認も，債権者の異議手続も，必ず必要となるが，どちらを先に行ってもいい。

➡　この承認手続と債権者の異議手続は，他の組織再編行為でも必要となることが多い。

2　株式会社が持分会社となる場合の組織変更計画

　株式会社が持分会社となる場合，つまり株式会社が組織変更をする場合には，次のような事項を内容とする組織変更計画を作成しなければならない（会§744Ⅰ）。作成自体は，通常の業務の執行として行えばよい。

・組織変更後の持分会社（**組織変更後持分会社**）の目的，商号，本店の所在地及び定款で定めるその他の事項
・組織変更後持分会社が組織変更に際して組織変更をする株式会社の株主に対して金銭等を交付するときは，その金銭等について必要な事項
・組織変更をする株式会社が新株予約権を発行しているときは，新株予約権者に対して交付する金銭について必要な事項
・組織変更の効力発生日

　まず，組織変更後の持分会社の定款の内容を定めなければならない。この定款について，公証人の認証は不要である。

H21-34
H19-35
➡　この場合に限らず，組織再編行為で作成される定款については，全て公証人の認証が不要である。

　株式会社が持分会社となるので，問題なのは株主の扱いである。株主を組織変更後持分会社の社員とする方法，つまり株主に対して組織変更後持分会社の持分を割り当てる方法が考えられるが，必ずしも株主全員を社員にする必要はない。

　株主に対しては，金銭，金銭以外の財産，組織変更後持分会社の社債を交付することが認められている。

　これらの持分や財産の割当てについて，株主を平等に扱う必要はないと解されている。株主平等の原則は適用されないのである。

➡　後述するが，組織変更計画の承認に総株主の同意が必要なためでもある。

　持分会社は新株予約権を発行できないから，組織変更によって株式会社の新株予約権は消滅することになる（会§745Ⅴ）。

　新株予約権者に対しては，金銭を交付して解決することになる。金銭以外の財産の交付は認められていない。

H29-34
　組織変更計画については，その内容を記載した書面かその内容を記録した電磁的記録を一定の期間本店に備え置かなければならず，株主と債権者には，閲覧・謄写の請求権が与えられている（会§775）。

3　持分会社が株式会社となる場合の組織変更計画

H29-34
　持分会社が株式会社となる場合，つまり持分会社が組織変更をする場合には，組織変更計画で次の事項を定めなければならない（会§746）。

- 組織変更後の株式会社（**組織変更後株式会社**）の目的，商号，本店の所在地，発行可能株式総数及び定款で定めるその他の事項
- 組織変更後株式会社の取締役の氏名
- 組織変更後株式会社の機関設計に応じ，会計参与の氏名又は名称，監査役の氏名，会計監査人の氏名又は名称
- 組織変更をする持分会社の社員が組織変更に際して取得する組織変更後株式会社の株式について必要な事項

・組織変更後株式会社が組織変更に際して組織変更をする持分会社の社員に
　対して金銭等を交付するときは，その金銭等について必要な事項
・組織変更の効力発生日

　取締役の氏名は組織変更計画で定めるが，代表取締役を定める必要はない。
代表取締役は，通常の株式会社における選定方法で定めればよい。たとえば，
取締役会設置会社なら取締役会の決議で定めることになる。
　持分会社の社員が組織変更後株式会社の株主となるが，必ずしも社員全員を
株主にする必要はない。
　社員に対して，金銭，金銭以外の財産，組織変更後株式会社の社債，組織変
更後株式会社の新株予約権を交付することが可能である。

　持分会社が株式会社となる場合には，組織変更計画の備置きの義務がない（会　H29-34
§781Ⅱ参照）。閲覧・謄写の請求もできない。

4　組織変更計画の承認

　株式会社が持分会社となる組織変更では，**総株主の同意**によって組織変更計
画の承認を受けなければならない（会§776Ⅰ）。株主が社員となるとは限らな
いし，社員となったとしても，株主とは全く違う立場になるからである。
➡　総株主の同意が必要なので，反対株主の株式買取請求は認められない。

　問題は，新株予約権者である。新株予約権は消滅してしまうので，新株予約
権者を保護しなければならない。しかし，新株予約権者に議決権を認めるわけ
にはいかない。
　そこで，**新株予約権買取請求**の制度を設け，新株予約権者の保護が図られて　H29-34
いる。
　組織変更をする場合には，その効力発生日の20日前までに，新株予約権者に
対して通知をするか，公告をするかをして，新株予約権買取請求の機会を与え
る必要がある（会§777）。
　新株予約権買取請求に係る買取りの効力は，組織変更の効力発生日に生じる
（会§778Ⅵ）。つまり，新株予約権買取請求をした新株予約権者は，組織変更
計画に基づいて金銭の交付を受けることはできなくなる。

　持分会社が株式会社となる組織変更では，組織変更計画について**総社員の同
意**が必要になる（会§781Ⅰ本文）。ただし，定款で別段の定めができる（同た
だし書）。

➡　株式会社が組織変更をする場合には，必ず総株主の同意が必要であり，定款で別段の定めをすることはできない。

5　債権者の異議手続

H25-33　株式会社が持分会社となる場合も，持分会社が株式会社となる場合も，組織変更に際して会社財産が流出することもあり，債権者に重要な影響を与えるため債権者の異議手続が必要になる。

債権者の異議手続の基本は，資本金の額の減少の場合などと同じだが，以下の点で若干の違いがある（会§781Ⅱ）。

➡　資本金の額の減少の際の債権者の異議手続の内容（第2章第39節）を確認しておこう。

・持分会社が組織変更をする場合には，計算書類に関する事項を公告しなくていい
・合名会社と合資会社が組織変更をする場合には，各別の催告を省略できない

一つめの計算書類に関する事項の扱いは，組織変更の場合に限ったことではない。持分会社がする債権者の異議手続では，常に計算書類に関する事項を公告する必要はない。そもそも，持分会社では，貸借対照表などを公告する必要がないのである。

二つめの各別の催告の扱いは，重要である。資本金の額の減少の場合の債権者の異議手続では，官報のほか，官報以外の会社の公告方法で公告することによって知れている債権者に対する各別の催告が省略できた。この各別の催告の省略が認められない場合があるのである。

重要❶●●●●●●●●●●●●●●●●●●●●●●●●●●●●●●●●●●●

H29-34　無限責任社員がいなくなる場合には，各別の催告を省略できない。

合名会社や合資会社が株式会社となる場合には，無限責任社員がいなくなることになる。無限責任社員に対しては債務の弁済を無限に請求できるから，無限責任社員の存在は債権者にとって有利である。その無限責任社員がいなくなる場合には，より厳格な債権者の異議手続をとる必要がある。

➡　合併の場合も同じ論点がある。そこでも触れることにする。

6　株券の提出に関する公告等

　株式会社が持分会社となる組織変更をする場合において，株式会社が現に株券を発行している株券発行会社である場合には，**株券の提出に関する公告等**が必要になる（会§219Ⅰ⑤）。

7　新株予約権証券の提出に関する公告等

　株式会社が持分会社となる組織変更をする場合において，株式会社が新株予約権証券を発行している場合には，**新株予約権証券の提出に関する公告等**が必要になる（会§293Ⅰ②）。新株予約権付社債券を発行している場合には，新株予約権付社債券の提出に関する公告等が必要になる。

8　効力発生

　組織変更の効力は，組織変更計画で定めた効力発生日に生じることになる（会§745Ⅰ，747Ⅰ）。

　債権者の異議手続が終わっていない場合には，組織変更の効力が生じない（会§745Ⅵ，747Ⅴ）。この場合，債権者の異議手続が終了した時点で効力が生じることにはならない。また，異議を述べた債権者に対する弁済なども含めて完全に終わらせなければならない。

　債権者の異議手続に予想以上の時間がかかってしまった場合などのために，効力発生日の変更が認められている（会§780，781Ⅱ）。
　効力発生日を変更したときは，変更後の効力発生日を公告しなければならない（会§780Ⅱ，781Ⅱ）。

9　組織変更の無効の訴え

　組織変更の無効は，株式会社がする場合も，持分会社がする場合も，訴えをもってのみ主張することができ，訴えは組織変更の効力発生日から6か月以内に提起しなければならない（会§828Ⅰ⑥）。
➡　持分会社間の種類の変更は，訴えによらずに主張することができる。

　訴えを提起することができるのは，効力発生日現在の株主，取締役，監査役設置会社の監査役，執行役，清算人，社員，破産管財人のほか，組織変更について承認をしなかった債権者である（会§828Ⅱ⑥）。

第3節　吸収合併

Topics　・吸収合併の手続を理解する。

　　　　　・会社が二つになるので，どちらの会社の話かを常に区別する必要がある。「存続」と「消滅」の文字を見逃さないこと。

　　　　　・簡易な手続と略式手続があることに注意する。

1　吸収合併をする会社

　吸収合併は，二つの会社の間で行われる。

　二つの会社のうち，吸収合併により他の会社の権利義務を承継する会社が**吸収合併存続会社**であり，吸収合併により消滅する会社が**吸収合併消滅会社**である。それぞれ，株式会社であるか持分会社であるかによって，**吸収合併存続株式会社，吸収合併存続持分会社，吸収合併消滅株式会社，吸収合併消滅持分会社**という用語も用いられる。

　前述したように会社の種類の制限はないため，合名会社と株式会社が吸収合併をし，消滅する株式会社の権利義務を合名会社が承継するようなことも可能である。

　吸収合併の手続も，基本的には組織変更と同じであり，吸収合併契約の締結，吸収合併契約の承認・債権者の異議手続，効力発生という流れになる。組織変更では組織変更計画を作成したが，吸収合併は二つの会社の間で行うので，吸収合併契約を締結する必要がある。

2　株式会社が存続する場合の吸収合併契約

　まずは，吸収合併存続会社が株式会社である場合の吸収合併契約の内容をみていく。この場合の吸収合併消滅会社は，株式会社でも持分会社でも構わない。

　この場合，吸収合併契約では，以下の事項を定めなければならない（会§749Ⅰ）。

・吸収合併存続株式会社と吸収合併消滅会社の商号及び住所
・吸収合併消滅会社の株主又は社員に対して金銭等を交付するときは，その金銭等について必要な事項
・吸収合併消滅株式会社が新株予約権を発行しているときは，その新株予約権者に対して交付する新株予約権又は金銭について必要な事項
・吸収合併の効力発生日

　吸収合併消滅会社の株主や社員は，会社が消滅してしまうので当然にその地位を失う。そこで，普通は何らかの**対価**を交付することになるのだが，問題はその対価の種類である。

➡　この対価を合併対価とよぶこともある。

➡　ここで「普通は」と書いたが，実は，吸収合併消滅会社の株主や社員に対して何も交付しないということも可能である。無対価合併とよぶこともある。吸収合併消滅会社が著しい債務超過の状態にあれば，その株式や持分の価値もゼロに近いから，無対価合併も考えられる。また，吸収合併存続株式会社の株主構成と吸収合併消滅株式会社の株主構成が全く同じなら，無対価合併でも株主にとって不利益とならない。

　吸収合併消滅会社の株主や社員に対しては，**吸収合併存続株式会社の株式を交付**することが可能である。この場合，吸収合併消滅会社の株主や社員は，吸収合併によって吸収合併存続株式会社の株主となる（会§750Ⅲ①）。これが最も基本的な吸収合併である。吸収合併消滅株式会社の株主にとっては，株式を保有している株式会社が換わる。株式を交付する場合には，新たに株式を発行してもいいし，自己株式があれば自己株式を交付してもいい。

　株式ではなく，社債，新株予約権，金銭，金銭以外の財産を交付することも可能である。交付できる財産に特に制限はない。

　株式やその他の財産の交付に際しては，株主平等の原則に従わなければならない。つまり，同じ種類の株式を同じ数所有している株主には，同じ財産を交付しなければならない。種類株式発行会社では，所有している株式の種類によって交付する財産を変えることが許される（会§749Ⅱ）。 `H30-34`

➡　組織変更との違いである。また，吸収合併消滅会社が持分会社の場合には，そもそも「社員平等の原則」のようなものはないので，平等でなくていい。

　株主のほか，新株予約権者の扱いも考えなければならない。吸収合併消滅会社は吸収合併により消滅してしまうから，吸収合併消滅株式会社の新株予約権も当然に消滅してしまう（会§750Ⅳ）。そこで，吸収合併に際しては，吸収合併消滅株式会社の新株予約権者に対して，吸収合併存続株式会社の**新株予約権**か**金銭**を交付する旨を吸収合併契約で定めなければならない。 `H24-34`

　吸収合併消滅株式会社の新株予約権者に対して吸収合併存続株式会社の新株予約権を交付する場合には，結局，新株予約権の行使によって取得できる株式が吸収合併消滅株式会社の株式から吸収合併存続株式会社の株式に換わることになる。

吸収合併契約については，吸収合併存続株式会社も，吸収合併消滅株式会社も，その内容を記載した書面かその内容を記録した電磁的記録を一定の期間本店に備え置かなければならず，株主と債権者には，閲覧・謄写の請求権が与えられている（会§782，794）。持分会社には，この備置きの義務がない。

3　持分会社が存続する場合の吸収合併契約

吸収合併存続会社が持分会社である場合には，吸収合併契約で次の事項を定めなければならない（会§751Ⅰ）。

- ・吸収合併存続持分会社と吸収合併消滅会社の商号及び本店
- ・吸収合併消滅会社の株主又は社員が吸収合併存続持分会社の社員となるときは，その社員について定款で定める事項
- ・吸収合併消滅会社の株主又は社員に対して金銭等を交付するときは，その金銭等について必要な事項
- ・吸収合併消滅株式会社が新株予約権を発行しているときは，その新株予約権者に対して交付する金銭について必要な事項
- ・吸収合併の効力発生日

吸収合併存続会社が持分会社の場合には，吸収合併消滅会社の株主や社員を**吸収合併存続持分会社の社員とする**ことが可能である。社員にしなくても構わない。

吸収合併消滅会社の株主や社員に対しては，金銭等の財産を交付できるが，持分会社は新株予約権を発行できないから，新株予約権を交付することはできない。

同様に，吸収合併消滅株式会社の新株予約権者に対して新株予約権を交付することはできず，金銭を交付するしかない。

H23-33　持分会社には吸収合併契約の備置き義務がないのは，いつもどおりである。

4　株式会社における吸収合併契約の承認

例外はあるが，吸収合併存続株式会社と吸収合併消滅株式会社では，**株主総会の特別決議**によって吸収合併契約の承認を受けなければならない（会§783Ⅰ，795Ⅰ，309Ⅱ⑫）。

H30-34　また，種類株式発行会社では，損害を及ぼすおそれがある場合の種類株主総会も必要になる（会§322）。対価として譲渡制限株式が交付される場合において，譲渡制限株式の種類株主を構成員とする種類株主総会が必要となることも

ある（会§795Ⅳ）。

➡　損害を及ぼすおそれがある場合の種類株主総会については，第2章第16節に戻って確認しておこう。

問題は例外である。例外には，特殊決議が必要になる場合，総株主の同意が必要になる場合，**簡易な手続**による場合，**略式手続**による場合の四つがある。

(1)　特殊決議が必要になる場合

吸収合併消滅株式会社においては，株主総会の特殊決議が必要になる場合がある。吸収合併存続株式会社では，特殊決議が求められることはない。

➡　基本的に，株主である地位を失う吸収合併消滅株式会社の株主の方が保護の必要性が高い。

吸収合併消滅株式会社で特殊決議が必要になるのは，吸収合併消滅株式会社が種類株式発行会社で**な・く**，吸収合併消滅株式会社が公開会社であり，吸収合併により吸収合併消滅株式会社の株主に割り当てられるのが吸収合併存続株式会社の譲渡制限株式である場合である（会§309Ⅲ②）。つまり，吸収合併により，吸収合併消滅株式会社の株主の保有している株式が**譲渡制限株式でない株式から譲渡制限株式となる場合**である。

種類株式発行会社である場合には，株主総会の特殊決議でなく，種類株主総会の特殊決議が必要になる（会§783Ⅲ，324Ⅲ②）。

➡　どのような場合であれ，種類株式発行会社において株主総会の特殊決議が必要となることはない。

厳密には，吸収合併消滅株式会社の株主に割り当てられる株式が譲渡制限株式でなくても，譲渡制限株式を取得の対価とする取得条項付株式などであれば特殊決議が必要になり（会施規§186），条文上は「譲渡制限株式**等**」とされているが，本書では，そこにはこだわらないことにする。

(2)　総株主の同意が必要になる場合

総株主の同意が必要になるのも，吸収合併消滅株式会社に限られる。吸収　`H23-33`
合併存続株式会社で総株主の同意が必要となることはない。

総株主の同意が必要になるのは，吸収合併消滅株式会社が種類株式発行会社で**な・く**，吸収合併により吸収合併消滅株式会社の株主に割り当てられるのが**持分等**である場合である（会§783Ⅱ）。

　　種類株式発行会社である場合には，総株主ではなく，持分等の割当てを受ける種類株主全員の同意が必要になる（会§783Ⅳ）。

用語解説

【持分等】

　持分会社の持分のほか，権利の移転又は行使に債務者その他第三者の承諾を要するものであって，譲渡制限株式以外のものをいう（会§783Ⅱ，会施規§185）。

　吸収合併の対価として交付を受けることができる財産の種類は特に制限されていないから，債務者の承諾が必要となる債権なども吸収合併に際して交付できるのである。

　　持分等には持分会社の持分以外も含まれるから，吸収合併存続会社が株式会社であっても，総株主の同意が必要になることは考えられる。

⑶　簡易な手続による場合

　　吸収合併存続会社に比べて，吸収合併消滅会社が十分に小さい場合には，簡易な手続による吸収合併が可能である。

　　十分に小さいというのは，吸収合併の対価として交付する財産の額が吸収合併存続会社の純資産額の5分の1以下である場合をいう（会§796Ⅱ）。この5分の1の要件は，定款で厳しくすることができる。つまり，10分の1以下などと定めることが可能である。

　　簡易な手続による場合には，株主総会の決議による**吸収合併契約の承認が不要となる**（会§796Ⅱ）。吸収合併では，簡易な手続により吸収合併存続株式会社の株主総会を不要とできるが，簡易な手続によって吸収合併消滅株式会社の株主総会を不要とすることはできない。つまり，**吸収合併消滅株式会社における簡易な手続は認められない**。

　　吸収合併の対価の額が要件を満たしていても，次のいずれかの要件に該当する場合には簡易な手続は認められない（会§796Ⅱ I ただし書，795Ⅱ）。

　　・吸収合併によって承継する資産の額よりも承継する債務の額の方が大きい場合
　　・吸収合併存続株式会社が公開会社でなく，吸収合併消滅会社の株主又は

社員に対して交付する財産が譲渡制限株式である場合

　最初の要件は，吸収合併によって純資産額が減少してしまうため，株主総会の決議を要求していると考えられる。

　二つめの要件を理解するには，募集株式の発行の手続を思い出す必要がある。公開会社でない株式会社では，募集株式の発行について原則として株主総会の決議が必要だった。吸収合併に際して株式を発行する場合にも，それに合わせて株主総会の決議を必要としているのである。

　さらに，吸収合併に反対する株主が多い場合にも，簡易な手続は認められない（会§796Ⅲ）。どのくらい多い場合に認められないかというのは，実は結構ややこしいのだが，単純に，だいたい6分の1ぐらいと考えておけばよい（会施規§197）。

(4) 略式手続による場合

　まずは，特別支配会社という用語を理解する必要がある。

用語解説

【特別支配会社】

　ある株式会社の総株主の議決権の10分の9（これを上回る割合を定款で定めた場合にあっては，その割合）以上を他の会社及び当該他の会社が発行済株式の全部を有する株式会社その他これに準ずるものとして法務省令（会施規§136）で定める法人が有している場合における当該他の会社をいう（会§468Ⅰ）。

　会社法の定義は非常に読みづらいが，ある株式会社があって，その株式会社の総株主の議決権の10分の9以上を保有している会社があれば，その会社は，ある株式会社の特別支配会社となる。

　これでもわかりづらいので，本書では，ある株式会社の総株主の議決権の10分の9以上を保有することを「特別支配する」と表現することにする。ある株式会社を特別支配している会社が特別支配会社である。特別支配される会社は株式会社に限られるが，特別支配会社は持分会社であっても構わない。

特別支配会社 → 議決権の10分の9以上を保有 → 特別支配されている株式会社

　特別支配会社と特別支配されている株式会社が吸収合併をする場合には，特別支配されている株式会社においては，株主総会の決議による**吸収合併契約の承認が不要**となる（会§784Ⅰ，796Ⅰ）。特別支配されている株式会社が吸収合併存続株式会社である場合も，吸収合併消滅株式会社である場合も，同じである。このような手続を略式手続とよぶ。

> 🖐**理由**　吸収合併の相手方が総株主の議決権の10分の9を保有しているなら，吸収合併契約を承認する株主総会の決議は容易に可決されるだろうから。

　特別支配されている株式会社であっても，略式手続が認められない場合がある。次の場合である（会§784Ⅰただし書，796Ⅰただし書）。

・吸収合併消滅株式会社が特別支配されている株式会社である場合における次の場合
　→　吸収合併消滅株式会社が種類株式発行会社でなく，吸収合併消滅株式会社が公開会社であり，吸収合併により吸収合併消滅株式会社の株主に割り当てられるのが吸収合併存続株式会社の譲渡制限株式である場合，つまり吸収合併契約の承認の決議要件が特殊決議になる場合
・吸収合併存続株式会社が特別支配されている株式会社である場合における次の場合
　→　吸収合併存続株式会社が公開会社でなく，吸収合併消滅会社の株主又は社員に対して交付する財産が譲渡制限株式である場合

　二つめの要件は，簡易な手続が認められない場合と同じ要件である。

5　持分会社における吸収合併契約についての同意
　吸収合併消滅持分会社では，定款に別段の定めがある場合を除き，**総社員の同意が必要**になる（会§793Ⅰ①）。
　一方，吸収合併存続持分会社では，吸収合併により社員が加入する場合に限り，総社員の同意が必要になる（会§802Ⅰ①）。ただし，こちらも定款で別段の定めができる。
➡　社員である地位を失うため，吸収合併消滅持分会社の方が厳しい手続になる。

6　債権者の異議手続

　吸収合併では，吸収合併存続会社においても，吸収合併消滅会社においても，債権者の異議手続が必要になる（会§789，799）。 `H25-33` `H23-33`

　吸収合併における債権者の異議手続で注意しなければならないのは，吸収合併によって無限責任社員がいなくなる場合，無限責任社員のいる会社では，重ねて公告することによる**各別の催告の省略ができない**という点である。具体的には，吸収合併消滅会社が合名会社か合資会社であって，吸収合併存続会社が株式会社か合同会社である場合には，各別の催告の省略ができなくなる（会§793Ⅱ，789Ⅲ）。

7　株券の提出に関する公告等

　吸収合併消滅株式会社が現に株券を発行している株券発行会社である場合には，**株券の提出に関する公告等**が必要になる（会§219Ⅰ⑥）。吸収合併消滅株式会社の株主は，吸収合併の対価の交付を受けるために株券の提出が必要である（同Ⅱ）。

8　反対株主の株式買取請求

　吸収合併消滅株式会社の株主にも，吸収合併存続株式会社の株主にも，**反対株主の株式買取請求**をする権利が与えられる（会§785，797）。ただし，総株主の同意が必要な場合には，反対株主の株式買取請求は認められない（会§785Ⅰ①，783Ⅱ）。 `H23-33`

　また，簡易な手続による場合の吸収合併存続会社の株主と略式手続の場合の特別支配会社も反対株主の株式買取請求をすることはできない（会§785Ⅱ②，797ⅠⅡ②）。 `H30-34`

➡　簡易な手続と略式手続の場合の規定は，平成26年改正法（平成27年5月1日施行）によって設けられたものである。

➡　簡易な手続の場合には株式会社に与える影響が小さいからであり，略式手続の場合には特別支配会社が反対株主となることは考えにくいからである。

　株式買取請求の効力発生時期は，常に吸収合併の効力発生日である（会§786Ⅵ，798Ⅵ）。そのため，株式買取請求をした株主が重ねて合併の対価の交付を受けることはない。 `H31-34`

➡　平成26年改正法（平成27年5月1日施行）によって，株式買取請求の効力は常に組織再編行為の効力発生日と一致することとされた。

9　新株予約権証券の提出に関する公告等

　　吸収合併消滅株式会社が新株予約権証券を発行している場合には，**新株予約権証券の提出に関する公告等**が必要になる（会§293Ⅰ③）。新株予約権付社債券を発行している場合には，新株予約権付社債の提出に関する公告等が必要になる。

10　新株予約権買取請求

H23-33
H22-33
H19-35

　　吸収合併消滅株式会社の新株予約権者には，原則として**新株予約権買取請求**をする権利が与えられる（会§787）。例外は，新株予約権の内容と吸収合併契約で定めた内容が合致する場合である（同Ⅰ①）。

➡　吸収合併存続株式会社の新株予約権者は，吸収合併によってその地位に変動がないから，新株予約権買取請求をすることができない。

11　効力発生

H18-29

　　吸収合併の効力は，吸収合併契約で定めた効力発生日に生じる（会§750Ⅰ，752Ⅰ）。

H31-34

　　債権者の異議手続が終了しない場合には効力が生じないことや，効力発生日の変更が可能なことは，組織変更と同じである（会§750Ⅵ，752Ⅵ，790）。

H30-34
H24-34

　　吸収合併による解散を第三者に対抗するには，吸収合併の登記が必要になる（会§750Ⅱ，752Ⅱ）。

➡　民法177条や178条の特則と考えることができる。この規定の意味を正しく理解するには，商業登記の知識が必要になる。そのため，ここでは説明せず，商業登記法で扱うことにする。

12　吸収合併をやめることの請求

　　次のどちらかの場合であって，かつ，株主が不利益を受けるおそれがある場合には，吸収合併消滅株式会社の株主は，吸収合併をやめることの請求（差止請求）をすることができる（会§784の2）。

・吸収合併が法令又は定款に違反する場合
・略式手続による場合であって，吸収合併契約で定めた対価の内容についての事項が吸収合併消滅株式会社又は吸収合併存続会社の財産の状況その他の事情に照らして著しく不当であるとき

　また，吸収合併存続株式会社の株主も，この二つのいずれかの場合に該当し，かつ，株主が不利益を受けるおそれがある場合には，吸収合併をやめることの請求をすることができる（会§796の2）。ただし，簡易な手続による場合には，吸収合併をやめることの請求はできない。

➡　平成26年改正法（平成27年5月1日施行）によって設けられた規定である。株主の保護が強化された。

➡　反対株主の株式買取請求との違いに注意する。

13　吸収合併の無効の訴え

　組織変更の無効の訴えと同様に，吸収合併の無効の訴えが認められる（会§828 I ⑦）。

　訴えを提起することができるのは，効力発生日現在の株主，取締役，監査役 H19-35 設置会社の監査役，執行役，清算人，社員，破産管財人のほか，吸収合併について承認をしなかった債権者である（会§828 II ⑦）。

➡　基本的に組織変更と同じである。

第4節　新設合併

> **Topics** ・吸収合併の応用だと考えればよい。権利義務を承継するのが新しく設
> 立される会社になるだけである。
> ・効力発生日など，吸収合併との違いに注意する。

1　新設合併をする会社

　吸収合併では存続する会社と消滅する会社が登場してややこしかったが，新設合併では，新設合併をする会社の全部が消滅することになる。新設合併により消滅する会社が**新設合併消滅会社**であり，**新設合併消滅株式会社**と**新設合併消滅持分会社**がある。新設合併消滅会社は，二つ以上である必要がある。

　一方，新設合併によって新しく設立される会社が**新設合併設立会社**である。こちらも，**新設合併設立株式会社**と**新設合併設立持分会社**がある。

　吸収合併と同じような手続が必要になり，**新設合併契約の締結**，新設合併契約の承認，債権者の異議手続などを行わなければならない。

　新設合併の効力が生じるのは，本店の所在地において新設合併による**設立の登記をした時**である（会§754Ⅰ，756Ⅰ，814Ⅰ，49，816Ⅰ，579）。
➡　組織変更とも吸収合併とも異なることに注意する。

2　株式会社を設立する場合の新設合併契約

　株式会社を設立する場合には，新設合併契約で次の事項を定めなければならない（会§753Ⅰ）。

・新設合併消滅会社の商号及び住所
・新設合併設立株式会社の目的，商号，発行可能株式総数及び定款で定める
　その他の事項
・新設合併設立株式会社の設立時取締役の氏名
・新設合併設立株式会社の機関設計に応じ，設立時会計参与の氏名又は名称，
　設立時監査役の氏名，設立時会計監査人の氏名又は名称
・新設合併消滅会社の株主又は社員に対して交付する財産について必要な事
　項
・新設合併消滅株式会社が新株予約権を発行しているときは，その新株予約
　権者に対して交付する新株予約権又は金銭について必要な事項

　組織変更では代表取締役を通常の株式会社における選定方法で定めることができたが，新設合併では，設立時代表取締役の選定方法で定めることになる（会§814Ⅰ，47）。

　新設合併消滅会社の株主や社員に対しては，**新設合併設立株式会社の株式**を交付しなければならない。
➡　吸収合併では，吸収合併に際して株式を全く交付しないようなことも可能であった。しかし，新設合併では，必ず新設合併設立株式会社の株式を発行しなければならない。発行済株式の総数が0株の株式会社を設立することはできないのである。したがって，株式の交付は必ず必要である。もっとも，一部の社員や一部の種類株主に対して株式を交付しないことは，可能である。

　新設合併消滅会社の株主や社員に対しては，社債，新株予約権，新株予約権 `H31-34` 付社債を交付することも可能である。
➡　それ以外の金銭などを交付することは認められていない。

　新設合併消滅株式会社の新株予約権者に対しては，新設合併設立株式会社の新株予約権か金銭を交付することになる。こちらは吸収合併と同じである。

　新設合併契約に関する書面・電磁的記録の備置きや閲覧・謄写等の扱いは，基本的に吸収合併と同じである（会§803）。

3　持分会社を設立する場合の新設合併契約

　持分会社を設立する場合には，新設合併契約で次の事項を定めなければならない（会§755Ⅰ）。

・新設合併消滅会社の商号及び住所
・新設合併設立持分会社の目的，商号，本店の所在地及び定款で定めるその他の事項
・新設合併設立持分会社が新設合併に際して新設合併消滅会社の株主又は社員に対して新設合併設立持分会社の社債を交付するときは，その社債について必要な事項
・新設合併消滅株式会社が新株予約権を発行しているときは，その新株予約権者に対して交付する金銭について必要な事項

　新設合併消滅会社の株主又は社員を**新設合併設立持分会社の社員**とすること

ができる。

　また，新設合併消滅会社の株主又は社員に対して新設合併設立持分会社の社債を交付することは可能だが，他の財産を交付することはできない。

　新設合併消滅株式会社の新株予約権者に対しては，金銭を交付することのみが可能である。

　新設合併契約に関する書面・電磁的記録の備置きや閲覧・謄写等の扱いは，株式会社を設立する場合と変わらない（会§803）。

4　株式会社における新設合併契約の承認

　吸収合併と異なり，新設合併消滅株式会社だけを考えればいいので，話が単純になる。

　まず，新設合併契約について，**株主総会の特別決議による承認を受けるのが**原則である（会§804Ⅰ，309Ⅱ⑫）。

　やはり，種類株式発行会社では，損害を及ぼすおそれがある場合の種類株主総会も必要になる（会§322）。

H31-34 　新設合併では，例外は二つだけである。**簡易な手続や略式手続は，新設合併**では認められない。

(1)　特殊決議が必要になる場合

　吸収合併の場合と同じように考えればよい。
　新設合併消滅株式会社が種類株式発行会社で**なく**，新設合併消滅株式会社が公開会社であり，新設合併により新設合併消滅株式会社の株主に割り当てられるのが新設合併設立株式会社の譲渡制限株式である場合である（会§309Ⅲ③）。やはり，新設合併により，新設合併消滅株式会社の株主の保有している株式が**譲渡制限株式でない株式から譲渡制限株式となる場合**である。

　種類株式発行会社である場合には，株主総会の特殊決議でなく，種類株主総会の特殊決議が必要になる（会§804Ⅲ，324Ⅲ②）。これも，吸収合併と同じである。

(2)　総株主の同意が必要になる場合

　新設合併設立会社が持分会社である場合には，必ず総株主の同意が必要になる（会§804）。誰が社員になるのか，対価が何であるかなど，一切関係ない。

5　持分会社における新設合併契約についての同意

　新設合併消滅持分会社では，定款に別段の定めがある場合を除き，**必ず総社員の同意が必要になる**（会§813Ⅰ①）。

6　債権者の異議手続

　これも，基本的に吸収合併と同じである。

　やはり，各別の催告の省略が問題になる。新設合併でも，無限責任社員がいなくなる場合には，各別の催告の省略が認められない。つまり，合名会社又は合資会社が新設合併をする場合で，株式会社又は合同会社を設立する場合である（会§813Ⅱ，810Ⅲ）。

7　株券の提出に関する公告等

　吸収合併と同様に，現に株券を発行している株券発行会社が合併により消滅する場合には，株券の提出に関する公告等が必要である（会§219Ⅰ⑥）。

8　反対株主の株式買取請求

　吸収合併と同じである。総株主の同意が必要となる場合を除き，反対株主の　H20-31 株式買取請求が認められる（会§806）。簡易な手続や略式手続は存在しないので，そもそも問題にならない。

　買取りの効力が生じるのは，新設合併設立会社の成立の日である（会§807Ⅵ）。

9　新株予約権証券の提出に関する公告等

　吸収合併と同様に，新設合併消滅株式会社が新株予約権証券を発行している場合には，新株予約権証券の提出に関する公告等が必要になる（会§293Ⅰ③）。新株予約権付社債券を発行している場合には，新株予約権付社債券の提出に関する公告等が必要になる。

10　新株予約権買取請求

　これも吸収合併と同じである。新株予約権の内容と新設合併契約の内容が合致する場合を除き，新株予約権買取請求が認められる（会§808Ⅰ①）。

11　効力発生

　前述したように，本店の所在地において**登記をした時点で**新設合併の効力が　H18-29 生じる（会§754Ⅰ，756Ⅰ，814Ⅰ，49，816Ⅰ，579）。

12　新設合併をやめることの請求

　吸収合併と同様に，新設合併についても，新設合併消滅株式会社の株主が新設合併をやめることの請求（差止請求）をすることができる場合がある（会§805の2）。

　新設合併をやめることの請求をすることができるのは，新設合併が法令又は定款に違反する場合であって，かつ，新設合併消滅株式会社の株主が不利益を受けるおそれがあるときである。

➡　吸収合併との違いは，簡易な手続と略式手続が存在しないことによる違いである。

13　新設合併の無効の訴え

　吸収合併の無効の訴えと同様に，新設合併の無効の訴えが認められる（会§828Ⅰ⑧）。

　訴えを提起することができる者も，吸収合併と同様と考えていい（会§828Ⅱ⑧）。

　新設合併の無効の訴えに係る請求を認容する判決が確定したときは，新設合併設立会社が消滅し，新設合併消滅会社が復活する。

第5節　吸収分割

Topics・吸収合併と異なり，会社が消滅しない。
　　　・簡易な手続，略式手続が可能な場合を正しく理解する。
　　　・吸収合併との違いに注意する。

1　吸収分割に関わる会社

　吸収分割は，二つの会社の間で行われる。

　吸収分割をする会社，つまりその事業に関して有する権利義務の全部又は一部を分割して他の会社に承継させる会社が吸収分割会社であり，吸収分割により他の会社の権利義務を承継する会社が吸収分割承継会社である。

　吸収分割会社は株式会社か合同会社でなければならず，それぞれ吸収分割株式会社，吸収分割合同会社とよばれる。一方，吸収分割承継会社はどの種類の会社でもよく，株式会社であるか持分会社であるかによって，吸収分割承継株式会社，吸収分割承継持分会社という用語が用いられる。

　吸収分割によって他の会社に承継させるのは，事業に関して有する権利義務である。単なる資産ではなく，事業を行うのに必要な債権や債務を含む一つのまとまりである。従業員や設備なども，事業を行うのに必要なものであれば含まれる。判例は，事業のために「組織化され，有機的一体として機能する財産」と表現している（最判昭40.9.22）。

　吸収分割によって，事業に関して有する権利義務の全部を承継させることも可能である。全部を承継させると吸収分割会社は事業に関して空っぽの状態になるが，それでも吸収分割会社の法人格は消滅しない。吸収合併との違いである。

　吸収分割では，吸収分割会社と吸収分割承継会社との間で吸収分割契約を締結することになる。

2　株式会社に権利義務を承継させる場合の吸収分割契約

　吸収分割承継会社が株式会社の場合には，吸収分割契約で以下の事項を定めなければならない（会§758）。

　・吸収分割会社と吸収分割承継株式会社の商号及び住所
　・吸収分割承継株式会社が吸収分割により吸収分割会社から承継する資産，

債務，雇用契約その他の権利義務に関する事項
・吸収分割により吸収分割株式会社又は吸収分割承継株式会社の株式を吸収分割承継株式会社に承継させるときは，当該株式に関する事項
・吸収分割会社に対して金銭等を交付するときは，その金銭等について必要な事項
・吸収分割株式会社の新株予約権者に対して吸収分割承継株式会社の新株予約権を交付するときは，その新株予約権について必要な事項
・吸収分割の効力発生日
・吸収分割株式会社が効力発生日に株主に対して吸収分割承継株式会社の株式を交付する全部取得条項付種類株式の取得又は剰余金の配当をするときは，その旨

　吸収合併では，吸収合併消滅会社の株主や社員がその地位を失い，その代わりに対価の交付を受けることができた。吸収分割では，**吸収分割会社の株主や社員の地位に変動は生じない**。株主は株主のまま，社員は社員のままである。対価は，**吸収分割会社に対して交付される**ことになる。吸収分割会社が事業に関して有する権利義務を引き渡し，その対価の交付を受けると考えればよい。
➡　その意味では，事業の譲渡と似ている。事業の譲渡と吸収分割との違いについては，後述する。

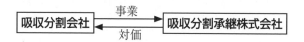

　対価としては，株式，社債，新株予約権，金銭その他の財産が認められる。様々な財産を対価にできるのだが，株式を交付するのが最も基本的なパターンだと考えてしまって構わない。対価が株式の場合には，吸収分割によって，**吸収分割会社が吸収分割承継株式会社の株主となる**。
➡　吸収分割会社が事業を現物出資し，吸収分割承継株式会社が募集株式の発行をするのと似たような行為になる。もちろん，細かい点は全然違う。

　吸収分割株式会社の株主の地位は変わらないのだが，全部取得条項付種類株式の取得か剰余金の配当によって，吸収分割株式会社の株主に吸収分割承継株式会社の株式を交付することも可能である。この場合には，吸収分割によって，吸収分割株式会社の株主が吸収分割承継株式会社の株主となる。
➡　会社法施行前は，吸収分割株式会社の株主が吸収分割承継株式会社の株主となるような吸収分割を人的分割と表現していた。会社法施行後も人的分割

という表現をする場合があるが，絶対に覚えなければいけない用語というわけでもない。

　新株予約権の扱いも，吸収合併とは異なる。会社が消滅しないのだから，新株予約権も当然には消滅しない。吸収分割契約で定めることによって，吸収分割株式会社の新株予約権を消滅させることが·で·き·るのである。つまり，消滅させるか，消滅させないかを選ぶことができるのである（会§758⑤，759Ⅴ）。
　消滅させる場合のその新株予約権を**吸収分割契約新株予約権**とよぶ。吸収分割契約新株予約権の新株予約権者には，吸収分割承継株式会社の新株予約権を交付することになる。交付することができる財産は新株予約権だけであって，金銭を交付する旨を定めることはできない。
➡　吸収合併では，金銭を交付することも可能であった。

　吸収合併契約と同様に，吸収分割契約についても，備置きの義務や閲覧・謄写の請求権について規定されている（会§782，794）。

3　持分会社に権利義務を承継させる場合の吸収分割契約
　吸収分割承継会社が持分会社である場合には，次の事項を定めなければならない（会§760）。

・吸収分割会社と吸収分割承継持分会社の商号及び住所
・吸収分割承継持分会社が吸収分割により吸収分割会社から承継する資産，債務，雇用契約その他の権利義務に関する事項
・吸収分割により吸収分割株式会社の株式を吸収分割承継持分会社に承継させるときは，当該株式に関する事項
・吸収分割会社が吸収分割に際して吸収分割承継持分会社の社員となるときは，その社員について定款で定めることになる事項
・吸収分割会社に対して金銭等を交付するときは，その金銭等について必要な事項
・吸収分割の効力発生日
・吸収分割株式会社が効力発生日に株主に対して吸収分割承継持分会社の持分を交付する全部取得条項付種類株式の取得又は剰余金の配当をするときは，その旨

　吸収分割承継会社が持分会社である場合には，対価として吸収分割承継持分会社の持分を交付することができる。つまり，吸収分割により**吸収分割会社を**

吸収分割承継持分会社の社員とすることが可能である。

　吸収分割承継会社が株式会社である場合と同様に，全部取得条項付種類株式の取得又は剰余金の配当によって，吸収分割株式会社の株主を吸収分割承継持分会社の社員とすることができる。

　新株予約権については，何も定めることができない。つまり，吸収分割承継会社が持分会社である場合には，新株予約権を消滅させることができない。

4　株式会社における吸収分割契約の承認

　吸収分割承継株式会社と吸収分割株式会社では，株主総会の特別決議によって吸収分割契約の承認を受けるのが原則である（会§783Ⅰ，795Ⅰ，309Ⅱ⑫）。
　種類株式発行会社では，損害を及ぼすおそれがある場合の種類株主総会も必要になる（会§322）。対価として譲渡制限株式が交付される場合において，譲渡制限株式の種類株主を構成員とする種類株主総会が必要となることもある（会§795Ⅳ）。

　吸収分割での例外は，簡易な手続による場合と略式手続による場合の二つだけである。

重要❗ ●●●●●●●●●●●●●●●●●●●●●●●●●●●●●●●●●●●●●●●

特殊決議や総株主の同意が必要になることはない。

　吸収分割株式会社の株主がその地位を失わないためである。また，株主がその地位を失わないため，株券の提出に関する公告等が必要となることはない。

⑴　簡易な手続による場合

　吸収合併では，吸収合併存続会社に限って簡易な手続が認められた。一方，吸収分割では，どちらの会社も簡易な手続ができる。これも，吸収分割株式会社の株主がその地位を失わないためである。

　吸収分割株式会社における簡易な手続の要件は，吸収分割により吸収分割承継会社に承継させる資産の帳簿価額の合計額が吸収分割株式会社の総資産額の5分の1を超えない場合である（会§784Ⅱ）。5分の1の要件は，定款でより厳しくすること（10分の1とかにすること）ができる。承継させる資産が比較的少ない場合には，簡易な手続が認められる。

この要件さえ満たしていれば，必ず簡易な手続が可能となる。

吸収分割承継株式会社における簡易な手続の要件は，吸収分割会社に対して交付する対価の合計額が吸収分割承継株式会社の純資産額の5分の1を超えないことである（会§796Ⅱ）。この要件も定款で厳しくできる。

対価の額が要件を満たしていても，次のいずれかの要件に該当する場合には簡易な手続は認められない（会§796ⅡⅠただし書，795Ⅱ）。
➡　吸収合併の場合とほぼ同じである。

・吸収分割によって承継する資産の額よりも承継する債務の額の方が大きい場合
・吸収分割承継株式会社が公開会社でなく，吸収分割会社に対して交付する財産が譲渡制限株式である場合

吸収分割承継株式会社では，吸収分割に反対する株主が多い場合にも，簡易な手続は認められない（会§796Ⅲ）。これも，吸収合併と同じである。
➡　吸収分割株式会社では，反対する株主が多かったとしても簡易な手続が可能である。株主の地位に変更がなく，株主に与える影響が小さいためである。

(2) 略式手続による場合

吸収合併と同様に，特別支配会社と特別支配されている株式会社との間で吸収分割をする場合には，特別支配されている株式会社においては，略式手続によることが可能である（会§784Ⅰ，796Ⅰ）。

吸収分割承継株式会社が特別支配されている株式会社であっても，吸収分割承継株式会社が公開会社でなく，吸収分割会社に対して交付する財産が譲渡制限株式である場合には略式手続が認められない（会§796Ⅰただし書）。
➡　吸収分割株式会社では，必ず略式手続が認められる。吸収合併と違う点である。

5　持分会社における吸収分割契約についての同意

吸収分割合同会社においては，吸収分割により事業に関して有する権利義務の全部を他の会社に承継させる場合に限り，総社員の同意が必要になる（会§793Ⅰ②）。ただし，定款で別段の定めをすることができる。承継させる権利義務が全部ではなく一部である場合には，総社員の同意は不要である。通常の業

務の決定として行えばよい。

　一方，吸収分割承継持分会社では，吸収分割により社員が加入する場合に限り，総社員の同意が必要になる（会§802Ⅰ②）。ただし，こちらも定款で別段の定めができる。

6　債権者の異議手続

　吸収分割における債権者の異議手続については，特に注意する必要がある。

H18-29
　吸収分割会社の債権者のうち，吸収分割に異議を述べることができるのは，**吸収分割によって吸収分割会社に対して債務の履行を請求できなくなる債権者**である（会§789Ⅰ②，793Ⅱ）。吸収分割によって債務者が変わらない債務の債権者は，異議を述べることができない。吸収分割によって債務者が吸収分割承継会社に変わる場合でも，吸収分割会社が保証人となり，吸収分割会社に対して債務の履行を請求できる場合には，異議を述べることができない。

　ただし，これには例外があって，吸収分割によって吸収分割株式会社の株主が吸収分割承継会社の株主や社員となる場合には，全ての債権者が異議を述べることができる（会§789Ⅰ②，758⑧，760⑦，793Ⅱ）。吸収分割承継会社の株式や持分を交付することとなる全部取得条項付種類株式の取得か剰余金の配当をする場合である。

> **理由**　吸収分割に際してするこの全部取得条項付種類株式の取得と剰余金の配当については，分配可能額による制限がないため（会§792），吸収分割株式会社の財産が流出する可能性があるから。

　異議を述べることができる債権者に対してのみ債権者の異議手続が必要だから，異議を述べることができる債権者が全くいない場合には，公告も催告も不要となる。

　定款で定めた公告方法で重ねて公告することによる各別の催告の省略にも注意する必要がある。各別の催告の省略は，原則として可能なのだが，**不法行為によって生じた吸収分割会社の債務の債権者**に対しては，各別の催告を省略できない（会§789Ⅲ，793Ⅱ）。株式会社でも合同会社でも同じである。
➡　吸収分割会社はこの2種類に限られることを忘れないようにしたい。

R2-34
　異議を述べることができる債権者であって，知れている債権者に対する各別の催告が必要な場合にもかかわらず，各別の催告が行われなかった債権者につ

いては，より厚い保護が必要になる。吸収分割の時点では知れていなかった債権者などである。

　そういった債権者は，吸収分割契約の内容にかかわらず，吸収分割会社と吸収分割承継会社の両方に対して一定の範囲内で債務の履行を請求できる（会§759ⅡⅢ，761ⅡⅢ）。

　吸収分割承継会社における債権者の異議手続は，吸収合併と同じである。全 **H18-29**
部の債権者が異議を述べられるし，各別の催告の省略も可能である（会§799，802Ⅱ）。

7　詐害的な吸収分割

　吸収分割後も吸収分割会社に対して債務の履行を請求できるなら，債権者は，吸収分割に異議を述べることができない。例外は，吸収分割に際して吸収分割株式会社の株主が吸収分割承継会社の株主や社員となる場合だけである。

　このような債権者は，吸収分割によって吸収分割会社の資産や負債が移転した結果，債権の回収が困難となっても異議を述べることができない。詳細は省くが，吸収分割承継会社に承継させる資産と負債を選別することによって，一部の債権者を害するような吸収分割が可能なのである。

　債権者を害することとなる吸収分割は，詐害的な吸収分割とよばれる。新設分割でも同様の行為が可能なので，新設分割と併せて**詐害的な会社分割**とよぶこともある。

　詐害的な吸収分割があった場合の債権者の保護としては，民法の詐害行為取消権を用いることが可能である。しかし，事業といったものが承継される吸収分割については，民法の規定では債権者の保護が十分ではない。そこで，会社法でも，詐害的な吸収分割に際して特別に債権者の保護が図られている。
➡　平成26年改正法（平成27年5月1日施行）によって設けられた規定である。

第759条　（略）

4　第1項の規定にかかわらず，吸収分割会社が吸収分割承継株式会社に承継されない債務の債権者（以下この条において「残存債権者」という。）を害することを知って吸収分割をした場合には，残存債権者は，吸収分割承継株式会社に対して，承継した財産の価額を限度として，当該債務の履行を請求することができる。ただし，吸収分割承継株式会社が吸収分割の効力が生じた

> 時において残存債権者を害すべき事実を知らなかったときは，この限りでない。

　持分会社が吸収分割承継会社となる場合についても，同様の規定が設けられている（会§761Ⅳ）。

R2-34　吸収分割会社と吸収分割承継会社が債権者を害する事実を知りながら吸収分割を行った場合には，吸収分割承継会社に対する債務の履行が可能になる。吸収分割会社に詐害の意思があることだけではなく，吸収分割承継会社も詐害の事実を知っている必要がある。

　吸収分割に際して吸収分割株式会社の株主が吸収分割承継会社の株主や社員となる場合には，そもそも債権者が異議を述べることができるので，詐害的な吸収分割として債権者が特別に保護されることはない（会§759Ⅴ）。

8　反対株主の株式買取請求

　吸収分割でも，反対株主の株式買取請求が認められる（会§785，797）。ただし，簡易な手続による場合と略式手続の特別支配会社については，反対株主の株式買取請求は認められない（会§785Ⅰ②Ⅱ②，797Ⅰ②②）。

　買取りの効力が生じるのは，全て吸収分割の効力発生時である（会§786Ⅵ，798Ⅵ）。

9　新株予約権証券の提出に関する公告等

　吸収分割契約新株予約権について新株予約権証券を発行している場合には，新株予約権証券の提出に関する公告等が必要になる（会§293Ⅰ④）。新株予約権付社債券を発行している場合には，新株予約権付社債券の提出に関する公告等が必要になる。

10　新株予約権買取請求

H22-33　吸収分割によって新株予約権が消滅する場合，吸収分割株式会社の新株予約権者には，原則として新株予約権買取請求をする権利が与えられる（会§787）。例外は，新株予約権の内容と吸収分割契約で定めた内容が合致する場合である（同Ⅰ②）。

11　効力発生

　吸収分割の効力は，吸収分割契約で定めた効力発生日に生じる（会§759Ⅰ，

761Ⅰ）。吸収合併と同様に，債権者の異議手続が終了しない場合には効力が生じない（会§759Ⅹ，761Ⅹ）。効力発生日の変更も可能である（会§790）。

12　吸収分割をやめることの請求

　吸収分割でも，吸収合併と同様に，吸収分割をやめることの請求（差止請求）が可能である（会§784の2，796の2）。

　簡易な手続による場合のその株式会社の株主は，やめることの請求はできない。

13　吸収分割の無効の訴え

　吸収分割の無効を主張する場合も，訴えによらなければならない（会§828Ⅰ⑨）。

　訴えを提起することができる者は，基本的に吸収合併と同じだと考えてよい（会§828Ⅱ⑨）。

第6節　新設分割

Topics ・吸収分割と似てる点，新設合併と異なる点に注意する。
　　　　・簡易な手続が可能な場合がある。

1　新設分割をする会社

　　新設分割は，会社が一つあれば可能である。2以上の会社が共同して新設分割をすることも可能だが，まずは1個の会社が行う新設分割を理解すればよい。

　　新設分割をする会社が**新設分割会社**であり，**新設分割株式会社**と**新設分割合同会社**がある。合名会社と合資会社は新設分割をすることができないのである。

H28-33　　新設分割によって新しく設立される会社が**新設分割設立会社**である。こちらは，**新設分割設立株式会社**と**新設分割設立持分会社**がある。設立する会社の種類に制限はないのである。

　　新設分割では，**新設分割計画**を作成することになる。会社が単独で行うことができるため，契約ではなくて計画である。もっとも，2以上の会社が共同して行う場合でも，計画を作成することに変わりはない。

2　株式会社を設立する場合の新設分割計画

　　株式会社を設立する場合には，新設分割計画で次の事項を定めなければならない（会§763）。

- 新設分割設立株式会社の目的，商号，発行可能株式総数及び定款で定めるその他の事項
- 新設分割設立株式会社の設立時取締役の氏名
- 新設分割設立株式会社の機関設計に応じ，設立時会計参与の氏名又は名称，設立時監査役の氏名，設立時会計監査人の氏名又は名称
- 新設分割設立株式会社が新設分割により新設分割会社から承継する資産，債務，雇用契約その他の権利義務に関する事項
- 新設分割会社に対して交付する財産について必要な事項
- 新設分割株式会社の新株予約権者に対して新設分割設立株式会社の新株予約権を交付するときは，その新株予約権について必要な事項
- 新設分割株式会社が新設分割設立株式会社の成立の日に株主に対して新設分割設立株式会社の株式を交付する全部取得条項付種類株式の取得又は剰余金の配当をするときは，その旨

新設分割会社に対しては，**新設分割設立株式会社の株式**を交付しなければならない。 H28-33 H21-34

➡ 複数の会社が共同して新設分割をする場合には，一部の新設分割会社に対して株式を交付しないこともできるが，新設分割設立株式会社は必ず1株以上の株式を発行しなければならず，その株式の割当てを受けるのは，新設分割会社以外にない。

➕ アルファ

完全親子会社関係を創る行為は株式交換・株式移転だが，単独で新設分割をする場合には，新設分割によっても完全親子会社関係が創られることになる。新設分割設立株式会社の株主は新設分割会社のみとなるので，新設分割会社が完全親会社，新設分割設立株式会社が完全子会社となるのである。株式移転では設立する会社が完全親会社となるのであり，その点では新設分割と株式移転は逆の結果になる。

新設分割会社に対して，社債，新株予約権，新株予約権付社債を交付することも認められている。

新設分割株式会社の新株予約権は，やはり消滅させるかさせないかを選択できる。消滅させる場合の新株予約権は，**新設分割計画新株予約権**とよばれ，新設分割計画新株予約権の新株予約権者には，新設分割設立株式会社の新株予約権を交付することになる。

全部取得条項付種類株式の取得か剰余金の配当によって，新設分割株式会社の株主に新設分割設立株式会社の株式を交付することができる。吸収分割と同じである。 H28-33 H23-32

新設分割計画に関する書面・電磁的記録の備置きや閲覧・謄写等の扱いは，これまでの組織再編行為とほぼ同じである（会§803）。

3 持分会社を設立する場合の新設分割計画

持分会社を設立する場合には，新設分割計画で次の事項を定めなければならない（会§765Ⅰ）。

・新設分割設立持分会社の目的，商号，本店の所在地及び定款で定めるその他の事項

・新設分割設立持分会社が新設分割により新設分割会社から承継する資産，債務，雇用契約その他の権利義務に関する事項
・新設分割会社に対して新設分割設立持分会社の社債を交付するときは，その社債について必要な事項
・新設分割株式会社が新設分割設立持分会社の成立の日に株主に対して新設分割設立持分会社の持分を交付する全部取得条項付種類株式の取得又は剰余金の配当をするときは，その旨

　条文からは読み取りづらいが，**新設分割会社が新設分割設立持分会社の社員となる**のが基本的なパターンである。つまり，新設分割会社に対して新設分割設立持分会社の持分を割り当てることになる。
　持分ではなく，社債を交付することも認められる。

　持分会社を設立する場合には，新設分割計画新株予約権は存在しない。新設分割の定めに基づいて新設分割株式会社の新株予約権が消滅することはないのである。

　新設分割計画に関する書面・電磁的記録の備置きや閲覧・謄写等の扱いは，株式会社を設立する場合と変わらない（会§803）。

4　株式会社における新設分割計画の承認

　新設分割計画について，**株主総会の特別決議**による承認を受けるのが原則である（会§804 I，309 II ⑫）。
　やはり，種類株式発行会社では，損害を及ぼすおそれがある場合の種類株主総会も必要になる（会§322）。
　新設分割での例外は，一つだけである。**簡易な手続**である。特殊決議が必要となる場合も，総株主の同意が必要となる場合も，存在しない。
➡　新設合併，新設分割，株式移転の三つの行為のうち，簡易な手続が可能なのは新設分割だけである。

H28-33
H22記述　簡易な手続が可能となるのは，新設分割により新設分割設立会社に承継させる資産の帳簿価額の合計額が新設分割株式会社の総資産額の5分の1を超えない場合である（会§805）。5分の1の要件は，定款でより厳しくすることができる。吸収分割と同じと考えてよい。
　この要件さえ満たしていれば，必ず簡易な手続が可能となる。

新設分割でも，株券の提出に関する公告等が必要となることはない。

5 合同会社における新設分割計画についての同意

新設分割合同会社においては，新設分割により事業に関して有する権利義務の全部を他の会社に承継させる場合に限り，**総社員の同意が必要になる**（会§813Ⅰ②）。ただし，定款で別段の定めをすることができる。承継させるのが全部でなく一部なら，総社員の同意は不要である。

6 債権者の異議手続

吸収分割と同じと考えればいいだろう。

新設分割によって新設分割会社に対して債務の履行を請求できなくなる債権者のみが新設分割について異議を述べることができる（会§810Ⅰ②，813Ⅱ）。また，新設分割に際して全部取得条項付種類株式の取得や剰余金の配当を行い，新設分割株式会社の株主が新設分割設立会社の株式や持分の交付を受ける場合には，全ての債権者が異議を述べることができる（会§810Ⅰ②，763⑫，765Ⅰ⑧，813Ⅱ）。 `H25-33` `H22記述`

各別の催告の省略は，**不法行為によって生じた新設分割会社の債務の債権者**に対しては認められない（会§810Ⅲ，813Ⅱ）。これも，吸収分割と同じである。

知れていなかった債権者であるために各別の催告が行われなかった債権者は，吸収分割の場合と同様に保護される（会§764ⅡⅢ，766ⅡⅢ）。

詐害的な新設分割についても，詐害的な吸収分割と同様な規定が設けられている（会§764Ⅳ，766Ⅳ）。 `H28-33`

7 反対株主の株式買取請求

吸収分割と同様に，反対株主の株式買取請求が認められる（会§806）。ただし，簡易な手続による場合には，反対株主の株式買取請求は認められない（会§806Ⅰ②）。

8 新株予約権証券の提出に関する公告等

吸収分割と同様に，新設分割計画新株予約権について新株予約権証券を発行している場合には，**新株予約権証券の提出に関する公告等が必要になる**（会§293Ⅰ⑤）。新株予約権付社債券を発行している場合には，新株予約権付社債券の提出に関する公告等が必要になる。

9　新株予約権買取請求

　　新設分割によって新株予約権が消滅する場合，新設分割株式会社の新株予約権者には，原則として**新株予約権買取請求**をする権利が与えられる（会§808）。例外は，新株予約権の内容と新設分割計画で定めた内容が合致する場合である（同Ⅰ②）。吸収分割と同じである。

10　効力発生

　　効力発生時期は，新設合併と同じになる。本店の所在地において**登記をした**時である（会§764Ⅰ，766Ⅰ，814Ⅰ，49，816Ⅰ，579）。

11　新設分割をやめることの請求

　　これまでの他の組織再編行為と同様に，新株分割をやめることの請求が可能である（会§805の2）。簡易な手続の場合には認められない。

12　新設分割の無効の訴え

　　これまでの組織再編行為と同様に，新設分割の無効の訴えが認められる（会§828Ⅰ⑩）。

　　訴えを提起することができる者についても，特に注意すべき点はない（会§828Ⅱ⑩）。

第7節 株式交換

Topics ・権利義務の承継がなかったり，会社の種類が限られていたりと，理解しやすい面もある。
・吸収合併や吸収分割と常に比較しながら理解を深める必要がある。

1 株式交換に関わる会社

株式交換も，二つの会社の間で行われる。

株式交換をする会社，つまり株式交換によって完全子会社となる株式会社が **H27-34**
株式交換完全子会社である。株式の全部を他の会社に所有されている会社が完全子会社だから，株式交換完全子会社は必ず株式会社である。一方，完全親会社となる会社は，**株式交換完全親会社**である。株式交換完全親会社は株式会社か合同会社でなければならず，**株式交換完全親株式会社**，**株式交換完全親合同会社**とよばれる。

株式交換は，完全親子会社関係を創設するのが目的であるから，吸収合併や吸収分割のような権利義務の承継は原則的にない。文字どおり株式を交換するだけである。具体的には，株式交換完全親会社が株式交換完全子会社の株式の全部を取得し，株式交換完全子会社の株主は，その地位を失って何らかの対価を得ることになる。

株式交換では，株式交換完全親会社と株式交換完全子会社との間で**株式交換契約**を締結することになる。

2 株式会社に発行済株式を取得させる場合の株式交換契約

株式交換完全親会社が株式会社の場合には，株式交換契約で以下の事項を定めなければならない（会§768Ⅰ）。

・株式交換完全子会社と株式交換完全親株式会社の商号及び住所
・株式交換完全子会社の株主に対してその株式に代わる金銭等を交付するときは，その金銭等について必要な事項
・株式交換完全子会社の新株予約権者に対して株式交換完全親株式会社の新株予約権を交付するときは，その新株予約権について必要な事項
・株式交換の効力発生日

株式交換では，株式交換完全子会社の株主が代わるだけであり，株式交換完

全子会社の資産や負債の状況には変更が生じないのが基本パターンである。

H27-34　　株式交換完全親会社が株式交換完全子会社の株式の全部を取得するので，株式交換完全子会社の株主は，その地位を失うことになる。そして，普通はその地位を失う対価の交付を受ける。

➡　全く対価を交付しないことも不可能ではない。ただし，特殊なケースなので，気にする必要はない。

　株式交換完全子会社の株主に対しては，対価として株式交換完全親株式会社の株式を交付することが考えられる。この場合には，株式交換によって，株式交換完全子会社の株主が株式交換完全親株式会社の株主に換わることになる。各株主にとっては，その所有している株式が株式交換完全子会社の株式から株式交換完全親株式会社の株式に換わることになるのである。

　株式以外に，社債，新株予約権，金銭その他の財産を交付することが認められる。対価について特別な制限はない。

　株式交換に際して株式交換完全子会社の新株予約権を消滅させることが可能である。吸収分割と同じだが，株式交換の場合，新株予約権を消滅させず，その新株予約権が行使された場合，株式の発行により完全親子会社関係が崩れてしまうことも考えられる。それでも，新株予約権を消滅させるかどうかは，株式交換契約の内容に委ねられている。株式交換契約に基づいて消滅する新株予約権は，**株式交換契約新株予約権**とよばれる。株式交換契約新株予約権の新株予約権者に対しては，株式交換完全親株式会社の新株予約権を交付することになる。

　株式交換契約新株予約権が新株予約権付社債に付された新株予約権である場合には，特に注意する必要がある。この場合には，**株式交換完全親株式会社が新株予約権付社債についての社債に係る債務を承継する。**新株予約権を消滅させるのに，社債だけをそのままにしておくわけにもいかないからである。株式交換完全親会社が債務を承継するのは，このケースに限られる。

➡　吸収合併や吸収分割でも社債に係る債務の承継はあるのだが，吸収合併や吸収分割では，ほかにも様々な債務を承継するので特に注意する必要がないのである。

　株式交換契約についても，備置きの義務や閲覧・謄写の請求権について規定されている（会§782，794）。ただし，株式交換完全子会社の資産と負債には変動がないのが原則なので，株式交換完全子会社の債権者が閲覧・謄写の請求

をすることはできず，新株予約権者に閲覧・謄写の権利が与えられている（会
§782Ⅲ）。また，株式交換完全子会社に対して交付する対価が株式のみである
場合には，株式交換完全親株式会社の債権者が閲覧・謄写の請求をすることは
できない（会§794Ⅲ）。

➡　債権者の異議手続の要否と関連するので，そこであらためて説明する。

3　合同会社に発行済株式を取得させる場合の株式交換契約

　株式交換完全親会社が合同会社の場合には，株式交換契約で以下の事項を定
めなければならない（会§770Ⅰ）。

・株式交換完全子会社と株式交換完全親合同会社の商号及び住所
・株式交換完全子会社の株主が株式交換に際して株式交換完全親合同会社の
　社員となるときは，社員について定款で定めることになる事項
・株式交換完全子会社の株主に対して金銭等を交付するときは，その金銭等
　について必要な事項
・株式交換の効力発生日

　株式交換完全親会社が合同会社である場合には，対価として株式交換完全親
合同会社の持分を交付することができる。つまり，株式交換により**株式交換完
全子会社の株主を株式交換完全親合同会社の社員とする**ことが可能である。

　新株予約権については，何も定めることができない。つまり，株式交換完全
親会社が合同会社である場合には，株式交換契約の定めに基づいて新株予約権
を消滅させることができない。

　株式交換完全子会社における株式交換契約の備置きの義務や閲覧・謄写の請
求権の扱いは，株式交換完全親会社が株式会社の場合と同じである（会§
782）。一方，株式交換完全親合同会社には，株式交換契約の備置きの義務がな
い。

4　株式会社における株式交換契約の承認

　株式交換完全親株式会社と株式交換完全子会社では，**株主総会の特別決議に**
よって株式交換契約の承認を受けるのが原則である（会§783Ⅰ，795Ⅰ，309
Ⅱ⑫）。

　種類株式発行会社では，損害を及ぼすおそれがある場合の種類株主総会も必
要になる（会§322）。対価として譲渡制限株式が交付される場合において，譲

渡制限株式の種類株主を構成員とする種類株主総会が必要となることもある（会§795Ⅳ）。

　株式交換では，吸収合併と同様に四つの例外がある。

(1)　特殊決議が必要になる場合

　吸収合併と同様に考えればよい。特殊決議が必要となる場合があるのは，株式交換完全子会社においてのみである。

　株式交換完全子会社で特殊決議が必要になるのは，株式交換完全子会社が種類株式発行会社でなく，株式交換完全子会社が公開会社であり，株式交換により株式交換完全子会社の株主に割り当てられるのが株式交換完全親株式会社の譲渡制限株式である場合である（会§309Ⅲ②）。つまり，株式交換により，株式交換完全子会社の株主の保有している株式が**譲渡制限株式でない株式から譲渡制限株式となる場合**である。

　種類株式発行会社である場合には，株主総会の特殊決議でなく，種類株主総会の特殊決議が必要になる（会§783Ⅲ，324Ⅲ②）。

➡　吸収合併と株式交換では特殊決議が必要となる場合があるが，吸収分割では特殊決議が必要となることはない。

(2)　総株主の同意が必要になる場合

　これも吸収合併と同様である。株式交換完全子会社において，総株主の同意が必要となる場合がある。

　総株主の同意が必要になるのは，株式交換完全子会社が種類株式発行会社でなく，株式交換により株式交換完全子会社の株主に割り当てられるのが**持分等**である場合である（会§783Ⅱ）。

　種類株式発行会社である場合には，総株主ではなく，持分等の割当てを受ける種類株主全員の同意が必要になる（会§783Ⅳ）。

➡　総株主の同意が必要となる場合があるのも，吸収合併と株式交換である。

(3)　簡易な手続による場合

　吸収合併と同様に，株式交換の対価として交付する財産の額が株式交換完全親株式会社の純資産額の5分の1以下である場合には，株式交換完全親株式会社において簡易な手続によることができる（会§796Ⅱ）。この5分の1の要件は，定款で厳しくすることができる。

　株式交換の対価の額が要件を満たしていても，次のいずれかの要件に該当

する場合には簡易な手続は認められない（会§796ⅡⅠただし書，795Ⅱ③）。

・株式交換によって純資産の額が減少する場合
・株式交換完全親株式会社が公開会社でなく，株式交換完全子会社の株主に対して交付する財産が譲渡制限株式である場合

　株式交換に反対する株主が多い場合にも，簡易な手続は認められない（会§796Ⅳ）。吸収合併と同じである。
➡　簡易な手続についての規定も，吸収合併と株式交換が似ていて，吸収分割が異なっている。

⑷　略式手続による場合

　特別支配会社との間で株式交換をする場合には，特別支配されている株式会社においては，略式手続による株式交換が可能となる（会§784Ⅰ，796Ⅰ）。つまり，株主総会の決議によって株式交換契約の承認を受ける必要がなくなる。

　特別支配されている株式会社であっても，略式手続が認められない場合がある。次の場合である（会§784Ⅰただし書，796Ⅰただし書）。

・株式交換完全子会社が特別支配されている株式会社である場合における次の場合
　→　株式交換完全子会社が種類株式発行会社でなく，株式交換完全子会社が公開会社であり，株式交換により株式交換完全子会社の株主に割り当てられるのが株式交換完全親株式会社の譲渡制限株式である場合，つまり株式交換契約の承認の決議要件が特殊決議になる場合
・株式交換完全親株式会社が特別支配されている株式会社である場合における次の場合
　→　株式交換完全親株式会社が公開会社でなく，株式交換完全子会社の株主に対して交付する財産が譲渡制限株式である場合

　結局のところ，株式交換契約の承認の手続は，吸収合併契約の承認の手続と同じと考えてよい。そして，吸収分割契約の承認と他の二つとの違いを理解しておく必要がある。吸収分割契約の承認では，特殊決議や総株主の同意がなく，どちらの会社でも簡易な手続が可能なのである。

5　株式交換完全親合同会社における株式交換契約についての同意

　　株式交換完全親合同会社では，株式交換に際して社員が加入する場合に限り，総社員の同意が必要となる（会§802Ⅰ③，770Ⅰ②）。ただし，定款で別段の定めをすることが可能である。

6　債権者の異議手続

　　株式交換でいちばん厄介なのは，債権者の異議手続である。両方の会社で，債権者の異議手続が必要となる場合と不要な場合がある。

H27-34
H19-35

　　株式交換完全子会社では，株式交換契約新株予約権が新株予約権付社債に付された新株予約権である場合，つまり株式交換完全親株式会社が新株予約権付社債についての社債に係る債務を承継する場合に限り，その社債権者が異議を述べることができる（会§789Ⅰ③）。社債権者以外の債権者が異議を述べられる場合はない。

> **理由**　株式交換によって株式交換完全子会社の資産が減少することはなく，株式交換契約新株予約権が新株予約権付社債である場合の社債権者を除き，株式交換前と同様に株式交換完全子会社に対して債務の弁済を請求できるから。

　　株式交換完全親会社では，債権者の異議手続が必要となるケースが二つある。

　　一つめは，株式交換によって株式交換完全親会社の資産が減少する場合，つまり，株式交換に際して株式・持分以外の財産を交付する場合である（会§799Ⅰ③，802Ⅱ）。株式・持分しか交付しないなら，債権者にとっては募集株式の発行や社員の加入と同じであり，債権者にとって不利益とはならない。

　　もう一つは，株式交換によって株式交換完全親株式会社の負債が増加する場合，つまり新株予約権付社債についての社債に係る債務を承継する場合である（会§799Ⅰ③）。負債が増えることは，債権者にとって不利益となる。株式交換完全親合同会社は社債に係る債務を承継しないので，こちらは株式交換完全親会社が株式会社である場合に限られる。

　　いずれも，各別の催告については，重ねて公告することにより省略できる（会§789Ⅲ，799Ⅲ，802Ⅱ）。省略できない場合はない。

　　吸収合併，吸収分割，株式交換の三つについて，まとめて整理しておく必要がある。それぞれ二つの会社があるので，吸収合併消滅会社，吸収合併存続会

社，吸収分割会社，吸収分割承継会社，株式交換完全子会社，株式交換完全親会社の六つの会社における債権者の異議手続がある。

　まず，全ての債権者が常に異議を述べることができるのは，

・吸収合併消滅会社
・吸収合併存続会社
・吸収分割承継会社

の三つである。他の吸収分割会社，株式交換完全子会社，株式交換完全親会社については，異議を述べることができる場合や異議を述べることができる債権者が限られる。この三つについて，どのような場合にどのような債権者が異議を述べることができるのかを理解しておく必要がある。

➡ 　吸収分割の場合には，異議を述べられるケースが限られているため，各別の催告が行われなかった債権者や詐害的な吸収分割における債権者について特別に保護する規定が設けられている。

7　株券の提出に関する公告等

　株式交換完全子会社が株券を発行している株券発行会社である場合には，株券の提出に関する公告等が必要になる（会§219Ⅰ⑦）。　H27-34

8　反対株主の株式買取請求

　株式交換完全子会社の株主にも，株式交換完全親株式会社の株主にも，反対株主の株式買取請求をする権利が与えられる（会§785，797）。ただし，総株主の同意が必要な場合には，反対株主の株式買取請求は認められない（会§785Ⅰ①，783Ⅱ）。また，簡易な手続による場合と略式手続の場合の特別支配会社も反対株主の株式買取請求はできない（会§785Ⅱ②，797ⅠⅡ②）。　H27-34

　反対株主の株式買取請求の効力は，株式交換の効力発生日に生じる（会§786Ⅵ，798Ⅵ）。

➡ 　反対株主の株式買取請求の効力発生日が組織再編行為の効力発生日と一致しなかったのは，平成26年改正法（平成27年5月1日施行）以前の扱いである。古い過去問などを解く際には注意する必要がある。

9　新株予約権証券の提出に関する公告等

　株式交換契約新株予約権について新株予約権証券を発行している場合には，

新株予約権証券の提出に関する公告等が必要になる（会§293Ⅰ⑥）。新株予約権付社債券を発行している場合には，新株予約権付社債券の提出に関する公告等が必要になる。

10　新株予約権買取請求

株式交換によって新株予約権が消滅する場合，株式交換完全子会社の新株予約権者には，原則として**新株予約権買取請求**をする権利が与えられる（会§787）。例外は，新株予約権の内容と株式交換契約で定めた内容が合致する場合である（同Ⅰ③）。吸収分割と同じである。

11　効力発生

株式交換の効力は，株式交換契約で定めた効力発生日に生じる（会§769Ⅰ，771Ⅰ）。他の組織再編行為と同様に，債権者の異議手続が終了しない場合には効力が生じない（会§769Ⅵ，771Ⅴ）。効力発生日の変更も可能である（会§790）。

12　株式交換をやめることの請求

H27-34

他の組織再編行為と同様に，株式交換をやめることの請求（差止請求）が可能である（会§784の2，796の2）。簡易な手続の場合には認められない。

13　株式交換の無効の訴え

株式交換の無効を主張する場合も，訴えによらなければならない（会§828Ⅰ⑪）。

訴えを提起することができる者も，基本的に他の組織再編行為と同じだと考えてよい（会§828Ⅱ⑪）。

14　完全親子会社関係を作るためのその他の方法

株式交換によらなくても，完全親子会社関係を作ることは可能である。単純に株式の譲渡によっても可能だが，個別に全ての株主から株式の譲渡を受けなければならず，多くの場合で現実的ではない。

個別に株式の譲渡を受けなくても，株式併合，全部取得条項付種類株式の取得，特別支配株主の株式等売渡請求によって完全親子会社関係を創設することが可能になっている。

発行済株式の総数が100株で，株主Aが90株，株主Bが5株，株主Cが5株を保有している株式会社を考えよう。

　このような株式会社で，10株を1株に併合する株式の併合を行えば，株主を
Aのみとすることができる。Aが会社であれば，完全親会社となる。

　また，Aは特別支配株主の要件を満たすので，特別支配株主の株式等売渡請
求をすることによって，BとCから株式の売渡しを受けることができる。この
方法でも株主をAのみとすることが可能である。

　全部取得条項付種類株式の取得を利用する場合には，少し複雑な手続が必要
になる。

　まず，種類株式発行会社とならないと全部取得条項付種類株式を発行するこ
とができないので，新たに種類株式を発行することができる旨の定款の定めを
設け，種類株式発行会社となる必要がある。新たに発行する種類株式の内容は，
何でもいい。

　次に，既に発行している株式の内容を変更し，全部取得条項付種類株式とす
る必要がある。続けて，その全部取得条項付種類株式の取得を行う。この全部
取得条項付種類株式の対価を新たに発行する種類株式とし，たとえば「全部取
得条項付種類株式10株につき新たに発行する種類株式1株を交付する」と定め
る。そうすると，10株に満たない株主は対価の種類株式の交付を受けることが
できなくなり，株主をAのみとすることができるのである。

　株式交換，株式の併合，特別支配株主の株式等売渡請求，全部取得条項付種
類株式の取得には，それぞれメリットとデメリットがある。株主総会の決議が
必要か，反対株主の株式買取請求が可能か，どの程度の期間が必要かなどであ
る。少なくとも，株式交換以外の方法をとる場合には，完全親会社となる株主
があらかじめある程度の株式を保有していなければならない。

➡　発展的な内容になるので本書では詳しく整理しないが，これらの手続でど
　のような違いがあるのかを自分で整理すると理解が深まると思う。

第8節　株式移転

Topics・株式会社しか登場しないので楽である。
　　　　・他の組織再編行為と比較し，復習しながら進めていく必要がある。

1　株式移転をする会社

　　株式移転は，株式会社が単独で行うことができる。2以上の株式会社が共同して株式移転をすることも可能だが，特殊なケースなので気にしなくていい。まず，単独で株式移転をする場合をきちんと理解する必要がある。

　　株式移転をする会社は**株式移転完全子会社**であり，株式会社に限られる。また，株式移転によって新しく設立される会社は**株式移転設立完全親会社**であり，こちらも株式会社に限られる。

　　株式移転では，**株式移転計画**を作成することになる。

2　株式移転計画

　　株式移転計画では，次の事項を定めなければならない（会§773Ⅰ）。

・株式移転設立完全親会社の目的，商号，発行可能株式総数及び定款で定めるその他の事項
・株式移転設立完全親会社の設立時取締役の氏名
・株式移転設立完全親会社の機関設計に応じ，設立時会計参与の氏名又は名称，設立時監査役の氏名，設立時会計監査人の氏名又は名称
・株式移転完全子会社の株主に対して交付する財産について必要な事項
・株式移転完全子会社の新株予約権者に対して株式移転設立完全親会社の新株予約権を交付するときは，その新株予約権について必要な事項

　　株式移転完全子会社の株主に対しては，**株式移転設立完全親会社の株式**を交付しなければならない。ただし，一部の株主に対して，社債，新株予約権，新株予約権付社債を交付することは可能である。

　　株式移転完全子会社の新株予約権の扱いは，株式交換の場合とだいたい同じである。株式移転完全子会社の新株予約権を消滅させる場合，その新株予約権は**株式移転計画新株予約権**とよばれ，株式移転計画新株予約権の新株予約権者には，株式移転設立完全親会社の新株予約権を交付することになる。

　　株式移転計画新株予約権が新株予約権付社債に付された新株予約権である場

合には，株式移転設立完全親株式会社が新株予約権付社債についての社債に係る債務を承継する。株式交換と同じである。

　株式移転計画に関する書面・電磁的記録の備置きや閲覧・謄写等の扱いは，株式交換の場合とほぼ同じである（会§803）。

3　株式移転計画の承認
　株式移転計画について，**株主総会の特別決議**による承認を受けるのが原則である（会§804Ⅰ，309Ⅱ⑫）。
　やはり，種類株式発行会社では，損害を及ぼすおそれがある場合の種類株主総会も必要になる（会§322）。

　株式移転完全子会社が種類株式発行会社で̇な̇く̇，株式移転完全子会社が公開会社であり，株式移転により株式移転完全子会社の株主に割り当てられるのが株式移転設立完全親会社の譲渡制限株式である場合には，承認の決議の決議要件が特殊決議になる（会§309Ⅲ③）。つまり，株式移転により，株式移転完全子会社の株主の保有している株式が**譲渡制限株式でない株式から譲渡制限株式となる場合**である。
　種類株式発行会社である場合には，株主総会の特殊決議でなく，種類株主総会の特殊決議が必要になる（会§804Ⅲ，324Ⅲ②）。

　株式移転での例外は，この一つだけである。総株主の同意が必要になる場合も，簡易な手続も，略式手続も存在しない。

　新設合併，新設分割，株式移転の三つの新設型組織再編行為では，新設分割でのみ簡易な手続が可能である。新設合併と株式移転では，簡易な手続も略式手続も存在しない。また，総株主の同意が必要となる場合があるのは，新設合併のみである。新設合併の場合に限り，株主が社員となるケースが考えられるのである。

4　債権者の異議手続
　株式移転では，株式移転計画新株予約権が新株予約権付社債に付された新株予約権である場合，つまり株式移転設立完全親会社が新株予約権付社債についての社債に係る債務を承継する場合に限り，その社債権者が異議を述べることができる（会§810Ⅰ③）。社債権者以外の債権者が異議を述べられる場合はない。つまり，社債に係る債務の承継がない場合には，一切の債権者の異議手続 H21-34

が不要である。

5　株券の提出に関する公告等

株式交換と同様に，現に株券を発行している株券発行会社が株式移転をする場合には，株券の提出に関する公告等が必要である（会§219Ⅰ⑧）。

6　反対株主の株式買取請求

株式移転では，常に反対株主の株式買取請求が認められる（会§806）。

➡　例外なく必ず反対株主の株式買取請求が認められるのは，株式移転だけである。

7　新株予約権証券の提出に関する公告等

株式移転計画新株予約権に係る新株予約権証券を発行している場合には，新株予約権証券の提出に関する公告等が必要になる（会§293Ⅰ⑦）。新株予約権付社債券を発行している場合には，新株予約権付社債券の提出に関する公告等が必要になる。

8　新株予約権買取請求

株式移転によって新株予約権が消滅する場合，株式移転完全子会社の新株予約権者には，原則として新株予約権買取請求をする権利が与えられる（会§808）。例外は，新株予約権の内容と株式移転計画で定めた内容が合致する場合である（同Ⅰ③）。株式交換と同じである。

9　効力発生

新設合併，新設分割と同様に，本店の所在地において登記をした時点で株式移転の効力が生じる（会§774Ⅰ，814Ⅰ，49）。

10　株式移転をやめることの請求

新設合併，新設分割と同様に，株式移転をやめることの請求ができる（会§805の2）。

11　株式移転の無効の訴え

これまでの組織再編行為と同様に，株式移転の無効の訴えが認められる（会§828Ⅰ⑫）。

訴えを提起することができる者は，株式移転完全子会社と株式移転設立完全親会社の株主，取締役，監査役設置会社の監査役，執行役，清算人，破産管財

人，株式移転について承認をしなかった債権者である（会§828Ⅱ⑫）。

➡　破産管財人と債権者は，平成26年改正法（平成27年5月1日施行）により追加された。

　株式移転の無効の訴えで注意すべきなのは，**清算の開始原因**になるという点である（会§475③）。

　新設合併や新設分割の無効の訴えに係る請求を認容する判決が確定した場合には，新設合併消滅会社・新設分割会社が設立した会社の債務を弁済することになる（会§843Ⅰ②④）。これに対し，株式移転では，株式移転完全子会社に株式移転設立完全親会社の債務を弁済させるわけにはいかない。株式移転の効力は判決が確定した時点で失われるが（会§839），そもそも株式移転設立完全親会社は株式移転完全子会社の権利義務を承継していないのであり，その効力が失われても権利義務を移転させるわけにはいかないのである。

第9節　株式交付

Topics・令和元年改正法（令和３年３月１日施行）により創設された。

・他の会社を子会社とするための行為である。完全子会社ではないことに注意する必要がある。

・他の組織再編行為と違う点が多いので注意する。

1　株式交付をする会社

　株式交付は，他の株式会社を子会社とするための行為である。子会社とする株式会社の株式を譲り受け，その株式の譲渡人に対してその株式会社の株式を交付する。つまり，株式交付をする会社と子会社とする株式会社の株主との間で行われる行為であって，会社間で行われる行為ではない。この点が他の組織再編行為と大きく異なる。

　株式交付をする会社は，株式会社に限られる。株式交付をする株式会社，つまり株式交付によって親会社となる株式会社を**株式交付親会社**という。また，株式交付によって子会社となる会社も株式会社に限られ，子会社となる株式会社を**株式交付子会社**という。持分会社は，株式交付をすることも株式交付によって子会社となることもない。

➡　「株式交付」という一つの用語なので，「株式の交付」としてはいけない。「株式の交付」だと，単に株式を交付するという行為であり，組織再編行為にならない。また，株式交換とは１文字違うだけなので，混同しないように気をつける必要がある。

　株式交換・株式移転が完全親子会社関係を創るための行為だったのに対して，株式交付は親子会社関係を創るための行為である。子会社の定義は法務省令の規定もあって単純ではないが，とりあえずは議決権の過半数を他の会社に所有されている株式会社と理解しておけばよい。株式交付は子会社でなかった株式会社を子会社とする行為なので，既に子会社である株式会社を株式交付子会社とすることはできない。

➡　株式交付は完全親子会社関係を創るための行為ではないが，株式交付の結果，株式交付子会社が完全子会社となったとしても問題はない。

　株式交換と株式交付は，全く違う仕組みで行われるものであるが，結果として得られる効果は似ている。そのため，手続上も似ている点が多くなる。

➡　株式交換と比較しながら理解していくと効率がいい。

2　株式交付計画

　株式交付をする場合には，株式交付計画を作成しなければならない。株式交換の場合には株式交換契約だったが，株式交付の場合には契約を締結するのではない。株式交付は，複数の会社間で行う行為ではないのである。

　株式交付計画では，次の事項を定めなければならない（会§774の3）。

　・株式交付子会社の商号及び住所
　・株式交付親会社が株式交付に際して譲り受ける株式交付子会社の株式の数
　　（株式交付子会社が種類株式発行会社である場合にあっては，株式の種類
　　及び種類ごとの数）の下限
　・株式交付子会社の株式の譲渡人に対して当該株式の対価として交付する株
　　式交付親会社の株式又は金銭等に関して必要な事項
　・株式交付親会社が株式交付子会社の新株予約権等（新株予約権又は新株予
　　約権付社債）を譲り受けるときは，新株予約権等について必要な事項及び
　　その対価について必要な事項
　・株式交付子会社の株式又は新株予約権等の譲渡しの申込みの期日
　・株式交付の効力発生日

　株式の数については，下限を定める必要があることに注意する。譲り受ける株式の数が少なすぎると，株式交付子会社を子会社とすることができない。そのような下限は認められない（会§774の3Ⅱ）。
　株式交付では，株式交付子会社の新株予約権を譲り受けることもできる。ただし，新株予約権のみを譲り受け，株式を一切譲り受けないような株式交付は認められない。
　株式交付子会社の株式の譲渡人に対しては，株式交付親会社の株式を交付しなければならない。株式を一切交付しないような株式交付は認められない（会§774の11Ⅴ④）。一方，株式交付親会社の株式のほかに金銭等を交付することは可能である。つまり，株式と金銭の両方を交付することは問題ない。新たに株式を発行せずに自己株式を交付することも問題ない。
　株式の譲渡しの申込みの期日と効力発生日は両方定める必要がある。株主割当てによる募集株式の発行等を思い出せば理解しやすいだろう。
➡　結局，株式交付子会社の株式を現物出資財産とする募集株式の発行等と同
　　じような手続を経て株式交換と似た効果を得る行為が株式交付だといえる。

　株式交付には，株式交付計画を作成した後，株式交付計画の承認，株式交付

子会社の株式の譲渡しの申込み，株式交付子会社の株式の譲渡しなどの手続が必要になる。また，債権者が異議を述べることができる場合もある。

3　株式交付計画の承認

　他の組織再編行為と同様に，株式交付計画について，**株主総会の特別決議による承認**が原則として必要である（会§816の3，309Ⅱ⑫）。

　種類株式発行会社では，損害を及ぼすおそれがある場合の種類株主総会も必要になる（会§322Ⅰ⑭）。また，対価として譲渡制限株式が交付される場合において，譲渡制限株式の種類株主を構成員とする種類株主総会が必要となることもある（会§816の3Ⅲ）。

➡　承認機関は，株式交換完全親株式会社における株式交換契約の承認とほぼ同じである。表面的な手続において募集株式の発行等に似るところもあるが，必要な決議は募集株式の発行等とは異なる。

　株式交付でも簡易な手続は認められている。一方，会社間の行為ではないので，略式手続は認められない。

　簡易な手続によることができる場合は，株式交付において交付する対価の合計額が株式交付親会社の純資産額の5分の1以下である場合である（会§816の4）。5分の1の要件は，定款で厳しくすることができる。

　株式交付によって純資産の額が減少する場合（いわゆる差損が発生する場合）か株式交付親会社が公開会社でない場合には，簡易な手続は認められない（会§816の4Ⅰただし書，816の3Ⅱ）。株式交換とほぼ同じである。

　さらに，株式交付に反対する株主が多い場合には，簡易な手続は認められない（会§816の4Ⅱ）。これも株式交換と同じである。

　株式交付では，特殊決議が必要になる場合や，総株主の同意が必要になる場合はない。株式交換でも，そういった手続が必要となるのは株式交換完全子会社側だけだった。

　株式交付は会社間の行為ではないので，**株式交付子会社における手続は不要**である。株式交付子会社において株主総会の決議などが必要となることはない。つまり，株式交付子会社の意思に反して株式交付をすることは可能である。

4　債権者の異議手続

　債権者が異議を述べることができる場合に関しても，株式交換とだいたい同じである。株式交付親会社の債権者が株式交付について異議を述べることがで

きるのは，株式交付によって株式交付親会社の資産が減少する場合，つまり，
株式交付に際して株式以外の財産を交付する場合である（会§816の8Ⅰ）。株
式しか交付しない場合には，債権者は異議を述べることができない。

　株式交換と同様に，重ねて公告することにより各別の催告を省略することが
可能である（会§816の8Ⅲ）。

　株式交付子会社の資産や負債に変更が生じることはないので，株式交付子会
社の債権者が株式交付について異議を述べることはできない。

5　反対株主の株式買取請求

　株式交付親会社の株主には，反対株主の株式買取請求をする権利が与えられ
る（会§816の6）。ただし，簡易な手続による場合には，反対株主の株式買取
請求は認められない（同Ⅰただし書）。株式交換と同じである。

6　株式交付子会社の株式の譲渡し

　株式交付は，会社間の行為ではなく，株式交付親会社と株式交付子会社の株
主間の行為である。株式交付子会社の株式の譲渡しと引換えに株式交付親会社
の株式を交付するのが基本的な手続であり，募集株式の発行等と似たような手
続が必要となる。
　具体的には，株式交付子会社の株式の譲渡しの申込み（会§774の4），株式
交付親会社が譲り受ける株式交付子会社の株式の割当て（会§774の5），株式
交付子会社の株式の譲渡し（会§774の7）といった手続が必要になる。
- ➡　申込み，割当て，払込みといった募集株式の発行等に必要な手続と同様の
　ものであると考えてよい。具体的な手続についても，募集株式の発行等とだ
　いたい同じである。
- ➡　募集株式の払込金額の払込みに代えて，株式交付子会社の株式の譲渡しが
　行われることになる。株式交付子会社の株式を株式交付親会社に譲り渡すこ
　とが出資の履行に相当すると考えればよい。

　申込みと割当てに代えて，株式交付子会社の株式の総数の譲渡しを行う契約
を締結することもできる（会§774の6）。
- ➡　募集株式の発行等における総数の引受けを行う契約に相当する。

　株式交付親会社が株式交付子会社の新株予約権を譲り受ける場合について
も，同様の手続が必要となる（会§774の9）。

7　効力発生

　株式交付の効力は，株式交付計画で定めた効力発生日に生じる（会§774の11）。他の組織再編行為と同様に，債権者の異議手続が必要な場合においてその手続が終了しない場合には効力が生じない（同Ⅴ①）。効力発生日の変更も可能である（会§816の9）。効力発生日を変更する場合には，株式交付子会社の株式の譲渡しの申込みの期日も変更できる。

　株式交付では，株式交付子会社の株式の譲渡しが必要である。この点が他の組織再編行為と大きく異なる。申込みをし，割当てを受けた株式交付子会社の株主が株式の譲渡しをしないということも考えられる。

　まず，株式交付子会社の株式の譲渡しをしなかった株式交付子会社の株主は，株式交付親会社の株式の交付を受けることができない（会§774の11Ⅱ）。払込みをしなかった募集株式の引受人と同じである。

　株式交付子会社の株式の譲渡しをしなかった株式交付子会社の株主が存在したとしても，株式交付の全体が無効となることはない。ただし，効力発生日において給付を受けた株式交付子会社の株式の総数が株式交付計画で定めた下限に満たない場合には，株式交付全体の効力が生じない（会§774の11Ⅴ③）。この下限は，株式交付子会社が株式交付親会社の子会社となる数である必要があったから（会§774の3Ⅱ），株式交付子会社を株式交付親会社の子会社とすることができないのであれば，株式交付全体の効力が生じないことになる。なお，株式交付子会社の株式の譲渡しの申込みが少なかった場合には，申込みの段階で株式交付子会社を株式交付親会社の子会社とすることが不可能であることが明らかになってしまうが，そのような場合には，その時点で株式交付の手続が終了し，効力が生じないことになる（会§774の10）。

　また，株式交付は株式交付子会社の株主を株式交付親会社の株主とする行為であるので，新たに株主交付親会社の株主となる者がない場合も，株式交付の効力は生じない（会§774の11Ⅴ④）。

➡　無対価の株式交付や，金銭のみを対価とする株式交付は認められない。
➡　募集株式の発行等と同様の手続として設計されているので，株式を交付しないという手続は想定されていないのである。

8　株式交付をやめることの請求

　株式交換と同様に，株式交付をやめることの請求（差止請求）が可能である（会§816の5）。簡易な手続の場合には認められない。

9　株式交付の無効の訴え

　株式交付の無効は，訴えをもってのみ主張することができる（会§828Ⅰ⑬）。
株式の発行の無効の訴えや自己株式の処分の無効の訴えではなく，株式交付の
無効の訴えを提起することになる。

　多くの点で他の組織再編行為と同じだが，株式交付子会社は株式交付に関す
る取引の当事者ではないため，訴えの被告とならず，また，訴えを提起するこ
ともできない。訴えを提起することができるのは，株式交付親会社の株主，取
締役，監査役設置会社の監査役，執行役，清算人，承認をしなかった債権者と
いった他の組織再編行為の無効の訴えと同様の者のほか，株式交付に際して株
式交付子会社の株式・新株予約権を譲り渡した者である（会§828Ⅱ⑬）。

第10節　事業譲渡等

Topics・事業譲渡等とは何かを理解する。特に，吸収分割との違いに注意する。
　　　　・事業を譲り受けた会社が負う責任に注意する。

1　事業譲渡等とは何か

次の行為を総称して，事業譲渡等という（会§467）。

・事業の全部の譲渡
・事業の重要な一部の譲渡
・その子会社の株式又は持分の全部又は一部の譲渡
・他の会社の事業の全部の譲受け
・事業の全部の賃貸，事業の全部の経営の委任，他人と事業上の損益の全部を共通にする契約その他これらに準ずる契約の締結，変更又は解約

事業の重要な一部の譲渡からは，譲り渡す資産の帳簿価額が総資産額の5分の1を超えないものが除かれる。5分の1を超えない場合には，重要でない一部の譲渡と評価され，事業譲渡等に含まれないのである。この5分の1の要件については，定款で厳しくすること（10分の1などとすること）が可能である。

また，子会社の株式又は持分の全部又は一部の譲渡からは，譲り渡す株式又は持分の帳簿価額が総資産額の5分の1を超えないものが除かれる。この5分の1の要件については，定款で厳しくすることが可能である。また，譲渡の効力発生日において子会社の議決権の過半数を有しないこととなる必要がある。

事業の重要でない一部の譲渡，他の会社の事業の一部の譲受けは，事業譲渡等には含まれない。

➡　子会社の株式・持分の譲渡は，平成26年改正法（平成27年5月1日施行）により追加された。子会社の株式・持分の譲渡は，事業の譲渡と似たような意味を持つからである。

事業という言葉の意味は，吸収分割のところで触れたものと同じだと考えていい。つまり，事業の譲渡というのは，事業を営むのに必要な権利義務の譲渡である。

H26-34
H25-33
H24-32
H21-33
吸収分割によって権利義務が移転し，債務者が吸収分割会社から吸収分割承継会社に替わる場合でも，個別の債権者の同意を得る必要はなかった。債権者は，吸収分割について異議を述べることができるにすぎない。しかし，事業の譲渡では，債権者との合意が得られなければ，債務者を替えることはできない。

債務引受や債務者の交替による更改といった民法の規定に従う必要があるのである。

➡ 包括承継，特定承継という言葉を用いてこのことを説明することがある。便利な言葉なので，覚えてしまった方が楽かもしれない。吸収分割は包括承継，事業の譲渡は特定承継である。合併，相続なども包括承継と評価される。包括承継ではなく一般承継という場合もあるが，同じ意味と考えて問題ない。

➕アルファ

不動産の物権変動などの場面では，合併・相続と吸収分割は同じではない。詳細は民法・不動産登記法の範囲なので省くが，吸収分割が包括承継だというのは，事業の譲渡との違いを理解するための表現であって，吸収分割による物権変動の対抗要件は，吸収合併による物権変動の対抗要件と同じではない。合併・相続との違いを強調するなら，吸収分割を包括承継とよぶのは適切ではない。

2　株式会社における事業譲渡等の手続

事業譲渡等を行うことができる会社は株式会社に限られないが，その手続について詳細な規定が設けられているのは株式会社だけである。

株式会社が事業譲渡等をする場合には，その効力発生日の前日までに，**株主総会の特別決議**によって，事業譲渡等に係る契約の承認を受けなければならない（会§467Ⅰ，309Ⅱ⑪）。ただし，これには二つの例外がある。

一つめは略式手続である。事業譲渡等に係る契約の相手方が特別支配会社である場合には，株主総会の決議が不要になる（会§468Ⅰ）。　H26-34

もう一つは簡易な手続であり，他の会社の事業の全部を譲り受ける場合において，事業の全部の対価として交付する財産の帳簿価額の合計額が譲り受ける株式会社の純資産額の５分の１を超えない場合に株主総会の決議が不要になる（会§468Ⅱ）。この５分の１の要件は，定款で厳しくできる。

また，組織再編行為における簡易な手続と同様に，反対する株主が多い場合には，簡易な手続は認められない（会§468Ⅲ）。

事業譲渡等をする場合には，反対株主の株式買取請求が認められる（会§469）。これにも例外があって，事業の全部の譲渡をする場合において，その契約の承認に係る株主総会の決議と同時に解散の決議がされた場合には，反対株主の株式買取請求が認められない（同Ⅰ①）。解散する場合には，株主に対す　H24-32　H21-33

る払戻しは残余財産の分配によるべきだと考えられたためである。また，簡易な手続による場合も，反対株主の株式買取請求は認められない（同Ⅰ②）。

H22-33　➡　新株予約権買取請求が認められることは一切ない。

＋プラス アルファ

　事業の重要でない一部の譲渡は，事業譲渡等に含まれないから，反対株主の株式買取請求の対象にならない。実は，吸収分割株式会社における簡易な手続による吸収分割において反対株主の株式買取請求が認められないのは，事業の重要でない一部の譲渡とのバランスをとるためなのである。

3　譲渡会社の競業の禁止

> （譲渡会社の競業の禁止）
> **第21条**　事業を譲渡した会社（以下この章において「譲渡会社」という。）は，当事者の別段の意思表示がない限り，同一の市町村（略）の区域内及びこれに隣接する市町村の区域内においては，その事業を譲渡した日から20年間は，同一の事業を行ってはならない。
> 2　譲渡会社が同一の事業を行わない旨の特約をした場合には，その特約は，その事業を譲渡した日から30年の期間内に限り，その効力を有する。
> 3　前2項の規定にかかわらず，譲渡会社は，不正の競争の目的をもって同一の事業を行ってはならない。

　事業の譲渡をしたのに同一の事業を営むことができたのでは，事業を譲り受けた会社にとって不利益になってしまう。そのため，競業の禁止についての規定が設けられている。

H21-35　競業が禁止される期間は，当事者が何も定めなかった場合には20年間であり，当事者が定めた場合にはその期間である。ただし，当事者が定めた場合でも，最長で30年までとなる。

4　譲受会社が譲渡会社の商号を使用する場合

> （譲渡会社の商号を使用した譲受会社の責任等）
> **第22条**　事業を譲り受けた会社（以下この章において「譲受会社」という。）が譲渡会社の商号を引き続き使用する場合には，その譲受会社も，譲渡会社の事業によって生じた債務を弁済する責任を負う。
> 2　前項の規定は，事業を譲り受けた後，遅滞なく，譲受会社がその本店の所

在地において譲渡会社の債務を弁済する責任を負わない旨を登記した場合には，適用しない。事業を譲り受けた後，遅滞なく，譲受会社及び譲渡会社から第三者に対しその旨の通知をした場合において，その通知を受けた第三者についても，同様とする。

事業の譲渡に際して，商号も譲渡することがある。譲受会社が譲渡会社の商号を譲り受け，譲渡会社が使用していた商号を引き続き使用する場合には，原則として，譲渡会社の事業によって生じた債務を譲受会社も弁済する責任を負う。事業と商号がともに譲渡された場合には，外見上どちらの会社か区別しづらくなるので，取引の相手方を保護する必要があるのである。

➡　責任を負うのは譲受会社である。二つの会社を区別する必要がある。

これには二つの例外がある。登記をした場合と通知をした場合である。

登記については商業登記法でも扱うことになるが，譲受会社が責任を負わない旨の登記をすれば，責任を免れることが可能になる。この登記をするには譲渡会社の承諾書が必要になるので，譲受会社が勝手に登記をすることはできない。

通知は，譲渡会社と譲受会社の両方から行わなければならない。片方の会社 `H21-35` のみが通知してもダメである。通知の場合には，通知された者に対する責任しか免除されない。

譲渡会社が責任を負うのは，事業を譲渡した日後2年以内に請求又は請求の予告をした債権者までである（会§22Ⅲ）。その後は譲受会社が責任を負う。

譲渡会社と譲受会社の外見が区別しづらくなるため，本来譲渡会社に対して弁済しなければならないのに譲受会社に対して弁済してしまった債務者も保護される（会§22Ⅳ）。ただし，弁済者が善意で，かつ，重大な過失がないときに限られる。

これらの規定は，**会社分割の場合にも類推適用される**というのが判例である `H22記述`（最判平20.6.10）。

5　譲受会社が譲渡会社の商号を使用しない場合

> （譲受会社による債務の引受け）
> **第23条**　譲受会社が譲渡会社の商号を引き続き使用しない場合においても，譲渡会社の事業によって生じた債務を引き受ける旨の広告をしたときは，譲渡会社の債権者は，その譲受会社に対して弁済の請求をすることができる。

　商号を引き続き使用しない場合には，広告をすることによって債務を引き受けることができる。
➡　ここでの広告は，公告ではないが，とりたてて気にする必要はない。

　広告から2年を経過した場合には，2年以内に請求又は請求の予告をした債権者に対するものを除き，譲渡会社の責任が消滅する（会§23Ⅱ）。
➡　商号を使用する場合と同じである。

6　詐害的な事業譲渡

　事業譲渡でも，吸収分割と同様に，債権者を害する行為が可能である。そのため，吸収分割と同様に，詐害的な事業譲渡があった場合の債権者についても，特別な保護が図られている（会§23の2）。

第2編

商　法

第1章
商法の基本概念

第1節　商　人

Topics ・商法の適用範囲を理解するためには，まず商人とは何かを理解する必要がある。
・会社法と多くの規定が共通である。

1　商法とは何か

　商法というのは，もちろん法律の名称だが，広く商事に関する法律全般を指して商法（商法典）とよぶこともある。会社法や手形法などの商取引に関する法律を全部含めて商法と表現するのである。

　しかし，この編で扱うのは商法という名称の法律である。そして，商法の中でも司法書士試験での出題可能性が高い部分のみを扱うことにする。

　商法は，商人と商行為に関する法律である。そのため，まずは商人とは何かを明らかにしなければならない。

2　商人とは何か

> **第4条**　この法律において，「商人」とは，自己の名をもって商行為をすることを業とする者をいう。
> 2　店舗その他これに類似する設備によって物品を販売することを業とする者又は鉱業を営む者は，商行為を行うことを業としない者であっても，これを商人とみなす。

　商行為の権利義務の主体となる者であり，営業として商行為を行う者が商人である。会社法上の会社は，商人だと考えて差し支えない。法人であるか自然人であるかは問われない。また，営業として商行為を行う必要があり，商行為を行うことによって，ただちに商人となるわけではない。
➡　商行為については次節で扱う。

　店舗で物品を販売することを営業として行っている者などは商人とみなされ

る。

3　商人について適用される規定

　商人は，商号を定めることができる（商§11Ⅰ）。商号の選定は基本的に自由だが，会社以外の商人は，商号中に「会社」という文字を含むことができない（会§7）。

　商号の譲渡，営業の譲渡など，会社についての規定と同じような規定が定め H29-35 H21-35
られている。会社では事業の譲渡だったが，事業が営業に替わっただけで，実質的には変わりない。

　商人は支配人を選任することができる（商§20）。支配人についての規定は， H28-35
基本的に会社法の支配人についての規定と同じである。

4　名板貸人

> （自己の商号の使用を他人に許諾した商人の責任）
> **第14条**　自己の商号を使用して営業又は事業を行うことを他人に許諾した商人は，当該商人が当該営業を行うものと誤認して当該他人と取引をした者に対し，当該他人と連帯して，当該取引によって生じた債務を弁済する責任を負う。

　会社法にも同じ規定がある（会§9）。

　商号の使用を許諾した者は，紛らわしい外観を作りだしたことに責任がある。 H29-35
そのため，その外観によって誤認をした者に対して責任を負うのである。この場合の商号の使用を許諾した者を**名板貸人**という。

　商号の使用を明示的に許諾した場合だけでなく，黙認していたような場合に H21-35
も責任を負うことがある。責任を負うのは取引によって生じた債務であり，取引とは無関係な行為（取引と関係ない交通事故など）についてまで責任を負うことはない。

第2節　商行為とは何か

Topics ・商行為にはどのようなものがあるかを把握する。
　　　　　・商行為と商人の関係を理解する。

1　絶対的商行為

（絶対的商行為）

第501条　次に掲げる行為は，商行為とする。
　一　利益を得て譲渡する意思をもってする動産，不動産若しくは有価証券の有償取得又はその取得したものの譲渡を目的とする行為
　二　他人から取得する動産又は有価証券の供給契約及びその履行のためにする有償取得を目的とする行為
　三　取引所においてする取引
　四　手形その他の商業証券に関する行為

　この四つの行為は，無条件に商行為とされる。誰が行っても，1回しか行わなくても商行為である。**絶対的商行為**とよばれている。

　やや条文が読みづらいが，一つめの行為は転売して利益を得るような行為を想像してもらえればいい。ネットオークションなどでもよく見かける。

　商取引では，手元にない動産を売却するような行為も普通に行われる。引渡しまでに手に入れれば問題ないからである。そのような行為で利益を得るのが二つめの行為である。

　これらの商行為を行っても，ただちに商人となるわけではない。商行為を営業として行わなければ商人にはならない。回数だけの問題ではないが，たまたま1回行っただけでは，営業として行ったことにはならない。

2　営業的商行為

（営業的商行為）

第502条　次に掲げる行為は，営業としてするときは，商行為とする。ただし，専ら賃金を得る目的で物を製造し，又は労務に従事する者の行為は，この限りでない。
　一　賃貸する意思をもってする動産若しくは不動産の有償取得若しくは賃借又はその取得し若しくは賃借したものの賃貸を目的とする行為

二　他人のためにする製造又は加工に関する行為

三　電気又はガスの供給に関する行為

四　運送に関する行為

五　作業又は労務の請負

六　出版，印刷又は撮影に関する行為

七　客の来集を目的とする場屋における取引

八　両替その他の銀行取引

九　保険

十　寄託の引受け

十一　仲立ち又は取次ぎに関する行為

十二　商行為の代理の引受け

十三　信託の引受け

　これらの行為は，営業として行う場合に限って商行為とされる。**営業的商行為**である。一般的には，利益を得る目的があって，反復継続して行う意思がある場合には，営業として行うものと考えられている。実際に反復継続していなくても，反復継続して行う意思があれば，最初の1回めから営業に該当する。

　列記されている行為を全部覚える必要はない。簡単に眺めておけばいい。それよりも，ただし書が重要である。**賃金を得る目的で物を製造するような行為は商行為ではない。**給料を貰って工場で物を製造しても，商行為ではないのである。

3　附属的商行為

（附属的商行為）

第503条　商人がその営業のためにする行為は，商行為とする。

2　商人の行為は，その営業のためにするものと推定する。

　商人であるかどうかを判断するのに，商行為かどうかを判断する必要があった。逆に，商人が営業のためにする行為は，商行為とされる。

　このように，商人と商行為との間には密接な関係がある。商人と商行為というのは，商法における最も基本的な概念なのである。

第２章
商行為

第1節　商行為についての特則

Topics・商行為については，民法とは異なる規定が適用されることがある。
・商行為であることによって適用される規定と商人であることによって
適用される規定があることに注意する。

1　民法の規定の修正

　商人や商行為といった枠組みが登場する場面では，定型的な取引が反復継続
して行われる。取引の量も金額も大きくなりがちである。商人は何かと忙しい
のだ。

　そのような状況で民法の規定を適用すると，機動性に欠ける結果となりかね
ない。商取引のスピードについていけないのである。民法では，個人の財産権
の保護に重点が置かれているためである。

　そのため，商法では，商行為や商人の行為について，民法の規定を修正して
いる。大量の取引を円滑に行うため，スピード感と外観の保護が重視されてい
るのである。

2　商行為の代理

（商行為の代理）
第504条　商行為の代理人が本人のためにすることを示さないでこれをした場
合であっても，その行為は，本人に対してその効力を生ずる。ただし，相手
方が，代理人が本人のためにすることを知らなかったときは，代理人に対し
て履行の請求をすることを妨げない。

H26-35　民法では，代理人は本人のためにすることを示す必要があった（民§99Ⅰ，
100）。本人のためにしていることを示すことは，顕名とよばれる。商行為の代
理人は，本人のためにすることを示さなくても，その行為の効力を本人に帰属
させることができる。顕名が不要なのである。

　ただし，代理人なのか本人なのか区別できないと困るから，代理人であるこ
とを知らなかった取引の相手方は，本人ではなく代理人に対して履行の請求が

できる。

3　商行為の委任

（商行為の委任）
第505条　商行為の受任者は，委任の本旨に反しない範囲内において，委任を
　受けていない行為をすることができる。

　民法では，受任者は，委任の本旨に従わなければならない（民§644）。商行　`H26-35`
為の受任者の権限は，民法よりも拡大されている。

（商行為の委任による代理権の消滅事由の特例）
第506条　商行為の委任による代理権は，本人の死亡によっては，消滅しない。

　民法の委任による代理権は本人の死亡によって消滅するが（民§111Ⅰ①，　`H26-35`
653①），商行為の委任の場合は消滅しない。商行為は，反復継続して行うこと
が予想され，本人の死亡後も行われることがあるのである。

　この規定が適用される典型的な場面は，商人が支配人を選任していた場合で
ある。すなわち，支配人の代理権は，商人が死亡しても消滅しない。

4　連帯債務

（多数当事者間の債務の連帯）
第511条　数人の者がその一人又は全員のために商行為となる行為によって債
　務を負担したときは，その債務は，各自が連帯して負担する。
2　保証人がある場合において，債務が主たる債務者の商行為によって生じた
　ものであるとき，又は保証が商行為であるときは，主たる債務者及び保証人
　が各別の行為によって債務を負担したときであっても，その債務は，各自が
　連帯して負担する。

　民法では，債務者が複数でも当然に連帯債務となることはない（民§427）。　`H25-35`
しかし，商行為となる行為によって債務を負担した場合には，当然に連帯債務
となる。

H25-35　保証も，民法では連帯保証とならないのが原則だが（民§454参照），商行為によって生じた債務を保証する場合と保証自体が商行為である場合には，その保証は，当然に連帯保証となる。

5　流質契約

> （契約による質物の処分の禁止の適用除外）
> **第515条**　民法第349条の規定は，商行為によって生じた債権を担保するために設定した質権については，適用しない。

　質権設定者は，質権者に弁済として質物の所有権を取得させる旨の契約をあらかじめ締結することができない（民§349）。このような契約は，流質契約とよばれる。流質契約は，質権設定者にとって不利となるため，民法では禁止されているのである。しかし，商行為によって生じた債権を担保するための質権については，流質契約を締結することができる。質物の処分によって容易に弁済を受けることが許されているのである。

第2節　商人の行為についての特則

Topics・商人がした行為について適用される規定と商人間の行為について適用
される規定がある。
・取引の迅速性が重視されていることに注意する。

1　商人間の申込み

（隔地者間における契約の申込み）
第508条　商人である隔地者の間において承諾の期間を定めないで契約の申込
みを受けた者が相当の期間内に承諾の通知を発しなかったときは，その申込
みは，その効力を失う。

　民法では，直ちに承諾をしてほしい場合には，承諾の期間を定める必要があ
った（民§523）。商人間では，承諾の期間を定めなかった場合であって，隔地
者，つまり離れた場所にいる場合には，相当の期間内に承諾しないと申込みの
効力が失われる。ただし，元の申込者は，遅延した承諾を新たな申込みとみな
すことができる（商§508Ⅱ，民§524）。

2　平常取引をする者からの申込み

（契約の申込みを受けた者の諾否通知義務）
第509条　商人が平常取引をする者からその営業の部類に属する契約の申込み
を受けたときは，遅滞なく，契約の申込みに対する諾否の通知を発しなけれ
ばならない。
2　商人が前項の通知を発することを怠ったときは，その商人は，同項の契約
の申込みを承諾したものとみなす。

　平常取引をする者との間の取引では，同じ取引が反復継続して行われること
が予想される。そのため，遅滞なく諾否の通知を発しなければならず，諾否の
通知を怠ると，申込みを承諾したものとみなされる。

3　他人のためにした行為についての報酬

（報酬請求権）
第512条　商人がその営業の範囲内において他人のために行為をしたときは，

> 相当な報酬を請求することができる。

民法では，委任，寄託は，無償が原則だった（民§648Ⅰ，665）。商人の場合には，無償で行動することが期待されていない。

4　利息請求権

> （利息請求権）
> **第513条**　商人間において金銭の消費貸借をしたときは，貸主は，法定利息を請求することができる。

H25-35 　民法では，消費貸借も無償が原則だった（民§587）。商人間では，利息が発生するのが原則である。法定利息は，民法404条の法定利率による。

5　商事留置権

> （商人間の留置権）
> **第521条**　商人間においてその双方のために商行為となる行為によって生じた債権が弁済期にあるときは，債権者は，その債権の弁済を受けるまで，その債務者との間における商行為によって自己の占有に属した債務者の所有する物又は有価証券を留置することができる。ただし，当事者の別段の意思表示があるときは，この限りでない。

民法では，占有した物に関する債権についてのみ留置権が成立した。つまり，債権と留置する物との間に**牽連性**が必要とされていた。商法における留置権（商事留置権）では，牽連性が要求されない。債権の発生と占有の取得との間に直接の関係は必要ないのである。ただし，商人間であって，商行為によって生じた債権を担保するためであり，商行為によって物の占有を取得した必要がある。

6　商人間の売買

H23-35 　商人間の売買では，様々な特則が設けられている（商§524〜528）。いずれも，迅速な売買を可能とするための規定となっている。

R2-35
H31-35
7　その他の規定
H30-35
H22-35 　以上のほか，商法には，交互計算（商§529〜534），匿名組合（商§535〜542），仲立営業（商§543〜550），問屋営業（商§551〜558）などについて規

定が設けられている。

➡ いずれもマニアックな条文だが，出題されたこともあるので，余裕がある
　ときに条文を眺めておくとよいだろう。

条文索引

（**太字**は用語解説のページを示す）

司法書士スタンダードシステム

司法書士　スタンダード合格テキスト 6　商法・会社法　第3版

2013年12月24日	初　版	第1刷発行
2021年1月10日	第3版	第1刷発行
2024年10月5日		第2刷発行

編　著　者	Wセミナー／司法書士講座
発　行　者	猪　　野　　　　樹
発　行　所	株式会社　早稲田経営出版
	〒101-0061
	東京都千代田区神田三崎町3-1-5
	神田三崎町ビル
	電話 03(5276)9492 (営業)
	FAX 03(5276)9027
組　　版	株式会社　エストール
印　　刷	今 家 印 刷 株 式 会 社
製　　本	東 京 美 術 紙 工 協 業 組 合

© Waseda Keiei Syuppan 2021　　　Printed in Japan　　　ISBN 978-4-8471-4461-5
N.D.C.327

	5月 6月 7月 8月 9月 10月11月12月 1月 2月

総合力養成コース → 対象:初学者、または基礎知識に不安のある方
2年、20ヵ月、1.5年、1年、速修 総合本科生・本科生
[山本オートマチック] [入門総合本科生]

5月～開講 2年本科生 ※入門総合本科生のみ
8月～開講 20ヵ月総合本科生
12月～開講

総合力アップコース
→ 対象:受験経験者、または一通り学習された方
上級総合本科生・上級本科生

→ 対象:受験経験者、答練を通してアウトプットの訓練をしたい方
答練本科生

→ 対象:受験経験者、または一通り学習された方
山本プレミアム上級本科生 [山本オートマチック]

択一式対策コース
→ 対象:択一式でアドバンテージを作りたい方
択一式対策講座 [理論編・実践編]

→ 対象:応用力をつけたい方
山本プレミアム中上級講座 [山本オートマチック]

記述式対策コース
→ 対象:記述式の考え方を身につけたい方
オートマチックシステム記述式講座 [山本オートマチック]

→ 対象:記述式の解法を知り、確立させたい方
記述式対策講座

法改正対策コース
→ 対象:近時の改正点を押さえたい方
法改正対策講座

直前対策コース
→ 対象:本試験の解答テクニックを習得したい方
本試験テクニカル分析講座 [山本オートマチック]

→ 対象:直前期に出題予想論点の総整理をしたい方
予想論点セット [択一予想論点マスター講座＋予想論点ファイナルチェック]

→ 対象:本試験レベルの実戦力を養成したい方
4月答練パック

模試コース
→ 対象:直前期前に実力を確認したい方
全国実力Check模試

→ 対象:本試験と同形式・同時間の模試で本試験の模擬体験をしたい方
全国公開模試

Wセミナーなら
身につく合格力!

Wセミナーは目的別・レベル別に選べるコースを多数開講!

Wセミナーでは目的別・レベル別に選べるコースを多数開講しています。受験生個々のニーズに合ったコースを選択すれば、合格力をアップすることができます。

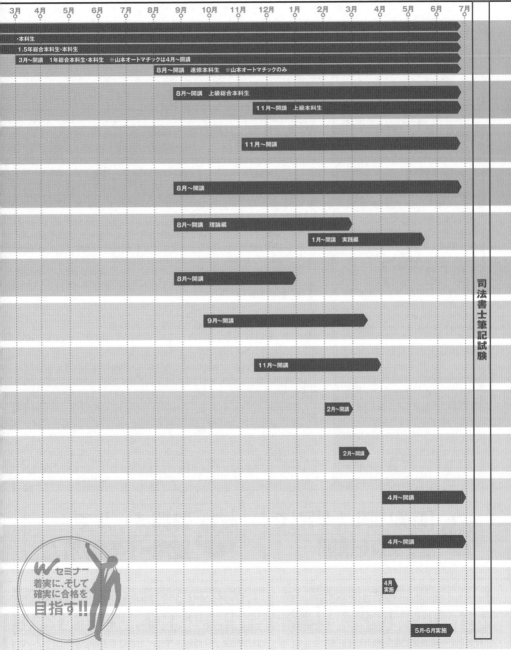

3月 4月 5月 6月 7月 8月 9月 10月 11月 12月 1月 2月 3月 4月 5月 6月 7月

- ・本科生
- 1.5年総合本科生・本科生
- 3月～開講 1年総合本科生・本科生 ※山本オートマチックは4月～開講
- 8月～開講 速修本科生 ※山本オートマチックのみ
- 8月～開講 上級総合本科生
- 11月～開講 上級本科生
- 11月～開講
- 8月～開講
- 8月～開講 理論編
- 1月～開講 実践編
- 8月～開講
- 9月～開講
- 11月～開講
- 2月～開講
- 2月～開講
- 4月～開講
- 4月～開講
- 4月実施
- 5月・6月実施

司法書士筆記試験

Wセミナー 着実に、そして確実に合格を目指す!!

※開講コース・開講時期は年度により変わる場合があります。

Wセミナー 答練・模試

タイムリーなカリキュラムで「今、解くべき問題」の演習を実現しました!

[11月] ● [1月] ● [2月] ● [3月] ●

過去問学習のペースメーカー!

11月 開講(全6回)

総合力底上げ答練

＜出題数＞
択一式	全210問(各回35問)
記述式	全12問(各回2問)

年内は過去問を学習する受験生が多いので、それに合わせて"過去問学習のペースメーカー"になるように工夫されたタイムリーな答練です。各問題には「過去問チェック」を掲載しているため、答練の復習と同時に過去問の肢を確認できます。また、受験経験者の方にとっては"本試験の勘"を取り戻していただくために、各回択一35問、記述2問を本試験と同様の形式で解き、年明けの学習へのステップとして利用できる答練となっています。

全出題範囲の主要論点を総潰し!

1月 開講(全12回)

科目別全潰し答練

＜出題数＞
択一式	全420問(各回35問)
記述式	全24問(各回2問)

年明けすぐの1月～3月は、4月からの直前期を迎える前に、全科目を一通り学習できる時機です。そこで、科目ごとの学習のペースメーカーとして、タイムリーな科目別答練を用意しました。択一式では、司法書士試験の出題範囲である主要論点を網羅しているため、ご自身の科目別の学習と併用して受講することにより学習効果が大きく上がります。また、記述式については、毎回2問を出題しており、時間配分の練習に着目して受講することで、特に記述式の実戦練習をしたい方にも適している答練です。

Point 「時機に即した学習」で重要論点を網羅!

Point 質問メールで疑問・不安解消!

Wセミナーの答練・模試
ズバリ的中!

全ての答練・模試をパッケージ化した「答練本科生」「答練本科生記述対策プラス」には、
「法改正対策講座（全2回）」もカリキュラムに加わります。

●【4月】　　　　　　　　　　　　　　　●【5月】　　　　　　　　　　　●【7月】

出題予想論点で
本試験予行練習！

実戦形式で隙間を埋める！

出題予想論点で
本試験予行練習！

4月
全国実力Check模試

4月 開講（全6回）
合格力完成答練

<出題数>
択一式	全210問（各回35問）
記述式	全12問（各回2問）

4月から5月の直前期においては、本試験と同じ問題数、同じ時間で本試験と同レベルの問題を解くことにより、繰り返し本試験の予行演習を行うことが合格には不可欠です。その予行演習を通して各自の足りない所を発見し、直前期の学習に役立てていただくことをコンセプトにした"合格する力を完成させる"タイムリーな答練を用意しました。直前期の勉強のペースメーカーとして威力を発揮する実戦的な答練です。

5〜6月
全国公開模試
第1〜3回

本試験と同じ問題数、同じ時間で実施されるタイムリーな本試験予行演習です。"今年の本試験での出題が予想される論点"を中心に本試験レベルの問題を出題します。今までの答練シリーズで学習し積み重ねた"成果"を試す絶好の機会であるといえます。「全国実力Check模試」は時期的に直前期に入る前に実施され、"今の自分にとって何が足りないか？"を確認できるよう、基本的な論点を中心に問題が構成されています。直前期の学習に役立ててください。「全国公開模試」は今までの答練シリーズの総 決算です。本番の試験のつもりで、ご自身の実力を試してみてください。

司法書士筆記試験

※開講コース・開講時期は年度により変わる場合があります。

Point 充実した割引制度で
受験生をバックアップ！

Point 通信生も答練
教室受講OK！

■パンフレットのご請求・お問合せはこちら

通話
無料
0120-509-117
ゴウカク　イイナ

[受付時間
9:30〜19:00（月曜〜金曜）
9:30〜18:00（土曜・日曜・祝日）]

※営業時間短縮の場合がございます。詳細はWebでご確認ください。

資格の学校 TAC　Wセミナー WASEDA

WセミナーはTACのブランドです。

書籍の正誤に関するご確認とお問合せについて

書籍の記載内容に誤りではないかと思われる箇所がございましたら、以下の手順にてご確認とお問合せを
してくださいますよう、お願い申し上げます。

なお、正誤のお問合せ以外の書籍内容に関する解説および受験指導などは、**一切行っておりません。**
そのようなお問合せにつきましては、お答えいたしかねますので、あらかじめご了承ください。

1 「Cyber Book Store」にて正誤表を確認する

早稲田経営出版刊行書籍の販売代行を行っている
TAC出版書籍販売サイト「Cyber Book Store」の
トップページ内「正誤表」コーナーにて、正誤表をご確認ください。

CYBER TAC出版書籍販売サイト
BOOK STORE

URL:https://bookstore.tac-school.co.jp/

2 1 の正誤表がない、あるいは正誤表に該当箇所の記載がない
⇒ 下記①、②のどちらかの方法で文書にて問合せをする

★ご注意ください★

お電話でのお問合せは、お受けいたしません。

①、②のどちらの方法でも、お問合せの際には、「お名前」とともに、

「対象の書籍名（○級・第○回対策も含む）およびその版数（第○版・○○年度版など）」
「お問合せ該当箇所の頁数と行数」
「誤りと思われる記載」
「正しいとお考えになる記載とその根拠」

を明記してください。

なお、回答までに1週間前後を要する場合もございます。あらかじめご了承ください。

① ウェブページ「Cyber Book Store」内の「お問合せフォーム」より問合せをする

【お問合せフォームアドレス】

https://bookstore.tac-school.co.jp/inquiry/

② メールにより問合せをする

【メール宛先　早稲田経営出版】

sbook@wasedakeiei.co.jp

※土日祝日はお問合せ対応をおこなっておりません。
※正誤のお問合せ対応は、該当書籍の改訂版刊行月末日までといたします。

乱丁・落丁による交換は、該当書籍の改訂版刊行月末日までといたします。なお、書籍の在庫状況等
により、お受けできない場合もございます。
また、各種本試験の実施の延期、中止を理由とした本書の返品はお受けいたしません。返金もいたし
かねますので、あらかじめご了承くださいますようお願い申し上げます。

（2022年7月現在）